《高校政府采购实务》
编委会

主　编　向　伟　李海燕
副主编　叶　菁　程振华　王　蓓　宋　浠
参　编　刘嘉源　吴云辉　付方龙　饶　阳　张　威　胡火轮
　　　　　肖　飞　汪　丹　武天仪　邱　天　刘才华　辛梓正
　　　　　刘源浩　史俊峰　王　彦　刘　凯　王　力　朱元博
　　　　　张　晨　沈　车　刘文斌　刘振宇

高校政府采购实务

Practice of Government Procurement in Universities

主编 向伟 李海燕
副主编 叶菁 程振华
王蓓 宋浠

华中科技大学出版社
http://press.hust.edu.cn
中国·武汉

内 容 简 介

本书立足于政府采购法律法规、着眼于政府采购工作实际问题，以高校为切入点，从政府采购事前管理、事中管理、事后管理、内控制度管理等方面，对政府采购内控制度建设、采购预算、采购意向公开、采购需求管理、采购程序实施、采购合同管理、履约验收、绩效评价等政府采购全流程进行系统的归纳和详细的阐述。对高校乃至其他采购人正确理解和把握政府采购政策，规范政府采购工作，提高预算资金使用效益具有一定参考性。

本书不仅适合全国各级各类公立高校的采购管理人员，也适合其他政府采购从业人员，包括其他领域采购人、政府采购代理机构、咨询机构等，在学习和工作中作为参考资料。

图书在版编目（CIP）数据

高校政府采购实务/向伟，李海燕主编．—武汉：华中科技大学出版社，2023.7
ISBN 978-7-5680-9689-8

Ⅰ．①高… Ⅱ．①向… ②李… Ⅲ．①高等学校-政府采购制度-中国 Ⅳ．①G647.5

中国国家版本馆 CIP 数据核字（2023）第 111611 号

高校政府采购实务　　　　　　　　　　　　　　　　　　　　　向　伟　李海燕　主编
Gaoxiao Zhengfu Caigou Shiwu

策划编辑：张　玲
责任编辑：陈元玉
封面设计：何　轩　刘　洋
责任监印：周治超
出版发行：华中科技大学出版社（中国·武汉）　　电话：（027）81321913
　　　　　武汉市东湖新技术开发区华工科技园　　邮编：430223
录　　排：华中科技大学出版社美编室
印　　刷：湖北新华印务有限公司
开　　本：787mm×1092mm　1/16
印　　张：28.5　插页：2
字　　数：511千字
版　　次：2023年7月第1版第1次印刷
定　　价：88.00元

本书若有印装质量问题，请向出版社营销中心调换
全国免费服务热线：400-6679-118　竭诚为您服务
版权所有　侵权必究

序 1

我国政府采购工作从1996年开始试点实施,2003年1月1日《中华人民共和国政府采购法》(以下简称《政府采购法》)正式实施。按照国务院办公厅的进度安排,2003年所有在京中央国家机关必须实行政府采购制度,2004年扩大到中央所有二级预算单位,2005年全面实行政府采购制度。

政府采购制度是市场经济条件下政府加强财政支出管理的一项基本制度。加强财政支出管理,规范采购行为,强化约束机制,能从源头上防止和治理腐败,促进党风廉政建设,维护国家利益和公共利益,提高财政资金的使用效益。除节约资金和预防腐败外,国家还可以政府采购为手段,实现扶持新兴产业,促进产业结构调整。这项制度的建立,在推动政府运行方式和职能转变方面起到了积极作用,塑造了市场经济条件下新型的政府采购交易规则。

在"放管服"背景下,高校政府采购要既能实现高校采购的公平竞争,又能以高效的方式满足高校政府采购的实际业务发展需要,高校正在迎接这场深刻的变革。随着高等教育的改革和发展,高等院校的办学规模不断扩大,办学水平逐渐提高,对高校投资的渠道和高校资金来源越来越多,基建项目增多,物资采购种类、数量增大,许多学科需要更新设备装备,同时,科技的发展和市场经济的日益繁荣,使得不论是货物、工程还是服务,其采购工作的可选择范围越来越大。这些变化在为高等院校的发展注入新的生机和活力的同时,加大了高校采购工作的责任,增加了高校采购工作的难度,使得高校政府采购工作出现了一些问题。

这些问题主要表现在：预算和采购计划的准确性难以绝对保证；高科技教学仪器设备技术指标复杂，有些仪器设备性能指标要求其精度、灵敏度高，货源渠道相对单一；规避学校政府采购管理制度，将采购预算项目肢解、化整为零的现象时有发生；采购活动涉及管理部门和二级单位较多，较为分散，采购行为有待进一步规范等情形，这些都制约了高校政府采购工作的效能。

2018年11月，中央全面深化改革委员会第五次会议审议通过《深化政府采购制度改革方案》，明确要加快形成采购主体职责清晰、交易规则科学高效、监管机制健全、政策功能完备、法律制度完善、技术支撑先进的现代政府采购制度。为此，高校要结合新时代采购工作面临的新形势、新任务、新要求，不断完善和优化采购制度设计。要依据《政府采购法》《中华人民共和国招标投标法》（以下简称《招标投标法》）及其实施条例等法律法规、政府采购管理部门颁布的规范性文件，建立健全高校政府采购管理制度，全面提高政府采购管理人员和承办人员的政策水平和职业素养。

本书由湖北省招标股份有限公司政府采购专业团队和我校采购与招标管理办公室协同研究，历经数月，编写了《高校政府采购实务》一书。本书共50余万字，是针对高校政府采购工作的专业手册，既展示了政府采购的基本政策理论体系和操作规范，也体现了高校政府采购工作的新特点和现实需求，是一本适用、易懂的专业教程，相信该书的出版对推动高校政府采购工作规范化将有所帮助。

湖北经济学院副校长：付宏

2023年7月

序 2

2003年1月1日,《政府采购法》正式实施,至今已逾二十年。通过不断地探索和发展,我国政府采购已基本形成了以政府采购法及其实施条例为统领,以部门规章为依托,涵盖近八十份规范性文件的法律制度框架。政府采购规模不断扩大,由2002年的1009亿元增加到2021年的36399亿元,采购范围覆盖到全国各级政府的近百万个党政部门与事业单位,已深入政府社会经济管理的不同领域和层次,社会关注度和影响力大幅提高。在《政府采购法》的规范引领下,我国政府采购制度日益健全完善、规范透明,不仅有效规范了财政支出管理,而且在营造公平竞争的市场环境、促进反腐倡廉以及完善社会主义市场经济体制等方面也发挥了重要作用,已成为现代国家治理的重要基础性制度。

建设教育强国是中华民族伟大复兴的基础工程,必须把教育事业放在优先位置。国家对教育事业经费的投入逐年成倍增长,高校办学规模不断扩大,高校政府采购资金所占比重也随之大幅提高。据统计,我国高等学校共计3013所,其中:普通高等学校2759所,含本科院校1270所、高职(专科)院校1489所;成人高等学校254所。除部分民办学校未纳入政府采购管理外,公立高等学校全部纳入政府采购管理范畴。高校政府采购是我国政府采购的重要组成部分。

相较于一般行政事业单位,高校政府采购具有以下特点:一是高校内部组织机构层次多,管理权限分散;二是高校资金来源渠道多,预算管理复杂;三是高校采购种类繁多,数量庞大;四是高校采购受政策影响大,采购时效性强;五是高校采购专业性强,尤其是教学科研设备的采购,技术要求高。如何通过健全高校采购制度体系、合理设置组织机构、优化审批流程、加强预算管理、梳理采购程序、提高合同管理水平、进一步规范高校政府采购工作、遏制不断凸显的实际问题，对于高校来说，是一个亟待解决的现实难题。

本书从高校采购人的角度，基于高校政府采购特点，立足于政府采购法律法规、着眼于高校政府采购工作实际问题，从高校政府采购内控管理、事前管理、事中管理、事后管理、信息化管理等五个方面，对高校政府采购制度建设、采购预算、采购意向公开、采购需求管理、采购代理机构选择、采购程序实施、采购合同管理、履约验收等政府采购流程进行系统归纳，是对高校政府采购管理理念和实施方法的系统总结。对高校采购人全面了解政府采购政策，加强政府采购管理，规范政府采购工作，提高预算资金使用效益具有一定的参考性。

本书由湖北经济学院与湖北省招标股份有限公司共同编写完成。参与编写的均为采购一线的管理人员和工作人员，在政府采购管理和实践上均具备多年实战经验。希望本书的出版能为广大读者在高校政府采购工作中提供帮助。

湖北省招标股份有限公司党委书记、董事长：

2023 年 7 月

目 录

第一篇　高校政府采购事前管理

第一章　政府采购预算管理 /3
第一节　政府采购预算编制 /3
第二节　政府采购预算调整 /6

第二章　政府采购意向公开 /8
第一节　政府采购意向公开相关规定 /8
第二节　高校政府采购意向公开 /9

第三章　政府采购进口产品管理 /12
第一节　政府采购进口产品的认定及管理 /12
第二节　高校政府采购进口产品管理 /15

第四章　政府采购需求管理 /21
第一节　政府采购需求管理的内涵 /21
第二节　高校政府采购需求管理 /22
第三节　高校政府采购需求编制 /26
第四节　高校政府采购实施计划编制 /47
第五节　政府采购需求风险控制 /58

第二篇　高校政府采购事中管理

第五章　高校政府采购代理机构的选择和委托　/69
第一节　高校政府采购代理机构的选择　/69
第二节　高校政府采购代理机构的委托　/76
第三节　采购人与采购代理机构的相互监督　/80

第六章　高校政府采购项目执行　/86
第一节　政府采购实施计划备案　/86
第二节　政府采购方式的适用　/90
第三节　政府采购流程　/94
第四节　政府采购方式的变更　/151

第七章　采购中工作要点及注意事项　/153
第一节　采购文件的确认及注意事项　/153
第二节　采购人代表的委派及注意事项　/158
第三节　项目评审及注意事项　/160
第四节　采购结果的确认　/169

第八章　政府采购质疑投诉的处理　/173
第一节　质疑的受理和处理　/173
第二节　投诉的配合处理　/177
第三节　常见的质疑或投诉问题　/179

第三篇　高校政府采购事后管理

第九章　高校政府采购合同订立　/197
第一节　政府采购合同订立的一般规定　/197
第二节　政府采购合同订立的特殊规定　/203

| 第三节 | 高校政府采购合同组成 | /209 |
| 第四节 | 政府采购合同订立的法律责任 | /217 |

第十章　高校政府采购履约验收及支付　　/224

第一节	政府采购履约验收	/224
第二节	高校政府采购履约验收	/231
第三节	政府采购履约验收的监督检查及责任追究	/240
第四节	政府采购合同支付	/240

第十一章　高校政府采购绩效评价　　/242

| 第一节 | 政府采购绩效评价的概念 | /242 |
| 第二节 | 高校政府采购绩效评价 | /247 |

第十二章　高校政府采购档案管理　　/252

| 第一节 | 档案管理相关政策规定 | /252 |
| 第二节 | 高校政府采购档案管理 | /256 |

第十三章　高校政府采购监督检查及采购人责任　　/259

第一节	高校政府采购的监督检查	/259
第二节	采购人法律责任	/262
第三节	采购人责任清单	/264

第四篇　高校政府采购内部控制管理

第十四章　高校政府采购内部控制管理　　/285

第一节	政府采购内部控制管理	/285
第二节	高校政府采购内部控制管理制度建设	/295
第三节	高校政府采购电子化建设	/305

附录

附录 A 高校采购管理制度实例　　　　　　　　　　/317
附录 B 高校采购需求和采购实施计划编制实例　　　/334
附录 C 政府采购常用法律法规　　　　　　　　　　/373

第一篇 | 高校政府采购事前管理

第一章 政府采购预算管理

政府采购立项与预算编制是政府采购实施的前提,《中华人民共和国政府采购法》(以下简称《政府采购法》)第六条规定,政府采购应当严格按照批准的预算执行。高校政府采购主要服务于教学、科研等领域,与其他行政事业单位政府采购相比,具有采购项目种类繁多、专业性强和实效性高等特点。

第一节 政府采购预算编制

一、政府采购预算编制依据

各级预算单位政府采购预算编制的依据是本级年度政府采购目录和限额标准。其中:

属于本级年度政府采购目录和限额标准中,集中采购目录以内的或者采购限额标准以上的货物、工程和服务,需纳入政府采购,编制政府采购预算。

纳入政府采购的项目中,属于政府集中采购目录以内的实行政府集中采购,属于部门集中采购目录以内的实行部门集中采购,其余项目实行分散采购。

纳入政府采购的项目中,属于本级年度政府采购目录和限额标准中公开招标数额标准以上的,按照公开招标方式组织采购活动。

二、政府采购预算编制程序

《政府采购法》第三十三条规定，负有编制部门预算职责的部门在编制下一财政年度部门预算时，应当将该财政年度政府采购的项目及资金预算列出，报本级财政部门汇总。部门预算的审批，按预算管理权限和程序进行。以中央为例，中央单位下一财政年度部门预算编制，从本财政年度的第三季度就开始准备，国务院先就预算编制原则、支出重点等问题下发一个财政年度预算编制通知，财政部根据国务院通知部署预算编制工作（称为"一下"）。各部门根据财政部的具体部署组织本部门的预算编制工作，汇总后报财政部审核（称为"一上"）。财政部对各部门预算进行审核后，根据国民经济和社会发展计划以及财力等情况，核定部门预算支出控制数，要求各部门按照支出控制数调整预算（称为"二下"）。各部门根据财政部下达的支出控制数，按照优先顺序，调整支出项目，使部门预算的总支出不得突破控制数，最后将调整后的部门预算上报财政部（称为"二上"）。

政府采购预算编制程序如下。

1. "一上"阶段

本级政府公布年度政府采购目录和限额标准后，各预算单位应以其作为政府采购预算编制的依据。

2. "二上"阶段

各预算单位在编制预算文本过程中：

属于本级年度政府采购目录和限额标准中集中采购目录以内的或者采购限额标准以上的货物、工程和服务项目，应全部编入政府采购预算，纳入政府采购管理。

属于政府购买服务的购买主体的预算单位，应当单独编列政府购买服务预算，按要求填报购买服务项目表，并将列入集中采购目录或采购限额标准以上的政府购买服务项目同时反映在政府采购预算中，与部门预算一并报送财政部门审核。

【小贴士】

【问】多家预算单位联合采购一批货物，单个项目均不超过分散采购限额，联合后超过分散采购限额，此类情况每个预算单位是否需要补报、新增政府采购预算？

【答】如果各单位采购的货物不属于集采目录内且未达到分散采购限额，则该联合采购项目不需要补报、新增政府采购预算。

三、高校政府采购预算编制优化措施

1. 统一协调高校预算

根据管理要求和编报内容，高校预算分为部门预算和校内预算。部门预算是根据财政部、教育部统一要求编制上报的预算，是上级主管部门预算的组成部分；校内预算是根据高校事业发展具体事项编制的预算，是部门预算的细化分解。两者收支口径和预算总额原则上应保持一致。在编制校内预算时，应将预算涉及的经济科目尽可能细化，同时进行校内预算和部门预算的编制工作，数据应保持一致，且应做到"应编尽编"。

2. 促进预算规范编制

高校应制定严格的预算编制标准和规范，提高预算编制的严谨性，科学合理地安排预算，并建立和完善预算编制审核机制，对预算编制全过程进行实时监督。

预算编制应考虑到后期政府采购实施的效率和效果，统筹安排，对于内容相同或用途一致的项目应该分类整合，一次性采购，避免政府采购实施过程中的重复工作，提高政府采购的执行效率，节约采购成本。以高校中长期发展规划及年度预算目标为基础，确定预算目标和编制原则。

3. 落实政府采购政策

负有编制部门预算职责的各部门，应当加强政府采购预算的编制工作，制定向中小企业采购的具体方案，统筹确定本部门（含所属各单位）面向中小企业采购的项目。在满足机构自身运转和提供公共服务基本需求的前提下，应当预留本部门年度政府采购项目预算总额的一定比例，专门面向中小微企业采购。

监狱企业和残疾人福利性单位视同小型、微型企业，享受预留份额、评审中价格扣除等政府采购促进中小企业发展的政府采购政策。采购人向监狱企业和残疾人福利性单位采购的金额，计入面向中小企业采购的统计数据。采购人在编制政府采购预算时应确保政府采购政策落实到位。

4. 推进预算管理一体化

预算管理一体化是以现代化信息系统和专线互联网络为载体，在制度完善、标准统一、规范一致的基础上，将基础数据信息、项目库、预算管理、预算编制、预算执行、资金支付、政府采购、资产管理、财务报告等管理内容衔接在一起，实现预算管理的全流程、全覆盖、全口径的信息化管理。

5. 强化预算编制审计

高校预算的编制和调整，应安排内部审计部门提前介入，列席有关决策会议。重点对预算依据充分性、预算编制完整性、预算安排合理性、预算调整规范性等进行审计。通过审计，进一步规范预算编制，提高预算的科学性，优化资源配置。

第二节 政府采购预算调整

一、政府采购预算调整的原则

根据《中华人民共和国预算法》（以下简称《预算法》）确立的"无预算、不支出"的基本原则，部门预算经过审查批准和依法批复后，具有刚性约束，不能随意调整变动。政府采购预算作为部门预算的一部分，除有关法律政策、本级党委政府有明确规定，以及涉及抢险救灾、社会稳定等工作需要外，在年度预算执行中不得随意调增或调减。

1. 强化约束原则

部门预算（含政府采购预算）经财政部门批复后，各预算单位必须严格执行，未经批准不得随意调整。

2. 严格控制原则

预算单位新增项目支出，应首先从部门预算不可预见费中安排或通过调整预算支出结构解决，其他各类调整也应从严控制；通过以上资金渠道可以解决的，财政部门不办理追加支出预算。

3. 规范办理原则

部门预算调整事项由预算单位直接向本级财政部门提出书面申请。

4. 审核权限原则

预算执行中确属法律、政策规定或者工作需要的，必须追加支出的事项，由财政部门按规定审核提出意见,按照本级财政资金审批规程报经本级政府审批后办理;其他部门预算调整事项,由财政部门按规定审核办理,其中政策性强的重大事项,由财政部门报本级政府审批。依照法律规定需向本级人大常委会报告的部门预算调整事项,由财政部门列入本级预算调整方案。

二、政府采购预算调整的范围

1. 因部门预算增减导致政府采购预算变化

具体包括部门预算支出增加(新增项目等)、部门预算支出减少(取消项目等)导致政府采购项目增加或减少,从而需要对政府采购预算进行调整的情况。

2. 因部门预算内项目调整导致政府采购预算变化

主要为部门预算内的调整,不涉及部门预算增减,具体包括:调整支出指标类型、调整预算支出级次、项目支出细化和单位间项目间调整、变更政府采购或资产配置预算指标、调整使用不可预见费等。

第二章 政府采购意向公开

财政部推进采购意向公开是优化政府采购营商环境的重要举措。根据《关于开展政府采购意向公开工作的通知》（财库〔2020〕10号），为提高政府采购透明度，方便供应商提前了解政府采购信息，保障各类市场主体平等参与政府采购活动，提升采购绩效，抑制腐败，应认真做好采购意向公开工作。

第一节　政府采购意向公开相关规定

财政部发布的关于开展政府采购意向公开工作的通知称，对2020年7月1日起实施的采购项目，中央预算单位和北京市、上海市、深圳市市本级预算单位应当按规定公开采购意向。各试点地区应根据地方实际尽快推进其他各级预算单位采购意向公开。其他地区可根据地方实际确定采购意向公开时间，原则上，省级预算单位2021年1月1日起实施的采购项目、省级以下各级预算单位2022年1月1日起实施的采购项目，应当按规定公开采购意向；具备条件的地区可适当提前开展采购意向公开工作。

以湖北省为例，2020年4月28日，湖北省财政厅关于发布《湖北省政府采购意向公开工作方案》（鄂财函〔2020〕38号），方案明确提出如下要求。

（1）2020年6月1日起在省扶贫办、荆门市本级预算单位开展采购意向公开试点，试点单位和地区自2020年7月1日起实施的政府采购项目按规定公开采购意向。

(2) 省级预算单位 2021 年 1 月 1 日起实施的采购项目按规定全面实施采购意向公开。

(3) 省级以下各级预算单位 2022 年 1 月 1 日起实施的采购项目按规定全面实施采购意向公开。

公开渠道为"湖北政府采购网"（www.ccgp-hubei.gov.cn）。采购人登录"湖北政府采购网"后，在"采购意向公开—采购意向发布"专栏填报公开内容。

第二节　高校政府采购意向公开

一、政府采购意向公开的主体

采购意向由预算单位负责公开。各高校是政府采购意向公开的实施主体，同时，各级教育行政部门也可汇总各高校的采购意向集中公开。

二、政府采购意向公开的渠道

(1) 中央预算单位的采购意向在中国政府采购网（www.ccgp.gov.cn）中央主网公开，地方预算单位的采购意向在中国政府采购网地方分网公开，采购意向也可在省级以上财政部门指定的其他媒体同步公开。

(2) 主管预算单位可汇总本部门、本系统所属预算单位的采购意向集中公开，有条件的部门可在其部门门户网站同步公开本部门、本系统的采购意向。

三、政府采购意向公开的内容

1. 政府采购意向公开的基本要求

(1) 采购意向按采购项目公开。

(2) 按项目实施的集中采购目录以内或采购限额标准以上的货物、工程、服务采购均应当公开采购意向。

(3) 除以协议供货、定点采购方式实施的小额零星采购和由集中采购机构统一组织的批量集中采购外，按项目实施的集中采购目录以内或者采购限额标准以上的货物、工程、服务采购均应当公开采购意向。

2. 政府采购意向公开的主要内容

采购意向公开的内容应当清晰完整，具体应包括以下几点。

（1）采购项目的名称。

（2）采购需求概况。应当包括采购标的名称，采购标的需实现的主要功能或目标，采购标的数量，以及采购标的需满足的质量、服务、安全、时限等要求。

（3）预算金额。

（4）预计采购时间。

（5）其他需要说明的情况。

采购意向仅作为供应商了解各采购人初步采购安排的参考，采购项目实际采购需求、预算金额和执行时间以采购人最终发布的采购公告和采购文件为准。

四、政府采购意向公开的依据

部门预算批复前公开的采购意向，以部门预算"二上"内容为依据；部门预算批复后公开的采购意向，以部门预算为依据。预算执行中新增采购项目应当及时公开采购意向。

五、政府采购意向公开的时间

采购意向由预算单位定期或不定期公开。采购意向公开时间应当尽量提前，原则上不得晚于采购活动开始前30日公开采购意向。因预算单位不可预见的原因急需开展的采购项目，可不公开采购意向。

六、高校政府采购意向公开操作流程

以湖北某高校政府采购意向公开流程为例，具体流程如下。

（1）业务承办部门按照《政府采购意向公告》格式要求，填写所在部门需进行公开的采购意向。

（2）业务承办部门在每月规定的时间内，将拟公开的采购意向报送采购管理部门审核。

（3）采购管理部门审核通过后，汇总当月需公开的采购意向，在政府采购系统中进行申报。

政府采购意向公告

（单位名称）____年____（至）____月政府采购意向

为便于供应商及时了解政府采购信息，根据《财政部关于开展政府采购意向公开工作的通知》（财库〔2020〕10号）等有关规定，现将（单位名称）____年（至）____月采购意向公开如下。

序号	采购项目名称	采购需求概况	预算金额（万元）	预计采购时间（填写到月）	备注
	（填写具体采购项目的名称）	（填写采购标的名称，采购标的需实现的主要功能或目标，采购标的数量，以及采购标的需满足的质量、服务、安全、时限等要求）	（精确到万元）	（填写到月）	（其他需要说明的情况）
	……				
	……				

本次公开的采购意向是本单位政府采购工作的初步安排，具体采购项目情况以相关采购公告和采购文件为准。

（单位名称）

年　月　日

选自财政部办公厅《关于印发〈政府采购公告和公示信息格式规范（2020年版）〉的通知》（财办库〔2020〕50号）

本书所称的"采购文件"，是指招标项目中的招标文件，非招标项目中的磋商文件、谈判文件、询价通知书等。

本书所称的"投标（响应）文件"，是指招标项目中的投标文件，非招标项目中的响应文件。

招标项目中的投标人和非招标项目中的供应商，非单独介绍招标项目时，本书统称为"供应商"；谈判小组、磋商小组及询价小组，下文统称为"评审小组"。

第三章 政府采购进口产品管理

为推动和促进自主创新政府采购政策的实施,规范进口产品政府采购行为,财政部出台了《政府采购进口产品管理办法》(财库〔2007〕119号)(以下简称《进口产品管理办法》)、《关于政府采购进口产品管理有关问题的通知》(财办库〔2008〕248号)、《关于简化优化中央预算单位变更政府采购方式和采购进口产品审批审核有关事宜的通知》(财办库〔2016〕416号)等规定,对采购进口产品的行为进行规范。

第一节 政府采购进口产品的认定及管理

一、进口产品的认定

进口产品是指通过中国海关报关验放进入中国境内且产自关境外的产品。

1. 关于关境和海关特殊监管区域产品认定

根据《中华人民共和国海关法》(以下简称《海关法》)的规定,我国现行关境是指适用《海关法》的中华人民共和国行政管辖区域,不包括香港、澳门和台湾金马等单独关境地区。

保税区、出口加工区、保税港区、珠澳跨境工业区珠海园区、中哈霍尔果斯国际边境合作中心中方配套区、综合保税区等区域,为海关特殊监管区域,这些区域仅在关税待遇及贸易管制方面实施不同于我国关境内其他地区的特殊政策,但仍属于中华人民共和国关境内区域,由海关按照海关法实施监管。因此,凡在海关特殊监管区域内企业生产或加工(包括从境外进口料件)销往境内其他地区的产品,不作为政府采购项下的进口产品。对从境外进入海关特殊监管区域,再经办理报关手续后从海关特殊监管区进入境内其他地区的产品,应当认定为进口产品。

2. 关于已在境内多次流转进口产品认定

对经过多次流转、无法提供报关单证的产品,应按照以下方法进行查证。

(1) 通过正常渠道进口的产品,无论在境内流转多少次,尽管中间商业环节没有保留进口报关单证,但通过层层倒推,最终可以找到进口代理商或者进口收货人,从而可以向海关查询进口报关记录。这种方法一般适用于生产设备、机械、汽车等大宗商品。

(2) 通过走私违法方式进口的产品,由于未进行进口申报,不存在进口报关记录,因此,应当通过商品或者其包装上的原产地标识等其他证据来间接证明其为境外生产的产品。

二、政府采购进口产品管理规定

《进口产品管理办法》第七条规定,采购人需要采购的产品在中国境内无法获取或者无法以合理的商业条件获取,以及法律法规另有规定确需采购进口产品的,应当在获得财政部门核准后,依法开展政府采购活动。

《进口产品管理办法》的适用范围为,各级国家机关、事业单位和团体组织使用财政性资金采购省级以上人民政府公布的政府集中采购目录以内或者采购限额标准以上的进口产品。

《进口产品管理办法》规定的国家限制进口产品,是指商务部、发展改革委、科技部等部门制定的相关目录。采购人采购产品属于国家限制进口产品时,除需要向设区的市、自治州以上人民政府财政部门出具专家论证意见外,还要同时出具产品所属行业主管部门的意见,其中,产品属于国家限制进口的重大技术装备和重大产业技术的,应当出具发展改革委的意见;属于国家限制进口的重大科学仪器和装备的,应当出具科技部的意见。当采购人的行政主管部门也是采购产品所属行业主管部门时，以产品所属行业主管部门出具意见。当采购人的行政主管部门与采购产品所属行业主管部门不一致时，仍以产品所属行业主管部门出具的意见为有效意见。

《关于政府采购进口产品管理有关问题的通知》（财办库〔2008〕248号）中规定了政府采购进口产品管理的执行问题。采购人采购进口产品时，必须在采购活动开始前向财政部门提出申请并获得财政部门审核同意后，才能开展采购活动。在采购活动开始前没有获得财政部门同意而开展采购活动的，视同为拒绝采购进口产品，应当在采购文件中明确作出不允许进口产品参加的规定。未在采购文件中明确规定不允许进口产品参加的，也视为拒绝进口产品参加。采购活动组织开始后才报经财政部门审核同意的采购活动，属于违规行为。

财政部门审核同意购买进口产品的，应当在采购文件中明确规定可以采购进口产品，但如果因信息不对称等原因，仍有满足国内产品要求参与采购竞争的，采购人及其委托的采购代理机构不得对其加以限制，应当按照公平竞争原则实施采购。

2016年，财政部出台了《关于完善中央单位政府采购预算管理和中央高校、科研院所科研仪器设备采购管理有关事项的通知》（财库〔2016〕194号），提出对中央高校、科研院所采购进口科研仪器设备实行备案制管理。文件规定，中央高校、科研院所采购进口科研仪器设备，应按规定做好专家论证工作，参与论证的专家可自行选定，专家论证意见随采购文件存档备查。中央高校、科研院所通过采购计划系统对采购进口科研仪器设备进行备案，可单次或分次批量在采购计划系统"中央高校、科研院所科研仪器设备进口"模块中编制采购计划。

各省随后均发布了高校和科研院所科研仪器设备采购进口管理有关事项的通知，如北京市财政局《关于完善北京市政府采购进口产品管理工作有关问题的通知》、上海市财政局《关于完善本市市属高校和科研院所科研仪器设备采购管理有关事项的通知》、湖北省财政厅《关于进一步做好省属高校政府采购有关工作的通知》等，均明确所属高校采购进口科研仪器设备实行网络备案制。

财政部《关于印发〈政府采购需求管理办法〉的通知》（财库〔2021〕22号）（以下简称《政府采购需求管理办法》）规定，采购进口产品的项目应当开展需求调查。

第二节　高校政府采购进口产品管理

高校在采购进口科研仪器前应完成进口产品需求调查、进口产品论证及备案等工作，并且需依照《政府采购需求管理办法》的要求，编制项目采购需求和采购实施计划。

一、进口产品需求调查

根据《政府采购需求管理办法》第十一条规定，采购进口产品的项目还需面向市场主体开展需求调查。

采购人可以通过咨询、论证、问卷等方式开展需求调查，了解相关产业发展、市场供给、同类采购项目历史成交信息，可能涉及运行维护、升级更新、备品备件、耗材等后续采购，以及其他相关情况。

在进口产品专家论证和审核（备案）时，需对拟采购的进口产品是否在中国境内无法获取或者无法以合理的商业条件获取做出说明，因此，当对进口产品进行需求调查时，需重点关注产品的市场供给情况。

进口产品需求调查表及调查意见反馈表举例如下。

×××××产品需求调查函

×××××公司：

一、调查背景

A 高校×××××项目涉及×××××产品采购，为了更好地了解相关产品的市场供给情况，现就×××××等产品向贵单位进行需求调查。

二、调查产品主要技术要求

序号	采购产品	数量	主要技术指标/参数
1	×××××	××台	×××××

三、调查内容

1. 采购产品主要技术参数的合理性、准确性。
2. 贵单位同类产品生产、供给情况及相关技术参数。

3. 其他建议。

四、调查意见反馈截止时间

请贵单位参照《调查意见反馈表》的格式，于20××年××月××日之前，将《调查意见反馈表》及相关材料反馈至A高校。

五、联系方式

联系单位：A高校

联系人：×××

联系电话：××××××××

调查意见反馈表

采购产品名称		
市场主体名称	（盖章）	
调查意见		
技术参数 是否合理、 引用标准 是否准确	□ 是	□ 该产品在国内有生产，且相关技术指标、性能已达到行业主管部门对质量及安全性的相关要求。 对应产品的技术参数： □ 该产品在国内有生产，且相关技术指标、性能未达到行业主管部门对质量及安全性的相关要求。 不满足的技术参数： □ 该产品在国内没有生产。
	□ 否	具体原因： 证明材料：
其他意见和建议 （如有）		
联系方式	联系人： 电话： 邮箱：	

注：调查意见反馈表仅作为参考，市场主体可根据具体情况或能更好地体现反馈意见的格式进行调整或另附页。

二、进口产品的论证

高校采购的进口产品属于财政部门公布的年度政府采购进口产品清单内的,不需要高校再组织专家论证。高校申请采购国家限制进口产品和其他进口产品,应自行组织专家对进口产品申请理由进行充分论证。

1. 组成论证专家组

进口产品专家论证意见原则上由采购人自行组织,论证专家组应当由5人以上单数组成,其中必须包括1名法律专家,产品技术专家应当为非本单位并熟悉拟采购进口产品的专家,并且与采购人或采购代理机构没有经济和行政隶属等关系。采购人代表不得作为专家组成员参与论证。

因进口产品论证与采购文件评审不同,进口产品论证专家可以不从财政部门建立的专家库中抽取专家作为进口产品论证专家,凡从财政部门专家库中抽取的专家,应当告知被抽取专家的论证内容和相应的责任。财政部门应当制定相应的论证专家考核标准和监督方案,加强对论证专家的管理,确保论证意见科学准确,原则上不得组织其专家参与论证工作。专家出具不实论证意见的,按照有关法律规定追究其法律责任。参与论证的专家不得作为采购评审专家参与同一项目的采购评审工作。

2. 论证资料

采购人组织专家论证时,应提供下列材料供专家出具论证意见时参考。

(1) 有关限制进口产品的国家法律法规政策文件复印件。

(2)《进口产品采购明细》(拟采购产品的名称、具体技术指标、功能需求、数量、金额)。

(3) 申请政府采购进口产品的理由,包括采购人工作需求要达到的具体技术指标、功能需求或商业条件,拟采购的进口产品国内没有或国产产品能满足的具体技术指标、功能需求或商业条件,拟采购的进口产品能达到的具体技术指标、功能需求或商业条件的比对资料。

(4) 进口产品需求调查报告。

3. 出具论证意见

专家组应根据采购人提供的材料进行论证,填写《政府采购进口产品专家论证意见》,并签字确认。专家组论证意见应包括下列内容。

(1) 拟采购的进口产品符合《进口产品管理办法》第三条以及《关于政府采购进口产品管理有关问题的通知》二、三的认定情形。

(2) 拟采购的进口产品是否属于国家限制进口的产品。

(3) 拟采购的进口产品在中国境内无法获取或者无法以合理的商业条件获取。

(4) 拟采购的进口产品国内有同类产品且具体技术指标、功能需求不满足科研、监测、检测、卫生、技侦等领域工作需求的,应针对产品的具体技术指标、功能需求逐项论证并出具明确的论证意见。

(5) 论证意见符合政府采购进口产品管理的相关规定。

政府采购进口产品专家论证意见

一、基本情况	
申请单位	
拟采购产品名称	
采购产品金额	
采购项目所属项目名称	
采购项目所属项目金额	
二、申请理由	
□ 1. 中国境内无法获取:	
□ 2. 无法以合理的商业条件获取:	
□ 3. 其他:	
原因阐述:	
三、专家论证意见	
专家签字: 年 月 日	

选自财政部《政府采购进口产品管理办法》(财库〔2007〕119号)。

三、高校政府采购进口产品的备案

2016年11月,财政部发布《关于完善中央单位政府采购预算管理和中央高校、科研院所科研仪器设备采购管理有关事项的通知》(财库〔2016〕194号),通知规定,对中央高校、科研院所采购进口科研仪器设备实行备案制管理。此后,部分省、市主管部门也相继出台政策,优化高校采购进口产品的审批管理工作。

以湖北省为例,根据《关于进一步做好省属高校政府采购有关工作的通知》(鄂财函〔2017〕214号)的规定,省属高校采购进口仪器设备实行网络备案制。省属高校采购进口仪器设备时,应按照《省财政厅关于加强政府采购进口产品管理的通知》(鄂财函〔2016〕98号)的要求,预算执行时,在"政府采购管理系统"中上传"政府采购进口产品申请报告""政府采购进口产品申请表""政府采购进口产品所属行业主管部门意见""政府采购进口产品专家论证意见"、关于鼓励进口产品的国家法律法规政策文件复印件或省级政府采购进口产品清单等。

政府采购进口产品申请表

申请单位	
申请文件名称	
申请文号	
采购产品名称	
采购产品金额	
采购项目所属项目名称	
采购项目所属项目金额	
项目使用单位	
项目组织单位	
申请理由	盖章 年　月　日

选自财政部《政府采购进口产品管理办法》(财库〔2007〕119号)。

《进口产品管理办法》规定的国家限制进口产品,是指商务部、发展改革委、科技部等部门制定的相关目录。采购人采购产品属于国家限制进口产品的,除需要向设区的市、自治州以上人民政府财政部门出具专家论证意见外,还要同时出具产品所属行业主管部门的意见,其中,产品属于国家限制进口的重大技术装备和重大产业技术的,应当出具发展改革委的意见;属于国家限制进口的重大科学仪器和装备的,应当出具科技部的意见。当采购人的行政主管部门也是采购产品所属行业主管部门时,以产品所属行业主管部门出具意见。当采购人的行政主管部门与采购产品所属行业主管部门不一致时,仍以产品所属行业主管部门出具的意见为有效意见。

政府采购进口产品所属行业主管部门意见

一、基本情况	
申请单位	
拟采购产品名称	
拟采购产品金额	
采购项目所属项目名称	
采购项目所属项目金额	
二、申请理由	
□ 1. 中国境内无法获取:	
□ 2. 无法以合理的商业条件获取:	
□ 3. 其他:	
原因阐述:	
三、进口产品所属行业主管部门意见	

选自财政部《政府采购进口产品管理办法》(财库〔2007〕119号)。

第四章 政府采购需求管理

2021年,财政部印发了《政府采购需求管理办法》(财库〔2021〕22号),主要内容包括总则、采购需求、采购实施计划、风险控制、监督检查与法律责任和附则。该办法的颁布实施,为规范政府采购需求管理提供了依据和指导。

第一节 政府采购需求管理的内涵

一、政府采购需求管理概述

政府采购的范畴涵盖了采购的整个环节。传统的"政府采购"概念,还停留在从发布采购公告到签订合同的这一阶段。为保障政府采购向前后端加强管控,政府采购由传统的"梭形"转变成"沙漏形",由"重程序"发展为全过程管理,政府采购需求管理应运而生。

政府采购需求管理,是指采购人组织确定采购需求和编制采购实施计划,并实施相关风险控制管理的活动。采购需求管理主要包括采购需求调查、采购需求编制、采购实施计划编制、采购需求和采购实施计划审查等。

《政府采购需求管理办法》明确了"采购前""采购后"对采购需求管理的主要任务,并对采购需求的编制、采购实施计划的确定、风险控制等作了细化规定。采购前包括采购预算编制、采购意向公开、进口产品备案或审批、采购需求和采购实施计划的编制和审查等；采购后包括政府采购合同的签订、履约验收、绩效评价等。

二、确定采购需求的原则

采购需求，是指采购人为实现项目目标，拟采购的标的及其需要满足的技术、商务要求。技术要求是指对采购标的的功能和质量要求，包括性能、材料、结构、外观、安全，或者服务内容和标准等。商务要求是指取得采购标的的时间、地点、财务和服务要求，包括交付（实施）的时间（期限）和地点（范围）、付款条件（进度和方式）、包装和运输、售后服务、保险等。

采购人对采购需求管理负有主体责任，按照《政府采购需求管理办法》的规定开展采购需求管理各项工作，对采购需求和采购实施计划的合法性、合规性、合理性负责。主管预算单位负责指导本部门采购需求管理工作。

在政府采购过程中，政府采购单位和采购人员应当遵循以下基本原则。

1. 合规性原则

采购需求应当符合法律规定、政府采购政策和国家有关规定，符合国家的强制性标准，遵循预算、资产、财务等相关管理制度，符合采购项目特点和实际要求。

2. 完整性原则

编制采购需求应明确项目的所有技术、商务要求。此外，功能和质量指标的设置也要充分考虑到可能影响供应商报价和项目实施的风险因素。

3. 明确性原则

采购需求应当客观，量化指标应当明确相应等次，有连续区间的按照区间划分等次。需由供应商提供设计方案、解决方案或者组织方案的采购项目，应当说明采购标的的功能、应用场景、目标等基本要求，并尽可能明确其中的客观、量化指标。

第二节　高校政府采购需求管理

一、高校政府采购需求的特点

高校政府采购活动一般规模较大，涉及资金和人员较多，对于整个高校的正常运行至关重要，如何建立健全高校政府采购体制，完善监督管理机制，促使高校政府采购趋于合法化、规范化，不断提高财政资金使用效率，发挥政府采购的优势和作用，将对促进整个政府采购体制的改革具有重要意义。

高校不同于行政机关和其他事业单位，因其特殊性，高校政府采购项目需求具有其特点。

1. 需求多元化

高校涉及的行业领域较广，包括教学、科研、后勤等多个方面，且采购需求通常长期稳定，如大型仪器设备、办公家具等，一般会使用数年甚至更长时间，需要进行定期维修和更新。

2. 专业创新性

高校政府采购需求具有一定的专业性和创新性。为满足教学和科研的需要，提高学校的教学质量和科研水平，推动学校的发展，高校往往需要购买一些专业和创新性的实验设备与软件。

3. 社会责任性

高校政府采购需求也要考虑社会责任和可持续发展因素，比如环境保护、能源节约、人才培养等方面的要求。

二、高校政府采购需求管理的途径

1. 采购需求和采购实施计划的编制

明确需求编制的责任部门，是顺利开展采购需求编制、采购实施计划拟定以及组织招标采购的重要前提和保障。高校政府采购需求编制的责任部门一般为项目采购标的的使用部门，或称之为"需求部门"，如基建部门负责学校的基建工作，后勤部门负责学校的物业管理、食堂管理等工作，保卫部门负责学校的安保工作，教务部门负责学校的教学保障工作，网络信息化部门负责学校的信息化建设工作，各级院、系负责本学院的教学、科研保障工作等。

《政府采购需求管理办法》第二十八条规定，采购人可以自行组织确定采购需求和编制采购实施计划，也可以委托采购代理机构或者其他第三方机构开展。无论是自行完成还是委托完成编制工作，采购人是采购需求编制的责任主体。

1) 自行编制

采购人应当根据年度工作计划、项目评审及预算资金安排等情况，协调单位内部相关部门，确定本年度内需要采购的货物、服务和工程项目，并明确具体采购标的。采购人自行编制采购需求的，应做好充分的采购需求调查工作，采购需求调查可将必要的市场调研、采购需求预公示和征求专家意见等方式有效结合起来。

采购人自行编制需求满足以下条件。

（1）具备专业的技术人员。

涉及的专业包括项目本身所属专业、政府采购相关专业，以及完成政府采购合同所涉及的法律、经济等专业。

（2）具备完善的风险内控机制。

采购人内部应建立完善的政府采购内控管理制度。将政府采购内部控制管理贯穿于政府采购执行与监管的全流程、各环节，全面控制，重在预防。抓住关键环节、关键岗位和重大风险事项，从严管理，重点防控。

2) 委托第三方机构编制

采购人可委托采购代理机构或者其他第三方机构开展采购需求和采购实施计划的编制工作，接受委托的采购代理机构或其他第三方机构需具备以下条件。

（1）具有履行合同所必需的专业技术能力。

第三方机构应具备完成政府采购项目采购需求和采购实施计划编制的专业技术人员。应包括但不限于：① 政府采购从业人员。熟练掌握和运用政府采购相关法律法规及操作流程等。② 咨询专业人员。采购需求和采购实施计划编制需要以充分的市场调查和分析为前提，咨询工程师可为本环节工作提供技术保障。③ 法律专业人员。采购需求中涉及项目商务要求，采购实施计划包含合同文本的主要条款，需明确政府采购合同双方权利和义务。不同于传统的政府采购模式，《采购需求管理办法》中要求，合同文本的主要条款需在采购文件中明确，因此将合同编制及审查工作前置化，在前期采购需求和采购实施计划编制时，法律专业人员应严格把关。④ 预（概）算编制和审查专业人员。政府采购项目在前期编制预算时仅完成资金的分配工作，经市场调查分析和采购需求的逐步完善，专业人员可对项目预（概）算进行更准确的编制和审查，让项目资金的使用更加明朗，除项目预算外，还可更准确地设置项目或采购包的最高限价。

（2）具有类似高校政府采购项目的相关经验。

高校政府采购项目大多类似，如后勤管理中的物业管理、食堂管理，资产管理中的学生宿舍家具采购，基建管理中的学生宿舍零星维修，教学管理中的教学、科研设备采购等，在各高校中都是政府采购项目的重要组成部分。承担高校政府采购项目采购需求和采购实施计划编制工作的机构，需有丰富的高校采购项目实施经验，可为高校提供专业化的建议。

（3）具备数据丰富的政府采购咨询数据库。

开展政府采购咨询尤其是采购需求编制，通常需要大量的市场调查数据做支撑。机构通过政府采购网等平台查询既往项目信息，通过企业官网、电商平台等渠道查询产品的配置、市场价格等，从而形成专业的咨询数据库。政府采购咨询数据库至少包括历史项目数据模块、供应商信息数据模块、产品信息数据模块和咨询专家信息模块等。

（4）具备完善的内控管理制度。

编制采购需求和采购实施计划，需要精通政府采购相关法律法规、合同管理以及项目管理知识，同时能够根据采购人的采购目标，协调各专业形成符合要求的采购需求。机构应当建立多级审核机制，确保采购需求和采购实施计划的编制质量。此外，还应建立完善的廉政风险机制，确保咨询成果的公平性和公正性。

2. 采购需求和采购实施计划的审查

采购人应当建立审查工作机制，在采购活动开始前，针对采购需求管理中的重要风险事项，对采购需求和采购实施计划进行审查。对于审查不通过的，应当修改采购需求和采购实施计划的内容并重新进行审查。

1）内部审查

审查工作机制成员应当包括本部门、本单位的采购、财务、业务、监督等内部机构。

2）外部审查

采购人可根据本单位的实际情况，建立相关专家和第三方机构参与审查的工作机制。参与确定采购需求和编制采购实施计划的专家和第三方机构不得参与审查。属于《政府采购需求管理办法》第十一条规定范围的采购项目，合同文本应当经过采购人聘请的法律顾问审定。

第三节 高校政府采购需求编制

在编制采购需求前，采购人需明确需求编制主体、确定项目采购目标、明确采购内容。采购需求应当符合法律法规、政府采购政策和国家有关规定，符合国家强制性标准，遵循预算、资产和财务等相关管理制度规定，符合采购项目特点和实际需要。采购需求应当依据部门预算（工程项目预（概）算）确定。确定采购需求应当明确实现项目目标的所有技术、商务要求，功能和质量指标的设置要充分考虑可能影响供应商报价和项目实施风险的因素。

一、采购需求调查

采购人在确定采购需求前，应根据项目情况开展需求调查，了解相关产业发展、市场供给、同类采购项目历史成交信息，可能涉及运行维护、升级更新、备品备件、耗材等后续采购，以及其他相关情况。

1. 采购需求调查的意义

采购需求调查有利于采购人了解采购项目的市场状况、行业形势、采购可能涉及的后续工作等；有利于采购人更有针对性地提出最大化满足采购目标的采购需求；有效避免采购需求中以不合理的条件对供应商实行差别待遇或者歧视待遇的情形；帮助采购人形成清楚明确、合规完整的采购需求；有利于对后续实施过程中采购风险的有效控制。

2. 采购需求调查的范围

《政府采购需求管理办法》第十一条规定，以下范围内的采购项目，应当按规定的要求开展需求调查。

（1）1000万元以上的货物、服务采购项目，3000万元以上的工程采购项目。

（2）涉及公共利益、社会关注度较高的采购项目，包括政府向社会公众提供的公共服务项目等。

（3）技术复杂、专业性较强的项目，包括需定制开发的信息化建设项目、采购进口产品的项目等。

（4）主管预算单位或采购人认为需要开展需求调查的其他采购项目。

编制采购需求前一年内，采购人已就相关采购标的开展过需求调查的可以不再重复开展。

对采购项目开展可行性研究等前期工作中，已包含《政府采购需求管理办法》规定的需求调查内容的，可以不再重复调查。以工程项目为例，依法招标的工程项目，一般都进行过可行性研究，若其已含有按规定开展需求调查的内容，则可以不再进行需求调查。对在可行性研究等前期工作中未涉及的部分，应当按照规定开展需求调查。

《政府采购需求管理办法》第十一条规定范围以外的采购项目可以不强制要求开展采购需求调查。采购人认为有必要开展的也可以进行采购需求调查。

3. 采购需求调查的方式

采购人在确定采购需求前，可以通过咨询、论证和问卷调查等方式开展需求调查。采购人可自行开展需求调查，也可委托包括采购代理机构在内的第三方机构开展此项工作。开展需求调查的方式可选择其中一种，也可以根据项目需要多种方式相结合。

1）咨询

通过向相关专业咨询机构、业内专家、代表性供应商等渠道了解行业发展状况、代表性产品、功能特点、价格等需求调查所需内容。其中，专业咨询机构将可依托其专业、人才及信息化优势为采购人提供专业的政府采购咨询服务。

2）论证

邀请与采购项目相配适的专家，召开专家论证会，对采购需求调查内容进行论证。参与采购需求调查论证的专家除专业技术知识外，还应熟悉采购标的的市场供应情况。

3）问卷调查

根据采购项目特点设置相关问题进行线上或线下的市场调查，收集与项目契合度较高的信息指标。

4. 采购需求调查的内容

（1）采购项目产业发展状况：调查采购项目市场背景和发展状况。

（2）采购项目市场供给情况：以货物为例，从市场主要参与者入手调查 3 家及以上供应商，了解供应商品牌、业务覆盖范围、产品出货量、市场占有率等信息，对比数据进行分析。

(3) 采购同类项目的历史成交信息：在市级及以上的政府采购信息发布平台收集同类项目成交信息，包括但不限于其他高校采购类似项目的标的、采购方式及中标金额等内容。

(4) 采购项目可能涉及的运行维护、升级更新、备品备件、耗材等后续采购：了解项目可能发生的后续采购，以信息化服务项目为例，一个数据中心升级扩容项目采购后期可能会涉及服务器和存储运行维护、虚拟化平台和操作系统运维服务、数据库运维服务、机房环境运维服务、驻场服务等后续采购。

(5) 采购项目需要调查的其他情况：如调查潜在供应商是否为中小微企业、采购产品是否为环保节能产品等。

为规范实际需求调查工作，可按照采购项目具体情况编制采购需求调查表。以货物为例，可汇总3家及以上供应商的品牌、型号、产品用户名单、历史成交信息、质保期、维保费用、升级更新、配件、耗材情况等信息。

采购需求调查样表示例

项目名称		预算金额		经费来源	
申请单位		数量			
需求简述					
需求调查方式	☐ 现场考察 ☐ 咨询 ☐ 问卷调查 ☐ 论证，专家清单： ☐ 第三方咨询机构，咨询机构名称： ☐ 其他				
调研内容	调研产品1		调研产品2		调研产品3
厂商名称	公司1		公司2		公司3
品牌（型号）	品牌（及型号）1		品牌（及型号）2		品牌（及型号）3
进口/国产					

续表

历史成交价/万元			
保修时间（年）			
出保后的整机维保价格/（万元/年）			
保修期内免费保养次数			
是否提供软硬件免费升级更新			
能否提供设备停产后≥3年备件供应期			
主要配件报价			

续表

有无配套耗材			
采购需求调查小结报告			

类似项目历史成交信息样表示例　　　　　　　　　　　　单位：万元

项目名称	采购人	中标金额	中标人	采购日期
智慧教学及精品课程资源建设项目	湖南省H大学	×××	湖南××教育科技有限公司	2021.09
精品课程资源合作开发项目	湖北G学院	×××	北京××在线教育科技股份有限公司/武汉××教育科技有限公司/武汉××科技有限公司	2021.08
2021年数字教材及精品在线课程建设项目	安徽×大学	×××	安徽××文化传播有限公司/北京××教育科技有限公司/××出版社有限公司/合肥××信息技术有限公司	2021.08
2021年度在线开放课程建设项目	北京B学院	×××	北京××在线教育科技股份有限公司/北京××传播有限公司/北京××文化传媒有限公司	2021.08
财经商贸及计算机特色专业资源和精品课程	山西S大学	×××	山西××软件有限公司	2021.02
旅游服务专业群资源和精品课程	四川K学院	×××	上海××软件开发有限公司	2021.01

采用面向市场主体进行需求调查的，可参考以下需求调查函样本。

需求调查函示例

为确保采购需求能够明确实现项目目标的所有技术、商务要求，确保功能和质量指标的设置能够充分考虑可能影响供应商报价与项目实施风险的因素，保障后续项目采购顺利实施，现对项目采购需求面向市场主体进行需求调查。

一、项目基本情况

×××××

二、征集意见表

潜在供应商调查意见征集表

声明：本调查意见征集表仅为获悉潜在供应商对本项目的主要采购需求的反馈意见之用，贵方对此采购需求的反馈意见不作为贵方参与本项目的承诺，但我们仍建议贵方本着审慎的原则提供真实、准确的信息，提供合理性和建设性建议。我们在此承诺，将对此反馈意见承担严格保密责任，并将获悉本信息的人员限制在最小范围。

项目名称		
潜在供应商名称		（盖章）
设备1		意见和建议：
设备2		意见和建议：
询价价格		
设备1		
设备2		
其他需说明事项	交货期	意见和建议：
	其他（如有）	意见和建议：
联系方式		联系人： 电话： 邮箱：

三、调查意见征集截止时间

请潜在供应商参照《潜在供应商意见征集表》，于____年____月____日____时之前，将意见征集表电子文档（加盖单位公章的扫描件和 Word 版本）发送至邮箱_____。

四、调查征集意见说明

1. 本次市场调查征集的意见如被采纳，将会对现项目采购需求进行调整和修改，以确定最终的项目采购需求。

2. 参与本次调查征集意见的潜在供应商并不会因此在本项目正式采购中得到特别的优待；即使未参加调查征集意见的潜在供应商仍然有资格参与本项目采购活动。

3. 潜在供应商也不会因参与调查征集意见提出问题而遭到采购人的歧视，请潜在供应商充分表述对推进本项目实施的合理性和建设性建议。

五、联系方式

采购人（采购咨询机构）：_____

联系人：_____

联系电话：_____

采购人：_____
咨询机构：_____
____年____月____日

二、采购需求编制

政府采购项目分为货物、服务和工程三类，因采购标的的不同，采购需求的内容、表述方法及编制要点也不尽相同。

1. 政府采购货物类项目

政府采购法中所称货物，是指各种形态和种类的物品，包括原材料、燃料、设备、产品等。因此，货物采购项目的标的一般是有型的物体。

货物类项目采购需求的技术要求通常是对货物的形态、功能和质量要求的描述，包括货物的用途、外观和规格、性能指标、材料和结构、安全指标、节能环保指标和要求等内容。国家对货物的市场准入和质量标准等有强制要求的，还应提出有关认证、检测报告等要求。

货物类项目采购需求编制需注意以下事项。

1) 资产配置标准必须符合要求

高校资产必须按照资产配置标准，对所采购货物的品目、数量、价格、使用年限、技术标准及其他标准等指标做限额规定，在编制项目采购需求时，上述指标可采用上限标准、区间标准、下限标准或其他适宜的形式。资产配置标准应当遵循保障履职需要、厉行节约和相对稳定的原则制定，并根据国家有关政策、社会经济发展水平、市场价格变化和技术进步等因素适时调整。

【小贴士】

【问】经过公开招标后，中标单位的很多单价超过《中央行政单位通用办公设备家具配置标准》，如何处理？是否需要重新招标？

【答】根据第87号令规定，招标文件的内容不得违反法律、行政法规、强制性标准、政府采购政策，采购人、采购代理机构应在采购文件按照《中央行政单位通用办公设备家具配置标准》对通用办公设备家具设定最高限价。投标供应商报价超过最高限价规定的，应作无效处理。

（信息来源中国政府采购网）

2) 必须落实政府采购政策

根据政府采购法律、行政法规及规范性文件的有关规定，采购项目需要落实的政府采购政策包括以下几方面。

（1）预留采购份额、价格评审优惠、优先采购和强制采购政策。

在政府采购活动中，供应商提供的货物由中小企业制造，即货物由中小企业生产且使用该中小企业商号或者注册商标的，享受中小企业扶持政策，供应商提供的货物既有中小企业制造货物，也有大型企业制造货物的，不享受中小企业扶持政策。监狱企业、残疾人福利性单位视同小型和微型企业，同样享受政府采购促进中小企业发展的政府采购政策。

财政部 发展改革委 生态环境部 市场监管总局《关于调整优化节能产品、环境标志产品政府采购执行机制的通知》（财库〔2019〕9号）规定，依据品目清单和认证证书实施政府优先采购和强制采购。采购人拟采购的产品属于品目清单范围的，采购人及其委托的采购代理机构应当依据国家确定的认证机构出具的、处于有效期之内的节能产品、环境标志产品认证证书，对获得证书的产品实施政府优先采购或强制采购。

【小贴士】

【问】《政府采购促进中小企业发展管理办法》在实际操作中，是否这样把握。

（1）未专门面向中小企业采购的货物采购项目，不区分投标企业性质，只按照所投产品生产商性质执行价格评审优惠。

（2）专门面向中小企业采购的项目，只按照投标企业性质确定投标资格，不再针对所投产品生产商性质执行价格评审优惠的扶持政策。在回复里有一个核心问题未解决：对货物类项目，如专门面向中小企业采购，是否只要投标人为中小微企业就可以？是否要追溯到投标的货物制造商亦均为中小企业（如100件商品，对应100家制造商均为中小企业）？如投标人为中小企业，但货物制造商不全是中小企业，是否投标人不具备政策上的资格要求而为无效标？

【答】按照《政府采购促进中小企业发展管理办法》（财库〔2020〕46号）规定，在货物采购项目中，货物由中小企业制造（货物由中小企业生产且使用该中小企业商号或者注册商标）的，可享受中小企业扶持政策。如果一个采购项目或采购包含有多个采购标的，则每个采购标的均应由中小企业制造。

【问】专门面对中小企业采购的货物项目，除生产商必须是中小企业外，投标商是否也必须是中小企业？

【答】按照《政府采购促进中小企业发展管理办法》规定，在政府采购项目中，货物由中小企业制造可享受中小企业扶持政策，对投标企业性质不作要求。

（2）政府采购进口产品管理政策。

高校如需采购进口产品，必须按照进口产品管理办法的要求完成进口产品备案手续。如果因信息不对称等原因，仍可能有满足需求的国内产品要求参与采购竞争的，采购人及其委托的采购代理机构不得对其加以限制，应当按照公平竞争原则实施采购，因此在编制项目采购需求时，不得排斥国内产品参与竞争。

3）采购标的物名称、计量单位等使用必须规范

标的物命名不规范，将俗称或简称代替货物名称。如医疗设备中"B超""CT机"等，应当采用官方发布的标准名称，例如：CT可使用海关颁布的具有唯一ID标识的商品名称，进口HS编号为9022120000的"X射线计算机断层扫描装置"或国家药品监督管理局注册证产品名称"X射线计算机体层摄影设备"。

如约定采购标的的数量为"一套"，则需在采购需求中明确"一套"包含的具体内容，以免引起歧义。

4）采购需求设置必须合理、客观及准确

技术、商务等条款设置应当清晰、明确、无歧义，不得设立歧视性条款或不合理的要求排斥潜在供应商。

采购人、采购代理机构一般不得要求供应商提供样品，仅凭书面方式不能准确描述采购需求或者需要对样品进行主观判断以确认是否满足采购需求等特殊情况除外。要求供应商提供样品的，应当在采购需求中明确规定样品制作的标准和要求、是否需要随样品提交相关检测报告、样品的评审方法以及评审标准。需要随样品提交检测报告的，还应当规定检测机构的要求、检测内容等。

采购需求描述应当清楚明了、规范表述、含义准确，能够通过客观指标量化的应当量化。

请看下面的案例。

> 某高校发布竞争性磋商公告，对报告厅进行智能化改造。A公司在获取采购文件后提出质疑，因对质疑答复不满意，向当地财政部门提起投诉。A公司认为，采购标的技术参数设置具有指向性和排他性。
>
> 当地财政部门对该项目技术参数审查发现，采购文件对智能化设备、材料设定了参考品牌，如LED大屏参考品牌为"LJ、LP、TH"，并注明"以上品牌均应为原厂正牌产品，上述材料承包人必须从厂家（不含联营厂）或一级代理商处采购……材料进场前，需经采购人及使用单位认可。非发包人指定品牌的材料……应选用市场上应用较广泛的高质量、高信誉知名产品，并在投标文件中明确产品品牌及品牌档次"。
>
> 财政部门认为，本项目采购文件具有排他性和指向性，属于《政府采购法实施条例》第二十条第（六）项"限定或者指定特定品牌"，投诉事项成立，责令修改采购文件，重新开展采购活动。

政府采购文件不宜编制"参考品牌"。"参考品牌"具有一定的指向性和排他性，违反了政府采购公平竞争的原则。采购人可以在确定采购需求前，通过咨询、论证、问卷调查等方式开展需求调查，了解相关采购项目情况。采购人和采购代理机构应根据采购需求实际，客观编制采购标的的技术要求和商务要求。

5）核心产品设置要科学合理

非单一产品采购项目，采购人应当根据采购项目的技术构成、产品价格比重等合理确定核心产品，并在采购需求中载明。在采购需求和采购实施计划编制中，还应根据《政府采购货物和服务招标投标管理办法》（财政部令第87号）规定，明确多家供应商提供的核心产品品牌相同时的评审及推荐方式。

【小贴士】

【问】某单位食堂需要采购410万元额度的食材，包括鸡鸭鱼肉，瓜果蔬菜，面粉调料等品种（也不局限于以上品种），具体需求数量不能确定，但要求供应商每天按当日需求配送，根据中标折扣率据实结算。请问这属于政府采购中的货物类还是服务类？如果属于货物类，采用公开招标方式采购，如何确定核心产品。

【答】食材具有特殊性，可不确定核心产品，也可根据需要分包采购。

【问】现有关于非招标项目的三个问题咨询：一是货物类磋商项目采购中，是否必须确定核心品牌，或确定不少于三个品牌货物参与的相关规定。二是如果不满足三个以上品牌，是否存在不符合《关于多家代理商代理一家制造商产品参加投标如何计算供应商家数的复函》（财办库〔2003〕38号）有关"同一品牌同一型号产品只能由一家供应商参加，如果有多家代理商参加同一品牌同一型号产品投标的，应当作为一个供应商计算"规定的情形。三是监管部门如果以此理由认定违规，是否成立。另外，如果确实存在符合相关规定可以两家之间磋商的或两家之间谈判的，如何响应三个品牌。

【答】（1）货物类竞争性磋商采购项目中，采购人可以根据项目需要确定核心产品，但不是强制性要求。（2）根据《关于多家代理商代理一家制造商产品参加投标如何计算供应商家数的复函》（财办库〔2003〕38号）有关规定，多家代理商参加政府采购活动时提供同一品牌产品的，按一家供应商计算。(3) 在竞争性磋商采购项目中，提交最后报价的供应商不得少于三家。对于市场竞争不充分的科研项目，以及需要扶持的科技成果转化项目，提交最后报价的供应商可以为两家。采用竞争性磋商采购方式采购的政府购买服务项目（含政府和社会资本合作项目），在采购过程中符合要求的供应商（社会资本）只有两家的，竞争性磋商采购活动可以继续进行。

【问】某学校一高清录播教室采购项目，其中 A 设备是该项目的核心产品，B 设备为非核心设备，根据实际需要购置多台，而多台 B 设备的采购价格占预算总价的比例超过 A 设备，并且由于安装和售后维护的问题，这些设备又不宜分开来购买。那么，政府采购项目中，可以设置多个核心产品吗？

【答】按照《政府采购货物和服务招标投标管理办法》规定，采购人可以设定多个核心产品。设定多个核心产品的，多家投标人提供的核心产品中有一种产品品牌相同，即视为提供相同品牌产品。

（信息来源中国政府采购网）

高校政府采购货物类项目采购需求编制，参见本书"附录 B：高校采购需求和采购实施计划编制实例"之"货物类项目（湖北省某高校教室课桌椅采购项目）"的"采购需求咨询报告"。

2. 政府采购服务类项目

政府采购法中所称服务，是指除货物和工程以外的其他政府采购对象。不以实物形式而以提供劳动的形式满足他人某种特殊需要，提供的是一种智力成果。同货物类、工程类项目相比，有其自身的特点，包括无形性，即不具有物质形态，是其与货物类、工程类项目的本质区别；异质性，即供应商提供服务的质量水平具有不稳定性、差异性；不可分割性，服务的生产与交付同时发生，需要通过生产过程的管理来实现交付质量；易逝性，即服务无法被储存起来。

根据财政部《政府采购品目分类目录（2022 年印发）》，政府采购服务类品目共 25 个门类，包括科学研究和试验开发、教育服务、医疗卫生服务、社会服务、生态环境保护和治理服务、公共设施管理服务、农林牧渔服务等。

根据《政府采购需求管理办法》第六条，采购需求中技术要求是指对采购标的的功能和质量要求,包括性能、材料、结构、外观、安全,或者服务内容和标准等。商务要求是指取得采购标的的时间、地点、财务和服务要求,包括交付(实施)的时间(期限)和地点(范围)、付款条件(进度和方式)、包装和运输、售后服务、保险等。

服务类项目采购需求需满足以下基本要求。

1) 采购需求的内容应完整、明确

服务类项目采购标的一般是智力成果或劳务服务,其采购需求的技术要求主要应包括服务项目的基本情况(项目背景)、服务目标、服务内容、服务质量、服务标准、服务保障、服务方法、服务人员配备、服务成果等。商务要求一般应包括服务实施期限和范围、服务的考核计量、付款进度和方式等。完善的采购需求应详细说明具体的工作任务或要求,对服务的重点事项具体描述,便于参与供应商对项目的详细了解,并保障项目后续的实施。

2) 采购需求应符合项目实际需要

服务类项目采购需求应在符合国家政策前提下与项目特点相匹配。采购人在开展采购活动前需对其行业进行调研,研究其行业规定,了解服务需求特点。不同的采购人因业务目标的不同,需要的具体服务也有所区别,在采购需求中应准确、具体地体现出来,以避免相当一部分采购需求内容因过于宽泛,不明确项目特点,造成服务供应商选派的服务团队、人员的专业特长与项目需求不匹配。

3) 采购需求可量化的内容应尽量量化

相较于货物类项目,服务类项目需求的细化和量化难度较高,在设计采购需求时应区别对待,已经具备细化量化条件的服务内容,在需求中应明确相关要求,如聘请服务团队人数、培训场次、时长等量化指标。量化的实现有助于参与采购的供应商核算服务工作量、制作响应文件,也有助于采购人对服务主体履约质量进行考核。

服务类项目采购需求编制需注意以下事项。

(1) 项目采购需求的合规性。

采购需求应当符合法律法规、政府采购政策和国家有关规定,符合国家强制性标准,落实政府采购支持节能环保、促进中小企业发展等政策要求。

① 符合国家法律法规规定,执行国家相关标准、行业标准、地方标准等标准规范。

根据采购项目的特点,明确项目实施过程中应执行的法规政策。如信息化项目需执行计算机施工、信号传输等方面的政策；环保类项目需执行有关的保护要求、环境认证等方面的政策。

② 落实政府采购支持节能环保政策。

财政部 发改委《节能产品政府采购实施意见》（财库〔2004〕185号）；

财政部 环保总局《关于环境标志产品政府采购实施的意见》（财库〔2006〕90号）；

财政部 发改委 生态环境部 市场监管总局《关于调整优化节能产品、环境标志产品政府采购执行机制的通知》（财库〔2019〕9号）；

财政部 生态环境部《关于印发环境标志产品政府采购品目清单的通知》（财库〔2019〕18号）；

财政部 发改委《关于印发节能产品政府采购品目清单的通知》（财库〔2019〕19号）；

依据以上政策，明确项目采购过程中是否需要满足政府采购支持节能环保的要求。一般而言，服务类项目不涉及节能环保产品。如果特殊情况下有涉及，则需保证满足政府采购支持节能环保的要求。

③ 促进中小企业发展政策。

财政部《政府采购促进中小企业发展管理办法》（财库〔2020〕46号）；

工信部 统计局 发改委 财政部《中小企业划型标准规定》（工信部联企业〔2011〕300号）；

财政部 司法部《关于政府采购支持监狱企业发展有关问题的通知》（财库〔2014〕68号）；

财政部 民政部 残疾人联合会《关于促进残疾人就业政府采购政策的通知》（财库〔2017〕141号）。

除以上政策外，还有地方政策，以湖北省为例，如下。

湖北省财政厅 湖北省经济和信息化厅《关于进一步加强政府采购促进中小企业发展的通知》（鄂财采发〔2021〕8号）；

湖北省财政厅《关于落实稳住经济一揽子政策进一步加大政府采购支持中小企业力度的通知》（鄂财采发〔2022〕5号）。

依据以上政策，200万元以下的服务项目适宜由中小企业提供的，应当专门面向中小企业采购；200万元以上的服务项目适宜由中小企业提供的，预留该部分采购项目预算总额的40%以上专门面向中小企业采购，其中预留给小微企业的比例不低于60%。不适宜由中小企业提供以及未达到规定预留比例的，应当说明依据原因。

【小贴士】

【问】根据《政府采购促进中小企业发展管理办法》第八条，超过200万元的货物和服务采购项目、超过400万元的工程采购项目中适宜由中小企业提供的，预留该部分采购项目预算总额的30%以上专门面向中小企业采购，其中预留给小微企业的比例不低于60%。请问预留给小微企业的比例不低于60%如何体现？是否可以在采购文件中明确是专门面向小微企业的项目？如果不能明确，那么如何在采购项目中体现该项目是预留给小微企业的项目？

【答】采购人可以在采购文件中明确将采购项目或者采购包专门面向小微企业采购。

(2) 采购需求标准化。

高校政府采购服务项目中存在内容相对固定，连续性强的常规性服务项目，如印刷服务、体检服务、物业服务等，高校政府采购相关管理部门可以结合过往采购文件内容，并邀请相关专家编制通用标准版的服务采购需求标准。近来国家也致力于采购需求标准体系建设，如物业管理服务是保障各部门、各单位开展日常工作的一项重要的事务性工作，属政府采购常规品目。为贯彻落实中央全面深化改革委员会审议通过的《深化政府采购制度改革方案》有关要求，推动政府采购需求标准建设，财政部组织专业力量研究起草了《物业管理服务政府采购需求标准（办公楼类）（征求意见稿）》，并向社会公开征求意见。在经过充分征求多方意见的基础上，后续物业管理服务政府采购需求标准模板将出台，供采购人按需选择使用。高校亦可参考此做法，将采购需求内容进行结构化、填空化处理，将大多数经验、专家意见凝聚为知识库，转变为管理意志，再逐步将较为成熟、稳定的标准范本上升为高校内标准。

高校政府采购服务类项目采购需求编制请参见"附录B 高校采购需求和采购实施计划编制实例"之"服务类项目（湖北省某高校课程资源建设项目）"的"采购需求咨询报告"。

3. 政府采购工程类项目

政府采购工程系指各级国家机关、事业单位和团体组织，适用财政性资金采购集中采购目录以内或者采购限额标准以上的建设工程，包括建筑物和构筑物的新建、改建、扩建、装修、拆除、修缮等。"信息网络工程""系统工程"等概念化的协作活动不属于政府采购工程范畴。

1）政府采购工程的法律适用

从法律适用的层面，可将政府采购工程划分为采用招标方式的政府采购工程和采用非招标方式的政府采购工程。

根据《政府采购法》第四条规定，政府采购工程进行招标投标的，适用招标投标法。此类政府采购工程包括建筑物和构筑物的新建、改建、扩建及其相关的装修、拆除、修缮等。所称与工程建设有关的货物，是指构成工程不可分割的组成部分，且为实现工程基本功能所必需的设备、材料等。所称不可分割，是指需要与工程同步设计，同步施工，同步投入使用。所称与工程建设有关的服务，是指为完成工程所需的勘察、设计、监理等服务，不包括可行性研究、造价咨询、第三方审计、代建、项目管理等其他服务。尽管此类政府采购工程适用《中华人民共和国招标投标法》（以下简称《招标投标法》）及《中华人民共和国招标投标法实施条例》（以下简称《招标投标法实施条例》），但根据《中华人民共和国政府采购法实施条例》（以下简称《政府采购法实施条例》）规定，政府采购工程以及与工程建设有关的货物、服务，应当执行政府采购政策，即应执行节约能源、保护环境、扶持不发达地区和少数民族地区、促进中小企业发展目标、优先采购国内货物、工程和服务等政府采购政策。

采用非招标方式的政府采购工程可以采用竞争性磋商、竞争性谈判、单一来源采购方式进行采购。此类政府采购工程主要包含：（一）政府集中采购目录以内的政府采购工程项目；（二）政府采购工程限额标准以上、工程招标限额标准以下的政府采购工程项目；（三）工程招标限额标准以上，与建筑物和构筑物新建、改建、扩建项目无关的单独的装修、拆除、修缮项目；（四）属于《招标投标法》第六十六条或《招标投标法实施条例》第九条规定的政府采购工程项目，依法不进行招标的；（五）属于依法必须进行招标的工程项目，但项目审批部门批准不进行招标的政府采购工程项目。

其中，第（二）项包括建筑物和构筑物的新建、改建、扩建、装修、拆除、修缮等。第（三）项，与建筑物和构筑物新建、改建、扩建无关是指工程建设不形成新的建筑物和构筑物，也不涉及改变建筑物和构筑物主体结构、用途或功能。

根据《政府采购需求管理办法》第二条规定，政府采购货物、工程和服务项目的需求管理适用本办法。即无论是采用招标方式的政府采购工程，还是采用非招标方式的政府采购工程，都必须按照《政府采购需求管理办法》的要求实施政府采购需求管理。

2）政府采购工程需求调查

根据《政府采购需求管理办法》第十条规定，采购人可以在确定采购需求前，通过咨询、论证、问卷调查等方式开展需求调查。同时，《政府采购需求管理办法》第十一条明确了，3000万元以上的工程采购项目必须开展需求调查。按照法律法规的规定，对采购项目开展可行性研究等前期工作，已包含本办法规定的需求调查内容的，可以不再重复调查；对在可行性研究等前期工作中未涉及的部分，应当按照本办法的规定开展需求调查。

涉及新建、改建、扩建的政府采购工程，在项目决策立项阶段，应当编制项目建议书和工程可行性研究报告报发改部门进行审批，工程可行性研究审批通过表示项目立项。但按照《政府采购需求管理办法》的规定，工程可行性研究报告内容中包含了产业发展、市场供给、同类采购项目历史成交信息等需求调查内容的，可以不再重复调查；未包含上述内容的，需要重新开展需求调查。

3）政府采购工程采购需求主要内容

政府采购工程采购需求内容包括拟采购的标的及其需要满足的技术要求、商务要求。技术要求是指对采购标的的功能和质量要求，包括性能、材料、结构、外观、安全，或者服务内容和标准等。商务要求是指取得采购标的的时间、地点、财务和服务要求，包括交付（实施）的时间（期限）和地点（范围）、付款方式（进度和方式）、包装和运输、售后服务、保险等。

建设工程全过程包括项目投资决策阶段（含项目建议书、工程可行性研究）、项目设计阶段（含方案设计、初步设计、扩大初步设计、施工图设计）、项目建设实施阶段（施工）、项目运营阶段（针对经营性建设工程）。政府采购工程招标时，通常已经具备了项目建议书、工程可行性研究报告、初步设计图纸及概算、施工图纸、工程量清单及招标控制价报告等其中几项或全部的技术资料。

上述技术资料涵盖了政府采购工程采购标的的功能和质量要求，包括性能、材料、结构、外观、安全，或者服务内容和标准等，可以经过进一步的整理、编辑后作为采购需求的技术要求。政府采购工程采购需求的商务部分通常包括建设规模、招标范围、建设工期（含计划开工时间和竣工时间）、质量标准、协作管理、工程变更范围、计量规则、计价原则、涉企保证金、结算要求、保修期限及范围等。采购需求中的商务要求在前述技术资料中或有体现，但可能不全面。需要基于上述技术资料，结合采购人项目管理的实际需求进行编制。

4）政府采购工程采购需求编制注意事项

政府采购工程采购需求编制需要注意以下几个方面。

（1）工程承包模式的选择。

政府采购工程采用的承包模式主要为施工总承包模式和工程总承包模式。工程总承包是指承包单位按照与建设单位签订的合同，对工程设计、采购、施工或者设计、施工等阶段实行总承包，并对工程的质量、安全、工期和造价等全面负责的工程建设组织实施方式。二者的主要区别在于施工总承包的承包范围仅包含施工，而工程总承包的承包范围可包含设计、采购、施工（即 EPC）或者设计、施工（即 DB）。

工程总承包模式是国家鼓励推行的工程承包模式。2019 年 12 月 23 日，为贯彻落实《中共中央国务院关于进一步加强城市规划建设管理工作的若干意见》和《国务院办公厅关于促进建筑业持续健康发展的意见》（国办发〔2017〕19 号），住房和城乡建设部、国家发展和改革委员会联合印发《房屋建筑和市政基础设施项目工程总承包管理办法》，该办法指出，建设内容明确、技术方案成熟的项目，适宜采用工程总承包方式。2020 年 08 月 28 日，住房和城乡建设部、教育部、科技部、工业和信息化部、自然资源部、生态环境部、人民银行、市场监管总局、银保监会联合印发《关于加快新型建筑工业化发展的若干意见》，意见要求：大力推行工程总承包。新型建筑工业化项目积极推行工程总承包模式，促进设计和生产、施工深度融合。

相较于施工总承包，工程总承包在优化资源配置、优化组织结构并形成规模经济、控制工程造价、提高全面履约能力、确保质量和工期、推动管理现代化等方面具有明显优势。但具体是选择施工总承包模式还是工程总承包模式，目前政策未作强制性规定，建设单位应当根据项目情况和自身管理能力等，合理选择工程建设组织实施方式。

(2) 最高限价的确定。

工程项目从投资决策阶段、项目设计阶段、项目建设实施阶段到竣工结算、决算阶段，相继形成了工程的投资估算、概算、预算、签约合同价、结算价格、决算价格等。政府采购工程采购需求编制过程中，结合工程承包模式，依据概算、预算等技术资料科学确定最高限价。

采用施工总承包模式的政府采购工程，通常已经由造价咨询机构出具了招标控制价。最高限价按照造价咨询机构出具的招标控制价确定。

按照《房屋建筑和市政基础设施项目工程总承包管理办法》第七条的规定，采用工程总承包方式的政府投资项目，原则上应当在初步设计审批完成后进行工程总承包项目发包。采用工程总承包模式的政府采购工程编制采购需求之前，已经完成了初步设计审批的工作。最高限价可以根据已批复的概算，同时结合招标的范围予以综合确定。

(3) 合理设定建设工期。

建设工期分为两种，日历工期与实际工期。日历工期以从开工到竣工全部日历天数计算，不扣除停工日数；实际工期以全部日历天数中扣除节假日未施工的天数及因设计、材料、气候等原因停工的天数计算。政府采购工程编制采购需求，确定的建设工期应为日历工期。

建设工期一般是以定额来确定的，是经过科学测定的合理工期。按照《建设工程质量管理条例》的要求，建设工程发包单位不得迫使承包方以低于成本的价格竞标，不得任意压缩合理工期。同时，《建设工程安全生产管理条例》规定，建设单位要求施工单位压缩合同约定的工期的，责令限期改正，处20万元以上50万元以下的罚款；造成重大安全事故，构成犯罪的，对直接责任人员，依照刑法有关规定追究刑事责任；造成损失的，依法承担赔偿责任。

(4) 依法设置涉企保证金。

工程建设过程中涉及的保证金主要包括投标保证金、履约保证金、工程质量保证金、农民工工资保证金等。《国务院办公厅关于清理规范工程建设领域保证金的通知》要求，对建筑业企业在工程建设中需缴纳的保证金，除依法依规设立的投标保证金、履约保证金、工程质量保证金、农民工工资保证金外，其他保证金一律取消。对取消的保证金，自通知印发之日起，一律停止收取。某些省份为进一步优化营商环境，降低制度性交易成本，激发市场活力，在国家政策上进一步对涉企保证金进行了规定。如湖北省《关于持续推进减少工程建设领域涉企保证金的通知》（鄂公采函〔2022〕22号）规定，使用财政性资金进行政府采购工程招标投标活动的，招标人不得收取投标保证金；与中标人签订合同时，招标人不得收取履约保证金的规定。工程质量保证金预留比例不得高于工程价款结算总额的1.5%，在工程项目竣工前，承包人已经缴纳履约保证金的，发包人不得同时预留工程质量保证金。采用工程质量保证担保、工程质量保险等其他保证方式的，发包人不得再预留工程质量保证金。

政府采购工程在编制采购需求时，要严格依据最新的国家、地方政策，结合项目的实际情况，合理合法地设置相应的涉企保证金。

（5）依法保障农民工工资。

解决拖欠农民工工资问题，事关广大农民工的切身利益，事关社会公平正义和社会和谐稳定。政府采购工程项目因使用财政性资金，具有公共性特征和巨大的市场影响力，更应坚决落实依法保障农民工工资的社会责任。

《保障农民工工资支付条例》规定，建设单位应当有满足施工所需要的资金安排，没有满足施工所需要的资金安排的，工程建设项目不得开工建设。政府投资项目所需的资金，应当按照国家有关规定落实到位，不得由施工单位垫资建设。建设单位与施工总承包单位依法订立书面工程施工合同，应当约定工程款计量周期、工程款进度结算办法以及人工费用拨付周期，并按照保障农民工工资按时足额支付的要求约定人工费用。人工费用拨付周期不得超过1个月。同时，施工总承包单位按照《工程建设领域农民工工资专用账户管理暂行办法》等相关规定，开设农民工工资专用账户，专项用于支付该工程建设项目农民工工资。建设单位应当加强对总承包单位开立、撤销专用账户情况的监督。

政府采购工程在编制采购需求的过程中，应将保障农民工工资的相关条款落实到采购需求的商务要求当中。

（6）严格控制合同价款的调整。

政府采购工程的建设工期相较于货物和服务的工期通常更长，在建设过程中发生的不确定因素更多。工程建设的不确定因素导致工程合同价款的变化，不利于建设单位的成本控制。在编制采购需求时应当综合考虑可能引起合同价款调整的风险因素，严格控制合同价款的调整。

引起政府采购工程合同价款调整的因素可以分为五大类：一是法规变化类。因国家法律、法规、规章和政策发生变化影响合同价款的风险，发承包双方应在合同中约定由发包人承担，比如人工费的上涨。二是工程变更类。主要包括工程变更、项目特征不符、工程量清单缺项、工程量偏差、计日工等事件。三是物价变化类。主要包括物价波动、暂估价变化引起的合同价款调整。四是工程索赔类。主要包括不可抗力、提前竣工（赶工补偿）、误期赔偿、索赔等事件。五是其他类。主要包括现场签证以及发承包双方约定的其他调整事项。

（7）完善建设工程价款结算。

为进一步完善建设工程价款结算有关办法，维护建设市场秩序，减轻建筑企业负担，保障农民工权益，财政部、住房城乡建设部于2022年6月14日发布了《关于完善建设工程价款结算有关办法的通知》（财建〔2022〕183号），通知要求：提高建设工程进度款支付比例。政府机关、事业单位、国有企业建设工程进度款支付应不低于已完成工程价款的80%；同时，在确保不超出工程总概（预）算以及工程决（结）算工作顺利开展的前提下，除按合同约定保留不超过工程价款总额3%的质量保证金外，进度款支付比例可由发承包双方根据项目实际情况自行确定。在结算过程中，若发生进度款支付超出实际已完成工程价款的情况，承包单位应按规定在结算后30日内向发包单位返还多收到的工程进度款。通知还要求：当年开工、当年不能竣工的新开工项目可以推行过程结算。发承包双方通过合同约定，将施工过程按时间或进度节点划分施工周期，对周期内已完成且无争议的工程量（含变更、签证、索赔等）进行价款计算、确认和支付，支付金额不得超出已完工部分对应的批复概（预）算。经双方确认的过程结算文件作为竣工结算文件的组成部分，竣工后原则上不再重复审核。

政府采购工程在编制采购需求付款方式（进度和方式）内容时，应当把握基本原则，对于支付比例、结算程序等作出明确的要求，并符合关于工程结算相关政策规定。

【小贴士】

【问】我校是一所公立高校，400万元以上的工程类项目（此项目为发改委立项批复的资金）应执行《招标投标法》及其实施条例，请问：(1)此类项目是否必须执行政府采购政策？(2)是否必须执行采购意向公示？

【答】(1) 依法必须招标的政府采购工程项目程序执行招标投标法，但应执行政府采购政策。(2) 政府采购工程应当执行政府采购意向公开的相关规定。

（信息来源中国政府采购网）

高校政府采购工程类项目采购需求编制，请参见"附录 B　高校采购需求和采购实施计划编制实例"之"工程类项目（湖北省某高校零星维修工程项目"的"采购需求咨询报告"。

第四节　高校政府采购实施计划编制

采购实施计划是采购预算与采购活动的重要衔接，是指导采购人执行采购活动的重要依据，是采购顺利实施的重要保障。采购实施计划编制是否完整、科学、合理，直接决定着采购活动能否顺利开展实施，也是采购人履行主体责任的重要体现。

《政府采购需求管理办法》第十二条规定，采购实施计划，是指采购人围绕实现采购需求，对合同的订立和管理所做的安排。采购实施计划根据法律法规、政府采购政策和国家有关规定，结合采购需求的特点确定。

一、合同订立安排

合同订立安排，包括采购项目预（概）算、最高限价，开展采购活动的时间安排，采购组织形式和委托代理安排，采购包划分与合同分包，供应商资格条件，采购方式、竞争范围和评审规则等。合同订立的安排，实际上是确定供应商的相关事项，包括到哪里去采购，跟谁签合同，或者选择什么样的合同等；合同管理的安排，包括确定供应商以后用什么合同，怎么定价合同文本，合同怎么验收，风险怎么管理等。

1. 采购项目预算及最高限价

采购人应当进行充分的市场调查，并对市场技术或服务水平、供应、价格等情况进行分析，科学合理地编制政府采购预算。《政府采购货物和服务招标投标管理办法》规定，采购人经市场调查和价格测算后，可以在预算内合理设定最高限价，但不得设定最低限价。

2. 开展采购活动的时间安排

采购人要根据采购项目实施的要求，充分考虑采购活动所需的时间和可能影响采购活动进行的因素，合理安排采购活动实施的时间。

3. 采购组织形式

采购人采购纳入政府集中采购目录的项目，必须委托集中采购机构采购。政府集中采购目录以外的项目可以自行采购，也可以自主选择委托集中采购机构，或者集中采购机构以外的采购代理机构采购。

根据国务院办公厅《关于印发中央预算单位政府集中采购目录及标准（2020年版）的通知》（国办发〔2019〕55号）规定，集中采购目录表中所列项目不包括部门集中采购项目和中央高校、科研院所采购的科研仪器设备。

北京、上海等地政府集中采购目录及标准中均规定，集中采购目录表中所列项目不包括高校、科研机构所采购的科研仪器设备。具体执行需以同级政府集中采购目录及标准为依据。如湖北省直接规定，集中采购目录不适用于高校、科研院所。

4. 委托代理安排

《政府采购法》第十九条规定，采购人有权自行选择采购代理机构，任何单位和个人不得以任何方式为采购人指定采购代理机构。

纳入政府集中采购目录的项目，必须委托集中采购机构采购，针对高校的特殊要求除外。

政府集中采购目录以外、采购限额标准上的项目可以自行采购，也可以自主选择委托集中采购机构，或者集中采购机构以外的采购代理机构采购。

5. 采购包划分与合同分包

采购人应按照有利于采购项目实施的原则，明确采购包划分或合同分包要求。采购项目划分为采购包的，要分别确定每个采购包的采购方式、竞争范围、评审规则，以及合同类型、合同文本、定价方式等相关合同订立、管理的安排。

【小贴士】

【问】食堂食材供应项目（预算金额在限额标准以上的分散采购项目），由于食材需求的特殊性，项目需求难免品类繁杂，即使根据需求进行合理分包后，单一标段如由一家供应商承担，仍然可能出现因特殊情况或供应商应急能力有限，导致单家供应商无法正常供货的情况。故实际操作中，采购人更倾向于同一标段确定2家中标供应商轮流（或根据合同约定的其他方式）供货，以保证食材供应正常，请问如此操作合规吗？是否违反了《关于促进政府采购公平竞争优化营商环境的通知》（财库〔2019〕38号）的净值设置备选库的规定？如不合规，请问有什么推荐做法？

【答】您提到的食堂食材采购问题，违反了《关于促进政府采购公平竞争优化营商环境的通知》（财库〔2019〕38号）的规定。食堂采购原则上均应在明确服务标准、定价原则等采购需求的前提下，依照法定程序择优选择具体供应商，遵循量价对等的原则签订政府采购合同。确需多家供应商共同承担的，可根据食材品种等要素，进行合理分包，通过竞争择优，将相应采购业务明确到具体供应商。如果无法分包，采购人可以选择接受联合体投标，鼓励供应商组成联合体来满足采购人的需要。

（信息来源中国政府采购网）

6. 采购方式

政府采购方式主要有以下几种。

（1）公开招标。

（2）邀请招标。

（3）竞争性谈判。

（4）单一来源采购。

（5）询价。

（6）竞争性磋商。

（7）框架协议。

采购方式的选择应当符合法定适用情形和采购需求特点。达到公开招标数额标准，应采用公开招标的方式，因特殊情况需要采用公开招标以外的采购方式的，应当依法获得批准。

采购需求客观、明确且规格、标准统一的采购项目，如通用设备、物业管理等，一般采用招标或者询价方式采购。

采购需求客观、明确，且技术较复杂或者专业性较强的采购项目，如大型装备、咨询服务等，一般采用招标、谈判（磋商）方式采购。

不能完全确定客观指标，需由供应商提供设计方案、解决方案或者组织方案的采购项目，如首购订购、设计服务、政府和社会资本合作等，一般采用谈判（磋商）方式采购。

7. 供应商资格条件

《政府采购法》第二十二条规定了供应商参加政府采购活动应当具备6个基本条件。

（1）具有独立承担民事责任的能力。

（2）具有良好的商业信誉和健全的财务会计制度。

（3）具有履行合同所必需的设备和专业技术能力。

（4）有依法缴纳税收和社会保障资金的良好记录。

（5）参加政府采购活动前三年内，在经营活动中没有重大违法记录。

（6）法律、行政法规规定的其他条件。

《政府采购法》还规定，采购人可以根据采购项目的特殊要求，规定供应商的特定条件，但不得以不合理的条件对供应商实行差别待遇或歧视待遇。

根据采购需求特点提出的供应商资格条件，要与采购标的的功能、质量和供应商履约能力直接相关，且属于履行合同必需的条件，包括特定的专业资格或者技术资格、设备设施、业绩情况、专业人才及其管理能力等。

业绩情况作为资格条件时，要求供应商提供的同类业务合同一般不超过两个，并明确同类业务的具体范围。涉及政府采购政策支持的创新产品采购的，不得提出同类业务合同、生产台数、使用时长等业绩要求。

此外，确定供应商资格条件，还应落实支持创新、绿色发展、中小企业发展等政府采购政策。

为降低供应商的交易成本，多地区在政府采购活动中简化供应商参与政府采购活动所需提供的资质证明材料，供应商只需提供市场主体证明，对其他材料诸如财务状况报告、依法缴纳税收和社会保障资金等则实行承诺制。国务院印发《关于开展营商环境创新试点工作的意见》（国发〔2021〕24号），要求在北京、上海、重庆、杭州、广州、深圳6个城市进行首批试点，允许供应商参加试点城市政府采购活动时，不再提交财务状况报告、依法缴纳税收和社会保障资金等相关材料。

【小贴士】

【问】 分公司在经总公司授权后，是否可以参加政府采购项目？

【答】《政府采购法》第二十二条规定，供应商参与政府采购活动应该能够独立承担民事责任，而分公司不能独立承担民事责任，因此分支机构（分公司）不能独立参与政府采购活动。但是，如果分支机构有总公司的授权，可以以总公司的名义参加。

【问】 同一母（总）公司的多家全资控股或绝对控股子公司，各子公司的单位负责人不是同一个人，他们之间也不存在直接控股或管理关系。这样的情况下，各子公司同时参与同一合同下的政府采购活动是否违反现行的法规要求？

【答】 根据《政府采购法实施条例》第十八条规定，如果参与投标的子公司间不存在相互控股、管理关系或者负责人为同一个人的，则不违反规定。

【问】《政府采购促进中小企业发展管理办法》第二十二条规定，对外援助项目、国家相关资格或者资质管理制度另有规定的项目，不适用本办法。现有一个预算400多万元的大型水库安全鉴定项目要进行政府采购活动，根据《水库大坝安全鉴定办法》，由具有水利水电勘测设计甲级资质的单位或者由水利部公布的有关科研单位和大专院校承担。此项目进行政府采购时，是否需要预留一定份额给中小企业？如需要，应采用何种形式？

【答】 国家相关资格或资质管理制度另有规定的项目不适用政府采购促进中小企业发展管理办法。

【问】 在实际工作中，经常有采购人要求扩展《政府采购法》第二十二条中有关资格条件中重大行政处罚的范围，比如要求将"近三年内受到过政府采购及招标投标活动的各级监管部门行政处罚的不得参与本项目（包括警告等各类行政处罚）"列入资格条件，并把各类"警告"也作为资格条件进行否决，请问这种做法是否违背了《政府采购法》二十二条的规定？

【答】 根据《政府采购法实施条例》第十九条的规定，重大违法记录是指供应商因违法经营受到刑事处罚或者责令停产停业、吊销许可证或者执照、较大数额罚款等行政处罚。政府采购及招标投标活动的各级监管部门行政处罚若不构成重大违法记录，则不宜作为限制条件。警告不属于重大违法行为记录，不宜作为限制条件。

（信息来源中国政府采购网）

请看下面的案例。

L研究所研究仪器设备购置项目投诉案

采购人L研究所委托代理机构S公司就"L研究所研究仪器设备购置项目"（以下称本项目）进行公开招标。供应商C公司向财政部提起投诉，投诉事项为：招标公告规定"投标人必须是所投产品的制造商或代理商"，剥夺了经销商参加政府采购的合法权利，属于《政府采购法实施条例》第二十条第（七）项规定的"非法限定供应商的组织形式"的情形……

财政部依法受理本案，并向相关当事人调取证据材料。

采购人L研究所、代理机构S公司称：招标公告的资格要求规定"投标人必须是所投产品的制造商或代理商，代理商投标必须提供制造商的专项授权（如所投产品为进口产品）"，该条规定是在所投产品为进口产品的前提下作出的要求，且需提供的内容为进口产品授权，并未对供应商的组织形式作出任何限定……

经查，招标公告中"二、投标人的资格要求"显示，"3）投标人必须是所投产品的制造商或代理商，代理商投标必须提供制造商的专项授权（如所投产品为进口产品）""9）本次采购接受进口产品投标"……

财政部处理意见：采购人可以根据采购项目的特殊要求规定供应商的特定条件。本项目要求投标人是投标产品的制造商或代理商，不构成以不合理的条件对供应商实行差别待遇或歧视待遇。……根据《政府采购质疑和投诉办法》（财政部令第94号）第二十九条第（二）项的规定，投诉事项缺乏事实依据……

（选自财政部指导性案例25）

8. 竞争范围

除法律法规规定可以在有限范围内竞争或只能从唯一供应商处采购的情形外，

一般采用公开方式邀请供应商参与政府采购活动。采用邀请方式邀请供应商参与政府采购活动的，应说明依据的法律法规规定。

9. 评审规则

采用综合性评审方法的，评审因素应当按照采购需求和与实现项目目标相关的其他因素确定。评审因素设置不得具有倾向性，将有关履约能力作为评审因素应适当。

（1）采购需求客观、明确且规格、标准统一的采购项目，如通用设备等，以价格作为授予合同的主要考虑因素。

（2）采购需求客观、明确且技术较复杂或专业性较强的采购项目，如大型装备、咨询服务等，通过综合性评审选择性价比最优的产品或服务。

（3）不能完全确定客观指标，需由供应商提供设计方案、解决方案或组织方案的采购项目，如首购订购、设计服务、政府和社会资本合作等，综合考虑以单方案报价、多方案报价以及性价比要求等因素选择评审方法。

设定评审规则，还应落实支持创新、绿色发展、中小企业发展等政府采购政策功能。

采用综合性评审方法的，评审因素应当按照采购需求和与实现项目目标相关的其他因素确定。

采购需求客观、明确的采购项目，采购需求中客观但不可量化的指标应当作为实质性要求，不得作为评分项；参与评分的指标应当是采购需求中的量化指标，评分项应当按照量化指标的等次设置对应的不同分值。不能完全确定客观指标，需由供应商提供设计方案、解决方案或者组织方案的采购项目，可以结合需求调查的情况，尽可能明确不同的技术路线、组织形式及相关指标的重要性和优先级，设定客观、量化的评审因素、分值和权重。价格因素应当按照相关规定确定分值和权重。

采购项目涉及后续采购的，如大型装备等，要考虑兼容性要求。可以要求供应商报出后续供应的价格，以及后续采购的可替代性、相关产品和估价，作为评审时考虑的因素。需由供应商提供设计方案、解决方案或者组织方案，且供应商经验和能力对履约有直接影响的，如订购、设计等采购项目，可以在评审因素中适当考虑供应商的履约能力要求，并合理设置分值和权重。需由供应商提供设计方案、解决方案或者组织方案，采购人认为有必要考虑全生命周期成本的，可以明确使用年限，要求供应商报出安装调试费用、使用期间能源管理、废弃处置等全生命周期成本，作为评审时考虑的因素。

【小贴士】

【问】在某一个信息化政府采购项目中，购买交互一体机，在评分办法中，要求所投交互一体机厂商获得国家级工业设计中心认定的、国家技术创新示范企业、信息安全应急处理服务资质的，每有一项得1分。据了解，市场上能够满足的厂商有3家以上，结合项目情况，此项评分是否有违法违规行为？属于以不合理的条件对供应商实行差别待遇或者歧视待遇吗？

【答】《政府采购货物和服务招标投标管理办法》（财政部令第87号）第五十五条规定，评审因素的设定应与投标人所提供货物服务的质量相关，包括投标报价、技术或者服务水平、履约能力、售后服务等。

【问】运行维护类的项目采购文件技术要求（非实质性要求）和评分表设置要求：（1）供应商具有产品制造商的专利证书/著作权证书或者有其制造商针对本项目提供售后服务支持的承诺函；（2）供应商人员具有产品制造商出具的操作维护技术培训证书或证明材料。以上设置是否合理？

【答】为避免对供应商实行差别待遇或歧视待遇，采购文件中不得将生产厂家授权、承诺、证明、背书等作为资格条件。确与投标人所提供货物服务质量相关的履约条件，可以作为评审因素。

【问】政府采购过程中，采用特定的认证机构颁发的证书作为加分项是否属于对供应商实行差别待遇或者歧视待遇？

【答】除执行政府采购政策外，采购人在政府采购中不得以特定认证机构颁发的证书作为对供应商进行加分的条件。提问所述情形属于对供应商实行差别待遇或歧视待遇。

【问】对于人造板家具政府采购项目，根据我国最新发布的 GB 18580—2017《室内装饰装修材料人造板及其制品中的甲醛释放限量》，人造板的甲醛释放量要求为$\leqslant 0.124 \text{ mg/m}^3$。采购人出于择优考虑并结合相关行业和企业标准，在编制政府采购需求时将人造板的甲醛释放量要求为$\leqslant 0.05 \text{ mg/m}^3$。

请问：对于上述做法是否属于《政府采购法实施条例》第二十条中"以不合理的条件对供应商实行差别待遇或者歧视待遇"的情形？

【答】采购人可根据采购项目的实际情况，在符合国家和相关行业标准，并经市场调查能保证竞争充分的前提下，可以设置高于国家标准的技术指标。

【问】在评分方式中设置了以授权情况的评分，即有授权可以得多少分，无授权则无分的情况。是否合理？如果不合理，那么在设备投标中，有3家同时出现了相同相应的设备参数，毫无偏离，那怎么证明该项设备的合法来源？厂家的授权伴随的是厂家的服务，无合法的授权，如何对设备销售及维保的情况作出保证？

【答】为避免对供应商实行差别待遇或歧视待遇，采购文件中不得将生产厂家授权、承诺、证明、背书等作为资格条件，也不鼓励将其作为评审因素。提问所述设备维保问题，采购人及其委托的代理机构不应当在采购文件中强制要求提供原厂服务，可在采购文件中对设备维保等需求提出明确要求，并由供应商作出承诺。

【问】财政部发布的指导性案例4号认为，质量管理体系认证证书、环境管理体系认证证书、职业健康安全管理体系认证证书不在国务院取消的资格许可和认定事项目录内，且其申请条件中也没有对企业的注册资金、营业收入等业绩规模作出限制，是否可以作为资格条件。

【答】指导性案例4号表述为"若有关资格许可或认证证书同时满足下述要求，则不属于《政府采购法实施条例》第二十条规定'以不合理的条件对供应商实行差别待遇或者歧视待遇'的情形：(1) 不在国务院取消的行政审批项目目录内；(2) 申请条件中没有对企业的注册资本、资产总额、营业收入、从业人员、利润、纳税额等规模条件作出限制；(3) 与项目的特殊要求存在实质上的关联性；(4) 满足该资格许可或认证证书要求的供应商数量具有市场竞争性"。政府采购行政裁决指导案例具有指导意义，但相关证书是否可以作为资格条件，需要结合项目具体情况进行判断。

【问】在政府采购竞争性磋商项目中，A公司对B公司进行控股（所占股权超过50%），采购文件规定供应商可以使用其控股公司的业绩进行投标，这样规定是否合理或有明显倾向性？B公司是否可以使用其母公司A的业绩进行投标？母公司是否可以使用子公司的业绩？

【答】提问所述情形中,由于母子公司分别为独立的法人,不可以使用对方业绩参加采购活动。

(信息来源中国政府采购网)

二、合同管理安排

合同管理安排,包括合同类型、定价方式、合同文本的主要条款、履约验收方案、风险管控措施等。

1. 合同类型

《民法典》中规定了19种典型合同类别,包括买卖合同、供用电水气热力合同、赠予合同、借款合同、保证合同、租赁合同、融资租赁合同、保理合同、承揽合同、建设工程合同、运输合同、技术合同、保管合同、仓储合同、委托合同、物业服务合同、行纪合同、中介合同、合伙合同。政府采购合同类型按照民法典规定的典型合同类别,结合采购标的的实际情况确定。

2. 定价方式

采购需求客观、明确且规格、标准统一的采购项目,如通用设备等,采用固定总价或固定单价的定价方式。

采购需求客观、明确且技术较复杂或专业性较强的采购项目,如大型科研设备、咨询服务等,采用固定总价或固定单价的定价方式。

不能完全确定客观指标,需由供应商提供设计方案、解决方案或组织方案的采购项目,如首购订购、设计服务、政府和社会资本合作等,根据实现项目目标的要求,采取固定总价或固定单价、成本补偿、绩效激励等单一或组合定价方式。

3. 合同文本的主要条款

合同文本应当包含法定必备条款和采购需求的所有内容,包括但不限于标的名称,采购标的质量,数量(规模),履行时间(期限),地点和方式,包装方式,价款或报酬,付款进度安排,资金支付方式,验收、交付标准和方法,质量保修范围和保修期,违约责任与解决争议的方法等。

采购项目涉及采购标的的知识产权归属、处理的,如订购、设计、定制开发的信息化建设项目等,应当约定知识产权的归属和处理方式。采购人可以根据项目特点划分合同履行阶段，明确分期考核要求和对应的付款进度安排。对于长期运行的项目，要充分考虑成本、收益以及可能出现的重大市场风险，在合同中约定成本补偿、风险分担等事项。

合同文本中权利义务要围绕采购需求和合同履行设置。国务院有关部门依法制定了政府采购合同标准文本的，应当使用标准文本。

《政府采购需求管理办法》规定，属于以下情形的采购项目，合同文本应当经过采购人聘请的法律顾问审定。

（1）1000万元以上的货物、服务采购项目，3000万元以上的工程采购项目。

（2）涉及公共利益、社会关注度较高的采购项目，包括政府向社会公众提供的公共服务项目等。

（3）技术复杂、专业性较强的项目，包括需定制开发的信息化建设项目、采购进口产品的项目等。

（4）主管预算单位或采购人认为需要开展需求调查的其他采购项目。

以下为某项目法律意见书节选。

> 本所律师已对《×××项目政府采购合同》内容进行了审核，该合同文本的主要条款内容较为完整，对双方权利义务进行了合理的约定，不违反法律强制性规定。本所律师经审核后同意该合同文本。
>
> ××××律师事务所
> ×××律师
> ××××年××月××日

4. 履约验收方案

履约验收方案要明确履约验收的主体、时间、方式、程序、内容和验收标准等事项。履约验收方案应当在合同中约定。

（1）履约验收主体。

采购人、采购代理机构可以邀请参加本项目的其他供应商或第三方专业机构及专家参与验收，相关验收意见作为验收的参考资料。政府向社会公众提供的公共服务项目，验收时应当邀请服务对象参与并出具意见，验收结果应当向社会公告。

（2）履约验收时间。

履约验收时间根据项目情况在采购文件及合同中约定。分期实施的采购项目，应当结合分期考核的情况，明确分期验收要求。货物类项目可以根据需要设置出厂检验、到货检验、安装调试检验、配套服务检验等多重验收环节。

(3) 履约验收程序。

采购人应当在实施验收前根据项目验收清单和标准、采购文件对项目的技术规定和要求、供应商的投标（响应）承诺情况、合同明确约定的要求等，制定具体详细的项目验收方案。验收方案制定的质量、完善程度，是验收工作的关键所在，是后续开展验收工作能否顺利、高效进行的前提条件。验收程序应依照验收方案执行。

(4) 履约验收内容。

验收内容要包括每一项技术和商务要求的履约情况，验收标准要包括所有客观、量化指标。不能明确客观标准、涉及主观判断的，可以通过在采购人、使用人中开展问卷调查等方式，转化为客观、量化的验收标准。

(5) 履约验收标准。

验收方案应当符合行业管理部门规定的标准、方法和内容。

5. 风险管控措施

采购和合同履行过程中的风险包括国家政策变化、实施环境变化、重大技术变化、预算项目调整、因质疑投诉影响采购进度、采购失败、不按规定签订或者履行合同、出现损害国家利益和社会公共利益情形等。重点项目要研究采购过程和合同履行过程中的风险，判断风险发生的环节、可能性、影响程度和管控责任，提出有针对性的处置措施和替代方案。

高校政府采购项目采购实施计划编制，请参见"附录B 高校采购需求和采购实施计划编制实例"之"采购实施计划咨询报告"。

第五节 政府采购需求风险控制

根据《政府采购需求管理办法》第二十九条规定，采购人应当建立审查工作机制，在采购活动开始前，针对采购需求管理中的重点风险事项，对采购需求和采购实施计划进行审查，审查分为一般性审查和重点审查。

一般性审查和重点审查应当在采购需求和采购实施计划编制完成后，在采购活动开始前进行。

一、一般性审查

1. 适用范围

根据《政府采购需求管理办法》第三十一条第一款规定，一般性审查和重点审查的具体采购项目范围，由采购人根据实际情况确定。主管预算单位可以根据本部门实际情况，确定由主管预算单位统一组织重点审查的项目类别或者金额范围。一般而言，如主管预算单位未确定统一组织重点审查的项目类别或者金额范围，所有政府采购项目采购需求和采购实施计划编制完成后，都应开展一般性审查。

2. 审查内容

根据《政府采购需求管理办法》第三十条规定，一般性审查主要审查是否按照本办法规定的程序和内容确定采购需求、编制采购实施计划。审查内容包括，采购需求是否符合预算、资产、财务等管理制度规定；对采购方式、评审规则、合同类型、定价方式的选择是否说明适用理由；属于按规定需要报相关监管部门批准、核准的事项，是否作出相关安排；采购实施计划是否完整。

3. 实施主体

根据《政府采购需求管理办法》第三十二条规定，审查工作机制成员应当包括本部门、本单位的采购、财务、业务、监督等内部机构。采购人可以根据本单位实际情况，建立相关专家和第三方机构参与审查的工作机制。

因此审查委员会可以是本部门、本单位的采购、财务、业务、监督等内部机构，也可以是采购人组织建立的专家委员会或第三方机构，但参与确定采购需求和编制采购实施计划的专家和第三方机构不得参与审查。

一般性审查意见书格式示例如下。

采购需求和采购实施计划一般性审查意见书

项目名称：_____

采购单位：_____

采购部门：_____

审查时间：_____

审查说明

1. 根据审查工作机制，在采购活动开始前，针对采购需求管理中的重点风险事项，对采购需求和采购实施计划进行审查。

2. 一般性审查的具体采购项目范围，由采购人根据实际情况确定。

3. 审查应当符合《财政部关于印发政府采购需求管理办法的通知》（财库〔2021〕22号）的要求及政府采购的相关规定。

4. 对于审查不通过的，应当修改采购需求和采购实施计划的内容并重新进行审查。

一、审查项目情况

（一）审查项目名称：_____

（二）审查对象：

1. 采购需求

参与确定采购需求的专家、第三方机构：_____

2. 采购实施计划

参与确定采购实施计划的专家、第三方机构：_____

二、审查人员

序号	姓名	单位	内部机构	职务/职称	联系方式	备注

审查工作机制成员应当包括本部门、本单位的采购、财务、业务、监督等内部机构。采购人可以根据本单位的实际情况，建立相关专家和第三方机构参与审查的工作机制。

参与确定采购需求和编制采购实施计划的专家和第三方机构不得参与审查。

三、审查会议

1. 审查时间：_____

2. 审查地点：＿＿＿＿＿＿＿＿＿＿＿＿＿＿＿＿＿＿＿＿

四、审查意见

一般性审查主要审查是否按照《政府采购需求管理办法》规定的程序和内容确定采购需求、编制采购实施计划。

审查内容	审查结果
如需开展需求调查的，是否按规定开展需求调查	
采购需求是否符合预算、资产、财务等管理制度规定	
对采购方式、评审规则、合同类型、定价方式的选择是否说明适用理由	
属于按规定需要报相关监管部门批准、核准的事项，是否作出相关安排	
采购实施计划是否完整	
审查结论	通过/不通过
审查意见： 示例：经审查，采购需求、采购实施计划符合相关规定，审查通过。 示例：经审查，选择的采购方式为竞争性磋商，但本项目不符合《政府采购竞争性磋商采购方式管理暂行办法》（财库〔2014〕214号）第三条规定的适用情形，审查不通过，根据相关规定修改后，再重新进行审查。	

审查结果为"通过"或"不通过"，审查结果"不通过"的，还需说明具体原因。

审查结果全部为"通过"的，则审查结论为"通过"。审查结果有一项为"不通过"的，则审查结论为"不通过"。

审查人员（签字）：

日期：××××年××月××日

二、重点审查

1. 适用范围

根据《政府采购需求管理办法》第三十一条第二款规定，属于本办法第十一条规定范围的采购项目，应当开展重点审查。

2. 审查内容

重点审查在一般性审查的基础上，主要对采购需求和采购实施计划开展非歧视性审查、竞争性审查、采购政策审查、履约风险审查等审查内容如下。

（1）是否指向特定供应商或者特定产品，包括资格条件设置是否合理，要求供应商提供超过 2 个同类业务合同的，是否具有合理性；技术要求是否指向特定的专利、商标、品牌、技术路线等；评审因素设置是否具有倾向性，将有关履约能力作为评审因素是否适当。

（2）是否确保充分竞争，包括应当以公开方式邀请供应商的，是否依法采用公开竞争方式；采用单一来源采购方式的，是否符合法定情形；采购需求的内容是否完整、明确，是否考虑后续采购竞争性；评审方法、评审因素、价格权重等评审规则是否适当。

（3）进口产品的采购是否必要，是否落实支持创新、绿色发展、中小企业发展等政府采购政策要求。

（4）合同文本是否按规定由法律顾问审定，合同文本运用是否适当，是否围绕采购需求和合同履行设置权利义务，是否明确知识产权等方面的要求，履约验收方案是否完整、标准是否明确、风险处置措施和替代方案是否可行。

3. 实施主体

同一般性审查的审查委员会设置，审查委员会可以是本部门、本单位的采购、财务、业务、监督等内部机构，也可以是采购人组织建立的专家委员会或第三方机构，但参与确定采购需求和编制采购实施计划的专家和第三方机构不得参与。

重点审查意见书格式示例如下。

采购需求和采购实施计划重点审查意见书

项目名称：＿＿＿＿＿＿＿＿＿＿

采购单位：＿＿＿＿＿＿＿＿＿＿

审查时间：＿＿＿＿＿＿＿＿＿＿

审 查 说 明

1. 根据审查工作机制，在采购活动开始前，针对采购需求管理中的重点风险事项，对采购需求和采购实施计划进行审查。

2. 重点审查应在一般性审查通过的基础上再进行。

3. 可以根据本单位的实际情况，确定统一组织重点审查的项目类别或者金额范围。属于《财政部关于印发〈政府采购需求管理办法〉的通知》（财库〔2021〕22号）第十一条规定范围的采购项目，应当开展重点审查。

4. 审查应当符合《财政部关于印发〈政府采购需求管理办法〉的通知》（财库〔2021〕22号）的要求及政府采购的相关规定。

5. 对于审查不通过的，应当修改采购需求和采购实施计划的内容并重新进行审查。

一、审查项目情况

（一）审查项目名称：_____

（二）审查对象：

1. 采购需求

参与确定采购需求的专家、第三方机构：_____

2. 采购实施计划

参与确定采购实施计划的专家、第三方机构：_____

二、审查人员

序号	姓名	单位	内部机构	职务/职称	联系方式	备注

<u>审查工作机制成员应当包括本部门、本单位的采购、财务、业务、监督等内部机构</u>。采购人可以根据本单位的实际情况，建立相关专家和第三方机构参与审查的工作机制。

<u>参与确定采购需求和编制采购实施计划的专家和第三方机构不得参与审查</u>。

三、审查会议

1. 审查时间：_____

2. 审查地点：_____

四、审查意见

审查内容		审查结果
（一）非歧视性审查（主要审查是否指向特定供应商或者特定产品）	资格条件设置是否合理	
	要求供应商提供超过 2 个同类业务合同的，是否具有合理性	
	技术要求是否指向特定的专利、商标、品牌、技术路线等	
	评审因素设置是否具有倾向性	
	将有关履约能力作为评审因素是否适当	
（二）竞争性审查（主要审查是否确保充分竞争）	应当以公开方式邀请供应商的，是否依法采用公开竞争方式	
	采用单一来源采购方式的，是否符合法定情形	
	采购需求的内容是否完整、明确	
	采购需求的内容是否考虑后续采购竞争性	
	评审方法、评审因素、价格权重等评审规则是否适当	
（三）采购政策审查	进口产品的采购是否必要	
	是否落实支持创新政府采购政策要求	
	是否落实绿色发展、节能环保政府采购政策要求	
	是否落实中小企业发展政府采购政策要求	
	是否落实支持监狱发展政府采购政策要求	
	是否落实促进残疾人就业政府采购政策要求	
（四）履约风险审查	合同文本是否按规定由法律顾问审定	
	合同文本运用是否适当	
	是否围绕采购需求和合同履行设置权利义务	
	是否明确知识产权等方面的要求	
	履约验收方案是否完整、标准是否明确	
	风险处置措施和替代方案是否可行	

续表

（五）采购人或者主管预算单位认为应当审查的其他内容	应列明审查的具体内容。	
	审查内容	审查结果
	审查结论	通过/不通过
审查意见： 示例：经审查，采购需求、采购实施计划符合相关规定，审查通过。 示例：经审查，采购实施计划未落实中小企业发展政府采购政策要求，审查不通过，根据相关规定修改后，再重新进行审查。		

审查结果为"通过"或"不通过"。审查结果"不通过"的，还需说明具体原因。

审查结果全部为"通过"的，则审查结论为"通过"。审查结果有一项为"不通过"的，则审查结论为"不通过"。

审查人员（签字）：

日　　期：××××年××月××日

采购需求和采购实施计划的调查、确定、编制、审查等工作应当形成书面记录并存档。

采购文件应当按照审核通过的采购需求和采购实施计划编制。

第二篇 | 高校政府采购事中管理

第五章
高校政府采购代理机构的选择和委托

第一节 高校政府采购代理机构的选择

《政府采购法实施条例》第十二条规定，政府采购法所称采购代理机构，是指集中采购机构和集中采购机构以外的采购代理机构。

一、政府采购代理机构分类

1. 集中采购代理机构

集中采购代理机构是设区的市级以上人民政府依法设立的非营利事业法人，是代理集中采购项目的执行机构。集中采购代理机构应当根据采购人委托制定集中采购项目的实施方案，明确采购规程，组织政府采购活动，不得将集中采购项目转委托。

1）集中采购代理机构的设立

设区的市、自治州以上人民政府根据本级政府采购项目组织集中采购的需要设立集中采购代理机构。

各地政府采购中心即为政府集中采购代理机构，也有些地方将政府采购中心和公共资源交易中心机构合并，合署办公，但政府采购项目仍依据《政府采购法》及相关规定执行，项目执行仍需接受财政部门监管。

2）集中采购代理机构的性质

集中采购代理机构是采购代理机构，它只能根据采购人的委托，以代理人的身份办理政府采购事宜，集中采购代理机构是为向采购人提供采购服务而设立的；集中采购代理机构不是政府机关，而是非营利性的事业法人。

集中采购代理机构组织政府采购活动，应当符合采购价格低于市场平均价格、采购效率更高、采购质量优良和服务良好的要求。

3）集中采购目录

集中采购代理机构的业务范围有强制性业务和非强制性业务之分。强制性业务是代理集中采购目录范围内的项目，非强制性业务是代理集中采购目录范围外、采购限额标准以上的项目。各级政府集中采购目录及限额标准中对集中采购代理机构必须承担的项目类别做了详细的规定。

4）政府集中采购项目的实施

政府集中采购目录内的项目必须委托集中采购代理机构代理采购，按照各级政府采购目录及限额标准要求，公开招标限额以上的政府采购项目需按照公开招标方式进行采购。未达到公开招标限额标准的项目，则可根据项目实际情况选择其他采购方式。

5）高校的例外情形

根据国务院办公厅《关于印发中央预算单位政府集中采购目录及标准（2020年版）的通知》（国办发〔2019〕55号）规定，集中采购目录表中所列项目不包括部门集中采购项目和中央高校、科研院所采购的科研仪器设备。财政部《关于完善中央单位政府采购预算管理和中央高校、科研院所科研仪器设备采购管理有关事项的通知》（财库〔2016〕194号）也规定，中央高校、科研院所可自行采购科研仪器设备。中央高校、科研院所可自行组织或委托采购代理机构采购各类科研仪器设备，采购活动应按照政府采购法律制度规定执行。

根据以上规定，北京、上海等地政府采购集中采购目录及标准中均规定，集中采购目录表中所列项目不包括高校、科研机构所采购的科研仪器设备。而湖北省人民政府办公厅《关于印发湖北省政府集中采购目录及标准（2021年版）的通知》（鄂政办发〔2020〕56号）中则直接规定，集中采购目录不适用于高校、科研院所。因此，本书着重探讨高校委托社会采购代理机构的情形。

2. 社会采购代理机构

集中采购代理机构以外、受采购人委托从事采购代理业务的社会中介机构称为社会采购代理机构，一般直接称为采购代理机构。

1) 社会采购代理机构的性质

社会采购代理机构是营利性机构，根据采购代理委托协议的约定收取服务费用。当前服务费用的收取已经打破了"政府指导价"的限制，原国家计委《关于印发〈招标代理服务收费管理暂行办法〉的通知》（计价格〔2002〕1980号）对采购代理机构的收费标准做了详细要求，但在国家发展改革委《关于进一步放开建设项目专业服务价格的通知》（发改价格〔2015〕299号）中规定，全面放开实行政府指导价管理的建设项目专业服务价格，实行市场调节价，其中就包括采购代理费。实行市场调节价后，经营者应严格遵守《中华人民共和国价格法》《关于商品和服务实行明码标价的规定》等法律法规规定，告知委托人有关服务项目、服务内容、服务质量及服务价格等，并在委托代理协议中约定。采购人和采购代理机构在签署政府采购代理协议时，应在协议中明确收费方式及收费比例或金额等。

自《政府采购需求管理办法》实施以来，采购人将采购需求和采购实施计划的编制、项目合同的签订、履约验收等事项委托给采购代理机构的，还应根据工作量和项目的实际情况向采购代理机构支付服务费用，支付方式及支付标准需在委托协议中做出约定。

2) 社会采购代理机构从业条件

社会采购代理机构代理政府采购业务应当具备以下条件。

（1）具有独立承担民事责任的能力。分公司、办事处等不具备独立承担民事责任能力的分支机构不能独立进行名录登记。

（2）建立完善的政府采购内部监督管理制度。

（3）拥有不少于5名熟悉政府采购法律法规、具备编制采购文件和组织采购活动等相应能力的专职从业人员。

（4）具备独立办公场所和代理政府采购业务所必需的办公条件。

（5）在自有场所组织评审工作的，应当具备必要的评审场地和录音录像等监控设备设施并符合省级人民政府规定的标准。

3）社会采购代理机构名录登记

按照财政部《政府采购代理机构管理暂行办法》（财库〔2018〕2号）要求，社会采购代理机构实行名录登记管理，完成名录登记方可从业。

省级财政部门依托中国政府采购网省级分网建立政府采购代理机构名录，名录信息全国共享并向社会公开。

采购代理机构应当通过工商登记注册地省级分网填报以下信息申请进入名录，并承诺对信息真实性负责。

（1）采购代理机构名称、统一社会信用代码、办公场所地址、联系电话等机构信息。

（2）法定代表人及专职从业人员有效身份证明等个人信息。

（3）内部监督管理制度。

（4）在自有场所组织评审工作的，应当提供评审场所地址、监控设备设施情况。

（5）省级财政部门要求提供的其他材料。

4）社会采购代理机构信息查询

完成名录登记的采购代理机构，可在中国政府采购网或省级政府采购网上政府采购代理机构名录登记栏中查询详细信息，包括采购代理机构基本资料、主要业绩、异地评审场所和变更历史等内容。基本资料包括采购代理机构工商注册信息、评审场地情况、擅长领域及专职人员信息等，以方便采购人根据需要自行选择采购代理机构。

二、高校政府采购代理机构的选择

1. 采购代理机构的现状

2014年8月31日，根据《全国人民代表大会常务委员会关于修改〈中华人民共和国保险法〉等五部法律的决定》（2014年8月31日第十二届全国人民代表大会常务委员会第十次会议通过），取消财政部及省级人民政府财政部门负责实施的政府采购代理机构资格认定行政许可事项。

2017年12月27日，第十二届全国人民代表大会常务委员会第三十一次会议通过关于修改《招标投标法》《计量法》的决定，对《招标投标法》做出修改，其中包括删去第十四条第一款关于设立采购代理机构资格的规定。

至此，最终以国家修改法律的方式，删除设立采购代理机构资格的法律依据，全面取消采购代理机构资格。随着采购代理机构资格取消后，资质等级一并取消。

随着原有行业壁垒被打破，从业门槛降低，从事采购代理服务的企业数量骤然增加。与此同时，市场对采购代理机构的业务能力和综合实力更加挑剔，这为原有企业提高自身业务水平、拓展新的业务渠道、实现多元化发展创造了条件，为其转型提供了动力。截至2023年2月，仅在湖北省登记备案的采购代理机构数量已达2492家。

全面取消采购代理资格符合市场经济基本规律，在市场经济条件下，采购代理服务应当遵循市场规律，开放竞争。采购代理机构资格认定行政许可取消后的变化主要集中在以下几个方面。

(1) 财政部门取消对采购代理机构的资格管理。自2014年8月31日起，政府采购代理机构执业不再需要资格证书，已取得的政府采购代理机构甲、乙级资格证书自动失效，财政部和省级人民政府财政部门不再接收政府采购代理机构资格认定申请，已接受申请的将停止相关资格认定工作。

(2) 财政部门对采购代理机构实行网上登记管理。为满足采购代理机构信息发布、专家抽取等业务工作需要，以及便于采购人选择采购代理机构和政府采购监管部门加强业务监管，采购代理机构网上登记管理采用"自愿、免费、一地登记、全国通用"的办法。凡有意从事政府采购业务的采购代理机构均可在中国政府采购网或其工商注册所在地政府采购省级分网站进行网上登记。

(3) 财政部门对采购代理机构实行"宽进严管"。一是定期对采购代理机构执行政府采购法律法规及相关政策情况进行专项检查，规范采购代理行为。二是组建行业协会，依靠行业自律管理，强化采购代理机构的社会公德意识。三是制定采购代理机构执业能力评价方法和标准，积极开展行业评价，并打破地区行业保护，形成全国范围内政府采购评价信息的互认共享。四是加大对违法违规行为的处罚力度，采购代理机构在经营活动中有违法违规行为的，将在一至三年内禁止其代理政府采购业务。

2. 采购代理机构选择

高校政府采购项目通常采购量大、种类涉及广，因此，在高校政府采购活动中，采购人通常需要委托采购代理机构协助完成采购项目，帮助采购人实现规范高效的采购活动，提高政府采购绩效。

通过各高校多年的实践经验，构建适用于采购人的采购代理机构遴选考核评价体系，有助于采购风险的事前识别，夯实采购人对采购代理机构的把握程度，以期达到顺利开展采购工作的目的。

针对高校招标采购服务的相关要求，在采购代理机构选择过程中需要遵循以下几个原则。

1）自主原则

《政府采购法》《招标投标法》都明确赋予了采购人自行选择采购代理机构的权利。《政府采购法》第十九条规定，采购人有权自行选择采购代理机构，任何单位和个人不得以任何方式为采购人指定采购代理机构。

因此，选择采购代理机构是采购人的自主行为，采购人应当根据需求自行选择采购代理机构。

2）择优原则

《政府采购代理机构管理暂行办法》（财库〔2018〕2号）第十二条规定，采购人应当根据项目特点、采购代理机构专业领域和综合信用评价结果，从名录中自主择优选择采购代理机构。高校政府采购项目具有采购量大、种类涉及广、涉及部门多等特点，因此，采购人在选择采购代理机构时应当更加科学、合理地综合考虑采购代理机构的企业实力、综合信用评价结果、服务保障措施、资源配置、协调能力等因素，择优选择采购代理机构为其提供服务。

目前，选择采购代理机构的普遍方法有：直接指定、通过市场调查确定、遴选确定等。

1）直接指定

直接指定采购代理机构是采购人最常见的做法。该方法的特点是方便快捷，无需为选择采购代理机构花费较大精力。采购人可经过考察和对比，根据采购项目的特点及异同，综合考量采购代理机构的内控建设、管理情况、人员队伍的专业素养和业绩、社会评价和信用记录等情况，直接确定采购代理机构。

2）市场调查确定

该方法是指通过组建调查小组，在初步筛选确定采购代理机构的调查名单后，逐一进行现场调查。调查的内容可以包括采购代理机构的场地规模、设施设备、人员情况、服务水平、类似经验等。经过调查后，如实编制市场调查报告，召开会议集体决策，选择采购代理机构。

在选择采购代理机构时，采购人可以根据单位项目的数量，择优选择一家或几家采购代理机构。如果项目数量较多，可选择两家及以上的采购代理机构。

3）遴选确定

采购人可通过遴选的方式从参与竞争的多家采购代理机构中评选出最优的一家或多家采购代理机构。该方法可公开发布遴选公告，广泛接受采购代理机构竞争，并组织专家对采购代理机构提交的响应文件进行评审。近年来，这种确定方式较为普遍。遴选的方式既符合了公开透明的原则，又能给所有具备资格的采购代理机构机会，减少人为干预和直接指定的盲目性。

遴选采购代理机构通常从以下几个方面重点考核。

（1）拟派项目团队人员状况，主要包括项目负责人与项目团队人员的结构、人员组成、职称、注册执业资格、人员类似业绩等。

（2）企业管理能力，如质量管理体系、环境管理体系、职业健康安全管理体系、信用评价的考核等。

（3）软硬件配置情况，如固定办公营业场所、开评标室硬件配置、信息化建设情况等。

（4）类似经验。考核采购代理机构在政府采购代理方面的经验、业绩等。

（5）服务方案。如采购程序、质量保障措施、进度保障措施、保密方案、档案管理方案等。

上述方法各有优缺点，可以将上述几种方法结合起来，在选择出一定数量的采购代理机构的基础上，完善进退机制。这样既体现了采购人作为政府采购活动的第一责任主体，又能够增强责任意识，提高采购效率，防范采购风险。

在综合选择采购代理机构方法时，可在以下几个方面建立考评机制。

（1）服务意识。在服务过程中，采购代理机构是否能够积极主动地为采购人提供咨询服务，是否积极组织协助采购人推进相关项目采购的执行。委托任务下达后，采购代理机构是否能够及时安排工作人员对接采购事项；是否能够按照规定采购进度计划，及时高效完成各项代理采购任务。

（2）专业能力。采购代理机构是否具备完善的管理制度，是否建立完善的文件审核机制，是否具备完善合理的质疑投诉处理制度等。采购代理机构是否熟悉所代理采购项目的特点，是否具备类似采购项目代理的经验，从业机构及其工作人员的专业知识是否充分，是否熟悉政府采购项目相关法律法规以及工作程序等。采购代理机构是否具备较强的业务延伸能力,如项目前期采购咨询、后期履约验收等。

(3) 人员素养。采购代理机构是否配备了全面的专业人员,是否构建了完善的团队协作机制,是否具备了良好的团队协作意识。采购代理机构是否对其承担的代理项目业务认真负责并执行,选派的业务负责人是否具备较强的综合素质、专业能力,以及该负责人是否反映问题及时、工作效率高、工作态度良好、逻辑清晰、解决问题的方式恰当等。

第二节 高校政府采购代理机构的委托

一、基本委托事项

采购人应委托采购代理机构的基本事项包括以下几项。
(1) 编制采购文件。
(2) 发布信息公告。
(3) 协助采购人组建评审委员会。
(4) 组织开标、评标。
(5) 发出中标(成交)通知书。
(6) 协助采购人处理质疑、投诉事宜。

二、延伸服务

传统意义上的政府采购代理服务仅限于完成采购程序,工作内容从编制采购文件开始到发出中标或成交通知书结束。其实,采购代理机构可凭借自己的专业,发挥特长为采购人提供更多的延伸服务。

专业化的采购代理机构应当具备较高的专业化服务水平,还可根据采购人委托提供延伸服务,例如:项目前期采购咨询服务、组织采购人与中标或成交供应商签订政府采购合同、协助采购人对采购项目进行验收、协助采购人建立健全政府采购内控制度等。

1. 项目前期采购咨询服务

采购代理机构可以为采购人提供政策和程序上的咨询服务。例如:采购需求及采购实施计划的编制服务、采购程序的咨询服务，采购人如有疑问，都可以寻求采购代理机构的帮助。相关内容详参见本书第一篇的内容。

2. 组织签订政府采购合同

《政府采购法实施条例》第十三条要求采购代理机构具备拟订合同文本和优化采购程序的专业化服务水平，根据采购人委托在规定的时间内及时组织采购人与中标或者成交供应商签订政府采购合同。采购文件应当包括采购项目拟签订的合同文本。因此，采购代理机构和采购人在编制采购文件的同时，其实已经对采购项目拟签订的合同有了详细的规划。采购代理机构可将桥梁作用延伸下去，组织采购人与中标供应商或者成交供应商签订政府采购合同。

3. 协助履约验收

《政府采购法实施条例》第四十五条规定，采购人或者采购代理机构应当按照政府采购合同规定的技术、服务、安全标准组织对供应商履约情况进行验收，并出具验收书。验收书应当包括每一项技术、服务、安全标准的履约情况。该条例中规定，采购代理机构与采购人有同样的权利，可组织对供应商的履约情况进行验收。但是，《政府采购货物和服务招标投标管理办法》中则指出，采购人应当及时对采购项目进行验收。财政部《关于加强政府采购活动内部控制管理的指导意见》（财库〔2016〕99号）也明确了采购人应当做好采购项目履约验收的管理，进一步明确了验收的责任主体为采购人。

在财政部《关于进一步加强政府采购需求和履约验收管理的指导意见》（财库〔2016〕205号）中规定，采购人应当依法组织履约验收工作，采购人应当根据采购项目的具体情况，自行组织项目验收或者委托采购代理机构验收。采购代理机构可以第三方机构的身份参与到项目的履约验收工作中，发挥专长，提供此项延伸服务。

4. 协助建立内控制度

内控制度的建立和完善是采购人理顺政府采购内部管理的首要基础工作。近年来，财政部门将采购人建立完善的政府采购内控制度要求提高到一个新的高度。

《政府采购法实施条例》第十一条规定，采购人应当建立政府采购内部管理制度，而《政府采购货物和服务招标投标管理办法》第六条明确了采购人建立政府采购内部控制的重点环节，要求采购人在编制政府采购预算和实施计划、确定采购需求、组织采购活动、履约验收、答复询问质疑、配合投诉处理及监督检查等 7 个重点环节加强内部控制管理。

财政部于 2016 年 6 月印发了《财政部关于加强政府采购活动内部控制管理的指导意见》（财库〔2016〕99 号），明确了政府采购内部控制制度的责任主体，内部控制制度建设的基本原则、主要目标、任务和措施。

采购人应当按照"分事行权、分岗设权、分级授权"的原则，建立政府采购内控管理制度，加强对本部门、本单位政府采购活动的管理。

在加强内部控制管理的 7 个重点环节中，采购代理机构参与了组织采购活动、答复询问质疑、配合投诉处理及监督检查等工作，还可选择参与政府采购预算和实施计划编制、采购需求确定及履约验收等工作，对政府采购项目的全流程均有深入的了解，在建立政府采购内控管理制度方面具有良好的基础，采购人可委托采购代理机构协助其完成该项工作。

协助采购人建立完善政府采购内控制度，可以分两种情况：一是针对采购人年度采购项目多、采购内容繁杂的情况，比如高等院校，此类单位需针对所有政府采购项目建立统一的内控管理制度，除上述 7 项内容外，还可对未达到政府采购限额的项目即非政府采购项目和自行采购项目进行内控管理，建立相应的制度。

二是可对重点项目进行内控制度管理。依然可从以上 7 个方面入手，除此之外，还可以进一步明确组织设置及分工、采购资金测算及计划管理、采购代理机构的选择、合同签订、档案管理等内容。

采购人与采购代理机构可单独签署咨询服务协议，也可以在政府采购代理协议中增加延伸服务内容，无论哪种方式，在双方的协议中均应明确延伸服务的收费方式及收费标准，以及双方的权利、义务等内容。

三、双方的权利及义务

1. 采购人的权利和义务

（1）采购人应对采购标的的技术水平、供应状况、价格行情等情况进行市场调查，根据调查情况、资产配置标准等科学、合理地确定采购需求，进行价格测算。

（2）采购人应根据项目进度，及时向采购代理机构提出合规、完整、明确的采购需求并对提供资料的真实性、合法性、完整性、准确性负责。

（3）采购人应负责采购资金的落实，根据价格测算情况，在采购预算额度内合理设定最高限价。

（4）采购人应编写采购文件的技术要求和商务要求，以及合同特殊条款等内容，并对所编写的内容负责。

（5）审核采购代理机构编制的采购文件并书面确认。

（6）与采购代理机构共同解答、澄清、回复在采购过程中供应商所提出的问题、询问、质疑、投诉。如有需要，与采购代理机构共同组织已获取采购文件的供应商现场踏勘或者召开标前答疑会。

（7）递交投标/响应文件截止时间前，采购人不得向他人透露已获取采购文件的供应商信息以及可能影响公平竞争的其他情况。

（8）采购人应在采购代理机构协助下组建评审委员会。采购人代表参加评审时应携《采购人代表授权函》，采购人代表不得非法干预评审过程。

（9）根据评审委员会推荐的中标/成交候选人的排序，按法定程序确定中标/成交供应商。

（10）采购人应根据采购代理机构发出的中标/成交通知书与中标/成交供应商签订合同。

（11）采购人应接收采购代理机构移交的采购资料汇编和投标/响应文件等，并按照相关规定存档。

2. 采购代理机构的权利和义务

（1）采购代理机构根据项目特点安排项目负责人，全权代表采购代理机构与采购人联系并处理采购过程中的有关事宜。

（2）采购代理机构应根据采购人的需求提出科学的采购方案和合理化建议，并负责采购文件的编制、印刷、装订和对外提供。

（3）采购文件经采购人书面确认后，采购代理机构应按照相关规定，负责在有关媒体上发布采购公告等信息。

（4）递交投标/响应文件截止时间前，采购代理机构不得向他人透露已获取采购文件的供应商信息以及可能影响公平竞争的其他情况。

（5）采购代理机构应协助采购人组建评审委员会。

（6）采购代理机构负责接收供应商递交的投标/响应文件，并组织开标、评标。

(7) 采购代理机构应对评审现场活动进行全程录音录像，音像资料应作为采购档案一并存档。

(8) 采购代理机构对在评审过程中获悉的国家秘密、商业秘密负有保密责任。

(9) 采购代理机构应自评审结束之日起2个工作日内将评审报告送交采购人。

(10) 采购代理机构应按规定将采购结果在有关媒体上进行公告，并向中标/成交供应商发出中标/成交通知书，采用公开招标或邀请招标的项目，告知未中标单位评审结果。

(11) 采购代理机构应协助采购人处理采购过程中发生的询问、质疑、投诉等问题。

(12) 采购代理机构应将采购过程中的所有资料汇编成册，并及时移交给采购人。

第三节　采购人与采购代理机构的相互监督

采购人将项目采购的相关事项委托给采购代理机构，但主体责任并不转移。

根据《政府采购实施条例》第六十一条规定，采购人发现采购代理机构有违法行为的，应当要求其改正。采购代理机构拒不改正的，采购人应当向本级人民政府财政部门报告，财政部门应当依法处理。

采购代理机构发现采购人的采购需求存在以不合理条件对供应商实行差别待遇、歧视待遇或者其他不符合法律法规和政府采购政策规定的内容，或者发现采购人有其他违法行为的，应当建议其改正。采购人拒不改正的，采购代理机构应当向采购人的本级人民政府财政部门报告，财政部门应当依法处理。

一、建立沟通机制

高校一般设立专门的归口部门和专职的采招人员。在与采购代理机构签订合同时，应明确要求采购代理机构与采购人共同建立工作专班，将固定人员作为项目的主要联络人。采购人和采购代理机构的联系应以双方的联络人为主，避免信息不对称，影响采购项目的实施。

二、建立保密机制

采购人与采购代理机构应当建立保密机制，以下为国家财政部门对采购过程中的保密事项提出的相关要求。

财政部《政府采购货物和服务招标投标管理办法》（财政部令〔2017〕第87号）第四十七条规定，评标委员会成员名单在评标结果公告前应当保密。

财政部《政府采购货物和服务招标投标管理办法》（财政部令〔2017〕第87号）第六十六条规定，采购人、采购代理机构应当采取必要措施，保证评标在严格保密的情况下进行。除采购人代表、评标现场组织人员外，采购人的其他工作人员以及与评标工作无关的人员不得进入评标现场。有关人员对评标情况以及在评标过程中获悉的国家秘密、商业秘密负有保密责任。

财政部《政府采购质疑和投诉办法》（财政部令第94号）第四十三条规定，对在质疑答复和投诉处理过程中知悉的国家秘密、商业秘密、个人隐私和依法不予公开的信息，财政部门、采购人、采购代理机构等相关知情人应当保密。

财政部《政府采购非招标采购方式管理办法》（财政部令第74号）第六条规定，采购人、采购代理机构应当按照政府采购法和本办法的规定组织开展非招标采购活动，并采取必要措施，保证评审在严格保密的情况下进行。任何单位和个人不得非法干预、影响评审过程和结果。

财政部《政府采购竞争性磋商采购方式管理暂行办法》（财库〔2014〕214号）第五条规定，采购人、采购代理机构应当按照政府采购法和本办法的规定组织开展竞争性磋商，并采取必要措施，保证磋商在严格保密的情况下进行。

财政部《关于进一步规范政府采购评审工作有关问题的通知》（财库〔2012〕69号）规定，采购人、采购代理机构要确保评审活动在严格保密的情况下进行。在采购结果确定前，采购人、采购代理机构对评审委员会名单负有保密责任。评审委员会成员、采购人和采购代理机构工作人员、相关监督人员等与评审工作有关的人员，对评审情况以及在评审过程中获悉的国家秘密、商业秘密负有保密责任。采购人、采购代理机构和评审委员会在评审工作中，要依法相互监督和制约，并自觉接受各级财政部门的监督。对非法干预评审工作等违法违规行为，应当及时向财政部门报告。

财政部《关于印发〈政府采购评审专家管理办法〉的通知》（财库〔2016〕198

号)第二十条规定,评审专家名单在评审结果公告前应当保密。评审活动完成后,采购人或者采购代理机构应当随中标、成交结果一并公告评审专家名单,并对自行选定的评审专家做出标注。各级财政部门、采购人和采购代理机构有关工作人员不得泄露评审专家的个人情况。

除财政部相关要求外,各地财政部门也提出了相应的要求,下面以湖北省为例:

《关于印发〈湖北省政府采购评审专家管理实施办法〉的通知》(鄂财采发〔2017〕4号)第二十条规定,除采用竞争性谈判、竞争性磋商方式采购,以及异地评审的项目外,采购人或者采购代理机构抽取评审专家的开始时间原则上不得早于评审活动开始前2个工作日。为确保政府采购项目评审专家的保密内容,采用招标方式采购的项目,评审专家原则上当天抽取当天使用。

《关于印发〈湖北省政府采购评审专家管理实施办法〉的通知》(鄂财采发〔2017〕4号)第三十条规定,采购人或者采购代理机构要加强评审现场管理,与评审工作无关的人员不得进入评审现场,要确保评审活动在严格保密的情况下进行。

采购人和采购代理机构可在委托代理协议中明确甲乙双方对政府采购项目执行过程中获取的应当保密的内容负有保密责任,并制定相应的违约处罚条款。结合政府采购中关于保密的要求,采购人在采购过程中需注意建立以下几步保密机制。

1. 采购文件获取名单的保密

采购人与采购代理机构应当在委托代理协议中约定采购文件获取名单(报名信息)只能由工作专班成员知晓,不得外泄。高校政府采购项目涉及的部门较多,除工作专班成员外,采购代理机构或采购人采购专班成员不得向无关人员透漏项目报名信息。

2. 评委信息的保密

采购项目评审前评审专家的抽取需按相关规定进行,按规定的时间在指定的专家库抽取专家。如采购人将专家抽取工作完全委托给采购代理机构,采购代理机构需对专家信息的保密负全部责任。目前各省政府采购项目均在省级及以上政府采购专家库中抽取政府采购评审专家,基本实现电子化,采购代理机构在规范抽取的情况下,评审专家信息保密能得到保证。

3. 评审信息的保密

评审结果公告前，评审信息均需按要求进行保密。采购代理机构、采购人代表、评审专家、采购人监督人员等评审当事人应当进行保密事项告知或签订保密承诺书。

三、签订廉洁协议

采购人在与采购代理机构签订采购代理委托协议时，可同时签订廉洁协议书，督促双方在政府采购项目执行过程中廉洁自律，公开、公平、公正地实施政府采购活动。

廉洁协议示例如下。

廉 政 协 议

为加强廉政建设，规范招标采购活动，防止发生各种谋取不正当利益的违法违纪行为，保护当事人的合法权益，本项目采购人（以下称甲方）与采购代理机构（以下称乙方），特订立如下合同。

第一条 甲乙双方的权利和义务。

（一）严格遵守党和国家有关法律法规的有关规定。

（二）严格执行本项目采购代理委托合同文件，自觉按合同办事。

（三）双方的业务活动坚持公开、公正、诚信、透明的原则（除法律认定的商业秘密和合同文件另有规定外），不得损害国家利益和集体利益，违反采购管理规章制度。

（四）建立健全廉政制度，开展廉政教育，设立廉政告示牌，公布举报电话，监督并认真查处违法违纪行为。

（五）发现对方在业务活动中有违反廉政规定的行为，有及时提醒对方纠正的权利和义务。

（六）发现对方严重违反本合同义务条款的行为，有向其上级有关部门举报、建议给予处理并要求告知处理结果的权利。

第二条 甲方的义务。

（一）甲方及其工作人员不准索要或接受乙方的礼金、有价证券和贵重物品，不得在乙方报销任何应由甲方或个人支付的费用等。

（二）甲方工作人员不准参加乙方安排的超标准宴请和娱乐活动；不得接受乙方提供的通信工具、交通工具和高档办公用品等。

（三）甲方及其工作人员不准接受乙方为其装修住房、举行婚丧嫁娶活动、安排配偶子女的工作、安排出国出境或旅游等。

（四）不准向乙方和相关单位介绍或为配偶、子女、亲属参与同甲方项目合同有关的业务等活动。不准以任何理由要求乙方和相关单位使用某种产品、材料和设备。

第三条　乙方义务。

（一）乙方不准以任何理由向甲方及其工作人员行贿或馈赠礼金、有价证券、贵重礼品。

（二）乙方不准以任何名义为甲方及其工作人员报销应由甲方单位或个人支付的任何费用。

（三）乙方不准以任何理由安排甲方工作人员参加超标准宴请及娱乐活动。

（四）乙方不准为甲方单位和个人购置或提供通信工具、交通工具和高档办公用品等。

第四条　违约责任。

（一）甲方及其工作人员违反本合同第一条、第二条，按管理权限，依据有关规定给予党纪、政纪处分或组织处理；涉嫌犯罪的，移交司法机关追究刑事责任；给乙方单位造成经济损失的，应予以赔偿。

（二）乙方及其工作人员违反本合同第一第、第三条，按管理权限，依据有关规定给予党纪、政纪处分或组织处理；给甲方单位造成经济损失的，应予以赔偿。

第五条　双方约定：本合同由双方或双方上级单位的纪检监察机关负责监督。由甲方或甲方上级单位的纪检监察机关约请乙方或乙方上级单位纪检监察机关对本合同履行情况进行检查，提出在本合同规定范围内的裁定意见。

第六条　本合同有效期自双方签署之日起至该项目招标代理服务工作完毕之日止。

第七条 本合同作为甲乙双方采购委托协议的附件，与采购委托协议具有同等的法律效力，经合同双方签署立即生效。

甲方：　　　　　　　　　　　　乙方：
（盖章）　　　　　　　　　　　（盖章）

法定代表人或　　　　　　　　　法定代表人或其授权的
代理人（签字）　　　　　　　　代理人（签字）
地址：　　　　　　　　　　　　地址：
电话：　　　　　　　　　　　　电话：
日期：　　　　　　　　　　　　日期：

第六章 高校政府采购项目执行

第一节 政府采购实施计划备案

《政府采购需求管理办法》第二十六条规定，各级财政部门应当按照简便、必要的原则，明确报财政部门备案的采购实施计划具体内容，包括采购项目的类别、名称、采购标的、采购预算、采购数量（规模）、组织形式、采购方式、落实政府采购政策有关内容等。

一、确定组织形式

《政府采购法》规定，采购人采购纳入集中采购目录的政府采购项目，必须委托集中采购代理机构代理采购；按照政府集中采购目录及标准要求，未列入政府集中采购目录范围，预算单位单项或批量采购金额达到分散采购限额标准的项目应按《政府采购法》和《招标投标法》有关规定执行，实行分散采购。采购未纳入集中采购目录且未达到分散限额标准的政府采购项目，预算单位可以自行采购，也可以委托集中采购代理机构在委托的范围内代理采购。

政府集中采购目录以外、限额标准以下的采购项目，不适用政府采购法律法规规定，不需要进行政府采购预算执行计划备案。

二、确定项目类别

项目类别的确定应依据《政府采购品目分类目录》。在填报政府采购计划时，必须确定项目类别，即项目是货物类、服务类或是工程类。不同类别的项目，适用不同的管理办法，可能采用的采购方式不同，评审办法也不相同。例如，一个系统集成类的项目，内容包含软件开发和硬件采购。如果项目定性为货物类，采用综合评分法，那么价格部分权重不得低于30%；如果定性为服务类项目，则价格部分权重不得低于10%。根据财政部《政府采购货物和服务招标投标管理办法》（财政部令第87号）第七条规定，采购人应当按照财政部制定的《政府采购品目分类目录》确定采购项目属性。按照《政府采购品目分类目录》无法确定的，按照有利于采购项目实施的原则确定。

三、确定采购方式

政府采购有七种采购方式，为了规范采购程序，提高采购效率，采购人选择合适的政府采购方式至关重要。采购人选择合适的采购方式应从以下两个方面考虑。

1. 依据政府采购公开招标数额标准

《政府采购法》规定，采购金额达到公开招标数额标准的应当实行公开招标，没有达到公开招标数额标准或因特殊情况需要的，可以依法采用非招标采购方式。非招标采购方式包括：竞争性谈判采购、询价采购、单一来源采购和竞争性磋商采购。

例如：《关于印发湖北省政府集中采购目录及标准（2021年版）的通知》（鄂政办发〔2020〕56号）规定，政府采购货物或服务项目，省级单项或批量采购达到400万元以上、市县级200万元以上的应当采用公开招标方式，其中武汉市市本级执行省级公开招标数额标准。政府采购工程项目以及与工程建设有关的货物、服务公开招标数额标准按照国家有关规定执行。

2. 依据政府采购方式的适用条件

采购人应按照法律法规规定，根据项目特点和采购需求准确选择及把握采购方式，这是《政府采购法》赋予采购人的权利和责任。

在确定采购方式时,采购人需注意:一是采购人不得将应当以公开招标方式采购的货物或者服务化整为零或者以其他任何方式规避公开招标;二是采购人必须按照《政府采购法》规定的采购方式和采购程序进行采购,任何单位和个人不得违反《政府采购法》规定,要求采购人或者采购工作人员向其指定的供应商进行采购;三是在一个财政年度内,采购人将一个预算项目下的同一品目或者类别的货物、服务采用公开招标以外的方式多次采购,累计资金数额超过公开招标数额标准的,属于以化整为零方式规避公开招标,但项目预算调整或者经批准采用公开招标以外方式采购除外;四是因特殊情况需要采用公开招标以外的采购方式的,应当在采购活动开始前获得设区的市、自治州以上人民政府采购监督管理部门的批准。采购人采购公开招标数额标准以上的货物或者服务,符合《政府采购法》第二十九条、第三十条、第三十一条、第三十二条规定情形或者有需要执行政府采购政策等特殊情况的,经设区的市级以上人民政府财政部门批准,可以依法采用公开招标以外的采购方式。

四、确定采购内容

采购内容是政府采购计划中的核心组成部分。在采购计划中,一般会附采购项目清单,其内容包含采购的货物、服务、工程品目名、数量、单价、预算总价,以及是否适用进口、节能、环保产品等政府采购政策。

以湖北省为例,政府采购项目备案书示例如下。

湖北省本级政府采购项目备案书

采购单位			
项目名称			
备案编号		单位预算编码	
采购联系人		联系电话	
采购方式		组织形式	
项目类别		归口财政内部机构	
实施形式		是否涉及进口产品采购	
预算总金额/元			
采购代理机构			

续表

采购内容					
序号	品目编码	品目名称	采购内容	数量（单位）	预算金额/元
1					
2					
3					
4					
5					
6					
7					
8					
采购资金					
序号	资金来源	预算编号	预算项目名称	预算金额/元	
1					

采购单位：××××××（签章）

备案日期：××××年××月××日

在上述政府采购计划备案书填报时，应注意以下几个方面。

（1）涉及进口产品采购时，应完成进口产品的审核或备案手续。财政部《关于印发〈政府采购进口产品管理办法〉的通知》（财库〔2007〕119号）中规定，政府采购应当采购本国产品，确需采购进口产品的，实行审核管理。根据财政部《关于完善中央单位政府采购预算管理和中央高校、科研院所科研仪器设备采购管理有关事项的通知》（财库〔2016〕194号）及各省财政部门出台的关于高校、科研院所进口产品的管理规定，高校、科研院所在采购进口科研仪器设备前，必须完成进口产品备案手续。

（2）在政府采购计划备案书填报时，应根据项目实际情况选择是否专门面向中小微企业采购。以湖北省为例，应先确定是否专门面向中小微企业采购。中小微企业采购分为专门面向中小企业采购或专门面向小微企业采购；专门面向中小微企业采购的，应设置预留形式，包括：① 将采购项目整体或者设置采购包专门面向中小企业采购；② 要求供应商以联合体形式参加采购活动，且联合体中中小企业承担的部分达到一定比例；③ 要求获得采购合同的供应商将采购项目中的一定比例分包给一家或者多家中小企业。

(3) 非专门面向中小微企业采购的，应填报不专门面向中小微企业采购的具体原因，包括符合下列情形之一的，可不专门面向中小企业预留采购份额：① 法律法规和国家有关政策明确规定优先或者应当面向事业单位、社会组织等非企业主体采购的；② 确需使用不可替代的专利、专有技术及基础设施限制，或者提供特定公共服务等原因，只能从中小企业之外的供应商处采购的；③ 按照本办法规定预留采购份额无法确保充分供应、充分竞争，或者存在可能影响政府采购目标实现的情形；④ 框架协议采购项目；⑤ 省级以上人民政府财政部门规定的其他情形。除上述情形外，其他均为适宜由中小企业提供的情形。此外，还应填报符合条件的小微企业价格扣除优惠比例。

第二节 政府采购方式的适用

《政府采购法》第二十六条规定，政府采购采用以下方式。

(1) 公开招标。

(2) 邀请招标。

(3) 竞争性谈判。

(4) 单一来源采购。

(5) 询价。

(6) 国务院政府采购监督管理部门认定的其他采购方式。

为了深化政府采购制度改革，适应推进政府购买服务、推广政府和社会资本合作（PPP）模式等工作需要，2014年12月31日，财政部《政府采购竞争性磋商采购方式管理暂行办法》（财库〔2014〕214号）施行；2022年3月1日，《政府采购框架协议采购方式管理暂行办法》（财政部令110号）施行，除法定五种采购方式外，还增加了竞争性磋商和框架协议两种采购方式。

政府采购方式可以分为招标和非招标两大类，公开招标和邀请招标为招标类采购方式；竞争性谈判、竞争性磋商、询价、单一来源采购和框架协议为非招标类采购方式。

《政府采购法》《政府采购法实施条例》《政府采购货物和服务招标投标管理办法》《政府采购非招标采购方式管理办法》《政府采购竞争性磋商管理暂行办法》和《政府采购框架协议采购方式管理暂行办法》对七种采购方式的适用情形作了具体规定。

1. 公开招标方式的适用

(1) 按照公开招标数额标准执行,达到公开招标数额标准的,应当采用公开招标方式。

(2) 达到公开招标数额标准的政府采购项目,因特殊情况需要采用公开招标以外的采购方式的,应当在采购活动开始前获得设区的市、自治州以上人民政府采购监督管理部门的批准。

2. 邀请招标方式的适用

(1) 具有特殊性,只能从有限范围的供应商处采购的。

(2) 采用公开招标方式的费用占政府采购项目总价值的比例过大的。

3. 竞争性谈判采购方式的适用

(1) 招标后没有供应商投标或者没有合格标的或者重新招标未能成立的。

(2) 技术复杂或者性质特殊,不能确定详细规格或者具体要求的。

(3) 非采购人预见或拖延造成招标采购所需时间不能满足用户紧急需要的。

(4) 因艺术品采购、专利、专有技术或者服务的时间、数量事先不能确定等原因而不能事先计算出价格总额的。

4. 询价采购方式的适用

(1) 采购的货物规格、标准统一。

(2) 货源充足且价格变化幅度小。

5. 单一来源采购方式的适用

(1) 只能从唯一供应商处采购的,是指因货物或者服务使用不可替代的专利、专有技术,或者公共服务项目具有特殊要求,导致只能从某一特定供应商处采购。

(2) 发生了不可预见的紧急情况不能从其他供应商处采购的。

(3) 必须保证原有采购项目一致性或者服务配套的要求,需要继续从原供应商处添购,添购总额不超过原合同采购金额百分之十的。

6. 竞争性磋商采购方式的适用

(1) 政府购买服务项目。

(2) 技术复杂或者性质特殊,不能确定详细规格或者具体要求的。

（3）因艺术品采购、专利、专有技术或者服务的时间、数量事先不能确定等原因而不能事先计算出价格总额的。

（4）市场竞争不充分的科研项目，以及需要扶持的科技成果转化项目。

（5）按照招标投标法及其实施条例必须进行招标的工程建设项目以外的工程建设项目。

7. 框架协议采购方式的适用

（1）集中采购目录以内品目，以及与之配套的必要耗材、配件等，属于小额零星采购的。

（2）集中采购目录以外，采购限额标准以上，本部门、本系统行政管理所需的法律、评估、会计、审计等鉴证咨询服务，属于小额零星采购的。

（3）提供服务的政府购买服务项目，需要确定2家以上供应商由服务对象自主选择的。

（4）国务院财政部门规定的其他情形。

前款所称采购限额标准以上，是指同一品目或者同一类别的货物、服务年度采购预算达到采购限额标准以上。

属于以上第二项情形，主管预算单位能够归集需求形成单一项目进行采购，通过签订时间、地点、数量不确定的采购合同满足需求的，不得采用框架协议采购方式。

采购人采购货物或者服务应当采用公开招标方式的，其具体数额标准属于中央预算的政府采购项目，由国务院规定；属于地方预算的政府采购项目，由省、自治区、直辖市人民政府规定；因特殊情况需要采用公开招标以外的采购方式，应当在采购活动开始前获得设区的市、自治州以上人民政府采购监督管理部门的批准。采购人不得将应当以公开招标方式采购的货物或者服务化整为零或者以其他任何方式规避公开招标采购。

【小贴士】

【问】根据《政府采购法》第三十二条规定，采购的货物规格、标准统一、现货货源充足且价格变化幅度较小的政府采购项目，可以依照本法采用询价方式采购。是否可以理解为询价采购方式只适用于采购货物？

【答】根据现行政府采购法律制度规定，询价采购方式只适用于货物采购。

（信息来源中国政府采购网）

请看以下案例。

某高校在一个财政年度内、一个预算项目下，就同一品目的学生宿舍家具分别采用询价和竞争性谈判采购方式分三次进行了采购，预算金额分别为 180 万元、150 万元和 80 万元，总计 410 万元。监管部门认为，该校办公家具采购预算总额超过了该地区公开招标数额 400 万元的标准，没有按照公开招标的方式进行采购，所以将该采购人的行为定性为《政府采购法实施条例》第六十七条第二款所规定的情形，即"将应当进行公开招标的项目化整为零或者以其他方式规避公开招标"，给予通报处理。

什么是化整为零或者以其他方式规避公开招标采购行为呢？《政府采购法实施条例》第二十八条规定，在一个财政年度内，采购人将一个预算项目下的同一品目或者类别的货物、服务采用公开招标以外的方式多次采购，累计资金数额超过公开招标数额标准的，属于化整为零方式规避公开招标。也就是采购人把达到公开招标数额标准的政府采购项目分割为数个小项目，使得每个项目的预算金额都未达到法定公开招标数额标准，以此规避公开招标。

《政府采购法》第七十一条规定，采购人将应当采用公开招标方式而擅自采用其他方式采购的，监管部门将责令其限期改正、给予警告，可以并处罚款，对直接负责的主管人员和其他直接责任人员，由其行政主管部门或者有关机关给予处分，并予通报。

第三节 政府采购流程

一、公开招标

公开招标，是指采购人依法以招标公告的方式邀请非特定的供应商参加投标的采购方式。

公开招标具体流程如下。

1. 编制招标文件

采购人、采购代理机构应当根据采购项目的特点和采购需求编制招标文件。招标文件应当包括以下主要内容。

（1）投标邀请。

（2）供应商须知（包括投标文件的密封、签署、盖章要求等）。

（3）供应商应当提交的资格、资信证明文件。

（4）为落实政府采购政策，采购标的需满足的要求，以及供应商需提供的证明材料。

（5）投标文件编制要求、投标报价要求和投标保证金交纳、退还方式以及不予退还投标保证金的情形。

（6）采购项目预算金额，设定最高限价的，还应当公开最高限价。

（7）采购项目的技术规格、数量、服务标准、验收等要求，包括附件、图纸等。

（8）拟签订的合同文本。

（9）货物、服务提供的时间、地点、方式。

（10）采购资金的支付方式、时间、条件。

（11）评标方法、评标标准和投标无效情形。

（12）投标有效期。

（13）投标截止时间、开标时间及地点。

（14）采购代理机构代理费用的收取标准和方式。

（15）供应商信用信息查询渠道及截止时点、信用信息查询记录和证据留存的具体方式、信用信息的使用规则等。

(16）省级以上财政部门规定的其他事项。

对于不允许偏离的实质性要求和条件，采购人或者采购代理机构应当在招标文件中规定，并以醒目的方式标明。

2. 发布招标公告

采购人或采购代理机构在财政部门指定的政府采购信息发布媒体上发布招标公告。招标公告期限为5个工作日。公告内容应当以省级以上财政部门指定媒体发布的公告为准。公告期限自省级以上财政部门指定媒体最先发布公告之日起算。

中央预算单位的政府采购信息应当在财政部门指定的媒体上公开，地方预算单位的政府采购信息应当在省级（含计划单列市）财政部门指定的媒体上公开。财政部门指定的政府采购信息发布媒体包括中国政府采购网（www.ccgp.gov.cn）、中国财经报（中国政府采购报）、中国政府采购杂志、中国财政杂志等。省级财政部门应当将中国政府采购网地方分网作为本地区指定的政府采购信息发布媒体之一。

为了便于政府采购当事人获取信息，在其他政府采购信息发布媒体公开的政府采购信息应当同时在中国政府采购网发布。对于预算金额在500万元以上的地方采购项目信息，中国政府采购网地方分网应当通过数据接口同时推送至中央主网发布。政府采购违法失信行为信息记录应当在中国政府采购网中央主网发布。

招标公告应当包括以下主要内容。

（1）采购人及其委托的采购代理机构的名称、地址和联系方式。

（2）采购项目的名称、预算金额，设定最高限价的，还应当公开最高限价。

（3）采购人的采购需求。

（4）供应商的资格要求。

（5）获取招标文件的时间期限、地点、方式及采购文件售价。

（6）公告期限。

（7）投标截止时间、开标时间及地点。

（8）采购项目联系人姓名和电话。

采购人或者采购代理机构应当根据采购项目的实施要求，在招标公告中载明是否接受联合体投标。如果未载明，则不得拒绝联合体投标。

招标公告

> **项目概况**
> （采购标的）招标项目的潜在供应商应在（地址）获取招标文件，并于____年____月____日____点____分（北京时间）前递交投标文件。

一、项目基本情况

项目编号（或招标编号、政府采购计划编号、采购计划备案文号等，如有）：

项目名称：

预算金额：

最高限价（如有）：

采购需求：（包括但不限于标的的名称、数量、简要技术需求或服务要求等）

合同履行期限：

本项目（是/否）接受联合体投标。

二、申请人的资格要求：

1. 满足《政府采购法》第二十二条规定。

2. 落实政府采购政策需满足的资格要求：（如属于专门面向中小企业采购的项目，供应商应为中小微企业、监狱企业、残疾人福利性单位）

3. 本项目的特定资格要求：（如项目接受联合体投标，对联合体应提出相关资格要求；如属于特定行业项目，供应商应当具备特定行业法定准入要求）

三、获取招标文件

时间：____年____月____日至____年____月____日（提供期限自本公告发布之日起不得少于5个工作日），每天上午____至____，下午____至____（北京时间，法定节假日除外）

地点：

方式：

售价：

四、提交投标文件截止时间、开标时间和地点

____年____月____日____点____分（北京时间）（自招标文件开始发出之日起至供应商提交投标文件截止之日止，不得少于20日）

地点：

五、公告期限

自本公告发布之日起5个工作日。

六、其他补充事宜

七、对本次招标提出询问，请按以下方式联系。

1. 采购人信息

名称：_____

地址：_____

联系方式：_____

2. 采购代理机构信息（如有）

名称：_____

地址：_____

联系方式：_____

3. 项目联系方式

项目联系人：（组织本项目采购活动的具体工作人员姓名）

电话：_____

选自财政部办公厅《关于印发〈政府采购公告和公示信息格式规范（2020年版）〉的通知》（财办库〔2020〕50号）

【小贴士】

【问】87号令中第十六条，招标公告、资格预审公告的公告期限为5个工作日。请问发布的公告期限能否多于5个工作日，公告期限有什么意义，与招标文件提供期限有何不同？

【答】根据《政府采购货物和服务招标投标管理办法》（财政部令〔2017〕第 87 号）及《关于做好政府采购信息公开工作的通知》（财库〔2015〕135 号），招标公告、资格预审公告的公告期限为 5 个工作日，不能多于 5 个工作日。招标公告期限的设定主要是为确定潜在供应商质疑投诉的起算日期，与招标文件提供的期限不同。

（信息来源中国政府采购网）

3. 发出招标文件

采购人或者采购代理机构应当按照招标公告或者投标邀请书规定的时间、地点提供招标文件或者资格预审文件，提供期限自招标公告、资格预审公告发布之日起计算不得少于 5 个工作日。提供期限届满后，获取招标文件或者资格预审文件的潜在供应商不足 3 家的，可以顺延提供期限，并予公告。

自招标文件开始发出之日起至供应商提交投标文件截止之日止，不得少于二十日。

公开招标进行资格预审的，招标公告和资格预审公告可以合并发布，招标文件应当向所有通过资格预审的供应商提供。

【小贴士】

【问】《政府采购法》第三十五条，货物和服务项目实行招标方式采购的，自招标文件开始发出之日起至投标人提交投标文件截止之日止，不得少于二十日。具体如何计算？

【答】根据《政府采购货物和服务招标投标管理办法》（财政部令〔2017〕第 87 号）第八十五条规定，按日计算期间的，开始当天不计入，从次日开始计算。不得少于二十日的期间应当不少于二十个完整自然日。

（信息来源中国政府采购网）

4. 答疑、招标文件澄清及修改

采购人或采购代理机构根据招标项目的具体情况，在招标文件提供期限截止后，组织现场考察或召开答疑会的，应当在招标文件中载明，或者在招标文件提供期限截止后以书面形式通知所有获取招标文件的潜在投标人，组织已获取招标文件的潜在投标人现场考察或者召开开标前答疑会。

采购人或采购代理机构对已发出的招标文件进行必要澄清或者修改的，澄清或者修改的内容可能影响投标文件编制的，采购人或者采购代理机构应当在投标截止时间至少15日前，以书面形式通知所有获取招标文件的潜在供应商；不足15日的，采购人或者采购代理机构应当顺延提交投标文件的截止时间。

5. 投标

供应商应当在招标文件要求提交投标文件的截止时间前，将投标文件密封送达投标地点。采购人或者采购代理机构收到投标文件后，应当如实记载投标文件的送达时间和密封情况，签收保存，并向供应商出具签收回执。任何单位和个人不得在开标前开启投标文件。

供应商在投标截止时间前，可以对所递交的投标文件进行补充、修改或者撤回，并书面通知采购人或者采购代理机构。补充、修改的内容应当按照招标文件要求签署、盖章、密封后，作为投标文件的组成部分。

6. 开标

开标应当在招标文件确定的提交投标文件截止时间的同一时间进行。开标地点应当为招标文件中预先确定的地点。开标时，应当由供应商或者其推选的代表检查投标文件的密封情况；经确认无误后，由采购人或者采购代理机构工作人员当众拆封，宣布供应商名称、投标价格和采购文件规定的需要宣布的其他内容。

供应商不足3家的，不得开标。

开标过程应当由采购人或者采购代理机构负责记录，由参加开标的各供应商代表和相关工作人员签字确认后随采购文件一并存档。

供应商代表对开标过程和开标记录有疑义，以及认为采购人、采购代理机构相关工作人员有需要回避的情形的，应当场提出询问或者回避申请。采购人、采购代理机构对供应商代表提出的询问或者回避申请应当及时处理。

供应商未派代表参加开标的，视同认可开标结果。

【小贴士】

【问】政府采购项目开评标过程中可以请公证机构参加吗？

【答】根据《政府采购货物和服务招标投标管理办法》（财政部令〔2017〕第87号）第六十六条规定，除采购人代表、评标现场组织人员外，采购人的其他工作人员以及与评标工作无关的人员不得进入评标现场。公证人员也不得进入评标现场。

（信息来源中国政府采购网）

7. 组建评标委员会

评标委员会由采购人代表和评审专家组成，成员人数应当为5人以上单数，其中评审专家不得少于成员总数的三分之二。对于预算金额1000万元以上、技术复杂、社会影响较大的项目，评标委员会成员人数应当为7人以上单数。采购人或采购代理机构应当从省级以上财政部门设立的政府采购评审专家库中通过随机抽取方式抽取评审专家。对技术复杂、专业性强的采购项目，通过随机方式难以确定合适评审专家的，经主管预算单位同意，采购人可以自行选定相应专业领域的评审专家。依法组建评标委员会，评审专家抽取的开始时间原则上不得早于评审活动开始前2个工作日。

评标委员会成员名单在评标结果公告前应当保密。

【小贴士】

【问】 根据第87号令第四十七条的规定，采购项目符合下列情形之一的，评标委员会成员人数应当为7人以上单数：（一）采购预算金额在1000万元以上；（二）技术复杂；（三）社会影响较大。某项目预算3000万元，分5个标包，每个600万元，请问评委数量应该为7人以上单数还是5人以上单数？

【答】 根据《政府采购货物和服务招标投标管理办法》（财政部令〔2017〕第87号）规定，项目采购预算金额在1000万元以上的项目，评标委员会应当为7人以上单数。此为第87号令关于评标委员会的原则性规定。实践中，留言所述5个标包若使用同一组专家，则需由7人以上单数组成评标委员会；若每一个标包使用不同的专家，则可由5人以上单数组成评标委员会。

（信息来源中国政府采购网）

8. 资格审查

公开招标项目开标结束后，采购人或者采购代理机构应当依法对供应商的资格进行审查。合格供应商不足 3 家的，不得评标。

9. 评标

采购人或者采购代理机构负责组织评标工作。在评审前，先核对评审专家身份和采购人代表授权函；宣布评标纪律，公布供应商名单，告知评审专家应当回避的情形；组织评标委员会推选评标组长（采购人代表不得担任组长）；在评标期间采取必要的通信管理措施，保证评标活动不受外界干扰。

评标委员会应当对符合资格的供应商的投标文件进行符合性检查，以确定其是否满足招标文件的实质性要求，对招标文件作实质响应的供应商不足 3 家的，应予废标。废标后，采购人应当将废标理由通知所有供应商，除采购任务取消情形外，应当重新组织招标；需要采取其他方式采购的，应当在采购活动开始前获得设区的市、自治州以上人民政府采购监督管理部门或者政府有关部门批准。

对于投标文件中含义不明确、同类问题表述不一致或者有明显文字和计算错误的内容，评标委员会应当以书面形式要求供应商作出必要的澄清、说明或者补正。

供应商的澄清、说明或者补正应当采用书面形式，并加盖公章，或者由法定代表人或其授权的代表签字。供应商的澄清、说明或者补正不得超出投标文件的范围或者改变投标文件的实质性内容。

评标委员会应当按照招标文件中规定的评标方法和标准，对符合性检查合格的投标文件进行商务和技术评估，再综合比较与评价。

评标方法分为最低评标价法和综合评分法。

采用最低评标价法的，评标结果按投标报价由低到高顺序排列。投标报价相同的并列。投标文件满足招标文件全部实质性要求且投标报价最低的供应商为排名第一的中标候选人。

采用综合评分法的，评标结果按评审后得分由高到低顺序排列。得分相同的，按投标报价由低到高顺序排列。得分且投标报价相同的并列。投标文件满足采购文件全部实质性要求，且按照评审因素的量化指标评审得分最高的供应商为排名第一的中标候选人。

10. 定标

采购代理机构应当在评标结束后 2 个工作日内将评标报告送采购人。

采购人应当自收到评标报告之日起 5 个工作日内，在评标报告确定的中标候选人名单中按顺序确定中标人。中标候选人并列的，由采购人或者采购人委托评标委员会按照招标文件规定的方式确定中标人；招标文件未规定的，采取随机抽取的方式确定。

采购人自行组织招标的，应当在评标结束后 5 个工作日内确定中标人。

采购人在收到评标报告 5 个工作日内未按评标报告推荐的中标候选人顺序确定中标人，又不能说明合法理由的，视同按评标报告推荐的顺序确定排名第一的中标候选人为中标人。

11. 发布中标公告、发出中标通知书

采购人或者采购代理机构应当自中标人确定之日起 2 个工作日内，在省级以上财政部门指定的媒体上公告中标结果，招标文件应当随中标结果同时公告。中标公告期限为 1 个工作日。

在公告中标结果的同时，采购人或者采购代理机构应当向中标人发出中标通知书；对未通过资格审查的供应商，应当告知其未通过的原因；采用综合评分法评审的，还应当告知未中标人本人的评审得分与排序。

中标通知书发出后，采购人不得违法改变中标结果，中标人无正当理由不得放弃中标。

12. 合同签订

采购人应当自中标通知书发出之日起 30 日内，按照招标文件和中标人投标文件的规定，与中标人签订书面合同。所签订的合同不得对招标文件确定的事项和中标人的投标文件作实质性修改。

13. 合同履约及验收

采购人与中标人应当根据合同的约定依法履行合同义务。采购人应当及时对采购项目进行验收。采购人可以邀请参加本项目的其他供应商或者第三方机构参与验收。参与验收的供应商或者第三方机构的意见作为验收书的参考资料一并存档。

14. 采购资金支付

采购人应当加强对中标人的履约管理，并按照采购合同约定，及时向中标人支付采购资金。对于中标人违反采购合同约定的行为，采购人应当及时处理，依法追究其违约责任。

公开招标流程如图 6.1 所示。

第六章 高校政府采购项目执行

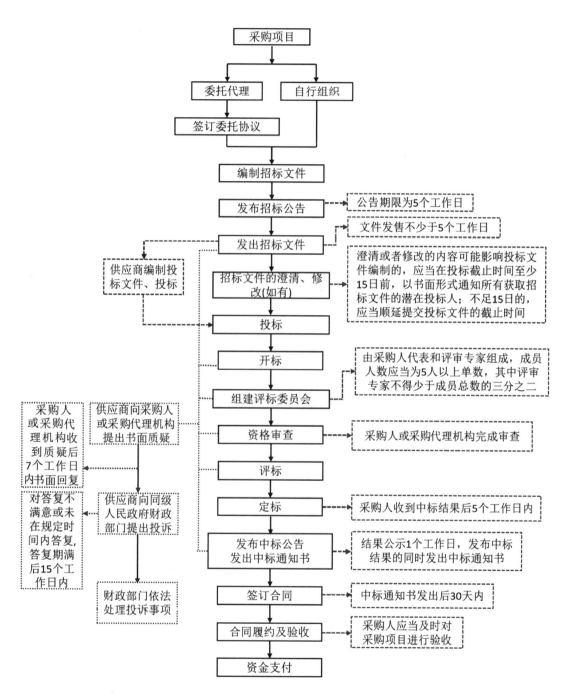

图 6.1 公开招标流程图

二、邀请招标

邀请招标，是指采购人依法从符合相应资格条件的供应商中随机抽取3家以上供应商，并以投标邀请书的方式邀请其参加投标的采购方式。

1. 供应商的产生

采用邀请招标方式的，采购人或者采购代理机构应当通过以下方式产生符合资格条件的供应商名单，并从中随机抽取3家以上供应商向其发出投标邀请书。

（1）发布资格预审公告征集。

（2）从省级以上人民政府财政部门建立的供应商库中选取。

（3）采购人书面推荐。

采用第一种方式产生符合资格条件供应商名单的，采购人或者采购代理机构应当按照资格预审文件载明的标准和方法，对潜在供应商进行资格预审。

采用第二种方式或第三种方式产生符合资格条件供应商名单的，备选的符合资格条件供应商总数不得少于拟随机抽取供应商总数的两倍。

随机抽取是指通过抽签等能够保证所有符合资格条件供应商机会均等的方式选定供应商。随机抽取供应商时，应当有不少于2名采购人工作人员在场监督，并形成书面记录，随采购文件一并存档。

投标邀请书应当同时向所有受邀请的供应商发出。

2. 发布资格预审公告

采购人或采购代理机构在财政部门指定的政府采购信息发布媒体上发布资格预审公告，公告期限为5个工作日。公告内容应当以省级以上财政部门指定媒体发布的公告为准。公告期限自省级以上财政部门指定媒体最先发布公告之日起算。

资格预审公告应当包括以下主要内容。

（1）采购人及其委托的采购代理机构的名称、地址和联系方式。

（2）采购项目的名称、预算金额，设定最高限价的，还应当公开最高限价。

（3）采购人的采购需求。

（4）供应商的资格要求。

（5）获取资格预审文件的时间期限、地点、方式。

(6) 公告期限。

(7) 提交资格预审申请文件的截止时间、地点及资格预审日期。

(8) 采购项目联系人姓名和电话。

采购人或者采购代理机构应当根据采购项目的实施要求，在资格预审公告或者投标邀请书中载明是否接受联合体投标。如未载明，不得拒绝联合体投标。

资格预审公告

项目概况

<u>（采购标的）</u>招标项目的潜在资格预审申请人应在<u>（地址）</u>领取资格预审文件，并于____年____月____日____点____分（北京时间）前提交申请文件。

一、项目基本情况

项目编号<u>（或招标编号、政府采购计划编号、采购计划备案文号等，如有）</u>：

项目名称：

采购方式：☐ 公开招标　　☐ 邀请招标

预算金额：

最高限价（如有）：

采购需求：<u>（包括但不限于标的的名称、数量、简要技术需求或服务要求等）</u>

合同履行期限：

本项目（<u>是/否</u>）接受联合体投标。

二、申请人的资格要求：

1. 满足《政府采购法》第二十二条规定。

2. 落实政府采购政策需满足的资格要求：<u>（如属于专门面向中小企业采购的项目，供应商应为中小微企业、监狱企业、残疾人福利性单位）</u>

3. 本项目的特定资格要求：（如项目接受联合体投标，对联合体应提出相关资格要求；如属于特定行业项目，供应商应当具备特定行业法定准入要求。）

三、领取资格预审文件

时间：___年___月___日至___年___月___日（提供期限自本公告发布之日起不得少于5个工作日），每天上午___至___，下午___至___（北京时间，法定节假日除外）

地点：

方式：

四、资格预审申请文件的组成及格式

（可详见附件）

五、资格预审的审查标准及方法

六、拟邀请参加投标的供应商数量

□ 采用随机抽取的方式邀请_____家供应商参加投标。如通过资格预审供应商数量少于拟邀请供应商数量，采用下列方式（□ 1 或 □ 2）。（适用于邀请招标）

1. 如通过资格预审供应商数量少于拟邀请供应商数量，但不少于3家，则邀请全部通过资格预审供应商参加投标。

2. 如通过资格预审供应商数量少于拟邀请供应商数量，则重新组织招标活动。

□ 邀请全部通过资格预审供应商参加投标。（适用于公开招标）

七、申请文件提交

应在___年___月___日___点___分（北京时间）前，将申请文件提交至___。

八、资格预审日期

资格预审日期为申请文件提交截止时间至___年___月___日前。

九、公告期限

自本公告发布之日起5个工作日。

十、其他补充事宜

十一、凡对本次资格预审提出询问，请按以下方式联系

1. 采购人信息

名称：_____

地址：_____

联系方式：_____

2. 采购代理机构信息（如有）

名称：_____

地址：_____

联系方式：_____

3. 项目联系方式

项目联系人：<u>（组织本项目采购活动的具体工作人员姓名）</u>

电话：_____

（说明：采用竞争性谈判、竞争性磋商、询价等非招标方式采购过程中，如需要使用资格预审的，可参照上述格式发布公告。）

选自财政部办公厅《关于印发〈政府采购公告和公示信息格式规范（2020年版）〉的通知》（财办库〔2020〕50号）

3. 发出资格预审文件

采购人或者采购代理机构应当根据采购项目的特点和采购需求编制资格预审文件。资格预审文件应当包括以下主要内容。

（1）资格预审邀请。

（2）申请人须知。

（3）申请人的资格要求。

（4）资格审核标准和方法。

（5）申请人应当提供的资格预审申请文件的内容和格式。

（6）提交资格预审申请文件的方式、截止时间、地点及资格审核日期。

（7）申请人信用信息查询渠道及截止时点、信用信息查询记录和证据留存的具体方式、信用信息的使用规则等内容。

（8）省级以上财政部门规定的其他事项。

采购人或者采购代理机构应当按照资格预审公告或者投标邀请书规定的时间、地点提供资格预审文件，提供期限自资格预审公告发布之日起计算不得少于5个工作日。提供期限届满后，获取资格预审文件的潜在供应商不足3家的，可以顺延提供期限，并予公告。

4. 资格预审、邀请合格供应商

获取资格预审文件的供应商应当按照资格预审公告规定的时间、地点提交资格预审申请文件。按照资格预审公告和采购文件规定的程序、方法和标准进行资格预审，向通过资格预审的合格供应商发出投标邀请。

5. 编制和发出招标文件

采购人或者采购代理机构应当根据采购项目的特点和采购需求编制招标文件。自招标文件开始发出之日起至供应商提交投标文件截止之日止，不得少于20天。

6. 答疑、招标文件澄清及修改

采购人或采购代理机构根据招标项目的具体情况，在招标文件提供期限截止后，组织现场考察或召开答疑会的，应当在招标文件中载明，或者在招标文件提供期限截止后以书面形式通知所有获取招标文件的潜在投标人，组织已获取招标文件的潜在投标人现场考察或者召开开标前答疑会。

采购人或采购代理机构对已发出的招标文件进行必要澄清或者修改的，澄清或者修改的内容可能影响投标文件编制的，采购人或者采购代理机构应当在投标截止时间至少15日前，以书面形式通知所有获取招标文件的潜在供应商；不足15日的，采购人或者采购代理机构应当顺延提交投标文件的截止时间。

7. 投标

供应商应当在招标文件要求提交投标文件的截止时间前，将投标文件密封送达投标地点。采购人或者采购代理机构收到投标文件后，应当如实记载投标文件的送达时间和密封情况，签收保存，并向供应商出具签收回执。任何单位和个人不得在开标前开启投标文件。

供应商在投标截止时间前，可以对所递交的投标文件进行补充、修改或者撤回，并书面通知采购人或者采购代理机构。补充、修改的内容应当按照招标文件要求签署、盖章、密封后作为投标文件的组成部分。

8. 开标

开标应当在招标文件确定的提交投标文件截止时间的同一时间进行。开标地点应当为招标文件中预先确定的地点。开标时，应当由供应商或者其推选的代表检查投标文件的密封情况；经确认无误后，由采购人或者采购代理机构工作人员当众拆封，宣布供应商名称、投标价格和采购文件规定的需要宣布的其他内容。

供应商不足 3 家的，不得开标。

开标过程应当由采购人或者采购代理机构负责记录，由参加开标的各供应商代表和相关工作人员签字确认后随采购文件一并存档。

供应商代表对开标过程和开标记录有疑义，以及认为采购人、采购代理机构相关工作人员有需要回避的情形的，应当场提出询问或者回避申请。采购人、采购代理机构对供应商代表提出的询问或者回避申请应当及时处理。

供应商未派代表参加开标的，视同认可开标结果。

9. 组建评标委员会

评标委员会由采购人代表和评审专家组成，成员人数应当为 5 人以上单数，其中评审专家不得少于成员总数的三分之二。对于预算金额 1000 万元以上、技术复杂、社会影响较大的项目，评标委员会成员人数应当为 7 人以上单数。采购人或采购代理机构应当从省级以上财政部门设立的政府采购评审专家库中通过随机抽取方式抽取评审专家。对技术复杂、专业性强的采购项目，通过随机方式难以确定合适评审专家的，经主管预算单位同意，采购人可以自行选定相应专业领域的评审专家。依法组建评标委员会的，评审专家抽取的开始时间原则上不得早于评审活动开始前 2 个工作日。

评标委员会成员名单在评标结果公告前应当保密。

10. 评标

采购人或者采购代理机构负责组织评标工作。在评审前，先核对评审专家身份和采购人代表授权函；宣布评标纪律，公布供应商名单，告知评审专家应当回避的情形；组织评标委员会推选评标组长（采购人代表不得担任组长）；在评标期间采取必要的通信管理措施，保证评标活动不受外界干扰。

评标委员会应当对符合资格的供应商的投标文件进行符合性检查，以确定其是否满足招标文件的实质性要求，对招标文件作实质性响应的供应商不足 3 家的，应予废标。废标后，采购人应当将废标理由通知所有供应商，除采购任务取消情形外，应当重新组织招标；需要采取其他方式采购的，应当在采购活动开始前获得设区的市、自治州以上人民政府采购监督管理部门或者政府有关部门批准。

对于投标文件中含义不明确、同类问题表述不一致或者有明显文字和计算错误的内容，评标委员会应当以书面形式要求供应商作出必要的澄清、说明或者补正。

供应商的澄清、说明或者补正应当采用书面形式，并加盖公章，或者由法定代表人或其授权的代表签字。供应商的澄清、说明或者补正不得超出投标文件的范围或者改变投标文件的实质性内容。

评标委员会应当按照招标文件中规定的评标方法和标准，对符合性检查合格的投标文件进行商务和技术评估，综合比较与评价。

评标方法分为最低评标价法和综合评分法。

采用最低评标价法的，评标结果按投标报价由低到高顺序排列。投标报价相同的并列。投标文件满足招标文件全部实质性要求且投标报价最低的供应商为排名第一的中标候选人。

采用综合评分法的，评标结果按评审后得分由高到低顺序排列。得分相同的，按投标报价由低到高顺序排列。得分且投标报价相同的并列。投标文件满足采购文件全部实质性要求，且按照评审因素的量化指标评审得分最高的供应商为排名第一的中标候选人。

11. 定标

采购代理机构应当在评标结束后 2 个工作日内将评标报告递送采购人。

采购人应当自收到评标报告之日起 5 个工作日内，在评标报告确定的中标候选人名单中按顺序确定中标人。中标候选人并列的，由采购人或者采购人委托评标委员会按照招标文件规定的方式确定中标人；招标文件未规定的，采取随机抽取的方式确定。

采购人自行组织招标的,应当在评标结束后5个工作日内确定中标人。

采购人在收到评标报告5个工作日内未按评标报告推荐的中标候选人顺序确定中标人,又不能说明合法理由的,视同按评标报告推荐的顺序确定排名第一的中标候选人为中标人。

12. 发布中标公告、发出中标通知书

采购人或者采购代理机构应当自中标人确定之日起2个工作日内,在省级以上财政部门指定的媒体上公告中标结果,招标文件应当随中标结果同时公告。中标公告期限为1个工作日。

在公告中标结果的同时,采购人或者采购代理机构应当向中标人发出中标通知书;对未通过资格审查的供应商,应当告知其未通过的原因;采用综合评分法评审的,还应当告知未中标人本人的评审得分与排序。

中标通知书发出后,采购人不得违法改变中标结果,中标人无正当理由不得放弃中标。

13. 合同签订

采购人应当自中标通知书发出之日起30日内,按照招标文件和中标人投标文件的规定,与中标人签订书面合同。所签订的合同不得对招标文件确定的事项和中标人投标文件作实质性修改。

14. 合同履约及验收

采购人与中标人应当根据合同的约定依法履行合同义务。采购人应当及时对采购项目进行验收。采购人可以邀请参加本项目的其他供应商或者第三方机构参与验收。参与验收的供应商或者第三方机构的意见作为验收书的参考资料一并存档。

15. 采购资金支付

采购人应当加强对中标人的履约管理,并按照采购合同约定,及时向中标人支付采购资金。对于中标人违反采购合同约定的行为,采购人应当及时处理,依法追究其违约责任。

邀请招标流程如图6.2所示。

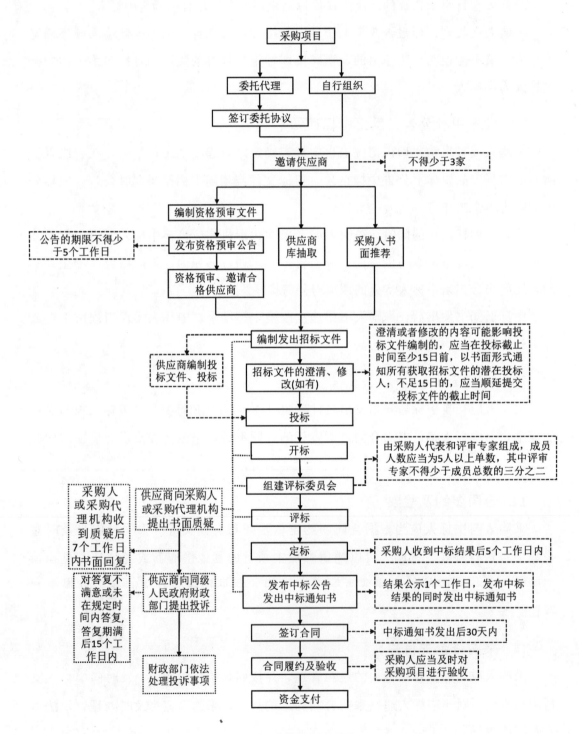

图 6.2 邀请招标流程图

三、竞争性磋商

竞争性磋商采购方式,是指采购人、采购代理机构通过组建竞争性磋商小组与符合条件的供应商就采购货物、工程和服务事宜进行磋商,供应商按照磋商文件的要求提交响应文件和报价,采购人从磋商小组评审后提出的候选供应商名单中确定成交供应商的采购方式。

1. 编制磋商文件

磋商文件应当根据采购项目的特点和采购人的实际需求制定,并经采购人书面同意。采购人应当以满足实际需求为原则,不得擅自提高经费预算和资产配置等采购标准。

磋商文件不得要求或者标明供应商名称或者特定货物的品牌,不得含有指向特定供应商的技术、服务等条件。

2. 邀请参加磋商的供应商

采购人、采购代理机构应当通过发布公告、从省级以上财政部门建立的供应商库中随机抽取或者采购人和评审专家分别书面推荐的方式邀请不少于3家符合相应资格条件的供应商参与竞争性磋商采购活动。

符合《政府采购法》第二十二条第一款规定条件的供应商可以在采购活动开始前加入供应商库。财政部门不得对供应商申请入库收取任何费用,不得利用供应商库进行地区和行业封锁。

采取采购人和评审专家书面推荐方式选择供应商的,采购人和评审专家应当各自出具书面推荐意见。采购人推荐供应商的比例不得高于推荐供应商总数的50%。

采用公告方式邀请供应商的,采购人、采购代理机构应当在省级以上人民政府财政部门指定的政府采购信息媒体发布竞争性磋商公告。竞争性磋商公告应当包括以下主要内容。

(1)采购人、采购代理机构的名称、地点和联系方式。

(2)采购项目的名称、数量、简要规格描述或项目基本情况介绍。

(3)采购项目的预算。

(4)供应商资格条件。

(5)获取磋商文件的时间、地点、方式及磋商文件售价。

(6) 响应文件提交的截止时间、开启时间及地点。

(7) 采购项目联系人姓名和电话。

从磋商文件发出之日起至供应商提交首次响应文件截止之日止不得少于 10 日。磋商文件的发售期限自开始之日起不得少于 5 个工作日。

提交首次响应文件截止之日前,采购人、采购代理机构或者磋商小组可以对已发出的磋商文件进行必要的澄清或者修改,澄清或者修改的内容作为磋商文件的组成部分。澄清或者修改的内容可能影响响应文件编制的,采购人、采购代理机构应当在提交首次响应文件截止时间至少 5 日前,以书面形式通知所有获取磋商文件的供应商;不足 5 日的,采购人、采购代理机构应当顺延提交首次响应文件截止时间。

竞争性磋商采购公告

> 项目概况
>
> ＿＿(采购标的)采购项目的潜在供应商应在＿＿(地址)获取采购文件,并于＿＿年＿＿月＿＿日＿＿点＿＿分(北京时间)前提交响应文件。

一、项目基本情况

项目编号(或招标编号、政府采购计划编号、采购计划备案文号等,如有):

项目名称:

采购方式:竞争性磋商

预算金额:

最高限价(如有):

采购需求:(包括但不限于标的的名称、数量、简要技术需求或服务要求等)

合同履行期限:

本项目(是/否)接受联合体。

二、申请人的资格要求：

1. 满足《政府采购法》第二十二条规定。

2. 落实政府采购政策需满足的资格要求：(如属于专门面向中小企业采购的项目，供应商应为中小微企业、监狱企业、残疾人福利性单位)

3. 本项目的特定资格要求：(如项目接受联合体投标，对联合体应提出相关资格要求；如属于特定行业项目，供应商应当具备特定行业法定准入要求。)

三、获取采购文件

时间：____年____月____日至____年____月____日（磋商文件的发售期限自开始之日起不得少于5个工作日），每天上午____至____，下午____至____（北京时间，法定节假日除外）

地点：

方式：

售价：

四、响应文件提交

截止时间：____年____月____日____点____分（北京时间）（从磋商文件开始发出之日起至供应商提交首次响应文件截止之日止不得少于10日）

地点：

五、开启（竞争性磋商方式必须填写）

时间：____年____月____日____点____分（北京时间）

地点：

六、公告期限

自本公告发布之日起3个工作日。

七、其他补充事宜

八、凡对本次采购提出询问，请按以下方式联系。

1. 采购人信息

名称：_____

地址：_____

联系方式：_____

2. 采购代理机构信息（如有）

名称：＿＿＿＿＿＿＿

地址：＿＿＿＿＿＿＿

联系方式：＿＿＿＿＿＿＿

3. 项目联系方式

项目联系人：（组织本项目采购活动的具体工作人员姓名）

电话：＿＿＿＿＿＿＿

选自财政部办公厅《关于印发〈政府采购公告和公示信息格式规范（2020 年版）〉的通知》（财办库〔2020〕50 号）

3. 发出磋商文件

磋商文件的发售期限自开始之日起不得少于 5 个工作日。提交首次响应文件截止之日前，采购人、采购代理机构或者磋商小组可以对已发出的磋商文件进行必要的澄清或者修改，澄清或者修改的内容作为磋商文件的组成部分。澄清或者修改的内容可能影响响应文件编制的，采购人、采购代理机构应当在提交首次响应文件截止时间至少 5 日前，以书面形式通知所有获取磋商文件的供应商；不足 5 日的，采购人、采购代理机构应当顺延提交首次响应文件截止时间。

4. 递交响应文件

供应商应当在磋商文件要求的截止时间前，将响应文件密封送达指定地点。在截止时间后送达的响应文件为无效文件，采购人、采购代理机构或者磋商小组应当拒收。

供应商在提交响应文件截止时间前，可以对所提交的响应文件进行补充、修改或者撤回，并书面通知采购人、采购代理机构。补充、修改的内容作为响应文件的组成部分。补充、修改的内容与响应文件不一致的，以补充、修改的内容为准。

【小贴士】

【问】采用竞争性磋商方式组织的政府购买服务项目，开标时递交响应文件的供应商只有 2 家，此情形下，能否开标，竞争性磋商活动能否继续进行？根据《财政部关于政府采购竞争性磋商采购方式管理暂行办法有关问题的补充通知》（财库〔2015〕124 号），在采购过程中符合要求的供应商社会资本只有2家的，竞争性磋商采购活动可以继续进行。采购过程具体指哪个阶段？

【答】按照《财政部关于政府采购竞争性磋商采购方式管理暂行办法有关问题的补充通知》（财库〔2014〕124号）规定，采用竞争性磋商方式采购的政府购买服务项目（含政府和社会资本合作项目），在采购过程中符合要求的供应商（社会资本）只有2家的，竞争性磋商活动可以继续进行。这条规定的适用情形为竞争性磋商符合资格条件的供应商不少于3家，进入磋商过程中，符合采购人技术等方面要求的供应商为2家，磋商活动可以继续进行，由2家供应商提出最后报价。

（信息来源中国政府采购网）

5. 成立磋商小组

磋商小组由采购人代表和评审专家共3人以上单数组成，其中评审专家人数不得少于磋商小组成员总数的三分之二。采购人代表不得以评审专家身份参加本部门或本单位采购项目的评审。采购代理机构人员不得参加本机构代理的采购项目的评审。

采用竞争性磋商方式的政府采购项目，评审专家应当从政府采购评审专家库内相关专业的专家名单中随机抽取。市场竞争不充分的科研项目，以及需要扶持的科技成果转化项目，以及情况特殊、通过随机方式难以确定合适的评审专家的项目，经主管预算单位同意，可以自行选定评审专家。技术复杂、专业性强的采购项目，评审专家中应当包含1名法律专家。

6. 磋商、评审及推荐成交候选人

磋商小组成员应当按照客观、公正、审慎的原则，根据磋商文件规定的评审程序、评审方法和评审标准进行独立评审。未实质性响应磋商文件的响应文件按无效响应处理，磋商小组应当告知提交响应文件的供应商。

磋商小组在对响应文件的有效性、完整性和响应程度进行审查时，可以要求供应商对响应文件中含义不明确、同类问题表述不一致或者有明显文字和计算错误的内容等作出必要的澄清、说明或者更正。供应商的澄清、说明或者更正不得超出响应文件的范围或者改变响应文件的实质性内容。

磋商小组要求供应商应当以书面形式作出澄清、说明或者更正响应文件。供应商的澄清、说明或者更正应当由法定代表人或其授权代表签字或者加盖公章。由授权代表签字的，应当附法定代表人授权书。供应商为自然人的，应当由本人签字并附身份证明。

磋商小组所有成员应当集中与单一供应商分别进行磋商，并给予所有参加磋商的供应商平等的磋商机会。

在磋商过程中，磋商小组可以根据磋商文件和磋商情况实质性变动采购需求中的技术、服务要求以及合同草案条款，但不得变动磋商文件中的其他内容。实质性变动的内容，须经采购人代表确认。

对磋商文件作出的实质性变动是磋商文件的有效组成部分，磋商小组应当及时以书面形式同时通知所有参加磋商的供应商。

供应商应当按照磋商文件的变动情况和磋商小组的要求重新提交响应文件，并由其法定代表人或授权代表签字或者加盖公章。由授权代表签字的，应当附法定代表人授权书。供应商为自然人的，应当由本人签字并附身份证明。

磋商文件能够详细列明采购标的的技术、服务要求的，磋商结束后，磋商小组应当要求所有实质性响应的供应商在规定时间内提交最后报价，提交最后报价的供应商不得少于3家。

磋商文件不能详细列明采购标的的技术、服务要求，需经磋商由供应商提供最终设计方案或解决方案的，磋商结束后，磋商小组应当按照少数服从多数的原则投票推荐3家以上供应商的设计方案或者解决方案，并要求其在规定时间内提交最后报价。

最后报价是供应商响应文件的有效组成部分。市场竞争不充分的科研项目，以及需要扶持的科技成果转化项目，提交最后报价的供应商可以为2家。

采用竞争性磋商采购方式采购的政府购买服务项目（含政府和社会资本合作项目），在采购过程中符合要求的供应商（社会资本）只有2家的，竞争性磋商采购活动可以继续进行。采购过程中符合要求的供应商（社会资本）只有1家的，采购人（项目实施机构）或者采购代理机构应当终止竞争性磋商采购活动，发布项目终止公告并说明原因，重新开展采购活动。

经磋商确定最终采购需求和提交最后报价的供应商后，由磋商小组采用综合评分法对提交最后报价的供应商的响应文件和最后报价进行综合评分。

综合评分法，是指响应文件满足磋商文件全部实质性要求且按评审因素的量化指标评审得分最高的供应商为成交候选供应商的评审方法。

综合评分法评审标准中的分值设置应当与评审因素的量化指标相对应。磋商文件中没有规定的评审标准不得作为评审依据。

磋商小组应当根据综合评分情况，按照评审得分由高到低顺序推荐3名以上成交候选供应商，并编写评审报告。市场竞争不充分的科研项目，以及需要扶持的科技成果转化项目，提交最后报价的供应商为2家的，可以推荐2家成交候选供应商。评审得分相同的，按照最后报价由低到高的顺序推荐。评审得分且最后报价相同的，按照技术指标优劣顺序推荐。

7. 确定成交供应商

采购代理机构应当在评审结束后2个工作日内将评审报告送采购人确认。

采购人应当在收到评审报告后5个工作日内，从评审报告提出的成交候选供应商中，按照排序由高到低的原则确定成交供应商，也可以书面授权磋商小组直接确定成交供应商。采购人逾期未确定成交供应商且不提出异议的，视为确定评审报告提出的排序第一的供应商为成交供应商。

8. 发布成交结果公告、发出成交通知书

采购人或者采购代理机构应当在成交供应商确定后2个工作日内，在省级以上财政部门指定的政府采购信息发布媒体上公告成交结果，同时向成交供应商发出成交通知书，并将磋商文件随成交结果同时公告，公告期为1个工作日。

采用书面推荐供应商参加采购活动的，还应当公告采购人和评审专家的推荐意见。

【小贴士】

【问】在竞争性磋商文件中，能不能明确磋商小组只推荐1名成交候选供应商？

【答】按照《政府采购竞争性磋商采购方式管理暂行办法》（财库〔2014〕214号）第二十五条要求，磋商小组应根据综合评分情况，按照评审得分由高到低顺序推荐3名以上成交候选供应商。符合214号文第二十一条第三款情形的，可以推荐2家成交候选供应商。

（信息来源中国政府采购网）

9. 合同签订

采购人与成交供应商应当在成交通知书发出之日起 30 日内，按照磋商文件确定的合同文本以及采购标的、规格型号、采购金额、采购数量、技术和服务要求等事项签订政府采购合同。

采购人不得向成交供应商提出超出磋商文件以外的任何要求作为签订合同的条件，不得与成交供应商订立背离磋商文件确定的合同文本以及采购标的、规格型号、采购金额、采购数量、技术和服务要求等实质性内容的协议。

成交供应商拒绝签订政府采购合同的，采购人可以按照从评审报告提出的成交候选供应商中，按照排序由高到低的原则确定其他供应商作为成交供应商并签订政府采购合同，也可以重新开展采购活动。拒绝签订政府采购合同的成交供应商不得参加对该项目重新开展的采购活动。

10. 合同履约及验收

采购人与成交供应商应当根据合同的约定依法履行合同义务。采购人应当及对采购项目进行验收。采购人可以邀请参加本项目的其他供应商或者第三方机构参与验收。参与验收的供应商或者第三方机构的意见作为验收书的参考资料一并存档。

11. 采购资金支付

采购人应当加强对成交供应商的履约管理，并按照采购合同约定，及时向成交供应商支付采购资金。对于成交供应商违反采购合同约定的行为，采购人应当及时处理，依法追究其违约责任。

竞争性磋商采购流程如图 6.3 所示。

四、竞争性谈判

竞争性谈判是指谈判小组与符合资格条件的供应商就采购货物、工程和服务事宜进行谈判，供应商按照谈判文件的要求提交响应文件和最后报价，采购人从谈判小组提出的成交候选人中确定成交供应商的采购方式。

采用竞争性谈判方式采购的，应当遵循下列程序。

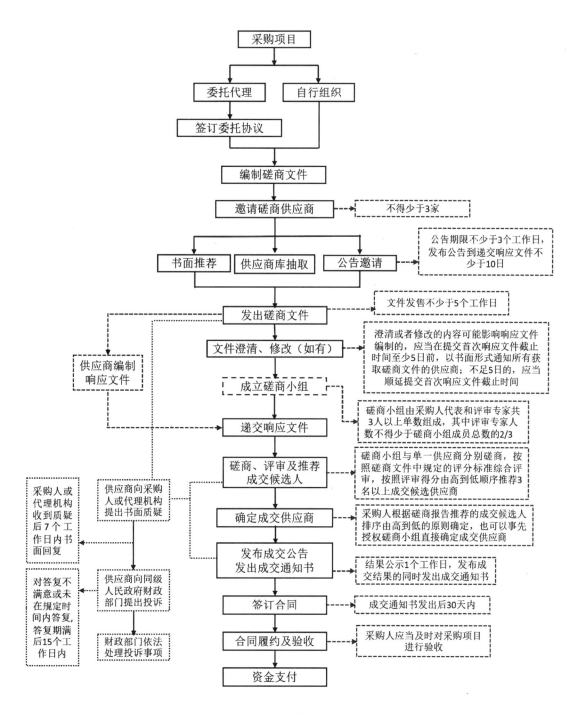

图 6.3 竞争性磋商采购流程图

1. 成立谈判小组

谈判小组由采购人的代表和有关专家共三人以上的单数组成，其中专家的人数不得少于成员总数的三分之二。

竞争性谈判小组由采购人代表和评审专家共 3 人以上单数组成，其中评审专家人数不得少于竞争性谈判小组成员总数的三分之二。采购人不得以评审专家身份参加本部门或本单位采购项目的评审。采购代理机构人员不得参加本机构代理的采购项目的评审。达到公开招标数额标准的货物或者服务采购项目，或者达到招标规模标准的政府采购工程，竞争性谈判小组应当由 5 人以上单数组成。

采用竞争性谈判采购的政府采购项目，评审专家应当从政府采购评审专家库内相关专业的专家名单中随机抽取。技术复杂、专业性强的竞争性谈判采购项目，通过随机方式难以确定合适的评审专家的，经主管预算单位同意，可以自行选定评审专家。技术复杂、专业性强的竞争性谈判采购项目，评审专家中应当包含 1 名法律专家。

2. 制定谈判文件

谈判文件应当包括供应商资格条件、采购邀请、采购方式、采购预算、采购需求、采购程序、价格构成或者报价要求、响应文件编制要求、提交响应文件截止时间及地点、保证金交纳数额和形式、评定成交的标准等。

谈判文件还应当明确谈判小组根据与供应商谈判情况可能实质性变动的内容，包括采购需求中的技术、服务要求以及合同草案条款。

谈判文件不得要求或者标明供应商名称或者特定货物的品牌，不得含有指向特定供应商的技术、服务等条件。

3. 确定邀请参加谈判的供应商名单

采购人、采购代理机构应当通过发布公告、从省级以上财政部门建立的供应商库中随机抽取或者采购人和评审专家分别书面推荐的方式邀请不少于 3 家符合相应资格条件的供应商参与竞争性谈判采购活动。

符合《政府采购法》第二十二条第一款规定条件的供应商可以在采购活动开始前加入供应商库。财政部门不得对供应商申请入库收取任何费用，不得利用供应商库进行地区和行业封锁。

采取采购人和评审专家书面推荐方式选择供应商的，采购人和评审专家应当各自出具书面推荐意见。采购人推荐供应商的比例不得高于推荐供应商总数的50%。

谈判小组从符合相应资格条件的供应商名单中确定不少于三家的供应商参加谈判，并向其提供谈判文件。

竞争性谈判采购公告

> 项目概况
> 　　<u>（采购标的）</u>采购项目的潜在供应商应在<u>（地址）</u>获取采购文件，并于＿＿＿年＿＿＿月＿＿＿日＿＿＿点＿＿＿分（北京时间）前提交响应文件。

一、项目基本情况

项目编号（或招标编号、政府采购计划编号、采购计划备案文号等，如有）：

项目名称：

采购方式：竞争性谈判

预算金额：

最高限价（如有）：

采购需求：<u>（包括但不限于标的的名称、数量、简要技术需求或服务要求等）</u>

合同履行期限：

本项目（是/否）接受联合体。

二、申请人的资格要求

1. 满足《中华人民共和国政府采购法》第二十二条规定。

2. 落实政府采购政策需满足的资格要求：<u>（如属于专门面向中小企业采购的项目，供应商应为中小微企业、监狱企业、残疾人福利性单位）</u>

3. 本项目的特定资格要求：（如项目接受联合体投标，对联合体应提出相关资格要求；如属于特定行业项目，供应商应当具备特定行业法定准入要求。）

三、获取采购文件

时间：＿＿年＿＿月＿＿日至＿＿年＿＿月＿＿日，每天上午＿＿至＿＿，下午＿＿至＿＿（北京时间，法定节假日除外）

地点：

方式：

售价：

四、响应文件提交

截止时间：＿＿年＿＿月＿＿日＿＿点＿＿分（北京时间）（从谈判文件开始发出之日起至供应商提交首次响应文件截止之日止不得少于3个工作日）

地点：

五、开启

时间：＿＿年＿＿月＿＿日＿＿点＿＿分（北京时间）

地点：

六、公告期限

自本公告发布之日起3个工作日。

七、其他补充事宜

八、凡对本次采购提出询问，请按以下方式联系。

1. 采购人信息

名称：＿＿＿＿＿＿＿＿

地址：＿＿＿＿＿＿＿＿

联系方式：＿＿＿＿＿＿＿＿

2. 采购代理机构信息（如有）

名称：＿＿＿＿＿＿＿＿

地址：＿＿＿＿＿＿＿＿

联系方式：＿＿＿＿＿＿＿＿

3. 项目联系方式

项目联系人：(组织本项目采购活动的具体工作人员姓名)

电话：＿＿＿＿＿＿＿＿＿

选自财政部办公厅《关于印发〈政府采购公告和公示信息格式规范（2020年版）〉的通知》（财办库〔2020〕50号）

4. 发出谈判文件

从谈判文件发出之日起至供应商提交首次响应文件截止之日止不得少于3个工作日。提交首次响应文件截止之日前，采购人、采购代理机构或者谈判小组可以对已发出的谈判文件进行必要的澄清或者修改，澄清或者修改的内容作为谈判文件的组成部分。澄清或者修改的内容可能影响响应文件编制的，采购人、采购代理机构或者谈判小组应当在提交首次响应文件截止之日3个工作日前，以书面形式通知所有接收谈判文件的供应商，不足3个工作日的，应当顺延提交首次响应文件截止之日。

5. 递交响应文件

供应商应当在谈判文件要求的截止时间前，将响应文件密封送达指定地点。在截止时间后送达的响应文件为无效文件，采购人、采购代理机构或者谈判小组应当拒收。

供应商在提交响应文件截止时间前，可以对所提交的响应文件进行补充、修改或者撤回，并书面通知采购人、采购代理机构。补充、修改的内容作为响应文件的组成部分。补充、修改的内容与响应文件不一致的，以补充、修改的内容为准。

6. 谈判、评审及推荐成交候选人

供应商应当按照谈判文件的要求编制响应文件，并对其提交的响应文件的真实性、合法性承担法律责任。

谈判小组在对响应文件的有效性、完整性和响应程度进行审查时，可以要求供应商对响应文件中含义不明确、同类问题表述不一致或者有明显文字和计算错误的内容等作出必要的澄清、说明或者更正。供应商的澄清、说明或者更正不得超出响应文件的范围或者改变响应文件的实质性内容。

谈判小组要求供应商应当以书面形式作出澄清、说明或者更正响应文件。供应商的澄清、说明或者更正应当由法定代表人或其授权代表签字或者加盖公章。由授权代表签字的，应当附法定代表人授权书。供应商为自然人的，应当由本人签字并附身份证明。

谈判小组所有成员应当集中与单一供应商分别进行谈判，并给予所有参加谈判的供应商平等的谈判机会。在谈判中，谈判的任何一方不得透露与谈判有关的其他供应商的技术资料、价格和其他信息。谈判文件有实质性变动的，谈判小组应当以书面形式通知所有参加谈判的供应商。

谈判小组应当对响应文件进行评审，并根据谈判文件规定的程序、评定成交的标准等事项与实质性响应谈判文件要求的供应商进行谈判。未实质性响应谈判文件的响应文件按无效处理，谈判小组应当告知有关供应商。

在谈判过程中，谈判小组可以根据谈判文件和谈判情况实质性变动采购需求中的技术、服务要求以及合同草案条款，但不得变动谈判文件中的其他内容。实质性变动的内容，须经采购人代表确认。

对谈判文件作出的实质性变动是谈判文件的有效组成部分，谈判小组应当及时以书面形式同时通知所有参加谈判的供应商。

供应商应当按照谈判文件的变动情况和谈判小组的要求重新提交响应文件，并由其法定代表人或授权代表签字或者加盖公章。由授权代表签字的，应当附法定代表人授权书。供应商为自然人的，应当由本人签字并附身份证明。

谈判文件能够详细列明采购标的的技术、服务要求的，谈判结束后，谈判小组应当要求所有继续参加谈判的供应商在规定时间内提交最后报价，提交最后报价的供应商不得少于3家。

谈判文件不能详细列明采购标的的技术、服务要求，需经谈判由供应商提供最终设计方案或解决方案的，谈判结束后，谈判小组应当按照少数服从多数的原则投票推荐3家以上供应商的设计方案或者解决方案，并要求其在规定时间内提交最后报价。

最后报价是供应商响应文件的有效组成部分。

公开招标的货物、服务采购项目，招标过程中提交投标（响应）文件或者经评审实质性响应采购文件要求的供应商只有两家时，采购人、采购代理机构经本级财政部门批准后可以与该两家供应商进行竞争性谈判采购。

谈判小组应当从质量和服务均能满足采购文件实质性响应要求的供应商中，按照最后报价由低到高的顺序提出3名以上成交候选人，并编写评审报告。

7. 确定成交供应商

采购代理机构应当在评审结束后2个工作日内将评审报告送采购人确认。采购人应当在收到评审报告后5个工作日内，从评审报告提出的成交候选人中，根据质量和服务均能满足采购文件实质性响应要求且最后报价最低的原则确定成交供应商，也可以书面授权谈判小组直接确定成交供应商。采购人逾期未确定成交供应商且不提出异议的，视为确定评审报告提出的最后报价最低的供应商为成交供应商。

8. 发布成交结果公告、发出成交通知书

采购人或者采购代理机构应当在成交供应商确定后2个工作日内，在省级以上财政部门指定的媒体上公告成交结果，同时向成交供应商发出成交通知书，并将竞争性谈判文件随成交结果同时公告。

采用书面推荐供应商参加采购活动的，还应当公告采购人和评审专家的推荐意见。

除不可抗力等因素外，成交通知书发出后，采购人改变成交结果，或者成交供应商拒绝签订政府采购合同的，应当承担相应的法律责任。

9. 合同签订

采购人与成交供应商应当在成交通知书发出之日起30日内，按照采购文件确定的合同文本以及采购标的、规格型号、采购金额、采购数量、技术和服务要求等事项签订政府采购合同。采购人不得向成交供应商提出超出采购文件以外的任何要求作为签订合同的条件，不得与成交供应商订立背离采购文件确定的合同文本以及采购标的、规格型号、采购金额、采购数量、技术和服务要求等实质性内容的协议。

成交供应商拒绝签订政府采购合同的，采购人可以按照从评审报告提出的成交候选供应商中，按照排序由高到低的原则确定其他供应商作为成交供应商并签订政府采购合同，也可以重新开展采购活动。拒绝签订政府采购合同的成交供应商不得参加对该项目重新开展的采购活动。

10. 合同履约及验收

采购人与成交供应商应当根据合同的约定依法履行合同义务。采购人应当及

时对采购项目进行验收。采购人可以邀请参加本项目的其他供应商或者第三方机构参与验收。参与验收的供应商或者第三方机构的意见作为验收书的参考资料一并存档。

11. 采购资金支付

采购人应当加强对成交供应商的履约管理，并按照采购合同约定，及时向成交供应商支付采购资金。对于成交供应商违反采购合同约定的行为，采购人应当及时处理，依法追究其违约责任。

竞争性谈判采购流程如图 6.4 所示。

五、询价

1. 成立询价小组

询价小组由采购人代表和评审专家共 3 人以上单数组成，其中评审专家人数不得少于询价小组成员总数的 2/3。采购人不得以评审专家身份参加本部门或本单位采购项目的评审。采购代理机构人员不得参加本机构代理的采购项目的评审。

达到公开招标数额标准的货物采购项目，询价小组应当由 5 人以上单数组成。

2. 编制询价通知书

询价通知书应当根据采购项目的特点和采购人的实际需求制定，并经采购人书面同意。采购人应当以满足实际需求为原则，不得擅自提高经费预算和资产配置等采购标准。

询价通知书不得要求或者标明供应商名称或者特定货物的品牌，不得含有指向特定供应商的技术、服务等条件。询价通知书应当包括供应商资格条件、采购邀请、采购方式、采购预算、采购需求、采购程序、价格构成或者报价要求、响应文件编制要求、提交响应文件截止时间及地点、保证金交纳数额和形式、评定成交的标准等。

3. 确定被询价的供应商名单

采购人、采购代理机构应当通过发布公告、从省级以上财政部门建立的供应商库中随机抽取或者采购人和评审专家分别书面推荐的方式邀请不少于 3 家符合相应资格条件的供应商参与询价采购活动。

第六章 高校政府采购项目执行

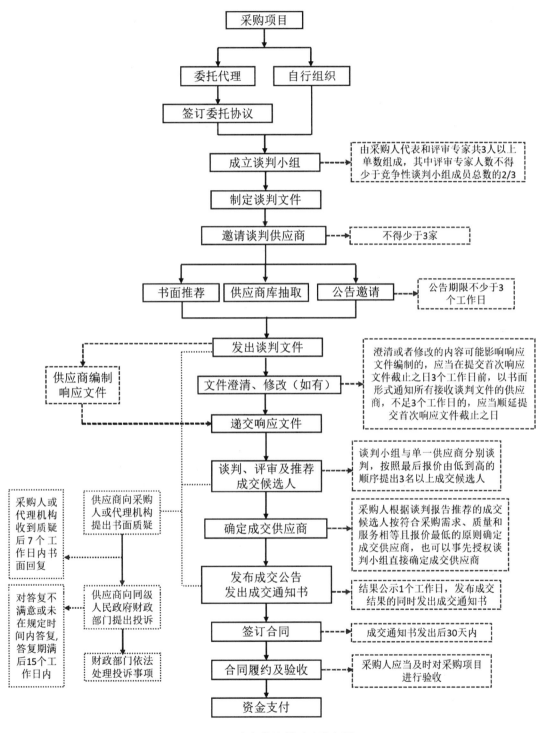

图 6.4 竞争性谈判采购流程图

采取采购人和评审专家书面推荐方式选择供应商的,采购人和评审专家应当各自出具书面推荐意见。采购人推荐供应商的比例不得高于推荐供应商总数的50%。

询价小组根据采购需求,从符合相应资格条件的供应商名单中确定不少于三家的供应商,并向其发出询价通知书。

询价采购公告

> 项目概况
>
> ____(采购标的)采购项目的潜在供应商应在____(地址)获取采购文件,并于____年____月____日____点____分(北京时间)前提交响应文件。

一、项目基本情况

项目编号(或招标编号、政府采购计划编号、采购计划备案文号等,如有):

项目名称:

采购方式:询价

预算金额:

最高限价(如有):

采购需求:(包括但不限于标的的名称、数量、简要技术需求或服务要求等)

合同履行期限:

本项目(是/否)接受联合体。

二、申请人的资格要求

1. 满足《中华人民共和国政府采购法》第二十二条规定。

2. 落实政府采购政策需满足的资格要求:(如属于专门面向中小企业采购的项目,供应商应为中小微企业、监狱企业、残疾人福利性单位)

3. 本项目的特定资格要求：（如项目接受联合体投标，对联合体应提出相关资格要求；如属于特定行业项目，供应商应当具备特定行业法定准入要求。）

三、获取采购文件

时间：____年____月____日至____年____月____日，每天上午____至____，下午____至____（北京时间，法定节假日除外）

地点：

方式：

售价：

四、响应文件提交

截止时间：____年____月____日____点____分（北京时间）（从询价通知书开始发出之日起至供应商提交响应文件截止之日止不得少于3个工作日）

地点：

五、开启

时间：____年____月____日____点____分（北京时间）

地点：

六、公告期限

自本公告发布之日起3个工作日。

七、其他补充事宜

八、凡对本次采购提出询问，请按以下方式联系。

1. 采购人信息

名称：_____

地址：_____

联系方式：_____

2. 采购代理机构信息（如有）

名称：_____

地址：_____

联系方式：_____

3. 项目联系方式

项目联系人：(组织本项目采购活动的具体工作人员姓名)

电话：_____

选自财政部办公厅《关于印发〈政府采购公告和公示信息格式规范（2020年版）〉的通知》（财办库〔2020〕50号）

4. 发出询价通知书

从询价通知书发出之日起至供应商提交响应文件截止之日止不得少于3个工作日。

提交响应文件截止之日前，采购人、采购代理机构或者询价小组可以对已发出的询价通知书进行必要的澄清或者修改，澄清或者修改的内容作为询价通知书的组成部分。澄清或者修改的内容可能影响响应文件编制的，采购人、采购代理机构或者询价小组应当在提交响应文件截止之日3个工作日前，以书面形式通知所有接收询价通知书的供应商，不足3个工作日的，应当顺延提交响应文件截止之日。

5. 询价、推荐成交候选人

供应商应当按照询价通知书的要求编制响应文件，并对其提交的响应文件的真实性、合法性承担法律责任。

参加询价采购活动的供应商，应当按照询价通知书的规定一次报出不得更改的价格。

询价小组应当从质量和服务均能满足采购文件实质性响应要求的供应商中，按照报价由低到高的顺序提出3名以上成交候选人，并编写评审报告。

6. 确定成交供应商

采购代理机构应当在评审结束后2个工作日内将评审报告送采购人确认。采购人应当在收到评审报告后5个工作日内，从评审报告提出的成交候选人中，根据质量和服务均能满足采购文件实质性响应要求且报价最低的原则确定成交供应商，也可以书面授权询价小组直接确定成交供应商。采购人逾期未确定成交供应商且不提出异议的，视为确定评审报告提出的最后报价最低的供应商为成交供应商。

7. 发布成交结果公告、发出成交通知书

采购人或者采购代理机构应当在成交供应商确定后 2 个工作日内，在省级以上财政部门指定的媒体上公告成交结果，同时向成交供应商发出成交通知书，并将询价通知书随成交结果同时公告。

采用书面推荐供应商参加采购活动的，还应当公告采购人和评审专家的推荐意见。

除不可抗力等因素外，成交通知书发出后，采购人改变成交结果，或者成交供应商拒绝签订政府采购合同的，应当承担相应的法律责任。

8. 合同签订

采购人应当自成交通知书发出之日起 30 日内，按照询价文件和成交供应商相应文件的规定，与成交供应商签订书面合同。所签订的合同不得对询价文件确定的事项和成交供应商响应文件作实质性修改。

采购人不得向成交供应商提出任何不合理的要求作为签订合同的条件。

政府采购合同应当包括采购人与成交供应商的名称和住所、标的、数量、质量、价款或者报酬、履行期限及地点和方式、验收要求、违约责任、解决争议的方法等内容。

9. 合同履约及验收

采购人与成交供应商应当根据合同的约定依法履行合同义务。采购人应当及时对采购项目进行验收。采购人可以邀请参加本项目的其他供应商或者第三方机构参与验收。参与验收的供应商或者第三方机构的意见作为验收书的参考资料一并存档。

10. 采购资金支付

采购人应当加强对成交供应商的履约管理，并按照采购合同约定，及时向成交供应商支付采购资金。对于成交供应商违反采购合同约定的行为，采购人应当及时处理，依法追究其违约责任。

询价采购流程如图 6.5 所示。

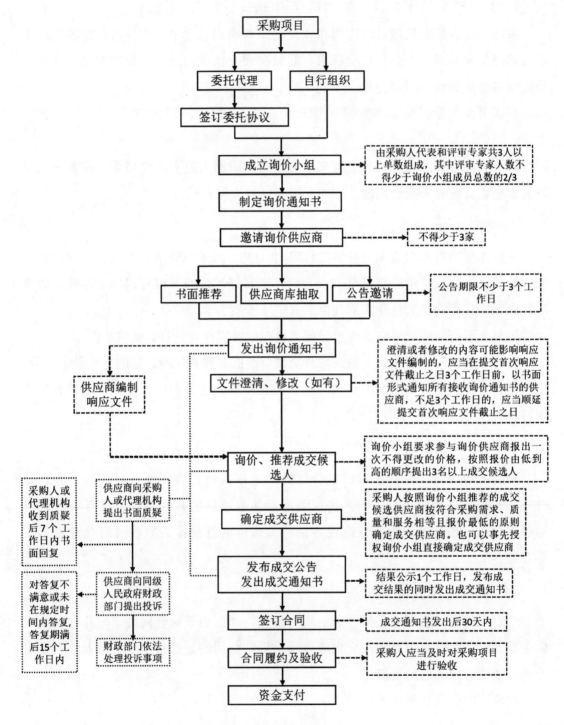

图 6.5 询价采购流程图

六、单一来源

单一来源采购是指采购人从某一特定供应商处采购货物、工程和服务的采购方式。

1. 单一来源采购方式的确定

属于《政府采购法》第三十一条第一项情形，且达到公开招标数额的货物、服务项目，拟采用单一来源采购方式的，采购人、采购代理机构在报财政部门批准之前，应当在省级以上财政部门指定媒体上公示，并将公示情况一并报财政部门。公示期不得少于5个工作日，公示内容如下。

（1）采购人、采购项目名称和内容。

（2）拟采购的货物或者服务的说明。

（3）采用单一来源采购方式的原因及相关说明。

（4）拟定的唯一供应商名称、地址。

（5）专业人员对相关供应商因专利、专有技术等原因具有唯一性的具体论证意见，以及专业人员的姓名、工作单位和职称。

（6）公示的期限。

（7）采购人、采购代理机构、财政部门的联系地址、联系人和联系电话。

任何供应商、单位或者个人对采用单一来源采购方式公示有异议的，可以在公示期内将书面意见反馈给采购人、采购代理机构，并同时抄送相关财政部门。

采购人、采购代理机构收到对采用单一来源采购方式公示的异议后，应当在公示期满后5个工作日内，组织补充论证，论证后认为异议成立的，应当依法采取其他采购方式；论证后认为异议不成立的，应当将异议意见、论证意见与公示情况一并报相关财政部门。

采购人、采购代理机构应当将补充论证的结论告知提出异议的供应商、单位或者个人。

未达到公开招标数额标准符合《政府采购法》第三十一条第一项规定情形只能从唯一供应商处采购的政府采购项目，可以依法采用单一来源采购方式。此类项目在采购活动开始前，不需要获得设区的市、自治州以上人民政府采购监督管理部门的批准，也不用按照《政府采购法实施条例》第三十八条的规定在省级以上财政部门指定媒体上公示。

单一来源采购公示

一、项目信息

采购人：_____

项目名称：_____

拟采购的货物或服务的说明：_____

拟采购的货物或服务的预算金额：_____

采用单一来源采购方式的原因及说明：_____

二、拟定供应商信息

名称：_____

地址：_____

三、公示期限

____年____月____日至____年____月____日（公示期限不得少于5个工作日）

四、其他补充事宜

五、联系方式

1. 采购人

联系人：_____

联系地址：_____

联系电话：_____

2. 财政部门

联系人：_____

联系地址：_____

联系电话：_____

3. 采购代理机构（如有）

联系人：_____

联系地址：_____

联系电话：_____

六、附件

专业人员论证意见（格式见附件）

单一来源采购方式专业人员论证意见

专业人员信息	姓名：
	职称：
	工作单位：
项目信息	项目名称：
	供应商名称：
专业人员论证意见	（专业人员论证意见应当完整、清晰和明确地表达从唯一供应商处采购的理由）
专业人员签字日期	____年____月____日

注：本表格中专业人员的论证意见由专业人员手工填写。

选自财政部办公厅《关于印发〈政府采购公告和公示信息格式规范（2020年版）〉的通知》（财办库〔2020〕50号）

【小贴士】

【问】单一来源采购是否需要在政府采购网公示公告？需要公示公告几次？每次分别必须公示的具体内容是什么？单一来源公示的内容不全，该依据什么法规向什么部门提出异议？采购人申请单一来源的理由不符合法定理由，但财政部门审批通过了单一来源的申请，该依据什么法规向什么部门提出异议？

【答】（1）根据《政府采购非招标采购方式管理办法》（财政部令第74号）第三十八条规定，属于政府采购法第三十一条第一项情形，且达到公开招标数额的货物、服务项目，拟采用单一来源采购方式的，采购人、采购代理机构在按照本办法第四条报财政部门批准之前，应当在省级以上财政部门指定的媒体上公示，并将公示情况一并报财政部门；（2）公示的具体内容按照第74号令第三十八条规定处理;(3)在合法合规的情况下,公示一次即可;(4)根据财政部令第74号第三十九条规定,任何供应商、单位或者个人对采用单一来源采购方式公示有异议的,可以在公示期内将书面意见反馈给采购人、采购代理机构,并同时抄送相关财政部门;(5)如公示期间未提出异议,经财政部门审批通过的单一来源属于不可投诉内容。

【问】供应商不对单一来源公示提出异议,而用质疑投诉方式维权是否合法?请问单一来源公示内容是否可以质疑,投诉?

【答】《政府采购非招标采购方式管理办法》(财政部令第74号)规定,供应商、单位或者个人对采用单一来源采购方式公示有异议的,可以在公示期内将书面意见反馈给代购人、采购代理机构,同时抄送相关财政部门。因此,供应商、单位或者个人可以通过上述途径保障自己的权益,单一来源采购方式公示不属于供应商质疑投诉的事项范围。

(信息来源中国政府采购网)

2. 单一来源协商

采用单一来源采购方式采购的,采购人、采购代理机构应当组织具有相关经验的专业人员与供应商商定合理的成交价格并保证采购项目质量。

单一来源采购人员应当编写协商情况记录,主要内容包括以下几方面。

(1) 依法进行公示的,公示情况说明。

(2) 协商日期和地点,采购人员名单。

(3) 供应商提供的采购标的成本、同类项目合同价格以及相关专利、专有技术等情况说明。

(4) 合同主要条款及价格商定情况。

协商情况记录应当由采购全体人员签字认可。对记录有异议的采购人员,应当签署不同意见并说明理由。采购人员拒绝在记录上签字又不书面说明其不同意见和理由的,视为同意。

3. 发布成交结果公告、发出成交通知书

采购人或者采购代理机构应当在省级以上财政部门指定的媒体上公告成交结果,同时向成交供应商发出成交通知书,并将采购文件随成交结果同时公告。

除不可抗力等因素外，成交通知书发出后，采购人改变成交结果，或者成交供应商拒绝签订政府采购合同的，应当承担相应的法律责任。

4. 合同签订

采购人应当自成交通知书发出之日起 30 日内，按照单一来源文件和成交供应商相应文件的规定，与成交供应商签订书面合同。所签订的合同不得对单一来源文件确定的事项和成交供应商响应文件作实质性修改。

采购人不得向成交供应商提出任何不合理的要求作为签订合同的条件。

政府采购合同应当包括采购人与成交供应商的名称和住所、标的、数量、质量、价款或者报酬、履行期限及地点和方式、验收要求、违约责任、解决争议的方法等内容。

5. 合同履约及验收

采购人与成交供应商应当根据合同的约定依法履行合同义务。采购人应当及时对采购项目进行验收。采购人可以邀请第三方机构参与验收，参与验收的第三方机构的意见作为验收书的参考资料一并存档。

6. 采购资金支付

采购人应当加强对成交供应商的履约管理，并按照采购合同约定，及时向成交供应商支付采购资金。对于成交供应商违反采购合同约定的行为，采购人应当及时处理，依法追究其违约责任。

单一来源采购流程如图 6.6 所示。

七、框架协议

1. 框架协议采购方式的确定

2022 年 3 月 1 日，财政部《政府采购框架协议采购方式管理暂行办法》（财政部令 110 号）正式开始执行。所谓框架协议采购，是指集中采购代理机构或主管预算单位对技术、服务等标准明确、统一，需要多次重复采购的货物和服务，通过公开征集程序，确定第一阶段入围供应商并订立框架协议，采购人或服务对象按照框架协议约定规则，在入围供应商范围内确定第二阶段成交供应商并订立采购合同的采购方式。

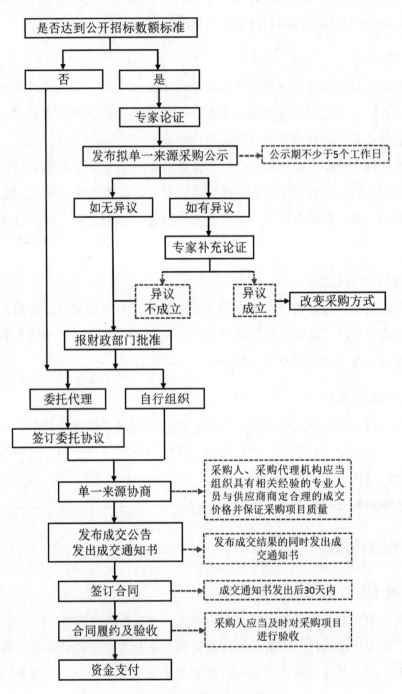

图 6.6 单一来源采购流程图

根据财政部《政府采购框架协议采购方式管理暂行办法》(财政部令110号)符合下列情形之一的,可以采用框架协议采购方式采购。

(1) 集中采购目录以内品目,以及与之配套的必要耗材、配件等,属于小额零星采购的。

(2) 集中采购目录以外,采购限额标准以上,本部门、本系统行政管理所需的法律、评估、会计、审计等鉴证咨询服务,属于小额零星采购的。

(3) 集中采购目录以外,采购限额标准以上,为本部门、本系统以外的服务对象提供服务的政府购买服务项目,需要确定2家以上供应商由服务对象自主选择的。

(4) 国务院财政部门规定的其他情形。

前款所称采购限额标准以上,是指同一品目或者同一类别的货物、服务年度采购预算达到采购限额标准以上。

属于本条上述第二项情形,主管预算单位能够归集需求形成单一项目进行采购,通过签订时间、地点、数量不确定的采购合同满足需求的,不得采用框架协议采购方式。

框架协议采购包括封闭式框架协议采购和开放式框架协议采购。封闭式框架协议采购是框架协议采购的主要形式。除法律、行政法规或者本办法另有规定外,框架协议采购应当采用封闭式框架协议采购。

符合下列情形之一的,可以采用开放式框架协议采购。

(1) 集中采购目录以内品目,以及与之配套的必要耗材、配件等,属于小额零星采购的,因执行政府采购政策不宜淘汰供应商的,或者受基础设施、行政许可、知识产权等限制,供应商数量在3家以下且不宜淘汰供应商的。

(2) 集中采购目录以外,采购限额标准以上,为本部门、本系统以外的服务对象提供服务的政府购买服务项目,需要确定2家以上供应商由服务对象自主选择的,能够确定统一付费标准,因地域等服务便利性要求,需要接纳所有愿意接受协议条件的供应商加入框架协议,以供服务对象自主选择的。

2. 框架协议采购项目委托

集中采购目录以内品目以及与之配套的必要耗材、配件等,采用框架协议采购的,由集中采购机构负责征集程序和订立框架协议。

集中采购目录以外品目采用框架协议采购的,由主管预算单位负责征集程序和订立框架协议。其他预算单位确有需要的，经其主管预算单位批准，可以采用框架协议采购方式采购。其他预算单位采用框架协议采购方式采购的，应当遵守本办法关于主管预算单位的规定。

主管预算单位可以委托采购代理机构代理框架协议采购，采购代理机构应当在委托的范围内依法开展采购活动。

框架协议采购应当实行电子化采购。

3. 框架协议采购项目备案

集中采购机构采用框架协议采购的，应当拟定采购方案，报本级财政部门审核后实施。主管预算单位采用框架协议采购的，应当在采购活动开始前将采购方案报本级财政部门备案。

4. 框架协议采购项目需求调查

确定框架协议采购需求应当开展需求调查，听取采购人、供应商和专家等意见。面向采购人和供应商开展需求调查时，应当选择具有代表性的调查对象，调查对象一般各不少于3个。

5. 框架协议采购项目需求编制

框架协议采购需求应当符合以下规定。

（1）满足采购人和服务对象实际需要，符合市场供应状况和市场公允标准，在确保功能、性能和必要采购要求的情况下促进竞争。

（2）符合预算标准、资产配置标准等有关规定，厉行节约，不得超标准采购。

（3）按照《政府采购品目分类目录》，将采购标的细化到底级品目，并细分不同等次、规格或者标准的采购需求，合理设置采购包。

（4）货物项目应当明确货物的技术和商务要求，包括功能、性能、材料、结构、外观、安全、包装、交货期限、交货的地域范围、售后服务等。

（5）服务项目应当明确服务内容、服务标准、技术保障、服务人员组成、服务交付或者实施的地域范围，以及所涉及的货物的质量标准、服务工作量的计量方式等。

6. 框架协议采购项目最高限价确定

集中采购机构或者主管预算单位应当在征集公告和征集文件中确定框架协议采购的最高限制单价。征集文件中可以明确量价关系折扣，即达到一定采购数量，价格应当按照征集文件中明确的折扣降低。在开放式框架协议中，付费标准即为最高限制单价。

最高限制单价是供应商第一阶段响应报价的最高限价。入围供应商第一阶段响应报价（有量价关系折扣的，包括量价关系折扣，以下统称协议价格）是采购人或者服务对象确定第二阶段成交供应商的最高限价。

确定最高限制单价时，有政府定价的，执行政府定价；没有政府定价的，应当通过需求调查，并根据需求标准科学确定，属于本办法第十条第二款第一项规定情形的采购项目，需要订立开放式框架协议的，与供应商协商确定。

货物项目单价按照台（套）等计量单位确定，其中包含售后服务等相关服务费用。服务项目单价按照单位采购标的价格或者人工单价等确定。服务项目所涉及的货物的费用，能够折算入服务项目单价的应当折入，需要按实结算的应当明确结算规则。

7. 封闭式框架协议采购

1）发布征集公告

征集公告应当包括以下主要内容。

（1）征集人的名称、地址、联系人和联系方式。

（2）采购项目名称、编号，采购需求以及最高限制单价，适用框架协议的采购人或者服务对象范围，能预估采购数量的，还应当明确预估采购数量。

（3）供应商的资格条件。

（4）框架协议的期限。

（5）获取征集文件的时间、地点和方式。

（6）响应文件的提交方式、提交截止时间和地点，开启方式、时间和地点。

（7）公告期限。

（8）省级以上财政部门规定的其他事项。

2）编制征集文件

征集文件应当包括以下主要内容。

（1）参加征集活动的邀请。

（2）供应商应当提交的资格材料。

（3）资格审查方法和标准。

（4）采购需求以及最高限制单价。

(5) 政府采购政策要求以及政策执行措施。

(6) 框架协议的期限。

(7) 报价要求。

(8) 确定第一阶段入围供应商的评审方法、评审标准、确定入围供应商的淘汰率或者入围供应商数量上限和响应文件无效情形。

(9) 响应文件的编制要求，提交方式、提交截止时间和地点，开启方式、时间和地点，以及响应文件有效期。

(10) 拟签订的框架协议文本和采购合同文本。

(11) 确定第二阶段成交供应商的方式。

(12) 采购资金的支付方式、时间和条件。

(13) 入围产品升级换代规则。

(14) 用户反馈和评价机制。

(15) 入围供应商的清退和补充规则。

(16) 供应商信用信息查询渠道及截止时点、信用信息查询记录和证据留存的具体方式、信用信息的使用规则等。

(17) 采购代理机构代理费用的收取标准和方式。

(18) 省级以上财政部门规定的其他事项。

3) 确定第一阶段入围供应商

确定第一阶段入围供应商的评审方法包括价格优先法和质量优先法。

价格优先法是指对满足采购需求且响应报价不超过最高限制单价的货物、服务，按照响应报价从低到高排序，根据征集文件规定的淘汰率或者入围供应商数量上限，确定入围供应商的评审方法。

质量优先法是指对满足采购需求且响应报价不超过最高限制单价的货物、服务进行质量综合评分，按照质量评分从高到低排序，根据征集文件规定的淘汰率或者入围供应商数量上限，确定入围供应商的评审方法。货物项目质量因素包括采购标的的技术水平、产品配置、售后服务等，服务项目质量因素包括服务内容、服务水平、供应商的履约能力、服务经验等。质量因素中的可量化指标应当划分等次，作为评分项；质量因素中的其他指标可以作为实质性要求，不得作为评分项。

有政府定价、政府指导价的项目，以及对质量有特别要求的检测、实验等仪器设备，可以采用质量优先法，其他项目应当采用价格优先法。

对耗材使用量大的复印、打印、实验、医疗等仪器设备进行框架协议采购的，应当要求供应商同时对 3 年以上约定期限内的专用耗材进行报价。评审时应当考虑约定期限的专用耗材使用成本，修正仪器设备的响应报价或者质量评分。

征集人应当在征集文件、框架协议和采购合同中规定，入围供应商在约定期限内，应当以不高于其报价的价格向适用框架协议的采购人供应专用耗材。

确定第一阶段入围供应商时，提交响应文件和符合资格条件、实质性要求的供应商应当均不少于 2 家，淘汰比例一般不得低于 20%，且至少淘汰一家供应商。

采用质量优先法的检测、实验等仪器设备采购，淘汰比例不得低于 40%，且至少淘汰一家供应商。

4）发布入围结果公告

入围结果公告应当包括以下主要内容。

（1）采购项目名称、编号。

（2）征集人的名称、地址、联系人和联系方式。

（3）入围供应商名称、地址及排序。

（4）最高入围价格或者最低入围分值。

（5）入围产品名称、规格型号或者主要服务内容及服务标准，入围单价。

（6）评审小组成员名单。

（7）采购代理服务收费标准及金额。

（8）公告期限。

（9）省级以上财政部门规定的其他事项。

5）签订框架协议

集中采购机构或者主管预算单位应当在入围通知书发出之日起 30 日内和入围供应商签订框架协议，并在框架协议签订后 7 个工作日内，将框架协议副本报本级财政部门备案。

框架协议不得对征集文件确定的事项以及入围供应商的响应文件作实质性修改。框架协议应当包括以下内容。

（1）集中采购机构或者主管预算单位以及入围供应商的名称、地址和联系方式。

（2）采购项目名称、编号。

（3）采购需求以及最高限制单价。

（4）封闭式框架协议第一阶段的入围产品详细技术规格或者服务内容、服务标准，协议价格。

(5) 入围产品升级换代规则。

(6) 确定第二阶段成交供应商的方式。

(7) 适用框架协议的采购人或者服务对象范围，以及履行合同的地域范围。

(8) 资金支付方式、时间和条件。

(9) 采购合同文本，包括根据需要约定适用的简式合同或者具有合同性质的凭单、订单。

(10) 框架协议期限。

(11) 入围供应商清退和补充规则。

(12) 协议方的权利和义务。

(13) 需要约定的其他事项。

集中采购机构或者主管预算单位应当根据工作需要和采购标的市场供应及价格变化情况，科学合理确定框架协议期限。货物项目框架协议有效期一般不超过1年，服务项目框架协议有效期一般不超过2年。

6) 确定第二阶段成交供应商

确定第二阶段成交供应商的方式包括直接选定、二次竞价和顺序轮候。

(1) 直接选定。直接选定方式是确定第二阶段成交供应商的主要方式。除征集人根据采购项目特点和提高绩效等要求，在征集文件中载明采用二次竞价或者顺序轮候方式外，确定第二阶段成交供应商应当由采购人或者服务对象依据入围产品价格、质量以及服务便利性、用户评价等因素，从第一阶段入围供应商中直接选定。

(2) 二次竞价。二次竞价方式是指以框架协议约定的入围产品、采购合同文本等为依据，以协议价格为最高限价，采购人明确第二阶段竞价需求，从入围供应商中选择所有符合竞价需求的供应商参与二次竞价，确定报价最低的为成交供应商的方式。

进行二次竞价应当给予供应商必要的响应时间。

二次竞价一般适用于采用价格优先法的采购项目。

以二次竞价或者顺序轮候方式确定成交供应商的，征集人应当在确定成交供应商后2个工作日内逐笔发布成交结果公告。

成交结果单笔公告可以在省级以上财政部门指定的媒体上发布，也可以在开展框架协议采购的电子化采购系统发布，发布成交结果公告的渠道应当在征集文件或者框架协议中告知供应商。单笔公告应当包括以下主要内容。

① 采购人的名称、地址和联系方式；

② 框架协议采购项目名称、编号；

③ 成交供应商名称、地址和成交金额；

④ 成交标的名称、规格型号或者主要服务内容及服务标准、数量、单价；

⑤ 公告期限。

（3）顺序轮候。顺序轮候方式是指根据征集文件中确定的轮候顺序规则，对所有入围供应商依次授予采购合同的方式。

每个入围供应商在一个顺序轮候期内，只有一次获得合同授予的机会。合同授予顺序确定后，应当书面告知所有入围供应商。除清退入围供应商和补充征集外，框架协议有效期内不得调整合同授予顺序。

7）发布成交结果汇总公告

征集人应当在框架协议有效期满后10个工作日内发布成交结果汇总公告。汇总公告应当包括前款采购人的名称、地址和联系方式以及框架协议采购项目名称、编号和所有成交供应商的名称、地址及其成交合同总数和总金额。

8. 开放式框架协议采购

1）发布征集公告

征集公告应当包括以下主要内容。

（1）本办法第二十二条第一项至四项和第二十三条第二项至三项、第十三项至十六项内容。

（2）订立开放式框架协议的邀请。

（3）供应商提交加入框架协议申请的方式、地点，以及对申请文件的要求。

（4）履行合同的地域范围、协议方的权利和义务、入围供应商的清退机制等框架协议内容。

（5）采购合同文本。

（6）付费标准，费用结算及支付方式。

（7）省级以上财政部门规定的其他事项。

2）提交加入框架协议的申请

征集公告发布后至框架协议期满前，供应商可以按照征集公告要求，随时提交加入框架协议的申请。征集人应当在收到供应商申请后7个工作日内完成审核,并将审核结果书面通知申请供应商。

3) 发布入围结果公告

征集人应当在审核通过后2个工作日内,发布入围结果公告,公告入围供应商名称、地址、联系方式及付费标准,并动态更新入围供应商信息。

征集人应当确保征集公告和入围结果公告在整个框架协议有效期内随时可供公众查阅。

征集人可以根据采购项目特点,在征集公告中申明是否与供应商另行签订书面框架协议。申明不再签订书面框架协议的,发布入围结果公告,视为签订框架协议。

4) 第二阶段成交供应商

第二阶段成交供应商由采购人或者服务对象从第一阶段入围供应商中直接选定。

供应商履行合同后,依据框架协议约定的凭单、订单以及结算方式,与采购人进行费用结算。

常用政府采购方式的对比

采购方式 比较因素	公开招标	邀请招标	竞争性磋商	竞争性谈判	询价采购	单一来源
是否需要批准	不需批准	需经政府采购监督管理部门批准	未达到公开招标数额标准的,不需要批准,直接申报;达到公开招标数额标准的,需经政府采购监督管理部门批准			
供应商产生的方式	以招标公告的方式邀请不特定的供应商	采购人、采购代理机构通过发布资格预审公告征集、从省级以上人民政府财政部门建立的供应商库中选取或者采购人书面推荐的方式,随机抽取3家以上供应商向其发出投标邀请书	采购人、采购代理机构应当通过发布公告、从省级以上财政部门建立的供应商库中随机抽取或者采购人和评审专家分别书面推荐的方式邀请不少于3家符合相应资格条件的供应商参与竞争性磋商/竞争性谈判/询价采购活动			特定供应商

续表

采购方式 比较因素	公开招标	邀请招标	竞争性磋商	竞争性谈判	询价采购	单一来源
发出采购文件至投标（响应）文件的提交截止时间	自招标文件开始发出之日起至供应商提交投标文件截止之日止，不得少于20日。 招标文件的提供期限自开始发出之日起不得少于5个工作日		从磋商文件发出之日起至供应商提交首次响应文件截止之日止不得少于10日。 磋商文件的提供期限自开始发出之日起不得少于5个工作日	从谈判文件/询价通知书发出之日起至供应商提交首次响应文件截止之日止不少于3个工作日		—
采购文件修改的时间及要求	对已发出的招标文件、资格预审文件、投标邀请书进行必要澄清或者修改的，应当以书面形式通知所有获取招标文件的潜在供应商，澄清或修改应当在原公告发布媒体上发布澄清公告，澄清或修改的内容可能影响投标文件编制的，应当在投标截止时间至少15日前，以书面形式通知所有获取招标文件的潜在供应商，不足15日的，应当顺延提交投标文件的截止时间。 澄清或者修改的内容可能影响资格预审申请文件编制的，应当在提交资格预审申请文件截止时间至少3日前，以书面形式通知所有获取资格预审文件的潜在供应商；不足3日的，应当顺延提交资格预审申请文件的截止时间		澄清或者修改的内容可能影响响应文件编制的，采购人、采购代理机构应当在提交首次响应文件截止时间至少5日前，以书面形式通知所有获取磋商文件的供应商；不足5日的，采购人、采购代理机构应当顺延提交首次响应文件截止时间	澄清或者修改的内容可能影响响应文件编制的，采购人、采购代理机构或者谈判/询价小组应当在提交首次响应文件截止之日3个工作日前，以书面形式通知所有接收谈判/询价文件的供应商，不足3个工作日的，应当顺延提交首次响应文件截止之日		

续表

采购方式 比较因素	公开招标	邀请招标	竞争性磋商	竞争性谈判	询价采购	单一来源
评标委员会或评审小组组成	评标委员会由采购人代表和评审专家组成，成员人数应当为5人以上单数，其中评标专家不得少于成员总数的三分之二。 采购项目符合下列情形之一的，评标委员会成员人数应当为7人以上单数：(1)采购预算金额在1000万元以上；(2)技术复杂；(3)社会影响较大		评审小组由采购人代表和评审专家共3人以上单数组成，其中评审专家人数不得少于评审小组成员总数的三分之二。达到公开招标数额标准的货物或者服务采购项目，或者达到招标规模标准的政府采购工程，评审小组应当由5人以上单数组成			组织具有相关经验的专业人员与供应商商定合理的成交价格并保证采购项目质量
供应商的报价	供应商一次报出不得更改的价格，必须公开唱标		供应商在规定时间内提交最后报价。在提交最后报价之前可根据磋商/谈判情况退出磋商/谈判	供应商一次报出不得更改的价格		商定合理的成交价格
评审办法	综合评分法、最低评标价法		综合评分法	根据符合采购需求、质量和服务相等且报价最低的原则确定成交供应商		保证采购质量，商定合理价格
确定中标（成交）供应商并发布结果公告	采购代理机构应当在评审结束后2个工作日内将评审报告送采购人。 采购人应当自收到评审报告之日起5个工作日内，在评审报告确定的中标（成交）候选人名单中按顺序确定中标（成交）供应商。 采购人或者采购代理机构应当自中标（成交）供应商确定之日起2个工作日内，在省级以上财政部门指定的媒体上公告中标（成交）结果					—
公告期限	1个工作日					

第四节　政府采购方式的变更

一、变更的条件

《政府采购货物和服务招标投标管理办法》第四十三条规定，公开招标数额标准以上的采购项目，投标截止后投标人不足3家或者通过资格审查或符合性审查的投标人不足3家的，除采购任务取消情形外，按照以下方式处理：（一）招标文件存在不合理条款或者招标程序不符合规定的，采购人、采购代理机构改正后依法重新招标；（二）招标文件没有不合理条款、招标程序符合规定，需要采用其他采购方式采购的，采购人应当依法报财政部门批准。

根据以上要求，投标截止后，采购方式的变更需满足以下几个条件。

（1）投标截止后，供应商不足三家，或者通过资格审查或符合性检查的供应商不足三家的客观事实存在。

（2）采购任务取消除外。

（3）采购文件无不合理条款。此情形一般需要通过专家论证，由专家做出采购文件是否有不合理条款的判断。如果采购文件存在不合理或歧视性条款，则应该修改采购文件后重新招标。

（4）招标程序符合规定。采购人或采购代理机构不能人为设置障碍限制供应商参与投标，从而造成供应商不足三家的情形。

（5）采购方式变更必须获得财政部门批准。

二、变更申请

以上表明，采购方式变更首先应该由采购人提出申请，其次要满足公开招标数额标准以上的货物、服务项目在报名截至后不足三家的先决条件（采购任务取消除外），在采购文件条款合理、程序合法的基础上，经财政部门批准才可以变更采购方式。

采购方式的选用需谨慎，根据《政府采购法》第七十一条，采购人、采购代理机构有下列情形之一的，责令限期改正，给予警告，可以并处罚款，对直接负责的主管人员和其他直接责任人员,由其行政主管部门或者有关机关给予处分,并予通报:(一)应当采用公开招标方式而擅自采用其他方式采购的。

多次采购失败是否可以直接申请变更为单一来源采购方式,取决于是否符合单一来源采购情形。即:(一)只能从唯一供应商处采购的;(二)发生了不可预见的紧急情况不能从其他供应商处采购的;(三)必须保证原有采购项目一致性或者服务配套的要求,需要继续从原供应商处添购,且添购资金总额不超过原合同采购金额百分之十的。

第七章 采购中工作要点及注意事项

第一节 采购文件的确认及注意事项

采购文件应当根据采购项目的特点和采购人的实际需求制定，为保证采购人和采购代理机构信息的平衡和有效性，采购人应当对采购文件进行确认，采购人对采购文件的审核确认应注意把握以下几个要点。

一、资格条件的合法性

供应商资格条件的设置必须符合《政府采购法》及相关要求。不得非法限定供应商的所有制形式、组织形式、股权结构或者所在地；不得将供应商的规模条件设置为资格条件；不得设定与采购项目的具体特点和实际需要不相适应或者与合同履行无关的资格条件；不得对供应商采取不同的资格审查标准；不得以其他不合理条件限制或者排斥潜在供应商。

(1) 非法限定供应商的所有制形式、组织形式、股权结构或者所在地，主要包括以下几个方面。

① 限定供应商的所有制形式，如国有、独资、合资等。

② 限定企业法人，将事业法人、其他组织和自然人排除。

③ 限定注册地（总部）在某行政区域内，或者要求在某行政区域内有分公司等。

主要依据来源：《政府采购法》第二十一条，《政府采购法实施条例》第二十条，《中小企业促进法》第四十条，《公平竞争审查制度实施细则》（国市监反垄规〔2021〕2号）第十三条。

（2）将供应商的规模条件设置为资格条件，主要包括：设置注册资本、资产总额、营业收入、从业人员、利润、纳税额等规模条件。

主要依据来源：《政府采购法》第九条，《中小企业促进法》第四十条，《政府采购货物和服务招标投标管理办法》（财政部令第87号）第十七条，《政府采购促进中小企业发展管理办法》（财库〔2020〕46号）第五条。

（3）设定与采购项目的具体特点和实际需要不相适应或者与合同履行无关的资格条件，主要包括以下几个方面。

① 限定特定行政区域或者特定行业的业绩、奖项。

② 设定特定金额的业绩或对代理商提出业绩要求。

③ 设置的资格条件与项目履行无关或过高、明显不合理，如非涉密或不存在敏感信息的采购项目，要求供应商有从事涉密业务的资格。

主要依据来源：《政府采购法》第二十二条，《政府采购法实施条例》第二十条，财政部政府采购信息公告（第三百六十六号、三百九十四号）。

（4）对供应商采取不同的资格审查标准，主要包括：对本地区和外地的供应商、本行业和其他行业的供应商、合作过的供应商和新参与竞争的供应商、协议（定点）和非协议（定点）的供应商、国有企业和民营企业、内资企业和外资企业等采用不同的资格审查标准。

主要依据来源：《政府采购法》第五条、第二十二条，《政府采购法实施条例》第二十条，《财政部关于促进政府采购公平竞争优化营商环境的通知》（财库〔2019〕38号）。

（5）以其他不合理条件限制或者排斥潜在供应商，主要包括以下几个方面。

① 要求供应商在政府采购活动前进行不必要的登记、注册。

② 要求供应商购买指定软件，作为参加电子化政府采购活动的资格条件。

③ 没有法律法规依据，通过入围方式设置项目库、名录库、备选库、资格库等作为参与政府采购活动的资格条件。

④ 非法限定营业执照经营范围内的具体名称或设置经营年限、成立年限等限制条款。

⑤ 将除进口货物以外生产厂家的授权、承诺、证明、背书等作为资格要求。

⑥ 将国务院已明令取消的或国家行政机关非强制的资质、资格、认证、目录等作为资格条件。

⑦ 限定或者指定特定的专利、商标、品牌或者供应商。

主要依据来源：《政府采购法》第五条、第二十二条、第七十一条，《政府采购法实施条例》第二十条，《公平竞争审查制度实施细则》第十四条，《政府采购货物和服务招标投标管理办法》（财政部令第87号）第十七条，《财政部关于促进政府采购公平竞争优化营商环境的通知》（财库〔2019〕38号），国务院关于取消和调整行政审批项目及取消行政许可事项等相关规定，财政部政府采购信息公告（第三百一十九号、三百九十三号）。

二、采购需求的合理性

采购需求应完整、合理，不得擅自提高采购标准；应落实政府采购政策；不得以不合理的条件对供应商实行差别待遇或者歧视待遇；不得以其他不合理条件限制或者排斥潜在供应商。

(1) 擅自提高采购标准，主要包括以下几个方面。

① 超预算采购。

② 超资产配置标准和技术、服务标准采购。

③ 超出办公需要的采购服务。

主要依据来源：《政府采购法》第六条、第七十一条，《政府采购法实施条例》第五十九条，《党政机关厉行节约反对浪费条例》第十二条。

(2) 未落实政府采购政策，主要包括以下几个方面。

① 未明确强制或优先采购节能产品。

② 未明确优先采购环境标志产品。

③ 未明确促进中小企业发展政策（监狱企业、残疾人福利性单位视同小微企业）。

④ 采购进口产品的，未经财政部门审核（高校、科研院所采购进口科研仪器设备进行备案的除外）；或者已按规定经财政部门审核（备案）同意购买进口产品的，

限制国内产品参与竞争。

主要依据来源：《政府采购法》第九条，《中小企业促进法》第四十条，《政府采购法实施条例》第六条、第六十八条，财政部发展改革委生态环境部市场监管总局《关于调整优化节能产品、环境标志产品政府采购执行机制的通知》（财库〔2019〕9号），《政府采购促进中小企业发展管理办法》（财库〔2020〕46号），《湖北省财政厅关于政府采购支持中小企业发展的实施意见》（鄂财采发〔2019〕5号），《政府采购进口产品管理办法》（财库〔2007〕119号），《关于政府采购进口产品管理有关问题的通知》（财办库〔2008〕248号）。

（3）以不合理的条件对供应商实行差别待遇或者歧视待遇，主要包括以下几个方面。

① 设定的技术、商务条件与采购项目的具体特点和实际需要不相适应或者与合同履行无关。

② 采购需求中的技术、服务等要求指向特定供应商、特定产品。

③ 将特定行政区域或特定行业的业绩、奖项，或者特定金额的业绩或代理商的业绩作为实质性要求。

④ 限定或指定特定的专利、商标、品牌或供应商。

⑤ 将供应商的所有制形式、组织形式或所在地作为实质性要求。

主要依据来源：《政府采购法》第二十一条、第二十二条、第七十一条，《政府采购法实施条例》第二十条；《中小企业促进法》第四十条；《公平竞争审查制度实施细则》第十四条，财政部政府采购信息公告（第三百六十六号、三百九十四号）。

（4）以其他不合理条件限制或者排斥潜在供应商，主要包括以下几个方面。

① 设定最低限价。

② 要求提供赠品、回扣或与采购无关的其他商品、服务的。

③ 将国务院已明令取消的或国家行政机关非强制的资质、资格、认证、目录等作为实质性要求。

主要依据来源：《政府采购法》第五条、第二十二条、第七条，《政府采购法实施条例》第十一条、第二十条，《政府采购货物和服务招标投标管理办法》（财政部令第87号）第十二条、第七十八条，国务院关于取消和调整行政审批项目及取消行政许可事项等相关规定。

三、评审因素的合规性

采购文件不得将资格条件作为评审因素；不得将规模条件作为评审因素；采用综合评分法的，评审标准中的分值设置与评审因素的量化指标应该相对应；不得以不合理的条件对供应商实行差别待遇或者歧视待遇。

（1）将资格条件作为评审因素，主要包括以下几个方面。

① 将供应商资格条件的内容作为评审因素。

② 将《政府采购法实施条例》第十七条规定的条件作为评审因素。

主要依据来源：《政府采购货物和服务招标投标管理办法》（财政部令第87号）第五十五条。

（2）不得将规模条件作为评审因素，主要包括：将注册资本、资产总额、营业收入、从业人员、利润、纳税额等规模条件作为评审因素。

主要依据来源：《政府采购法》第九条，《中小企业促进法》第四十条，《政府采购货物和服务招标投标管理办法》（财政部令第87号）第十七条。

（3）采用综合评分法的，评审标准中的分值设置与评审因素的量化指标应该相对应，主要包括以下几个方面。

① 使用"优""良""中""一般"等容易引起歧义的表述时，未明确判断标准。

② 评审因素的指标量化为区间的，评审标准的分值未量化到区间。

③ 采用横向比较各投标文件的方式打分。

主要依据来源：《政府采购法实施条例》第三十四条、第六十八条，《政府采购货物和服务招标投标管理办法》（财政部令第87号）第五十五条，财政部政府采购指导性案例第9号；财政部政府采购信息公告（第六百八十二号）。

（4）以不合理的条件对供应商实行差别待遇或者歧视待遇，主要包括以下几个方面。

① 以特定行政区域或者特定行业的业绩、奖项作为加分条件。

② 将特定金额的合同业绩作为评审因素。

③ 对供应商采取不同的评审标准。

主要依据来源：《政府采购法》第二十一条、第二十二条、第七十一条，《政府采购法实施条例》第二十条，《政府采购货物和服务招标投标管理办法》（财政部令第87号）第十七条，《政府采购促进中小企业发展管理办法》第五条，财政部政府采购指导性案例第17号。

第二节　采购人代表的委派及注意事项

一、采购人代表的条件

在政府采购项目中，采购人代表即受采购人委托，代替采购人参与评审、发表意见和确认有关事项的人。作为评标委员会或评审小组（竞争性谈判小组、询价小组或磋商小组的统称）成员之一，采购人代表按规定履行评标委员会或评审小组的职责和义务，并承担相关法律责任。

首先，采购人代表不一定必须具备专家的资质，比如职称要求等，但作为采购人代表，应当得到采购人的书面授权，这是基本条件。其次，采购人代表需要具有代表采购人发表意见的能力、具有项目评审的基本素质。

除此之外，采购人代表还要遵循以下要求。

1. 公正廉洁要求

采购人代表在政府采购活动中应当维护国家利益和社会公共利益，公正廉洁，诚实守信。

2. 公正性要求

采购人代表不得向评标委员会（评审小组）的评审专家作倾向性、误导性的解释或者说明；不得与政府采购其他当事人相互串通，损害国家利益、社会公共利益和其他当事人的合法权益；也不得以任何手段排斥其他供应商参与竞争。

3. 保密性要求

采购人代表不得泄露评审情况以及评审过程中获悉的国家秘密、商业秘密。

二、采购人代表的数量

《政府采购货物和服务招标投标管理办法》第四十七条规定，评标委员会由采购人代表和评审专家组成，成员人数应当为5人以上单数，其中评审专家不得少于成员总数的三分之二。《政府采购非招标采购方式管理办法》第七条规定，竞争性谈判小组或者询价小组由采购人代表和评审专家共3人以上单数组成，其中评审专家人数不得少于竞争性谈判小组或者询价小组成员总数的三分之二。达到公开招标数额标准的货物或者服务采购项目，或者达到招标规模标准的政府采购工程，竞争性谈判小组或者询价小组应当由5人以上单数组成。《政府采购竞争性磋商采购方式管理暂行办法》第十四条规定，磋商小组由采购人代表和评审专家共3人以上单数组成，其中评审专家人数不得少于磋商小组成员总数的三分之二。采购人代表不得以评审专家身份参加本部门或本单位采购项目的评审。那么，如果评委人数为3人或5人，那么采购人代表最多为1人，若评委人数为7人，则采购人代表最多为2人，以此类推。

三、采购人代表的职责

1. 资格审查职责

《政府采购货物和服务招标投标管理办法》第四十四条规定，公开招标采购项目开标结束后，采购人或者采购代理机构应当依法对供应商的资格进行审查。供应商的资格审查可以由采购人或采购代理机构单独完成，也可以双方共同完成。该办法中并未规定完成资格审查工作的采购人代表与参与评标的采购人代表是否一致，但参与评标的采购人代表不得参加开标活动。

值得注意的是，即使是在电子化招标中，也必须依照规定，由采购人或采购代理机构完成资格审查工作，此项工作不能转交给评标委员会。

2. 项目评审职责

采购人代表与评审专家一样，独立履行评审职责。但采购人代表与评审专家的身份是不同的。评审工作完成后，采购人按照规定向评审专家支付劳务报酬和异地评审差旅费，但不得向评审专家以外的其他人员（包括参与评审的采购人代表）支付评审劳务报酬。

此外，采购人代表不得担任评标委员会或评审小组组长。

《政府采购货物和服务招标投标管理办法》规定，采购人可以在评标前说明项目背景和采购需求，说明内容不得含有歧视性、倾向性意见，不得超出采购文件所述范围。说明应当提交书面材料，并随采购文件一并存档。

在项目评审过程中,如碰到有评审专家向采购人代表征询,以期获得倾向性意见,这种做法是违反评标纪律的,应该及时制止。

【小贴士】

【问】87号令第四十七条中规定,评标委员会由采购人代表和评审专家组成,请问这评标委员会可否由全部评审专家组成。

【答】87号令第四十七条规定,评标委员会由采购人代表和评审专家组成,成员人数应当为5人以上单数,其中评审专家不得少于成员总数的三分之二。采购人代表放弃参加的,评标委员会可以全部由评审专家组成,但是鼓励采购人派出代表参与评标委员会。

(信息来源中国政府采购网)

第三节　项目评审及注意事项

政府采购项目评审程序一般分为:资格审查、符合性检查及详细评审三个阶段。

一、资格审查

资格审查是指对供应商的经营资格、专业资质、财务状况、技术能力、管理能力、业绩、信誉等方面进行评估审查,以判定其是否具有参与项目投标和履行合同的资格及能力的活动。资格审查是必要程序,它对于保障采购人和供应商的利益具有重要作用。

1. **资格审查主体**

公开招标项目资格审查主体是采购人或采购代理机构。《政府采购货物和服务招标投标管理办法》第四十四条规定,公开招标采购项目开标结束后,采购人或者采购代理机构应当依法对供应商的资格进行审查。公开招标项目中,资格审查不在评标委员会的工作范围内,因此,严格意义上讲,公开招标项目中资格审查并不属于评标内容。

【小贴士】

【问】一般采用竞争性磋商进行采购的，对供应商进行资格性审查，可以委托评审专家进行审查吗？

【答】竞争性磋商项目，可由采购人及其采购代理机构依法进行资格审查，也可由磋商小组进行资格审查，但应在磋商文件中明示。

（信息来源中国政府采购网）

2. 资格审查的节点

根据《政府采购货物和服务招标投标管理办法》第四十四条规定，公开招标项目对供应商的资格进行审查应该在开标结束后、评标委员会评审之前进行，因此，这里的资格审查也称"资格后审"。合格供应商不足3家的，不得评标。

3. 资格审查的重难点

（1）何为"重大违法记录"？

供应商参加政府采购项目都必须符合《政府采购法》第二十二条中的要求，其中重难点在"参加政府采购活动前三年内，在经营活动中没有重大违法记录"的认定上。政府采购活动中的"重大违法记录"是指，供应商因违法经营受到刑事处罚或者责令停产停业、吊销许可证或执照、较大数额罚款等行政处罚。

财政部《关于〈中华人民共和国政府采购法实施条例〉第十九条第一款"较大数额罚款"具体适用问题的意见》（财库〔2022〕3号）规定：《中华人民共和国政府采购法实施条例》第十九条第一款规定的"较大数额罚款"认定为200万元以上的罚款，法律、行政法规以及国务院有关部门明确规定相关领域"较大数额罚款"标准高于200万元的，从其规定。本意见自2022年2月8日起施行，此前颁布的有关规定与本意见不一致的，按照本意见执行。

（2）如何使用"信用查询"结果？

财政部《关于在政府采购活动中查询及使用信用记录有关问题的通知》（财库〔2016〕125号）规定：（二）信用记录查询渠道。各级财政部门、采购人、采购代理机构应当通过"信用中国"网站（www.creditchina.gov.cn）、中国政府采购网（www.ccgp.gov.cn）等渠道查询相关主体信用记录，并采取必要方式做好信用信息查询记录和证据留存，信用信息查询记录及相关证据应当与其他采购文件一并保存。（三）信用记录的使用。采购人或者采购代理机构应当在采购文件中明确信用信息查询的渠道及截止时点、信用信息查询记录和证据留存的具体方式、信用信息的使用规则等内容。采购人或者采购代理机构应当对供应商信用记录进行甄别，对列入失信被执行人、重大税收违法失信主体、政府采购严重违法失信行为记录名单及其他不符合《政府采购法》第二十二条规定条件的供应商，应当拒绝其参与政府采购活动。两个以上的自然人、法人或者其他组织组成一个联合体，以一个供应商的身份共同参加政府采购活动的，应当对所有联合体成员进行信用记录查询，联合体成员存在不良信用记录的，视同联合体存在不良信用记录。

重大违法记录主要是基于对供应商违法行为的刑事、行政处罚而产生的，在没有刑事、行政处罚的情况下，任何单位不得以信用记录等形式限制供应商参与政府采购活动。

请看下面的案例。

××无线网络系统扩容采购项目举报案

关键词 重大违法记录/信用查询/指定渠道

案例要点

重大违法记录主要是基于对供应商违法行为的刑事、行政处罚而产生的，在没有刑事、行政处罚的情况下，任何单位不得以信用记录等形式限制供应商参与政府采购活动。

相关法条

《政府采购法》第二十二条第一款第（五）项、《政府采购法实施条例》第十九条第一款、《财政部关于在政府采购活动中查询及使用信用记录有关问题的通知》（财库〔2016〕125号）。

基本案情

采购人D就该单位"××无线网络系统扩容采购项目"进行公开招标。2017年5月19日，采购人D发布招标公告，并组织了开标、评标工作。2017年6月23日，采购人D发布中标公告，经评审，评标委员会推荐J公司为中标供应商。

2017年7月3日，供应商B公司向财政部提交举报材料，认为中标供应商 J 公司此前因未按竞价规则履约，被列入代理机构 A 失信名单，不符合《政府采购法》第二十二条的规定。

经查，招标文件规定：截至开标之日，经'信用中国'网站、'信用辽宁'网站失信黑名单、'信用大连'大连市重大税收违法案件信息公示平台、'中国政府采购网'网站政府采购严重违法失信行为信息记录，被列入失信被执行人、重大税收违法案件当事人名单、政府采购严重违法失信行为记录名单的不得参加本采购项目。评标委员会以评审现场查询记录为准。另查明，代理机构 A 于 2017 年 6 月 9 日发布的"关于暂停 J 公司参与网上竞价资格的公告"记载：J 公司在××服务器及配件采购项目中报价时间截止后，未按竞价规则履约。根据《代理机构 A 网上竞价管理办法》有关规定，自本公告发布之时起暂停 J 公司网上竞价资格六个月。

处理结果

财政部作出监督检查处理决定：举报事项缺乏事实依据。

处理理由

财政部认为：经调查，截至开标之日，未发现 J 公司存在重大违法记录，符合招标文件要求。

（选自财政部指导性案例 7）

资格审查的相关信息有可能会涉及投标供应商的机密或权益，对未通过资格审查的供应商，应当告知其未通过的原因。所以资格审查的相关信息，除本供应商外应当保密。

根据财政部 2022 年发布的政府采购信息公告，与采购人违法违规相关的处罚占很大比例，如采购人非法进入评审现场干预评审、采购人非法确定评审专家、采购人接受增值延伸服务并额外加分的情形。对采购人的处罚有：责令采购人限期改正、责令采购人限期整改、对采购人处以警告的处罚和责令采购人重新开展采购活动或废标。

公告查处采购人的违法违规行为主要有 17 种，主要包括：以不合理条件对供应商实行差别待遇或歧视待遇、以其他不合理条件限制或者排斥潜在供应商、采购人代表在评审过程中发表倾向性意见、采购文件评审标准分值设置未与评审因素的量化指标相对应、采购文件编制问题（违法、错误、不规范、不完整、不严谨）、违规组织重新评审、采购方式适用错误、未按照《政府采购法》规定的采购方式和程序执行采购活动、不依法从财政部专家库抽取评审专家等违法违规行为等。

二、符合性检查

1. 符合性检查的内容

符合性检查是指依据采购文件的规定，从投标（响应）文件的有效性、完整性和对采购文件的响应程度进行审查，以确定是否对采购文件的实质性要求作出响应。符合性检查是一种形式审查，主要审查投标（响应）文件的完整性、投标（响应）文件签署、投标有效期、投标保证金、投标报价等是否符合采购文件的要求。符合性检查也是"一票否决"制，即任一项不满足，均为无效投标（响应）。

《政府采购货物和服务招标投标管理办法》第五十条规定，符合性检查由评标委员会进行审查，评标委员会依据本招标文件的实质性要求，对符合资格的投标文件进行审查，以确定其是否满足本招标文件的实质性要求。因此，在招标项目中，符合性检查的主体是评标委员会。

2. 符合性检查条款设置的注意事项

符合性检查条款设置不能超出法定要求的范围。例如：某项目采购文件符合性检查条款中约定：投标报价不得低于其他通过符合性检查供应商平均报价的20%。《政府采购货物和服务招标投标管理办法》第十二条规定，采购人根据价格测算情况，可以在采购预算额度内合理设定最高限价，但不得设定最低限价。设置"报价不得低于平均报价的20%"实质上是设置了最低限价。

符合性检查条款设置要与项目要求相适应。如技术参数中可设置"※"条款，作为符合性检查的内容之一，对关键需求进行把关。

三、详细评审

通过资格审查和符合性检查的供应商进入详细评审阶段。

1. 政府采购政策的落实

1) 促进中小企业发展

对于非专门面向中小企业的项目，采购人或者采购代理机构应当在采购文件中作出规定，对小型和微型企业产品的价格给予一定比例的扣除，用扣除后的价格参与评审，具体扣除比例由采购人或者采购代理机构确定。

采购文件中应向供应商提供"中小企业声明函"，参加政府采购活动的中小企业应当按照格式提供声明函，否则不予价格扣除。

中小企业声明函（货物）

本公司（联合体）郑重声明，根据《政府采购促进中小企业发展管理办法》（财库〔2020〕46号）的规定，本公司（联合体）参加（单位名称）的（项目名称）采购活动，提供的货物全部由符合政策要求的中小企业制造。相关企业（含联合体中的中小企业、签订分包意向协议的中小企业）的具体情况如下：

1.（标的名称），属于（采购文件中明确的所属行业）行业；制造商为（企业名称），从业人员____人，营业收入为____万元，资产总额为____万元，属于（中型企业、小型企业、微型企业）。

2.（标的名称），属于（采购文件中明确的所属行业）行业；制造商为（企业名称），从业人员____人，营业收入为____万元，资产总额为____万元，属于（中型企业、小型企业、微型企业）。

……

以上企业不属于大企业的分支机构，不存在控股股东为大企业的情形，也不存在与大企业的负责人为同一个人的情形。

本企业对上述声明内容的真实性负责。如有虚假，将依法承担相应责任。

企业名称（盖章）：
日期：

说明：从业人员、营业收入、资产总额填报上一年度数据，无上一年度数据的新成立企业可不填报。

中小企业声明函（工程、服务）

本公司（联合体）郑重声明，根据《政府采购促进中小企业发展管理办法》（财库〔2020〕46号）的规定，本公司（联合体）参加（单位名称）的（项目名称）采购活动，工程的施工单位全部为符合政策要求的中小企业（或者服务全部由符合政策要求的中小企业承接）。相关企业（含联合体中的中小企业、签订分包意向协议的中小企业）的具体情况如下：

1. (标的名称)，属于(采购文件中明确的所属行业)；承建（承接）企业为(企业名称)，从业人员____人，营业收入为____万元，资产总额为____万元，属于(中型企业、小型企业、微型企业)。

2. (标的名称)，属于(采购文件中明确的所属行业)；承建（承接）企业为(企业名称)，从业人员____人，营业收入为____万元，资产总额为____万元，属于(中型企业、小型企业、微型企业)。

……

以上企业不属于大企业的分支机构，不存在控股股东为大企业的情形，也不存在与大企业的负责人为同一个人的情形。

本企业对上述声明内容的真实性负责。如有虚假，将依法承担相应责任。

企业名称（盖章）：
日期：

说明：从业人员、营业收入、资产总额填报上一年度数据，无上一年度数据的新成立企业可不填报。

鼓励大中型企业和其他自然人、法人或者其他组织与小型、微型企业组成联合体共同参加非专门面向中小型企业的政府采购活动。联合协议中约定，小型、微型企业的协议合同金额占到联合体协议合同总金额30%以上的，可给予联合体2%～3%的价格扣除。

联合体各方均为小型、微型企业的,联合体视同为小型、微型企业享受扶持政策。

组成联合体的大中型企业和其他自然人、法人或者其他组织,与小型、微型企业之间不得存在投资关系。

2)促进残疾人就业

在政府采购活动中,残疾人福利性单位视同小型、微型企业,享受预留份额、评审中价格扣除等促进中小企业发展的政府采购政策。向残疾人福利性单位采购的金额,计入面向中小企业采购的统计数据。

3)支持监狱企业发展

在政府采购活动中,监狱企业视同小型、微型企业,享受预留份额、评审中价格扣除等政府采购促进中小企业发展的政府采购政策。向监狱企业采购的金额,计入面向中小企业采购的统计数据。监狱企业属于小型、微型企业的,不重复享受政策。

4)节能产品、环境标志产品采购政策

依据品目清单和认证证书实施政府优先采购和强制采购。采购人拟采购的产品属于品目清单范围的,采购人及其委托的采购代理机构应当依据国家确定的认证机构出具的、处于有效期之内的节能产品、环境标志产品认证证书,对获得证书的产品实施政府优先采购或强制采购。

2. 价格评审

政府采购评审办法分综合评分法和最低评标价法。

招标项目中,采用最低评标价法的,提供相同品牌产品的不同供应商参加同一合同项下投标的,以其中通过资格审查、符合性检查且报价最低的参加评标;报价相同的,由采购人或者采购人委托评标委员会按照采购文件规定的方式确定一个参加评标的供应商,采购文件未规定的采取随机抽取方式确定,其他投标无效。非招标项目中,采用最低评标价法的,评审小组根据符合采购需求、质量和服务相等且报价最低的原则确定成交供应商。但无论是哪种评审办法,都必须根据政府采购政策,完成价格扣减之后再进行价格评审。

【小贴士】

【问】财库〔2020〕46号文规定小微企业价格扣除的政策,但是在图书采购项目中，供应商自己是小微企业，提供了相关出版社出版的图书，图书由另外的公司印刷，那么图书的制造企业是出版社还是印刷公司？出版社是事业单位的情况下，能够承诺提供其他小微企业制造的货物享受价格扣除吗？

【答】根据《政府采购促进中小企业发展管理办法》第二条，中小企业应当同时满足：（一）符合中小企业划分标准；（二）提供本企业制造的货物或者其他中小企业制造的货物。提问所述情况中，图书的生产企业是出版社，出版社是事业单位，不属于企业，供应商提供相关出版社出版的图书不能享受价格扣除优惠政策。

（信息来源中国政府采购网）

3. 商务、技术评审

评标委员会（评审小组）应当按照采购文件规定的评审方法和标准，对所有投标（响应）文件逐一进行评审和比较，对供应商的价格评分等客观评分项的评分应当一致，对其他需要借助专业知识评判的主观评分项，应当严格按照评分细则公正评分。

采购人、采购代理机构要依法细化评审工作程序，组建评审委员会，并按规定程序组织评审。要核实评审委员会成员身份，告知回避要求，宣布评审工作纪律和程序，介绍政府采购相关政策法规；要根据评审委员会的要求解释采购文件，组织供应商澄清；要对评审数据进行校对、核对，对畸高、畸低的重大差异评分可以提示评审委员会复核或书面说明理由；要对评审专家的专业技术水平、职业道德素质和评审工作等情况进行评价，并向财政部门反馈。采购代理机构应当对评审工作现场进行全过程录音录像，录音录像资料作为采购项目文件随其他文件一并存档。

【小贴士】

【问】根据《财政部关于进一步规范政府采购评审工作有关问题的通知》，除授权代表外，采购人可以委派纪检监察等相关人员进入评审现场，对评审工作实施监督，但不得超过2人。采购人、采购代理机构要加强评审现场管理，与评审工作无关的人员不得进入评审现场。那请问，采购人委派的监督人员，是否能进入评标室监督整个专家评标的过程？

【答】根据《财政部关于进一步规范政府采购评审工作有关问题的通知》的规定,如果相关人员属于采购人委派的纪检监察人员,那么可以进入评审现场,对评审工作实施监督,其他人员不得进入评审现场。

(信息来源中国政府采购网)

第四节 采购结果的确认

一、确认采购结果的时间要求

《政府采购法实施条例》第四十三条规定,采购代理机构应当自评审结束之日起2个工作日内将评审报告送交采购人。采购人应当自收到评审报告之日起5个工作日内在评审报告推荐的中标或者成交候选人中按顺序确定中标或者成交供应商。中标或者成交候选人并列的,由采购人或者采购人委托评标委员会按照采购文件规定的方式确定中标人,采购文件未规定的,采取随机抽取的方式确定。采购人自行组织采购的,应当在评审结束后5个工作日内确定中标或成交供应商。

采购人应当自收到评审报告之日起5个工作日内确认结果。采购人在收到评标报告5个工作日内未按评标报告推荐的中标或成交候选人顺序确定中标或成交供应商,又不能说明合法理由的,视同按评审报告推荐的顺序确定排名第一的中标或成交候选人为中标或成交供应商。采购代理机构可直接发布中标或成交结果公告,并同时发出中标或成交通知书。

除项目有质疑、投诉且正在处理阶段等特殊情况外,采购人不得以其他理由延期确认。《政府采购法实施条例》第六十七条第三项规定,采购人有下列情形之一的,由财政部门责令限期改正,给予警告,对直接负责的主管人员和其他直接责任人员依法给予处分,并予以通报:(三)未按照规定在评标委员会、竞争性谈判小组或者询价小组推荐的中标或者成交候选人中确定中标或者成交供应商。

二、必须依序确定中标(成交)供应商

采购人从评审报告提出的中标(成交)候选供应商中,按顺序确定中标(成交)供应商。

中标（成交）供应商拒绝与采购人签订合同的，采购人可以按照评审报告推荐的中标或者成交候选人名单排序，确定下一候选人为中标或者成交供应商，也可以重新开展政府采购活动。

三、不得以对样品检测、对供应商考察等方式改变评审结果

《政府采购法实施条例》第六十八条第九款规定，采购人、采购代理机构有下列情形之一的，依照政府采购法的规定追究法律责任：通过对样品进行检测、对供应商进行考察等方式改变评审结果。

请看下面的案例。

某高校学生宿舍家具采购项目

某高校委托采购代理机构对学生宿舍家具进行公开招标。项目评审结束后，学校领导带队对排序前三名的中标候选人进行了实地考察，经考察，学校认为排序第二的候选人企业实力强于第一中标候选人，于是要求采购代理机构对该项目作废标处理，并拒不确认采购结果。对此，第一中标候选人C公司向采购人和采购代理机构提出了质疑，在未得到满意答复后，C公司向财政部门进行了投诉。财政部门在调查核实了相关情况以后，认定该高校考察结果无效，责令其依法确认评审结果。并根据《政府采购法》第七十一条规定，对采购人给予了警告处分，对直接负责的主管人员和其他直接责任人员给予了警告并予以通报。

四、不得无故组织重新评审

除分值汇总计算错误、分项评分超出评分标准范围、客观分评分不一致、经评标委员会或评审小组一致认定评分畸高或畸低的情形外，采购人、采购代理机构不得以任何理由组织重新评审。采购人、采购代理机构按照国务院财政部门的规定组织重新评审的，应当书面报告本级人民政府财政部门。

五、项目终止

《政府采购货物和服务招标投标管理办法》第二十九条规定，采购人、采购代理

机构在发布招标公告、资格预审公告或者发出投标邀请书后，除因重大变故采购任务取消情况外，不得擅自终止招标活动。《政府采购非招标采购方式管理办法》第二十三条规定，在采购活动中因重大变故，采购任务取消的，采购人或者采购代理机构应当终止采购活动，通知所有参加采购活动的供应商，并将项目实施情况和采购任务取消原因报送本级财政部门。

采购项目终止的，采购人或者采购代理机构应当及时在原公告发布媒体上发布终止公告，以书面形式通知已经获取采购文件、资格预审文件或者被邀请的潜在供应商，并将项目实施情况和采购任务取消原因报告本级财政部门。已经收取采购文件费用或者投标保证金的，采购人或者采购代理机构应当在终止采购活动后5个工作日内，退还所收取的采购文件费用和所收取的投标保证金及其在银行产生的孳息。

擅自终止招标活动的，由财政部门责令限期改正，情节严重的，给予警告，对直接负责的主管人员和其他直接责任人员，由其行政主管部门或者有关机关给予处分，并予通报。

依法需要终止招标、竞争性谈判、竞争性磋商、询价、单一来源采购活动的，采购人或者采购代理机构应当发布项目终止公告并说明原因。

终止公告

一、项目基本情况

采购项目编号（或招标编号、政府采购计划编号、采购计划备案文号等，如有）：_____

采购项目名称：_____

二、项目终止的原因

三、其他补充事宜

四、凡对本次公告内容提出询问，请按以下方式联系

1. 采购人信息

名称：_____

地址：_____

联系方式：_____

2. 采购代理机构信息（如有）

名称：_____

地址：_____

联系方式：_____

3. 项目联系方式

项目联系人：（组织本项目采购活动的具体工作人员姓名）

电话：_____

选自财政部办公厅《关于印发〈政府采购公告和公示信息格式规范（2020年版）〉的通知》（财办库〔2020〕50号）

第八章 政府采购质疑投诉的处理

第一节 质疑的受理和处理

一、质疑的受理

采购人、采购代理机构应当在采购文件中载明接收质疑函的方式、联系部门、联系电话和通信地址等信息。采购人负责供应商质疑答复。采购人委托采购代理机构采购的，采购代理机构在委托授权范围内作出答复。供应商提出的质疑超出采购人对采购代理机构委托授权范围的，采购代理机构应当告知供应商向采购人提出。

质疑是供应商自我维权的一种方式，供应商投入大量的精力参与政府采购活动，但大多数情况下，中标（成交）供应商只有一个，所以，发生质疑的情形是人之常情，是政府采购活动供应商较为常用的救济渠道之一。

采购人、采购代理机构受到质疑后，首先要甄别是否为有效质疑。

一是看质疑的主体是否有效，提出质疑的供应商应当是参与所质疑项目采购活动的供应商。供应商可以委托代理人进行质疑和投诉。其授权委托书应当载明代理人的姓名或者名称、代理事项、具体权限、期限和相关事项。供应商为自然人的，应当由本人签字；供应商为法人或者其他组织的，应当由法定代表人、主要负责人签字或者盖章，并加盖公章。代理人提出质疑和投诉，应当提交供应商签署的授权委托书。

二是看质疑时间是否在有效期内。供应商认为采购文件、采购过程、中标或者成交结果使自己的权益受到损害的,可以在知道或者应知其权益受到损害之日起7个工作日内,以书面形式向采购人提出质疑。

《政府采购法》第五十二条规定的供应商应知其权益受到损害之日,是指:(一)对可以质疑的采购文件提出质疑的,为收到采购文件之日或者采购文件公告期限届满之日;(二)对采购过程提出质疑的,为各采购程序环节结束之日;(三)对中标或者成交结果提出质疑的,为中标或者成交结果公告期限届满之日。

三是看质疑是否为书面形式提交,且是否提交了质疑函和必要的证明材料。

质疑函应当包括下列内容:(一)供应商的姓名或者名称、地址、邮编、联系人及联系电话;(二)质疑项目的名称、编号;(三)具体、明确的质疑事项和与质疑事项相关的请求;(四)事实依据;(五)必要的法律依据;(六)提出质疑的日期。

五是看针对同一采购程序环节的质疑是否是一次性提出的。采购代理机构可以在采购文件中要求供应商在法定质疑期内一次性提出针对同一采购程序环节的质疑,以避免同一问题反复质疑,导致项目不能正常执行。

针对无效质疑,采购人、采购代理机构依法不予受理,并且应告知质疑人不予受理的原因。采购人、采购代理机构不得拒收质疑供应商在法定质疑期内发出的质疑函,应当在收到质疑函后7个工作日内作出答复,并以书面形式通知质疑供应商和其他有关供应商。不予受理与拒收并非同一个概念。

【小贴士】

某地研究院"计算机网络信息中心设备采购项目"发布公开招标公告,10家供应商下载了招标文件,其中6家递交了投标文件。中标结果公告发布后,下载了招标文件却未投标的A公司对中标结果提出了质疑。但采购人给出"质疑无效"的回复。

那么A公司为何不可以对中标结果提出质疑?

根据《政府采购质疑和投诉办法》(财政部令第94号)第十一条的规定,提出质疑的供应商应当是参与所质疑项目采购活动的供应商。

A公司虽然下载了招标文件,但并没有投标,即未参与该采购项目,属于潜在供应商。潜在供应商已依法获取其可质疑的采购文件的,可以对该文件提出质疑，但是只有递交了投标文件的投标供应商才可以对中标结果提出质疑。因此 A 公司无法质疑中标结果。

二、质疑的处理

1. 做好质疑函的登记受理工作

对于正式受理的质疑，需做好相关登记，包括：质疑单位名称、联系地址、邮编、联系方式、法定代表人（授权代表）姓名及身份证号、质疑项目名称及编号、质疑收到时间等。

2. 答复质疑前的调查

政府采购评审专家应当配合采购人或者采购代理机构答复供应商的质疑。

供应商对评审过程、中标（成交）结果提出质疑的，采购人或者采购代理机构可以组织原评标委员会（评审小组）协助答复质疑。

3. 质疑答复

1）质疑答复的时间和形式要求

采购人、采购代理机构应当在收到质疑函后 7 个工作日内作出答复，并以书面形式通知质疑供应商和其他有关供应商。

2）质疑答复的内容

根据《政府采购质疑和投诉办法》，质疑答复应当包括下列内容：（一）质疑供应商的姓名或者名称；（二）收到质疑函的日期、质疑项目名称及编号；（三）质疑事项、质疑答复的具体内容、事实依据和法律依据；（四）告知质疑供应商依法投诉的权利；（五）质疑答复人名称；（六）答复质疑的日期。

质疑答复的内容不得涉及商业秘密。

3）质疑答复的处理要点

根据《政府采购质疑和投诉办法》，采购人、采购代理机构认为供应商质疑不成立，或者成立但未对中标、成交结果构成影响的，继续开展采购活动；认为供应商质疑成立且影响或者可能影响中标、成交结果的，按照下列情况处理：（一）对采购文件提出的质疑，依法通过澄清或者修改可以继续开展采购活动的，澄清或者修改采购文件后继续开展采购活动；否则应当修改采购文件后重新开展采购活动；

（二）对采购过程、中标或者成交结果提出的质疑，合格供应商符合法定数量时，可以从合格的中标或者成交候选人中另行确定中标、成交供应商的，应当依法另行确定中标、成交供应商；否则应当重新开展采购活动。

质疑答复导致中标、成交结果改变的，采购人或者采购代理机构应当将有关情况书面报告本级财政部门。

4. 材料归档

质疑处理过程中产生的一切文件材料均应作为采购资料的一部分，予以归档。

请看下面的案例。

  采购代理机构S公司组织实施科研设备采购项目公开招标，经评标委员会评审，推荐A供应商为第一中标候选人。采购结果公布后，B供应商对评审结果提出质疑。

  B供应商质疑认为，A供应商提供产品的多项技术参数官网查询达不到"※"条款要求，应作为无效投标处理。采购代理机构收到质疑后，迅速组织原评标委员会对质疑事项进行复议，评标委员会核查了A供应商的投标文件，未发现其不满足采购文件实质性要求的问题，故其为实质性响应的投标文件。

  在复议中，评标委员会发现有2名评委对A供应商的某项客观评分有错误，经修正，A供应商最终得分比原评分低0.5分，但仍得分最高，评标委员会仍然推荐A供应商为第一中标候选人。

  采购代理机构根据评标委员会的复议结果，在规定期限内向B供应商的质疑进行了答复。

  以上案例中，评标委员会完成了两个事项。一是对质疑事项进行复议，二是重新评审。

  采购代理机构组织原评标委员会对质疑事项进行复议与采购代理机构组织重新评审是两回事，二者有着本质的区别。复议是评审专家配合采购代理机构协助答复质疑事项的行为，其前提是有供应商在评审结束后提出了询问或质疑。而重新评审，是指在评审活动完成后，原评标委员会（评审小组）成员对自己评审意见的重新检查。除了国务院财政部门规定的情形外，采购人、采购代理机构不得以任何理由组织重新评审。采购人、采购代理机构按照国务院财政部门的规定组织重新评审的，应当书面报告本级人民政府财政部门。

本案例中，在采购结果公布之后，B供应商向采购代理机构提出了质疑，采购代理机构为了答复供应商提出的质疑事项而组织原评标委员会进行复议，复议的目的是对质疑事项进行进一步核查，由评标委员会出具相关专业意见作为答复依据。

评标委员会进行复议时，发现了对客观评审因素评分不一致的情况，符合《政府采购货物和服务招标投标管理办法》第六十四条："评标结果汇总完成后，除下列情形外，任何人不得修改评标结果：（三）评标委员会成员对客观评审因素评分不一致的"情形，而"评标报告签署后，采购人或者采购代理机构发现存在以上情形之一的，应当组织原评标委员会进行重新评审。"因此，该案例中，原评标委员会实际上是同时完成了两项必要的工作。

第二节　投诉的配合处理

一、投诉的提起

质疑供应商对采购人、采购代理机构的答复不满意，或者采购人、采购代理机构未在规定时间内作出答复的，可以在答复期满后15个工作日内向《政府采购质疑和投诉办法》第六条规定的财政部门提出投诉。质疑是投诉的先决条件，供应商不得直接就政府采购事项提出投诉，且供应商投诉的事项不得超出已质疑事项的范围，但基于质疑答复内容提出的投诉事项除外。

二、投诉的配合处理

投诉处理的主体是财政部门。但无论被投诉人是采购人或采购代理机构，或是其他供应商，采购人和采购代理机构都有义务配合投诉的处理。

财政部门在处理投诉事项期间，可以视具体情况书面通知采购人和采购代理机构暂停采购活动，暂停采购活动时间最长不得超过30日。采购人和采购代理机构收到暂停采购活动通知后应当立即中止采购活动，在法定的暂停期限结束前或者财政部门发出恢复采购活动通知前，不得进行该项采购活动。

投诉人对采购文件提起的投诉事项，财政部门经查证属实的，应当认定投诉事项成立。经认定成立的投诉事项不影响采购结果的，继续开展采购活动；影响或者可能影响采购结果的，财政部门按照下列情况处理。

（1）未确定中标或者成交供应商的，责令重新开展采购活动。

（2）已确定中标或者成交供应商但尚未签订政府采购合同的，认定中标或者成交结果无效，责令重新开展采购活动。

（3）政府采购合同已经签订但尚未履行的，撤销合同，责令重新开展采购活动。

（4）政府采购合同已经履行，给他人造成损失的，相关当事人可依法提起诉讼，由责任人承担赔偿责任。

投诉人对采购过程或者采购结果提起的投诉事项，财政部门经查证属实的，应当认定投诉事项成立。经认定成立的投诉事项不影响采购结果的，继续开展采购活动；影响或者可能影响采购结果的，财政部门按照下列情况处理。

（1）未确定中标或者成交供应商的，责令重新开展采购活动。

（2）已确定中标或者成交供应商但尚未签订政府采购合同的，认定中标或者成交结果无效。合格供应商符合法定数量时，可以从合格的中标或者成交候选人中另行确定中标或者成交供应商的，应当要求采购人依法另行确定中标、成交供应商；否则责令重新开展采购活动。

（3）政府采购合同已经签订但尚未履行的，撤销合同。合格供应商符合法定数量时，可以从合格的中标或者成交候选人中另行确定中标或者成交供应商的，应当要求采购人依法另行确定中标、成交供应商；否则责令重新开展采购活动。

（4）政府采购合同已经履行，给他人造成损失的，相关当事人可依法提起诉讼，由责任人承担赔偿责任。

投诉人对废标行为提起的投诉事项成立的，财政部门应当认定废标行为无效。

采购人、采购代理机构有下列情形之一的，由财政部门责令限期改正；情节严重的，给予警告，对直接负责的主管人员和其他直接责任人员，由其行政主管部门或者有关机关给予处分，并予通报。

（1）拒收质疑供应商在法定质疑期内发出的质疑函。

(2) 对质疑不予答复或者答复与事实明显不符，并不能作出合理说明。

(3) 拒绝配合财政部门处理投诉事宜。

【小贴士】

【问】我们是一家采购代理机构，在承接的一个整体专门面向中小企业的项目中，评审期间一共3家供应商通过中小企业身份的资格性审查。在结果发布后收到质疑，指出中标人的中小企业身份造假。经调查，中标人承认对政策理解错误导致自我认定错误，愿意放弃中标资格。请问这种情况下是应该适用《政府采购法实施条例》中中标人放弃签订合同，采购人自行确定第二候选人为中标人或者重新采购的条款，还是适用财政部令第94号中质疑成立导致供应商家数不足3家，必须重新采购的条款？

【答】根据《政府采购质疑和投诉办法》（财政部令第94号）第十六条的规定，采购人、采购代理机构认为质疑事项成立且影响中标结果的，合格供应商不符合法定数量时，应当重新开展采购活动。对于供应商在政府采购活动中的违法行为，采购人、采购代理机构应当报财政部门处理。

（信息来源中国政府采购网）

第三节　常见的质疑或投诉问题

一、采购需求问题

采购需求应当符合法律法规、政府采购政策和国家有关规定，符合国家强制性标准，遵循预算、资产和财务等相关管理制度规定，符合采购项目特点和实际需要。确定采购需求应当明确实现项目目标的所有技术、商务要求，功能和质量指标的设置要充分考虑可能影响供应商报价和项目实施风险的因素。对技术参数、商务要求进行严格把控，防止出现指向特定产品、特定供应商的情况，可有效减少质疑、投诉可能性。

对于正式受理的质疑，需做好相关登记，包括：质疑单位名称、联系地址、邮编、联系方式、法人（授权代表）姓名及身份证号、质疑项目名称及编号、质疑收到时间等。

请看下面的案例。

J大学T校区车辆识别系统项目投诉案

采购人J大学委托采购代理机构D公司就"J大学T校区车辆识别系统项目"进行公开招标。2018年9月4日，采购代理机构D公司发布招标公告。9月7日，供应商X公司提出质疑。9月18日，采购代理机构D公司答复质疑，修改招标文件并发布变更公告。10月11日，本项目开标。10月17日，本项目评标。10月18日，采购代理机构D公司发布中标公告，供应商C公司为中标供应商。

10月15日，供应商X公司向财政部门提出投诉。投诉事项为：（1）招标文件缺少验收标准，违反了《政府采购货物和服务招标投标管理办法》（财政部令第87号）第十一条、第二十条的规定。（2）招标文件要求与"进校证管理平台""T校区北门车牌识别系统"和"W校园一卡通"进行对接，但未公布上述系统的相关信息，供应商无法响应。

采购人J大学称：供应商X公司曲解招标文件含义，投诉事项缺乏事实依据。本项目尚未签订政府采购合同。

采购代理机构D公司称：（1）招标文件"第四章 招标需求""第七章 合同格式"均对"验收标准"作出了明确规定。同时，采购设备清单包括设备名称、数量和技术要求。（2）本项目采购的车辆识别系统、限非系统已是市场成熟产品，完成平台对接是本项目的基本要求，无需作特别的解释和说明。

经查，招标文件"第四章 招标需求"中"七、项目质量标准与验收要求"显示：（1）投标人完成本项目应达到的质量标准应符合国家、地方及相关政府管理部门和行业与本项目有关的各项技术标准、规范要求，并满足采购人的实际需求，标准、规范等不一致的，以要求高（严格）的为准。（2）本项目验收将由采购人组织进行或委托第三方进行。（3）本项目连续两次验收未获通过，采购人有权解除合同并按照合同约定的违约条款处理。"第七章 合同格式"中"第五条验收（若需要可另附验收协议）"显示：验收应包含但不限于以下内容：（1）一次开箱合格率100%，开箱检验时双方皆应派员参加；（2）设备的数量、品牌、型号（规格）、主要技术参数与购销清单一致；（3）设备运行测试的技术性能及功能目标等与采购要求的一致；（4）质量合格证书、保修证书、产品使用说明书等其他应当随箱的技术资料完整。"附件"中"四、项目概述及总体要求"的序号1内容为：J大学现有一套车辆进校证管理平台，对所有进入校区的车辆进行审核登记管理。T校区车牌识别系统安装好以后，进校证平台里面进行了登记的已授权车辆信息能实时同步自动下发到该车辆识别管理收费系统，确保平台登记的授权车辆能自由进出T校区各个校门。此类车辆无须再单独到识别收费系统进行授权。序号2内容为：与现有T校区北门车牌识别系统兼容的目标及要求：T校区北门于2017年安装两进两出识别系统，目前收费和运营状态良好。新安装识别系统后，所有正门或者西门出入的临时收费车辆，能从北门通行进行收费。反之，从北门进入校区的临时车辆，亦能从西门或者正门通行并正常收费。确保整个校区的车辆各个大门自由通行及计时计费。序号3内容为：与W校园一卡通对接：限非摆闸系统能自动实时从W一卡通平台获取经授权的所有持校园卡人员的卡片信息，自动同步授权给新安装限非门禁系统，确保持校园卡人员能刷卡顺利通过摆闸，无须人工进行更新和授权。

处理理由

关于投诉事项1，采购人可以结合实际需求设定相关要求。本项目招标文件"第四章 招标需求"及"第七章 合同格式"均对验收标准作出了要求。

关于投诉事项2，本项目采购的车辆识别系统、限非系统需与现有系统对接，供应商需了解现有系统接口的具体要求，并根据接口工作量评估相关费用。本项目招标文件并未明确现有系统接口的具体信息，违反了《政府采购货物和服务招标投标管理办法》（财政部令第87号）第十一条、第二十条的规定。

处理结果

根据《政府采购质疑和投诉办法》（财政部令第94号）第二十九条第

(二)项的规定，投诉事项1缺乏事实依据。

根据《政府采购货物和服务招标投标管理办法》（财政部令第87号）第十一条、第二十条，《政府采购质疑和投诉办法》（财政部令第94号）第三十一条第（二）项的规定，投诉事项2成立，认定中标结果无效，责令重新开展采购活动。

根据《政府采购货物和服务招标投标管理办法》（财政部令第87号）第七十七条第（一）项的规定，责令采购人J大学就采购需求编制问题限期改正。

相关当事人在法定期限内未就处理决定申请行政复议，提起行政诉讼。

（节选自财政部指导性案例21）

二、采购文件编制问题

合理设置资格条件，合理设定技术参数，合理编制评分标准，避免出现采购需求或评分标准指向特定品牌或特定供应商的情况发生，减少对采购文件的质疑投诉风险。

请看下面的案例。

M中心防吸附气体采样袋及附件采购项目投诉案

采购人M中心委托采购代理机构Z公司就"M中心防吸附气体采样袋及附件采购项目"进行公开招标。2018年4月13日，采购代理机构Z公司发布招标公告。4月24日至6月20日，采购代理机构Z公司先后发布五次更正公告。6月26日，供应商B公司提出质疑。6月28日，采购代理机构Z公司答复质疑。6月29日，采购代理机构Z公司发布第六次更正公告。

7月12日，供应商B公司向财政部提起投诉，投诉事项为：（1）采购代理机构Z公司发布的第四次更正公告对产品的材质、结构、技术要求等进行了重大变更，改变了采购标的，违反了《政府采购货物和服务招标投标管理办法》（财政部令第87号）第二十七条的规定。（2）变更后的评标和检验环节取消了现场由采购人M中心委托的具有相应资质实验室进行检验的程序，无法保证评审的公平性，违反了《政府采购货物和服务招标投标管理办法》（财政部令第87号）第二十二条的规定。（3）变更后的招标文件增加了"同类项目业绩"的评分项，且多次延后开标压缩生产时间，违反了《政府采购货物和服务招标投标管理办法》（财政部令第87号）第十七条的规定，歧视小微企业。（4）变更后的评分项"安全措施""样品"和"售后服务"均采用各供应商横向比较，但是没有给出比较的项目及可量化指标，评标委员会无法客观量化打分。（5）采样袋的样品进出采样袋袋咀结构、材质和使用温度等关键指标发生了重大变更，严重偏离首次及二次招标文件，且严重背离了采购人M中心于2017年12月召开的技术需求交流会上发布的采购需求，损害了部分供应商的利益，排斥潜在供应商。（6）采样袋的材质、结构、技术要求、检验方法等倾向个别供应商。（7）采购人M中心和采购代理机构Z公司频繁变更招标文件，损害了部分供应商的利益。

财政部依法受理本案，并向相关当事人调取证据材料。

采购人M中心称：（1）本项目变更的是技术条款，不属于变更采购标的的情形。（2）产品质量由供应商负责，证明材料由加盖公章的单位负责，投标文件全部内容由供应商承担法律责任。（3）增加同类项目业绩是为了考察供应商的生产和履约能力。（4）评分设置应能发挥评标委员会的作用，依靠专家的专业经验，给专家评审自由裁量的空间。（5）2017年12月召开的技术需求交流会属于本项目前期调研工作，会上已经明示"交流内容不作为厂家研发和生产的依据，所有内容仅供参考，以最终的招标文件为准"。（6）此次变更增加了招标文件的发售时间，有4家单位补充购买了招标文件，实际参与本项目的6家供应商均满足招标文件，关于适用温度、采样袋袋咀结构、生产能力等要求，不存在指向特定供应商的情况。（7）因有供应商质疑，采购代理机构Z公司于4月24日发布第一次更正公告。5月份，根据第二次全国污染源普查项目的性质和整体数据质量要求，需统一全国的采样方法，以确保监测数据的可比性，需组织专家评审会论证各子项目的实施方案和技术指南，因此推迟了开标时间。6月份，第二次全国污染源普查工业污染源挥发性有机物产排污核算方法建立技术指南专家论证会明确，VOCs的采样与监测全部执行现有国家标准。因此，采购人M中心采购采样袋的材质、结构、技术要求按照HJ732标准进行了相应变更。(8) 本项目已签订采购合同，已完成部分材料验收。

采购代理机构 Z 公司称：(1) 此次变更内容改变了招标文件的相关技术要求，未改变采购标的。(2) 变更后原实验环节取消，不再安排现场实验，由供应商提供满足各项技术要求的全部有效证明材料。(3) 招标文件已落实支持小微企业的政府采购政策，对小微企业的投标报价扣除 6% 后参与评审。(4) 各供应商的综合得分由评标委员会根据投标文件应答情况进行横向比较，评审客观、公正。(5) 招标文件不存在排斥潜在供应商的内容。(6) 招标文件不存在指向特定供应商的内容。(7) 本项目多次修改招标文件是为了更好地保护采购人 M 中心和所有供应商的利益。

经查，第四次更正公告中"三、更正事项、内容"显示，将原招标文件中"安全措施"的评分细则变更为"采样袋能确保在防爆环境中安全使用，配备相应消除静电等安全措施的设备。各投标人横向比较，最高得 10 分，每降低一个排序降 3 分，最低得 0 分，分值为 10 分"。"样品"评分细则变更为"根据样品的外观、材质、焊缝的平整度、操作方便性等进行判断，各投标人横向比较，最高得 5 分，每降低一个排序降 2 分，最低得 0 分，分值为 5 分"。"售后服务"的评分细则变更为"审查供应商售后服务的技术能力，承诺服务响应情况，有完善的售后服务体系及保证措施，有丰富的售后服务经验，当出现不合格品时，处理方案可操作性强，保障措施有力，响应迅速等。各投标人横向比较，最高得 5 分，每降低一个排序降 2 分，最低得 0 分"，分值为 5 分。评分项目"同类项目业绩"的评分标准为"投标人在 2015 年 6 月至今签署的类似业绩，可证明履约及生产能力的合同，每个合同得 1 分，最多得 5 分"，分值为 5 分。将原招标文件"货物需求一览表"中的"货物名称为'3L 防吸附气体采样袋及附件'，主要技术规格为'采样袋主材薄膜材质应为 PTFE 或等效材料，采样袋与样品直接接触的配件材质应为 PTFE，采样袋可在 −40℃ 到 260℃ 之间正常使用"变更为"货物名称为'3L 防吸附气体采样袋及附件'，主要技术规格为'满足标准 HJ732—2014 要求，采样袋主材材质为氟聚合物薄膜气袋，VOCs 在气袋中能稳定保存；采样袋有一个 PTFE 接头，此接头是一个可开启和关闭的阀门装置，并与采样管及连接管等相配套，密闭连接"。将原招标文件"技术规格及要求"中的"耐温性"变更为"① 耐温：采样袋可在150℃温度时正常使用,采样袋主材在150℃加热半小时不熔化、不粘连,质量无明显变化"。"样品进、出采样袋的结构"变更为"接头:采样袋接头外径5 mm,带螺纹,配套有中间开孔的密封帽,其密封垫内衬为PTFE材质"。将"技术规格及要求"变更为"(2)本项目需提供样品1套,随投标文件一起密封。样品数量:3L防吸附气体采样袋及附件共1套。原实验环节取消,不再安排现场实验。开标地点、样品递交地点变更为:Z公司二层会议室"。

采购代理机构Z公司于2018年6月29日发布的第六次更正公告中"三、更正事项、内容"显示,"5原招标文件'第九章 评标方法和标准'/评分细则/产品的技术性能评分依据/提供满足各项技术要求的全部有效证明材料。现增加补充内容:产品的有效合理证明材料包括但不限于:第三方检测单位出具的检测报告或自证产品质量符合要求的检测报告(盖单位公章、有相关的检测数据或照片等)等文件。产品质量由投标人负责,证明材料由盖公章单位负责。投标文件全部内容的法律责任由投标人承担"。

招标文件"第九章 评标方法和标准"中"3.评标方法"显示,"(1)按照下表所列的各项评标因素及权重,采用综合打分的方法进行。(2)小型企业和微型企业产品的价格给予6%的扣除,用扣除后的价格参与评审"。

"评委评分表"显示,有5家供应商同时满足招标文件关于采样袋袋咀、材质、使用温度的要求。

采购人M中心提供的第1、2、3、4、10期《M中心VOCs项目组会议纪要》显示,采购人根据本项目的整体进度要求、相关质疑情况以及专家论证结果,相应修改招标文件。

《中华人民共和国国家环境保护标准HJ732—2014(固定污染源废气挥发性有机物的采样气袋法)》中"4.1.4 采样气袋"规定,"低吸附性和低气体渗透率,不释放干扰物质,经实验验证所监测的目标VOCs在气袋中能稳定保存的氟聚合物薄膜气袋""具可接上采样管的聚四氟乙烯(Teflon)材质的接头,该接头同时也是一个可开启和关闭的阀门装置。采样气袋的容积至少1L,根据分析方法所需的最少样品体积来选择采样气袋的容积规格。采样前应观察气袋外观，检查是否有破裂等可能漏气的情况，如果发现，则弃用"。

处理理由

关于投诉事项（1），本项目第四次更正公告显示，采购标的的材质、容积、接头、耐温性、耐压性、安全性能等技术要求以及检验方法均发生变更，但是并不构成对采购标的的改变。

关于投诉事项（2），现场实验程序并非《政府采购货物和服务招标投标管理办法》（财政部令第87号）第二十二条的强制性要求。本项目由评标委员会根据供应商提供的检测报告等进行评审，未违反相关规定。

关于投诉事项（3），本项目招标文件已按相关规定对小微企业产品的价格给予了6%的扣除，招标文件变更部分不属于《政府采购货物和服务招标投标管理办法》（财政部令第87号）第十七条规定的歧视小微企业的情形。

关于投诉事项（4），采用综合评分法时，除价格以外的评审因素均应按照投标文件对招标文件的响应情况打分，而非通过投标文件之间的比较进行打分。本项目评审因素"安全措施""样品"和"售后服务"采用横向比较各投标文件的方式进行打分，属于《中华人民共和国政府采购法实施条例》第六十八条第（七）项规定的"采用综合评分法时评审标准中的分值设置未与评审因素的量化指标相对应"的情形。

关于投诉事项（5）、（6），采购代理机构Z公司于2018年6月19日发布第四次更正公告，对采样袋袋咀结构、主材薄膜材质和使用温度进行变更。本项目评标报告显示，有5家供应商同时满足修改后招标文件的要求。现有证据不足以证明招标文件指向特定供应商或排斥潜在供应商。

关于投诉事项（7），采购人M中心提供的5期《M中心VOCs项目组会议纪要》显示，采购人M中心根据本项目的整体进度要求、相关质疑情况以及专家论证结果修改招标文件，同时，采购代理机构Z公司按照法律规定相应顺延开标时间，没有减损供应商的利益。

处理结果

根据《政府采购质疑和投诉办法》（财政部令第94号）第二十九条第（二）项的规定，投诉事项（1）、（2）、（3）、（5）、（6）、（7）缺乏事实依据；根据第三十一条的规定，投诉事项（4）成立。

鉴于本项目政府采购合同已经履行,根据《中华人民共和国政府采购法》第七十一条、《中华人民共和国政府采购法实施条例》第六十八条第（七）项的规定,责令采购代理机构Z公司就招标文件评审标准中的分值设置未与评审因素的量化指标相对应的问题限期整改。

相关当事人在法定期限内未就处理决定申请行政复议、提起行政诉讼。

（选自财政部指导性案例27）

三、评审过程问题

专家抽取要合规,采购人或采购代理机构应组织评标委员会公开、公平、公正地对供应商投标文件进行评审,必要时做好复核专家评分结果的工作,避免出现资格审查错误、评分不合理的情况发生。

请看下面的案例。

D大学智慧校园软件平台采购项目举报案

采购人D大学委托采购代理机构Z公司就"D大学智慧校园软件平台采购项目"（以下称本项目）进行公开招标。2017年6月26日,采购代理机构Z公司发布招标公告,后组织了开标、评标工作。7月6日,采购代理机构Z公司发布中标公告,F公司为中标供应商。

9月21日,财政部收到关于本项目的举报材料。举报人反映:（1）本项目未从政府采购评审专家库中抽取评审专家,评审主体不适格。（2）评标委员会认定X公司投标报价低于成本价没有依据。

财政部依法启动监督检查程序,并向相关当事人调取证据材料。

采购人D大学和采购代理机构Z公司称:（1）中央高校、科研院所采购科研仪器设备的,可在政府采购评审专家库外自行选择评审专家。因此,本项目未从财政部专家库中抽取专家。（2）关于X公司报价问题,评标委员会经对X公司进行现场询问,X公司未就其报价低于成本价作出合理解释,评标委员会认定X公司投标无效。

经查,《D大学招标采购评审专家随机抽选结果表单》中"（3）抽选方法及原则"要求,"根据《招标投标法》及其实施条例、《政府采购法》及其实施条例，以及财政部《政府采购评审专家管理办法》《D大学招标与采购特邀监察员制度暂行办法》等法律法规和规章制度的有关规定，由采购单位或采购代理机构的经办人，在有关部门的监督下，从招投标评委专家库和特邀监察员库中随机抽取，按拟定专家评委和特邀监察员人数，多抽取一定数量作为备选，并按先后顺序排列递补。"

本项目未见政府采购评审专家库评审专家抽取记录。

处理理由

关于举报人反映的问题1，本项目采购内容为D大学附属中学的智慧校园软件平台，不属于《关于完善中央单位政府采购预算管理和中央高校、科研院所科研仪器设备采购管理有关事项的通知》（财库〔2016〕194号）规定的"中央高校、科研院所科研仪器设备采购"的情形。本项目未从政府采购评审专家库中抽取评审专家，违反了《中华人民共和国政府采购法实施条例》第三十九条和《政府采购货物和服务招标投标管理办法》（财政部令第18号）第四十八条的规定。

关于举报人反映的问题2，鉴于本项目评审专家抽取不合法，其评审意见无效，财政部不再进行审查。

处理结果

根据《中华人民共和国政府采购法实施条例》第三十九条、《政府采购货物和服务招标投标管理办法》（财政部令第18号）第四十八条及《关于完善中央单位政府采购预算管理和中央高校、科研院所科研仪器设备采购管理有关事项的通知》（财库〔2016〕194号）的规定，本项目评审专家抽取不合法。

鉴于本项目评审专家抽取不合法，其评审意见无效。财政部不再对举报人反映的价格评审问题进行审查。

根据《中华人民共和国政府采购法》第三十六条第一款第（二）项的规定，责令采购人废标。

根据《中华人民共和国政府采购法》第七十一条及《中华人民共和国政府采购法实施条例》第六十八条第（五）项的规定，责令采购人D大学和采购代理机构Z公司限期改正。

在行政处罚阶段，财政部向采购人 D 大学和采购代理机构 Z 公司送达行政处罚事项告知书，告知其存在"未从政府采购评审专家库中抽取评审专家"的情形。采购人 D 大学申辩称，本项目采购的产品为非办公类仪器设备，主要用于教学与研究，因此其按照《关于完善中央单位政府采购预算管理和中央高校、科研院所科研仪器设备采购管理有关事项的通知》（财库〔2016〕194 号）的规定实施采购。同时，采购人 D 大学及时暂停项目，没有造成实际危害后果。

关于采购人 D 大学的申辩理由，财政部认为：本项目采购内容不属于科研仪器设备范畴，且实际上也不是由采购人 D 大学使用，而是由其附属中学使用，因此本项目不属于《关于完善中央单位政府采购预算管理和中央高校、科研院所科研仪器设备采购管理有关事项的通知》（财库〔2016〕194 号）规定的"中央高校、科研院所科研仪器设备采购"的情形。同时，拟作出的处罚幅度较轻，并无不合理之处。

根据《中华人民共和国政府采购法》第七十一条及《中华人民共和国政府采购法实施条例》第六十八条第（五）项的规定，对采购人 D 大学和采购代理机构 Z 公司分别作出了警告的行政处罚。

相关当事人在法定期限内未就处理处罚决定申请行政复议、提起行政诉讼。

（选自财政部指导性案例 15）

四、公告发布问题

中标（成交）结果公告应合法合规，首先要保证中标（成交）结果公告发布时间符合要求，采购代理机构应在评审完成后 2 个工作日内将评审报告报送给采购人，采购人在收到评审报告后 5 个工作日内确定中标（成交）结果，采购代理机构在采购人确定中标（成交）结果后 2 个工作日内发布中标（成交）结果公告。另外发布媒体应符合国家有关法律法规、学校有关规定，以湖北省为例，有政府采购备案号的项目应在湖北省政府采购网发布公告，超过 500 万的政府采购项目还应在中国政府采购网同步发布。未报政府采购备案的项目，根据实际需求在中国政府采购网、中国招标投标公共服务平台等媒体发布公告。最后发布的公告格式应符合国家有关法律法规要求，政府采购货物类项目应同时公布中标（成交）主要产品的品牌、规格型号、单价等信息，服务类项目应公布服务内容、质量及履行期限等信息，工程类项目要公布项目负责人、相关执业证书等信息。只有按流程发布中标（成交）结果公告，才能有效减少质疑投诉发生的可能性。

请看下面的案例。

X局监管系统项目投诉案

采购人X局委托采购代理机构G公司就"X局监管系统项目"（以下称本项目）进行公开招标。2019年4月4日，采购代理机构G公司发布招标公告，后组织了开标、评标工作，评标委员会推荐Y公司、M公司、R公司组成的联合体（以下称联合体B）为第一中标候选人。5月5日，采购代理机构G公司发布中标公告，显示中标供应商为"Y公司"。5月6日，供应商F公司提出质疑。5月16日，采购代理机构G公司答复质疑。

5月31日，F公司向财政部门提起投诉。投诉事项为：1.采购代理机构G公司在开标时，只唱了Y公司报价，未唱出联合体B所有成员报价，中标公告未体现联合体B中标，也未发布补充公告说明是联合体B中标，违反了《政府采购信息公告管理办法》（财政部令第19号）第十二条的规定，联合体B中标无效。2.联合体B在"1-12""2-5"等15项技术评分项中不应得分。3.Y公司在本项目中没有承担相关工作，没有资格成为联合体B的牵头方，应取消联合体B的中标资格。4.联合体B成员M公司于2016年8月11日因不文明施工被F市城乡建设局处以10万元罚款及停工整治，不符合《中华人民共和国政府采购法》第二十二条的规定，联合体B不是合格供应商，应认定投标无效。5.Y公司所投产品没有"3.1在线监测仪技术参数要求"对应的专利证书，涉嫌虚假响应。

财政部门依法受理本案，并向相关当事人调取证据材料。

采购人X局、采购代理机构G公司称：1.因受F省政府采购网上公开信息系统限制，未能在开标、中标公告环节体现联合体B的信息。根据招标文件有关规定，投标人为联合体的，应由联合体的牵头方完成F省政府采购网上公开信息系统的具体操作流程,因此系统自动生成的中标公告上只体现联合体 B 牵头方 Y 公司的信息。采购代理机构 G 公司在收到 F 公司质疑后,已书面告知其联合体 B 各方成员的信息。2. 评标委员会经评审,联合体 B 在部分技术评分项中未得分,相关材料由联合体 B 成员 R 公司提供。3. 投诉人的诉求缺乏法律依据。4. 采购人 X 局已向 F 市城乡建设局去函核实 M 公司的行政处罚情况,未收到函复,其他诉求缺乏法律依据。5. 招标文件的技术要求仅对是否具备恶臭气体混合器技术和肺式采样器技术的能力进行评价,并未要求以专利证书作为佐证材料。根据评审结果,评标委员会认为联合体 B 具备相应技术能力。

联合体 B 称:1. 信息公告内容与联合体 B 无关,其在投标文件中已提供联合体协议,协议中明确说明了 Y 公司为联合体牵头方及各成员名称。2. 其在投标文件中提供了相应材料,评分结果无法知晓。联合体协议已有明确分工,M 公司承担设备安装指导、全套系统联调技术支持等工作,Y 公司具备多年环境监测和信息系统集成服务经验,为保证项目设备安装质量,与 M 公司组成联合体共同参与投标合理合法。在联合体协议中牵头方、成员方各司其职,并不存在将本项目的非主体、非关键性安装调试工作分包的行为。3. 各方基于自愿互惠的原则形成联合体参与投标,F 公司认为 Y 公司无资格成为牵头方的说法不合理也无依据。4. M 公司曾因在 F 市承建的工程项目中违规施工,被 F 市城乡建设局处以 10 万元罚款,但上述行为不属于重大违法行为。5. 招标文件要求提供相关证明材料,但未要求提供相应专利证书。Y 公司在投标文件中提供了相关证明材料,F 公司关于上述两项内容需要提供专利证书与招标文件要求相违背。

经查,F 省政府采购网上公开信息系统尚未完善,如果是联合体参与投标、中标的,开标信息及中标公告中仅能显示联合体牵头方一家单位名称,无法显示联合体各方完整信息。

招标文件中商务部分 3.1.18 显示,"采用专业的恶臭气体混合器技术,确保进气样品稳定。(提供相关证明材料)",3.1.19 显示,"具备肺式采样器技术,可扩展超标留样功能。(提供相关证明材料)"。

评审报告中技术部分显示,"4.3.2 技术商务评分条款响应情况表"中评标项目 "1-13" "1-14" "1-15" "1-16" "1-22" "1-23" "1-24" "2-3"

"2-5"得分情况为满分，评标项目"1-12""1-17""1-18""1-19""1-20""1-21""2-1""2-2""2-4"未得满分。

联合体协议显示，"Y公司提供招标合同包一中硬件建设内容、硬件建设内容的安装调试、整体系统软硬件联调及质保期的运维服务，并确保项目验收合格""R公司：提供招标合同包一中软件建设内容、软件建设内容的安装调试、系统软硬件联调、软件平台保质期的运维服务，并确保项目验收合格；M公司：提供招标合同包一中设备安装指导、全套系统联调技术支持、运维服务技术支持"。

F市城乡建设局关于M公司重大违法行为核实情况的复函显示，"M公司于2016年8月11日被我局处十万元的行政处罚"。

处理理由

关于投诉事项1，F省政府采购网上公开信息系统尚未完善，无法显示联合体B各方完整信息。中标供应商信息是中标公告的关键信息，采购代理机构G公司未依法及时采用发布更正公告的形式公布中标供应商联合体B的相关信息，虽不直接影响中标结果，但影响政府采购当事人对中标结果的判断和质疑权利的行使，责令采购代理机构G公司限期整改。

关于投诉事项2，评标委员会经评审，联合体B部分技术商务指标未得分，部分技术商务指标得分。

关于投诉事项3，联合体协议中明确规定Y公司承担"提供硬件建设内容、硬件建设内容的安装调试"等工作，其作为联合体B牵头方未违反相关法律规定。

关于投诉事项4，经向F市城乡建设局核实，M公司于2016年8月11日被处以10万元罚款，属于建设行政处罚中的较大数额罚款。根据《中华人民共和国政府采购法实施条例》第十九条第一款的规定，属于重大违法记录。联合体以一个供应商的身份共同参加政府采购，根据《中华人民共和国政府采购法》第二十四条第二款的规定，联合体B不具备参加政府采购活动的条件。

关于投诉事项5，招标文件并未要求提供相关专利证书，联合体B投标文件中已按招标文件要求提供了相应证明材料，评标委员会审查后予以认可。现有证据不足以证明联合体B提供虚假材料谋取中标。

处理结果

根据《政府采购质疑和投诉办法》(财政部令第 94 号)第二十九条第(二)项的规定,投诉事项 2、3、5 缺乏事实依据。

根据《政府采购质疑和投诉办法》(财政部令第 94 号)第三十二条第一款的规定,投诉事项 1 成立,未直接影响采购结果;投诉事项 4 成立,影响采购结果。鉴于本项目尚未签订政府采购合同,认定中标结果无效,由采购人 X 局依法另行确定中标供应商。

联合体 B 不服处理决定申请行政复议。复议机关认为处理决定认定事实清楚、适用法律正确,予以维持。

(选自财政部指导性案例 32)

第三篇 | 高校政府采购事后管理

第九章 高校政府采购合同订立

政府采购合同是政府采购活动过程中的重要文件。《政府采购法》第二条规定，采购是指以合同方式有偿取得货物、工程和服务的行为。政府采购合同是政府采购程序的落脚点，也是政府采购项目实施的起始点，起着承上启下的重要作用。政府采购合同不仅是采购人和供应商合同双方权利、义务的主要体现，更是联系采购过程和履约验收、标前和标后项目管理的纽带。依法订立政府采购合同既有利于巩固政府采购的成果，也有利于实现政府采购的效益。因此，高校加强政府采购合同的管理至关重要。

第一节 政府采购合同订立的一般规定

一、政府采购合同的法律适用

政府采购合同是指公益性采购人为实现采购任务，而利用财政性资金依法定形式、程序与供应商之间签订的以货物、工程和服务为主要内容的明确相互权利、义务关系的协议。政府采购合同的一方主体是行政主体和行使公共职能的单位，包括各级国家机关、事业单位或者团体组织；合同的另一方主体是向采购人提供货物、工程或服务的法人、其他组织或自然人。

根据《政府采购法》第四十三条规定，政府采购合同适用《合同法》。采购人和供应商之间的权利和义务，应当按照平等、自愿的原则以合同方式约定。采购人可以委托采购代理机构代表其与供应商签订政府采购合同。由采购代理机构以采购人名义签订合同的，应当提交采购人的授权委托书，作为合同附件。所以，政府采购合同一方面适用于《政府采购法》的相关规定，另一方面也必须适用于《合同法》的相关规定。自2021年1月1日起，合同法被编入《民法典》。自然地，政府采购合同就应当适用《民法典》。

政府采购本身是一种市场交易行为，在采购合同订立过程中，不涉及行政权力的行使，买卖双方的法律地位是平等的。因此，政府采购合同适用于《民法典》第三编合同。但是，由于政府采购的主体是国家机关、事业单位或团体组织，采购资金是财政性资金，采购是为了公共事务，政府采购还具有维护国家利益、公共利益以及政策调控等功能。因此，政府采购又不完全等同于只涉及买卖双方的一般民事合同，政府采购合同还具有社会性。《政府采购法》在明确政府采购合同适用《民法典》的前提下，对政府采购合同的订立（应当采用书面形式、合同必备条款等）、效力、变更、终止等也作出了特别规定。

在合同订立方面，《民法典》规定，当事人依法享有自愿订立合同的权利，任何单位和个人不得非法干预；《民法典》还规定，当事人应当遵循公平原则来确定各方的权利和义务。也就是说，合同当事人自愿签订，合同的内容也应当由当事人约定。但是，对于政府采购合同来说，采购人与供应商享有自愿订立政府采购合同的权利，前提是必须遵守《政府采购法》的相关规定。采购人在选择与之订立合同的供应商时，必须严格执行公开招标、邀请招标、竞争性谈判、竞争性磋商、询价、单一来源、框架协议等法定的采购方式和采购程序。在按照法定采购方式和采购程序确定中标、成交供应商以后，采购人与中标、成交供应商依照采购程序所确定的采购结果签订政府采购合同；否则，双方应当承担相应的法律责任。另外，政府采购合同的授予还应当体现和落实政府采购的政策功能。因此，政府采购合同的主要内容和形式不同于一般民事合同，完全由采购人与供应商自行确定，而是有所规制。

二、政府采购合同文本

《政府采购法》第四十五条规定，国务院政府采购监督管理部门应当会同国务院有关部门，规定政府采购合同必须具备的条款。同时，《政府采购法实施条例》第四十七条规定，国务院财政部门应当会同国务院有关部门制定政府采购合同标准文本。

所以，政府采购合同文本的内容应按照国务院有关部门制定的采购合同标准文本进行编制。

1. 合同标准文本与合同必备条款的关系

合同条款是构成合同文本的基础。《民法典》规定，合同的内容由当事人约定，一般包括以下条款：当事人的名称或姓名和住所，标的，数量，质量，价款或报酬，履行期限、地点和方式，违约责任，解决争议的方法。

政府采购合同必须具备的条款，除了《民法典》所规定的、合同一般需要具备的基本条款外，还应该是区别于普通民事合同，凸显政府采购管理要求的有关条款，比如以下几点。

（1）有关政府采购项目预算管理要求的条款。

（2）资金支付条款（例如，政府采购项目的合同款项要实行国库集中支付）。

（3）有关预防腐败要求的条款（例如，在合同标的物之外，供应商不得提供、采购人不得接受赠品的要求）。

（4）履约验收条款（例如，政府采购招标项目邀请项目未中标供应商、项目评审专家等参与合同验收，大型或者复杂的政府采购项目应当邀请国家认可的质量检测机构参与验收工作，强化履约监督）。

（5）有关维护国家利益、公共利益及国家安全要求的条款。

（6）合同强制备案条款（政府采购项目的采购合同自签订之日起七个工作日内，采购人应当将合同副本报同级政府采购监督管理部门和有关部门备案）。

必须具备的条款是政府采购合同标准文本的其中一部分，是合同标准文本的核心。

当前，政府采购合同标准文本尚未发布，因此有必要了解另外一类同样由国家权威部门制定和发布、具有通用性的合同文本，即建设工程项目合同示范文本。例如，由住房和城乡建设部、国家工商总局制定发布的《建设工程施工合同（示范文本）》（GF-2017-0201）、《建设项目工程总承包合同（示范文本）》（GF-2020-0216）。合同示范文本是示范性的，由合同当事人根据需要自主选用。正如《民法典》规定，当事人可以参照各类合同的示范文本订立合同。政府采购合同标准文本制定并发布后，采购人或者采购代理机构与供应商应当依法按照政府采购合同标准文本签订政府采购合同；否则，双方所签订的合同无效。

2. 合同标准文本的意义和作用

推行政府采购合同标准文本意义重大，它既是规范政府采购活动的需要，也是服务政府采购当事人的需要。合同标准文本是对《民法典》尤其是对政府采购法律制度的有益补充。法律法规只能对当事人的权利、义务作出原则性规定；而合同标准文本则可以分别从不同的角度，针对不同的行业特点，细致、具体地加以规范，为《民法典》《政府采购法》的贯彻实施起到很好的促进作用。政府采购合同标准文本由国务院财政部门会同国务院有关部门依法制定。

第一，它具有合法性和完备性。合同标准文本条款完备，内容详细，其各项条款完全依据《民法典》《政府采购法》等有关法律制定，当事人按照这一格式文本签订合同可以防止出现违法条款、无效条款或者遗漏重要内容。

第二，它具有公平性和对等性。合同标准文本遵照合同当事人法律地位一律平等的原则规定各方权利和义务，可杜绝"霸王条款"等各种形式的有失公平的条款。

第三，它具有公开性和确定性。合同标准文本一般通过规章或规范性文件的形式公开发布，内容相对固定，透明度高，有利于预防和遏制腐败。施行合同标准文本还能更好地服务政府采购当事人。当事人依据标准文本实施采购及签订合同，可以减轻撰写合同条款的负担，对当事人提供了具体的辅导和帮助，可减少签约的盲目性。

另外，一旦发生合同争议或纠纷，使用标准文本签订的合同可以避免出现条款短缺、解释不清等情况，当事人的权利、义务易于分辨，比较容易得到法律的保护。

三、政府采购合同内容

1. 合同内容应符合批准的预算

《政府采购法》第六条规定，政府采购应当严格按照批准的预算执行。一方面，从政府采购合同订立的程序来说，合同价应当不高于已批准的预算金额，且与中标价格保持一致。这既是财政性资金在使用中的严肃性，同时也是项目投资控制的综合体现。另一方面，合同内容应符合预算确定的内容。在政府采购活动实施过程中，采购需求的确定应当依据部门预算确定，采购文件应当依据已经确定的采购需求进行编制。所以，政府采购合同最终的订立，其内容不得超出预算已经确定的内容，不得额外要求与项目无关的其他商品、服务，更不得要求供应商提供赠品或者回扣。

2. 合同内容不得违背采购确定的实质性内容

政府采购合同当事人双方通过采购活动最终确立，招标、谈判、磋商、询价、单一来源、框架协议等采购活动就是为了缔结政府采购合同。为了保证采购的严肃性，保证采购当事人的合法权益，应当依据采购文件确定事项签订采购合同。如不依据采购文件确定事项或者擅自变更采购文件确定的事项签订采购合同，将背离政府采购的原则。《政府采购法》规定，政府采购合同应按照采购文件确定的事项签订；《政府采购法实施条例》规定，未按照采购文件确定的事项签订政府采购合同的，应受到相应的处罚；《政府采购货物和服务招标投标管理办法》规定，采购人应当按照采购文件和中标人投标文件的规定，与中标人签订书面合同。所签订的合同不得对采购文件确定的事项和中标人投标文件做实质性修改。采购人不得向中标人提出任何不合理的要求作为签订合同的条件。所以，政府采购合同文本的内容应与采购活动中招标（采购）文件、投标（响应）文件、评审资料等过程资料保持一致性，不应违背采购活动已经确定的实质性的内容。

四、政府采购合同订立形式

1.《民法典》规定的合同形式

《民法典》第三编合同第四百六十九条规定，当事人订立合同，可以采用书面形式、口头形式或者其他形式。书面形式是合同书、信件、电报、电传、传真等可以有形地表现所载内容的形式。以电子数据交换、电子邮件等方式能够有形地表现所载内容，并可以随时调取查用的数据电文，视为书面形式。

《最高人民法院关于适用〈中华人民共和国合同法〉若干问题的解释（二）》：当事人未以书面形式或者口头形式订立合同，但从双方从事的民事行为能够推定双方有订立合同意愿的，人民法院可以认定是以"其他形式"订立的合同。这就对"其他形式"的合同形式在实践层面作出了解释。

2. 政府采购合同的合同形式

由于政府采购活动使用财政资金，其采购的内容通常涉及行政事务和公共利益，具有很强的公共性，加之政府采购合同具有不完全等同于一般民事合同的因素，因此《政府采购法》对政府采购合同的形式作出了特别限定。

《政府采购法》第四十四条规定，政府采购合同应当采用书面形式。所以，政府采购合同应当使用合同书、信件和数据电文（包括电报、传真、电子数据交换、电子邮件）等可以有形表现所载内容的形式。

五、政府采购合同订立时间

1. 合同文本编制的时间要求

按照《政府采购需求管理办法》的要求，政府采购项目在采购活动开始前需要确定采购需求和采购实施计划，并针对采购需求和采购实施计划进行审查。审查不通过的，应当修改采购需求和采购实施计划的内容并重新进行审查。同时，《政府采购需求管理办法》第十三条明确了合同文本的主要条款属于采购实施计划中合同管理安排的内容。所以，合同文本是采购实施计划的重要内容。

根据《政府采购货物和服务招标投标管理办法》第二十条规定，采购人或者采购代理机构应当根据采购项目的特点和采购需求编制招标文件。在该条款中，列举了招标文件应当包括的十六项内容。其中，包括拟签订的合同文本。所以，政府采购合同文本是招标文件的重要组成部分。

综上所述，政府采购合同文本编制应当纳入政府采购需求管理，在编制采购实施计划时进行编制。同时，编制的政府采购合同文本通过审查程序后，应作为招标文件的组成部分一并发给参与政府采购活动的供应商。

2. 合同订立和生效的时间

政府采购合同实质上是采取要约、承诺方式订立合同的。政府采购过程中，采购文件（含采购公告）是要约邀请，投标文件是要约，中标（成交）通知书是承诺。按照《民法典》第三编合同第四百八十三条规定，承诺生效时合同成立，但是法律另有规定或者当事人另有约定的除外。承诺生效时间，是承诺在何时发生法律约束力。承诺生效时间在合同的理论和实践中具有重大意义：

（1）由于承诺的时间就是合同成立的时间，因而承诺在什么时间生效，就直接决定了合同在什么时间成立。

（2）由于合同的成立时间和生效时间的一致性，承诺生效之时又是合同生效之日，是双方享有合同权利、承担合同义务之日。

（3）合同的生效时间可能涉及诉讼时效、履行期限利益等问题。

（4）合同的成立涉及合同签订地以及法院管辖权、准据法的确定等问题。

按照《民法典》第三编合同第四百九十条规定，当事人采用合同书形式订立合同的，自当事人均签名、盖章或者按指印时合同成立。政府采购合同应当采用书面形式，且通常采用的是合同书形式。根据《政府采购法》第四十六条规定，采购人与中标、成交供应商应当在中标、成交通知书发出之日起三十日内，按照采购文件确定的事项签订政府采购合同。所以，政府采购合同最终订立时间应该是自中标（成交）通知书发出之日起三十日内，采购人与中标（成交）供应商订立书面政府采购合同，签名、盖章后合同成立。

六、政府采购合同法律效力

合同的效力是法律赋予依法成立的合同对当事人的法律强制力。合同生效，是指已经成立的合同在当事人之间产生法律约束力。《民法典》第三编合同第五百零二条规定，依法成立的合同，自成立时生效，但是法律另有规定或者当事人另有约定的除外。所以，合同一旦依法成立，就对合同当事人具有法律约束力，受到法律的保护。

在政府采购活动中，采购人与中标、成交供应商必须按照采购文件确定的事项签订政府采购合同。中标、成交通知书对采购人和中标、成交供应商均具有法律效力。中标、成交通知书发出后，采购人改变中标、成交结果的，或供应商放弃中标、成交的，应当依法承担法律责任。中标、成交供应商一旦确定，采购人就必须按照中标、成交结果，与中标、成交供应商签订政府采购合同，否则要承担相应法律责任。

第二节　政府采购合同订立的特殊规定

一、政府采购合同公告

1. 合同公告的目的和意义

为保证政府采购公开、公平、公正，加强社会监督，政府采购相关法律、法规结合政府采购的整个流程和各个重要环节，制定了一系列提高政府采购透明度的具体措施。而政府采购合同公告程序就是其中之一。

2. 合同公告的法律依据

《政府采购法实施条例》第五十条规定，采购人应当自政府采购合同签订之日起2个工作日内，将政府采购合同在省级以上人民政府财政部门指定的媒体上公告，但政府采购合同中涉及国家秘密、商业秘密的内容除外。

《政府采购信息发布管理办法》第三条规定，本办法所称政府采购信息，是指依照政府采购有关法律制度规定应予公开的公开招标公告、资格预审公告、单一来源采购公示、中标（成交）结果公告、政府采购合同公告等政府采购项目信息。第八条规定，中央预算单位政府采购信息应当在中国政府采购网发布，地方预算单位政府采购信息应当在所在行政区域的中国政府采购网省级分网发布。

财政部办公厅《关于印发〈政府采购公告和公示信息格式规范（2020年版）〉的通知》（财办库〔2020〕50号）对政府采购合同公告的格式作出了明确的规定。

合同公告

一、合同编号：_____

二、合同名称：_____

三、项目编号（或招标编号、政府采购计划编号、采购计划备案文号等，如有）：_____

四、项目名称：_____

五、合同主体

采购人（甲方）：_____

地址：_____

联系方式：_____

供应商（乙方）：_____

地址：_____

联系方式：_____

六、合同主要信息

主要标的名称：_____

规格型号（或服务要求）：_____

主要标的数量：_____

主要标的单价：＿＿＿＿＿＿

合同金额：＿＿＿＿＿＿

履约期限、地点等简要信息：＿＿＿＿＿＿

采购方式：（如公开招标、竞争性磋商、单一来源采购等）

七、合同签订日期：＿＿＿＿＿＿

八、合同公告日期：＿＿＿＿＿＿

九、其他补充事宜：＿＿＿＿＿＿

附件：上传合同（采购人应当按照《政府采购法实施条例》有关要求，将政府采购合同中涉及国家秘密、商业秘密的内容删除后予以公开）

选自财政部办公厅《关于印发〈政府采购公告和公示信息格式规范（2020年版）〉的通知》（财办库〔2020〕50号）

3. 政府采购合同公开的例外情形

按照《政府采购法实施条例》的规定，政府采购合同应当公开，但合同中涉及国家秘密、商业秘密的内容除外，即政府采购合同内容"以公开为原则、以不公开为例外"。这一规定一方面保障了政府采购信息公开的需要；另一方面也保障了国家利益和公民、法人及其他组织的合法利益，实现了公开与保密之间、知情权与隐私权之间的平衡。

在具体实践中，如何界定政府采购合同中是否涉及"国家秘密""商业秘密"至关重要。

关于国家秘密，《保守国家秘密法》第二条规定：国家秘密是指关系国家的安全和利益，依照法定程序确定，在一定时间内只限一定范围的人员知悉的事项。第九条规定：下列涉及国家安全和利益的事项，泄露后可能损害国家在政治、经济、国防、外交等领域的安全和利益的，应当确定为国家秘密：（一）国家事务的重大决策中秘密事项；（二）国防建设和武装力量活动中的秘密事项；（三）外交和外事活动中的秘密事项以及对外承担保密义务的事项；（四）国民经济和社会发展中的秘密事项；（五）科学技术中的秘密事项；（六）维护国家安全活动和追查刑事犯罪中的秘密事项；（七）经国家保密行政管理部门确定的其他秘密事项。政党的秘密事项中符合前款规定的，属于国家秘密。

关于商业秘密，《中华人民共和国反不正当竞争法》对此做了界定，即不为公众所知悉、能为权利人带来经济利益、具有实用性并经权利人采取保密措施的技术信息和经营信息。《最高人民法院关于适用〈中华人民共和国民事诉讼法〉若干问题的意见》（法发〔92〕22号）第154条则解释得更为具体：……商业秘密，主要是指技术秘密、商业情报及信息等，如生产工艺、配方、贸易联系、购销渠道等当事人不愿公开的工商业秘密。

政府采购合同通常包括以下主要内容：合同当事人的名称或者姓名和住所，合同标的名称、规格型号、数量、单价及合同价款、质量要求，服务要求，履行期限、地点和方式，违约责任，解决争议的方法等。在这些条款中可能涉及的国家秘密、商业秘密的内容，采购人可以不公开。但并不意味着整个合同都可以不公开，对政府采购合同中不涉及国家秘密、商业秘密的其他内容，仍然应当予以公开。其中，值得注意的是合同标的名称、规格型号、单价及合同金额等内容不得作为商业秘密；合同中涉及个人隐私的姓名、联系方式等内容，除征得权利人同意外，不得对外公告。按照《政府采购法实施条例》的规定，政府采购合同公开的责任主体为采购人。因此，在实际执行中，关于政府采购合同是否涉及以及哪些内容涉及国家秘密、商业秘密，应当由采购人依据法律的相关规定具体判定。

二、政府采购合同备案

1. 政府采购合同备案的目的和意义

政府采购合同是采购人和供应商履行权利、义务的依据，是采购人申请资金支付的依据，是政府采购监督管理部门和有关部门实施政府采购监督的依据。政府采购监督管理部门和有关部门可以据此检查采购人和供应商是否根据采购文件确定的事项签订政府采购合同，是否根据合同的规定履行合同义务，以及是否擅自变更合同内容等。

政府采购合同备案是采购人主体责任履行的重要体现。各采购人是政府采购活动执行的主体，负责政府采购预算执行，确定采购需求与付款条件，组织政府采购活动，签订政府采购合同，对政府采购合同备案信息的真实性负责。由于政府采购合同备案工作政策性强、时限要求紧、质量要求高，一方面采购人需要依法依规与供应商签订政府采购合同，并进行合同公告、合同备案、合同追加、合同备案变更等，对政府采购合同签订与执行等全过程负主体责任；另一方面采购人需要主动学习政府采购相关法律法规及政策，不断提高单位的专业化水平，确保采购合同备案工作落实好并执行到位。

政府采购合同备案是规范政府采购活动的重要抓手。政府采购合同是政府采购预算与政府采购活动结果的具体体现，采购人在政府采购活动结束后依据采购文件、投标（响应）文件、评标（审）报告等内容，在中标或成交通知书发出之日起三十日内与供应商签订政府采购合同，合同签订后应当及时备案。政府采购合同内容是否完整、合同备案是否及时，直接影响着政府采购项目以及后续资金支付等工作能否顺利进行。政府采购合同签订与备案的准确性、及时性是采购人管理水平的具体体现，能有效检验采购人的内控管理与政府采购活动的专业化水平。

政府采购合同备案是财政部门监管的重要内容。政府采购监管部门依法依规对备案的合同文本进行检查，检查内容包括合同是否符合政府采购法律法规和政策要求、是否符合采购预算管理要求、合同主要内容及相关条款是否与采购文件要求一致、备案合同与采购文件及评标（审）报告等内容是否一致、是否按规定程序进行备案等情况，对存在违法违规行为的单位和个人进行监督检查，一经查实将按照《政府采购法》及其实施条例的规定进行严肃处理。

2. 政府采购合同备案的法律依据

《政府采购法》第四十七条规定，政府采购项目的采购合同自签订之日起七个工作日内，采购人应当将合同副本报同级政府采购监督管理部门和有关部门备案。《政府采购法实施条例》第六十七条规定，未按照规定时间将政府采购合同副本报本级人民政府财政部门和有关部门备案的，由财政部门责令限期改正，给予警告，对直接负责的主管人员和其他直接负责人员依法给予处分，并予以通报。所以，采购在政府采购合同签订后，应按照规定及时进行合同备案。

三、政府采购合同签订后投标保证金的退还

1. 投标保证金的作用

要求供应商按照采购文件的规定提交投标保证金，是采购活动的惯例。通过向供应商收取投标保证金，促使供应商严肃对待自己的投标行为，避免和减少由于供应商的行为而给采购人带来的损失，是对采购人的一种保护措施。具体来说，依据法规和采购文件的规定，投标保证金可以在两个方面约束供应商的行为：一是供应

商违反采购活动惯例的行为。如投标截止时间后至投标有效期结束期间，供应商撤销或者主动修改其投标文件或响应文件；收到中标或成交通知书后，中标或成交供应商不按照采购文件的规定，与买方签订政府采购合同或者提交履约保证金。二是供应商的严重违法行为。如在其投标（响应）文件中提供虚假材料谋取中标或成交，恶意串通，以及行贿或者提供其他不正当利益等。

2. 投标保证金退回的时间规定

为避免采购人或者采购代理机构占用供应商的资金，减小供应商的资金压力，《政府采购法实施条例》第三十三条规定，采购人或者采购代理机构应当自中标通知书发出之日起 5 个工作日内退还未中标供应商的投标保证金，自政府采购合同签订之日起 5 个工作日内退还中标供应商的投标保证金。

上述规定是对采购人或者采购代理机构的强制性要求，采购人或者采购代理机构要在采购文件、中标或成交公告、中标或成交通知书中履行告知义务，告知相关供应商退还投标保证金的相关事宜。

3. 投标保证金最新政策要求

近几年，为响应"放管服"改革号召，切实减轻企业负担，不少地方出台政策，取消收取政府采购投标保证金。例如：2018 年，湖北省财政厅颁发了《关于停止收取政府采购投标保证金有关事项的通知》，要求在政府采购活动中，采购人、采购代理机构不得收取投标保证金，并要求相关单位严格执行，不得变通和变相收取其他没有法律依据的任何费用，一旦发现有违规收取相关费用的行为，严肃查处。2019 年，山东省财政厅颁发了《关于取消政府采购投标保证金等有关事项的通知》，明确提出自 2019 年 7 月 1 日起，全省政府采购活动不得向诚信记录良好的供应商收取投标保证金。2020 年，江苏省财政厅颁发了《关于做好政府采购支持企业发展有关事项的通知》，要求进一步降低供应商投标成本，取消政府采购投标保证金。2021 年，安徽省财政厅颁发了《关于进一步规范政府采购管理支持企业发展的通知》，明确要求政府采购项目一律免收投标（响应）保证金。还有其他省市地区同样出台了降低或取消投标保证金、推行多种方式提交投标保证金等利于企业减负的政策。采购人、采购代理机构或者供应商等在参与政府采购项目时，要仔细研究当地关于政府采购投标保证金的最新政策，严格按照要求执行。

四、政府采购合同的档案管理

1. 政府采购合同档案保存的时限

根据《政府采购法》第四十二条规定，采购人、采购代理机构对政府采购项目每项采购活动的采购文件应当妥善保存，不得伪造、变造、隐匿或者销毁。采购文件的保存期限为从采购结束之日起至少保存十五年。

采购文件包括采购活动记录、采购预算、招标文件、投标文件、评标标准、评估报告、定标文件、合同文本、验收证明、质疑答复、投诉处理决定及其他有关文件、资料。

所以，政府采购合同作为采购文件的内容，保存期限为从采购结束之日起至少十五年。

2. 政府采购合同档案保存的形式

目前，多数政府采购合同相关资料仍然采用纸质形式。但资料内容多，需要保存的时间长，纸质档案保存不便，保存成本高。随着采购活动中电子化水平的不断提高，政府采购合同档案以电子档案方式保存变得势在必行。《政府采购法实施条例》第四十六条规定，政府采购法第四十二条规定的采购文件，可以用电子档案方式保存。也就是说，政府采购合同档案也可以采用电子档案保存。

第三节　高校政府采购合同组成

一、高校政府采购合同的一般条款

1. 一般民事合同条款

（1）合同一般条款内容。

合同条款是表达合同当事人约定的合同内容的具体条款。《民法典》第三编合同第四百七十条规定，合同的内容由当事人约定，一般包括下列条款：（一）当事人的姓名或者名称和住所；（二）标的；（三）数量；（四）质量；（五）价款或者报酬；（六）履行期限、地点和方式；（七）违约责任；（八）解决争议的方法。

(2) 合同主要条款内容。

合同的主要条款是合同的必备条款，缺少必备条款，合同不能成立，缺少其他条款，则可以通过法律规定的确定方法等予以确定，不能导致合同不能成立。合同的主要条款就是当事人的名称或姓名和住所、标的、数量等三大必备条款，只要合同具备了前述三大条款，原则上即为成立。

(3) 合同条款欠缺的处理。

在合同欠缺非必备条款（即合同存在漏洞）的情况下，应按如下规则予以补充：由当事人协议补充，这是填补合同漏洞的首选，凸显当事人的意思自治；当事人不能达成补充协议的，按照合同有关条款或者交易习惯确定。

根据前两项规则仍不能确定合同条款的，按照《民法典》规定的法律推定原则处理，即：

(1) 质量要求不明确的，按照强制性国家标准履行；没有强制性国家标准的，按照推荐性国家标准履行；没有推荐性国家标准的，按照行业标准履行；没有国家标准、行业标准的，按照通常标准或者符合合同目的的特定标准履行。

(2) 价款或者报酬不明确的，按照订立合同时履行地的市场价格履行；依法应当执行政府定价或者政府指导价的，依照规定履行。

(3) 履行地点不明确，给付货币的，在接受货币一方所在地履行；交付不动产的，在不动产所在地履行；其他标的，在履行义务一方所在地履行。

(4) 履行期限不明确的，债务人可以随时履行，债权人也可以随时请求履行，但是应当给对方必要的准备时间。

(5) 履行方式不明确的，按照有利于实现合同目的的方式履行。

(6) 履行费用的负担不明确的，由履行义务一方负担；因债权人原因增加的履行费用，由债权人负担。

当事人对合同条款的理解有争议的，应当依据《民法典》第一百四十二条第一款的规定，确定争议条款的含义：有相对人的意思表示的解释，应当按照所使用的词句，结合相关条款、行为的性质和目的、习惯以及诚信原则，确定意思表示的含义。无相对人的意思表示的解释，不能完全拘泥于所使用的词句，而应当结合相关条款、行为的性质和目的、习惯以及诚信原则，确定行为人的真实意思。

2. 政府采购合同的一般条款

《政府采购货物和服务招标投标管理办法》第七十二条规定，政府采购合同应当包括采购人与中标人的名称和住所、标的、数量、质量、价款或者报酬、履行期限及地点和方式、验收要求、违约责任、解决争议的方法等内容。

2021年4月30日，财政部颁发了《政府采购需求管理办法》。该办法第二十三条规定，合同文本应当包含法定必备条款和采购需求的所有内容，包括但不限于标的名称，采购标的质量、数量（规模），履行时间（期限）、地点和方式，包装方式，价款或者报酬、付款进度安排、资金支付方式，验收、交付标准和方法，质量保修范围和保修期，违约责任与解决争议的方法等。由此可见，《政府采购需求管理办法》在《政府采购货物和服务招标投标管理办法》的基础上，进一步细化了政府采购合同的内容，不但包括法定必备条款，还包括采购需求所有内容。

二、高校政府采购合同的特殊条款

1. 政府采购合同履行期限

《政府采购法》第六条规定，政府采购应当严格按照批准的预算执行。也就是说，无预算是不能采购的。《预算法》规定，预算年度自公历一月一日起，至十二月三十一日止。由于预算是一年一编，这也就决定了政府采购项目一般是一年一采，采购合同也是一年一签。但对于一些特殊的政府采购项目，为确保某些服务采购的连续性，《政府购买服务管理办法》（财政部令第102号）对此作出了专门的规定。

《政府购买服务管理办法》规定，政府购买服务合同履行期限一般不超过1年；在预算保障的前提下，对于购买内容相对固定、连续性强、经费来源稳定、价格变化幅度小的政府购买服务项目，可以签订履行期限不超过3年的政府购买服务合同。

2. 政府采购合同履约保证金

（1）履约保证金的性质及作用。

履约保证金是中标或成交供应商按照采购文件要求而向采购人或采购代理机构提供的用以保障其履行合同义务的一种担保。履约保证金的目的是促使中标或成交供应商全面履行与采购人或采购代理机构订立的合同，确保合同目标的实现。中标或成交供应商违约的，采购人或采购代理机构将按照合同约定扣除其全部或部分履约保证金，或由担保人承担担保责任。如果中标或成交供应商违约给采购人造成的损失超过履约保证金的，还应当依法赔偿超过部分的损失。

履约保证金的设立,使得采购过程与合同履行过程有机联结,相互支撑。既可以保证采购合同的履行,又有助于择优选择中标或成交供应商,能有效预防和遏制供应商在采购竞争阶段为了中标或成交而盲目虚假承诺、低价恶性竞争,然后在合同履行阶段通过偷工减料、以次充好而获取利润的行为,防范合同履行风险。

(2) 履约保证金的形式和金额。

《政府采购法实施条例》第四十八条规定,采购文件要求中标或者成交供应商提交履约保证金的,供应商应当以支票、汇票、本票或者金融机构、担保机构出具的保函等非现金形式提交。履约保证金的数额不得超过政府采购合同金额的10%。

(3) 履约保证金是否收取以及收取的具体形式和金额由采购文件约定。

采购人或采购代理机构可以根据合同履行的需要,在采购文件中要求中标或成交供应商在签订合同前提交或不提交履约保证金。采购文件要求提交的,应载明履约保证金的形式、金额以及提交时间。相对于银行保函或第三方担保机构出具的履约担保书,支票、汇票、本票虽然是非现金形式,但实际上还是要全额沉淀供应商的资金。采购人或采购代理机构在采购文件中要求收取履约保证金的,应当给中标或成交供应商留有选择履约保证金形式的余地。

履约保证金通常作为合同订立的条件,要在合同签订前提交。履约保证金的有效期自合同生效之日起至合同约定的中标或成交供应商主要义务履行完毕止。中标或成交供应商合同主要义务履行完毕,采购人或采购代理机构应按合同约定及时退还履约保证金。如果是银行保函或履约担保书,一般在到期后自行失效。

3. 政府采购合同分包履行

《政府采购法》第四十八条规定,经采购人同意,中标、成交供应商可以依法采取分包方式履行合同。政府采购合同分包履行的,中标、成交供应商就采购项目和分包项目向采购人负责,分包供应商就分包项目承担责任。但在具体实践中应注意以下问题。

(1) 分包应当公开进行,并经过采购人同意,中标成交供应商不得私下分包,通常采购的公开方式是采购人在采购文件中,事先明确规定是否可以分包或者在合同履约过程中,经过采购人同意而分包。

（2）依法分包。法律法规有明确关于分包的规定必须遵守，采购人不得违法同意分包，如施工企业不得将主体工程、关键工程分包，以提供知识服务和智力服务为标的的合同不得分包。

（3）合同的履约依法需要相关市场准入法定资格资质的，分包供应商必须具有法律法规规定资格条件和相应资格资质，禁止向没有取得法定资格资质的供应商分包。

（4）中标或成交供应商对整个合同履约承担全部责任（包含分包部分），分包供应商仅就分包部分承担责任，当分包供应商不能履约时，中标或成交供应商需要自己履约。

4. 政府采购追加合同的要求

《政府采购法》第四十九条规定，政府采购合同履行中，采购人需追加与合同标的相同的货物、工程或者服务的，在不改变合同其他条款的前提下，可以与供应商协商签订补充合同，但所有补充合同的采购金额不得超过原合同采购金额的百分之十。在实践中，采购人追加合同时，需要注意五个要点：追加采购应当发生在合同履行过程中；需追加采购的标的要与原合同标的相同；追加采购产生的变更需要签署补充合同；不得改变合同的其他条款；所有补充合同的采购金额不得超过原合同采购金额的百分之十。

三、高校政府采购合同的类型

《政府采购需求管理办法》第二十二条规定，合同类型按照民法典规定的典型合同类别，结合采购标的的实际情况确定。

《民法典》第三编合同规定了十九种典型合同，包括买卖合同，供用电、水、气、热力合同，赠予合同，借款合同，保证合同，租赁合同，融资租赁合同，保理合同，承揽合同，建设工程合同，运输合同，技术合同，保管合同，仓储合同，委托合同，物业服务合同，行纪合同，中介合同，合伙合同。

在高校政府采购实践中，使用较多的主要典型合同有买卖合同，承揽合同，建设工程合同，技术合同，委托合同，物业服务合同等。

1. 买卖合同

买卖合同是出卖人转移标的物的所有权于买受人，买受人支付价款的合同。买卖合同是最重要的传统合同。高校采购教学设备、科研产品、办公用品等货物类项目均可采用买卖合同。

买卖合同的内容一般包括标的物的名称、数量、质量、价款、履行期限、履行地点和方式、包装方式、检验标准和方法、结算方式、合同适用的文字及效力等条款。

2. 承揽合同

承揽合同是承揽人按照定做人的要求完成工作，交付工作成果，定作人支付报酬的合同。承揽包括加工、定作、修理、复制、测试、检验等工作。高校采购专用定制教学设备可以采用承揽合同。

承揽合同的内容一般包括承揽的标的、数量、质量、报酬，承揽方式，材料的提供，履行期限，验收标准和方法等条款。

3. 建设工程合同

建设工程合同是承包人进行工程建设，发包人支付价款的合同。建设工程合同包括工程勘察、设计、施工合同。建设工程合同应当采用书面形式。

勘察、设计合同的内容一般包括提交有关基础资料和概预算等文件的期限、质量要求、费用以及其他协作条件等条款。

施工合同的内容一般包括工程范围、建设工期、中间交工工程的开工和竣工时间、工程质量、工程造价、技术资料交付时间、材料和设备供应责任、拨款和结算、竣工验收、质量保修范围和质量保证期、相互协作等条款。

发包人可以与总承包人订立建设工程合同，也可以分别与勘察人、设计人、施工人订立勘察、设计、施工承包合同。发包人不得将应当由一个承包人完成的建设工程肢解成若干部分发包给数个承包人。总承包人或者勘察、设计、施工承包人经发包人同意，可以将自己承包的部分工作交由第三人完成。第三人就其完成的工作成果与总承包人或者勘察、设计、施工承包人向发包人承担连带责任。承包人不得将其承包的全部建设工程转包给第三人或者将其承包的全部建设工程肢解以后以分包的名义分别转包给第三人。

禁止承包人将工程分包给不具备相应资质条件的单位。禁止分包单位将其承包的工程再分包。建设工程主体结构的施工必须由承包人自行完成。

4. 委托合同

委托合同是委托人和受托人的约定,由受托人处理委托人事务的合同。委托人可以特别委托受托人处理一项或者数项事务,也可以概括委托受托人处理一切事务。

高校建设工程实行监理的,发包人应当与监理人采用书面形式订立委托监理合同。发包人与监理人的权利和义务以及法律责任,应当依照《民法典》合同编委托合同以及其他有关法律、行政法规的规定。也就是说,建设工程监理服务合同应当属于委托合同,而不是建设工程合同范畴。

5. 技术合同

技术合同是当事人就技术开发、转让、许可、咨询或者服务订立的确立相互之间权利和义务的合同。订立技术合同应当有利于知识产权的保护和科学技术的进步,促进科学技术成果的研发、转化、应用和推广。

技术合同的内容一般包括项目的名称,标的的内容、范围和要求,履行的计划、地点和方式,技术信息和资料的保密,技术成果的归属和收益的分配办法,验收标准和方法,名词和术语的解释等条款。与履行合同有关的技术背景资料、可行性论证和技术评价报告、项目任务书和计划书、技术标准、技术规范、原始设计和工艺文件,以及其他技术文档,按照当事人的约定可以作为合同的组成部分。技术合同涉及专利的,应当注明发明创造的名称、专利申请人和专利权人、申请日期、申请号、专利号以及专利权的有效期限。

技术合同价款、报酬或者使用费的支付方式由当事人约定,可以采取一次总算、一次总付或者一次总算、分期支付,也可以采取提成支付或者提成支付附加预付入门费的方式。作为高校相关的技术合同通常可以采用一次总算、一次总付或者一次总算、分期支付的办法。但考虑到符合国家为中小企业减负的政策,利于国家构建良好的营商坏境的愿景,采用一次总算、分期支付更能减少供应商的垫支风险。

技术合同进一步细分,又可以分为技术开发合同、技术转让合同、技术许可合同、技术咨询合同、技术服务合同等五种类型的合同。

(1) 技术开发合同。

技术开发合同是当事人之间就新技术、新产品、新工艺、新品种或者新材料及其系统的研究开发所订立的合同。技术开发合同包括委托开发合同和合作开发合同,应当采用书面形式。

(2) 技术转让合同。

技术转让合同是合法拥有技术的权利人，将现有特定的专利、专利申请、技术秘密的相关权利让与他人所订立的合同。技术转让合同包括专利权转让、专利申请权转让、技术秘密转让等合同，应当采用书面形式。

(3) 技术许可合同。

技术许可合同是合法拥有技术的权利人，将现有特定的专利、技术秘密的相关权利许可他人实施、使用所订立的合同。技术许可合同包括专利实施许可、技术秘密使用许可等合同，应当采用书面形式。

(4) 技术咨询合同。

技术咨询合同是当事人一方以技术知识为对方就特定技术项目提供可行性论证、技术预测、专题技术调查、分析评价报告等所订立的合同。技术咨询合同的委托人应当按照约定阐明咨询的问题，提供技术背景材料及有关技术资料，接受受托人的工作成果，支付报酬。技术咨询合同的受托人应当按照约定的期限完成咨询报告或者解答问题，提出的咨询报告应当达到约定的要求。高校订立政府采购咨询合同、工程咨询合同等应属于技术咨询合同范畴。

(5) 技术服务合同。

技术服务合同是当事人一方以技术知识为对方解决特定技术问题所订立的合同，不包括承揽合同和建设工程合同。技术服务合同的委托人应当按照约定提供工作条件，完成配合事项，接受工作成果并支付报酬。技术服务合同的受托人应当按照约定完成服务项目，解决技术问题，保证工作质量，并传授解决技术问题的知识。

6. 物业服务合同

物业服务合同是物业服务人在物业服务区域内，为业主提供建筑物及其附属设施的维修养护、环境卫生和相关秩序的管理维护等物业服务，业主支付物业费的合同。

物业服务合同的内容一般包括服务事项、服务质量、服务费用的标准和收取办法、维修资金的使用、服务用房的管理和使用、服务期限、服务交接等条款。物业服务人公开作出的有利于业主的服务承诺，为物业服务合同的组成部分。物业服务合同应当采用书面形式。

物业服务人应当按照约定和物业的使用性质，妥善维修、养护、清洁、绿化和经营管理物业服务区域内的业主共有部分，维护物业服务区域内的基本秩序，采取合理措施保护业主的人身、财产安全。对物业服务区域内违反有关治安、环保、消防等法律法规的行为，物业服务人应当及时采取合理措施制止、向有关行政主管部门报告并协助处理。

第四节　政府采购合同订立的法律责任

一、采购人、采购代理机构的法律责任

1. 不与中标、成交供应商签订采购合同

中标、成交通知书是通过严肃的采购程序，最终确立中标、成交供应商的书面凭证。从《民法典》的角度看，中标、成交通知书是一种达成承诺的通知。中标、成交通知书对采购人和中标、成交供应商均具有法律效力。中标、成交通知书发出之日起30日内，采购人应当与中标、成交供应商签订政府采购合同。中标、成交通知书发出后，采购人改变中标、成交结果的，或者中标、成交供应商放弃中标的，应当依法承担法律责任。

《政府采购法》第七十一条规定，采购人、采购代理机构存在中标、成交通知书发出后不与中标、成交供应商签订采购合同情形的，责令限期改正，给予警告，可以并处罚款，对直接负责的主管人员和其他直接责任人员，由其行政主管部门或者有关机关给予处分，并予通报。

2. 未按照采购文件确定的事项签订采购合同

《政府采购法》第四十六条规定，采购人与中标、成交供应商应当在中标、成交通知书发出之日起30日内，按照采购文件确定的事项签订政府采购合同。这里的采购文件泛指招标文件、竞争性谈判文件、竞争性磋商文件、询价通知书、投标文件、响应性文件等。采购文件确定的事项主要包括采购标的、数量、质量、价款或者报酬、履行期限、地点和方式、合同文本或合同草案等。采购合同不得改变采购文件所确定的实质性要件，招标、谈判、磋商、询价其目的是缔结采购合同，为保证采购的严肃性，保证采购当事人的合法权益，应当依据采购文件确定事项签订采购合

同，如不依据采购文件确定事项或者擅自变更采购文件确定的事项签订合同，那么将背离政府采购的原则。

《政府采购法实施条例》第六十七条规定，采购人存在未按照采购文件确定的事项签订政府采购合同情形的，由财政部门责令限期改正，给予警告，对直接负责的主管人员和其他直接责任人员依法给予处分，并予以通报。

3. 采购人追加合同金额超过原合同采购金额10%

在履行政府采购合同过程中，根据实际情况，采购人可能会追加合同标的。《政府采购法》第四十九条规定，政府采购合同履行中，采购人需追加与合同标的相同的货物、工程或者服务的，在不改变合同其他条款的前提下，可以与供应商协商签订补充合同，但所有补充合同的采购金额不得超过原合同采购金额的10%。追加合同标的必须符合三个条件：一是所追加合同标的与原合同标的相同，不得追加不相同的标的物；二是不得改变其他合同条款；三是追加的合同金额不得超过原合同采购金额的10%。

《政府采购法实施条例》第六十七条规定，采购人存在政府采购合同履行中，追加与合同标的相同的货物、工程或者服务的采购金额超过原合同采购金额10%的，由财政部门责令限期改正，给予警告，对直接负责的主管人员和其他直接责任人员依法给予处分，并予以通报。

4. 擅自变更、中止或者终止政府采购合同

《政府采购法》第四十三条规定，政府采购合同适用《合同法》，2021年1月1日起，合同法被编入《民法典》。自然地，政府采购合同就应当适用《民法典》。同时，《政府采购法》对政府采购合同的签订、履行也作了相关规定。《政府采购法》对政府采购合同有规定的，应执行《政府采购法》的规定。

《政府采购法》第五十条规定，政府采购合同的双方当事人不得擅自变更、中止或者终止合同。但政府采购合同继续履行将损害国家利益和社会公共利益的，双方当事人应当变更、中止或者终止合同。政府采购合同是根据采购文件确定的事项签订，采购人和供应商应当严格按照合同的规定履行合同义务，双方当事人任何一方都不得擅自变更、中止或者终止合同，也不得通过协商变更、中止或者终止合同。所谓变更是指合同内容的变更，即改变合同的标的、数量、质量、价款或者报酬、履行期限、地点和方式等实质性要件。中止是指暂停合同的履行，终止是指不再履

行合同。政府采购是预算的执行环节，擅自中止或者终止履行合同将损害预算执行的严肃性，甚至可能损害国家利益或者社会公共利益。在实践中，采购人、供应商认为，政府采购合同适用《民法典》，而《民法典》规定，当事人协商一致，可以变更合同。所以认为以协商一致的方式变更合同并不违法。但《政府采购法》明确规定政府采购合同的双方当事人不得擅自变更、中止或者终止合同。在规范合同方面，《民法典》是一般法，《政府采购法》是特别法，根据法律适用的一般原理，特别法优于一般法，所以关于政府采购合同的法律适用，《政府采购法》有规定的应执行《政府采购法》的规定。

《政府采购法实施条例》第六十七条规定，采购人存在擅自变更、中止或者终止政府采购合同的，由财政部门责令限期改正，给予警告，对直接负责的主管人员和其他直接责任人员依法给予处分，并予以通报。

5. 未按照规定公告政府采购合同

公开透明是政府采购的基本原则，其目标是实现公平竞争，维护市场经济秩序。为了便于有关部门加强对政府采购的监督管理，特别是发挥社会公众对政府采购的监督，应当公开政府采购合同。《政府采购法实施条例》第五十条规定，采购人应当在政府采购合同签订之日起2个工作日内，将政府采购合同在省级以上人民政府财政部门指定的媒体上公告，但政府采购合同中涉及国家秘密、商业秘密的内容的除外。本条中的"按规定"是指采购人应当在规定的时间，即合同签订之日起2个工作日内，在指定的媒体公告政府采购合同。同时，采购人公告合同应将政府采购合同中涉及国家秘密、商业秘密内容排出，避免损害国家利益或者其他当事人的合法权益。

《政府采购法实施条例》第六十七条规定，采购人存在未按照规定公告政府采购合同的，由财政部门责令限期改正，给予警告，对直接负责的主管人员和其他直接责任人员依法给予处分，并予以通报。

6. 未按照规定时间进行政府采购合同备案

《政府采购法》和《政府采购法实施条例》的规定确立了政府采购合同备案制度。《政府采购法》第四十七条规定，政府采购项目的采购合同自签订之日起7个工作日内，采购人应当将合同副本报同级政府采购监督管理部门和有关部门备案。政府采购合同是采购人和供应商履行合同的依据，是采购人申请资金支付的依据，是政府采购监督管理部门和有关部门实施政府采购监督的依据。

《政府采购法实施条例》第六十七条规定，采购人存在未按照规定时间将政府采购合同副本报同级财政部门和有关部门备案的，由财政部门责令限期改正，给予警告，对直接负责的主管人员和其他直接责任人员依法给予处分，并予以通报。

二、供应商的法律责任

1. 中标或者成交后无正当理由拒不与采购人签订政府采购合同

中标或者成交后无正当理由拒不与采购人签订政府采购合同。该项情形违反了《政府采购法》第四十六条第二款的规定。

《政府采购法》第四十六条第二款规定，中标、成交通知书对采购人和中标、成交供应商均具有法律效力。中标、成交通知书发出后，采购人改变中标、成交结果的，或者中标、成交供应商放弃中标、成交项目的，应当依法承担法律责任。本条进一步明确供应商无正当理由拒不与采购人签订采购合同属于违法行为。这里的"正当理由"，是指因不可抗力不能签订并履行合同。根据《民法典》第一百八十条第二款规定，不可抗力是不能预见、不能避免并不能克服的客观情况。具体而言，以下情况属于不可抗力：一是自然灾害，例如地震、台风、洪水等。二是某些政府行为。例如政府颁布新政策、法律和采取行政措施。三是社会异常事件，例如罢工、战争等。供应商有正当理由不能签订合同不承担法律责任，除正当理由外，供应商不得以其他任何理由拒绝与采购人签订合同。实践中，供应商往往以中标、成交价格太低导致其亏本，或者其授权的制造厂商拒绝供货等为由拒绝签订合同，这些情形均不应认定为正当理由。

《政府采购法实施条例》第七十二条规定，中标或者成交后无正当理由拒不与采购人签订政府采购合同的，处以采购金额千分之五以上千分之十以下的罚款，列入不良行为记录名单，在一至三年内禁止参加政府采购活动，有违法所得的，并处没收违法所得，情节严重的，由工商行政管理机关吊销营业执照；构成犯罪的，依法追究刑事责任。

2. 未按照采购文件确定的事项签订政府采购合同

未按照采购文件确定的事项签订政府采购合同。该项情形违反了《政府采购法》第四十六条第一款的规定。

按照采购文件确定的事项签订政府采购合同是采购人、供应商双方当事人必须履行的法律义务。《政府采购法实施条例》第六十七条规定了采购人未按照采购文件确定的事项签订政府采购合同的法律责任。所以，供应商未按照采购文件确定的事项签订政府采购合同同样要承担法律责任。

《政府采购法》第四十六条规定，采购人与中标、成交供应商应当在中标、成交通知书发出之日起30日内，按照采购文件确定的事项签订政府采购合同。采购合同不得改变采购文件所确定的实质性要件，采购人、供应商都应当依据采购文件确定事项签订采购合同，如不依据采购文件确定事项或者擅自变更采购文件确定的事项签订合同，将会损害国家利益、社会公共利益和其他当事人的合法权益，违背政府采购公平竞争制度。实践中，供应商常常以产品更新换代为由擅自变更中标、成交产品的规格型号，或者与采购人协商变更标的数量、履约时间等采购文件实质性要件。这些都属于违反本条规定的情形，应当承担相应的法律责任。

《政府采购法实施条例》第七十二条规定，供应商未按照采购文件确定的事项签订政府采购合同的，处以采购金额千分之五以上千分之十以下的罚款，列入不良行为记录名单，在一至三年内禁止参加政府采购活动，有违法所得的，并处没收违法所得，情节严重的，由工商行政管理机关吊销营业执照；构成犯罪的，依法追究刑事责任。

3. 将政府采购合同转包

政府采购合同签订后，供应商应当按照合同的规定履行合同义务，不得将合同转包。所谓合同转包，是指供应商将中标、成交的项目整体转让给其他供应商，或者将中标、成交项目拆分后分别转让给其他供应商。采购人与供应商之间签订的政府采购合同，是通过招标、竞争性谈判、竞争性磋商、询价或者单一来源采购等采购方式择优确定的，如果供应商将中标、成交项目转包，将使竞争程序失去意义，严重破坏政府采购制度的严肃性，也严重影响采购项目的质量，损害国家利益、公共利益和采购人的合法权益。合同转包要与合同分包区分。合同转包是违法行为，法律法规明确禁止合同转包行为。根据《政府采购法》第四十八条规定，经采购人同意，中标、成交供应商可以依法采取分包方式履行合同。但采取分包方式履行合同的，不能将合同的主体和关键部分分包给其他供应商。

《政府采购法实施条例》第七十二条规定，供应商将政府采购合同转包的，处以采购金额千分之五以上千分之十以下的罚款，列入不良行为记录名单，在一至三年内禁止参加政府采购活动，有违法所得的，并处没收违法所得，情节严重的，由工商行政管理机关吊销营业执照；构成犯罪的，依法追究刑事责任。

4. 提供假冒伪劣产品

政府采购合同签订后，供应商应当遵循诚实信用原则，依照合同规定的标的、质量、数量、履行期限、履行地点、履行方式等内容完成自己应尽的义务。按照约定履行，既要全面履行合同义务，又要正确适当履行合同义务。

供应商提供的产品应当符合《中华人民共和国产品质量法》的要求，不得伪造或者冒用认证标志等质量标志，伪造产品的产地，伪造或者冒用他人的厂名、厂址，不得在生产、销售的产品中掺杂、掺假，以假充真，以次充好，不得以不合格产品冒充合格产品。所谓"假冒产品"，是指伪造或者冒用认证标志等质量标志，伪造产品的产地，伪造或者冒用他人的商标、商号等。所谓"伪劣产品"，是指在生产、销售的产品中掺杂、掺假，以假充真，以次充好，以不合格产品冒充合格产品。在实践中，供应商提供假冒或者伪劣产品的现象时有发生，假冒伪劣产品损害国家利益、公共利益和采购人的合法权益，属于严重违法或者犯罪行为。所以，采购人应当加强履约验收，发现供应商提供假冒伪劣产品的，应当及时向财政部门报告，并向工商行政管理部门举报。

《政府采购法实施条例》第七十二条规定，供应商提供假冒伪劣产品的，处以采购金额千分之五以上千分之十以下的罚款，列入不良行为记录名单，在一至三年内禁止参加政府采购活动，有违法所得的，并处没收违法所得，情节严重的，由工商行政管理机关吊销营业执照；构成犯罪的，依法追究刑事责任。

5. 擅自变更、中止或者终止政府采购合同

擅自变更、中止或终止政府采购合同。该项情形违反了《政府采购法》第五十条第一款的规定。

《政府采购法实施条例》第六十七条规定了采购人擅自变更、中止或终止政府采购合同依法承担的法律责任。不得擅自变更、中止或终止政府采购合同是采购人、供应商双方当事人共同的法律义务，所以，供应商擅自变更、中止或终止政府采购合同同样要承担法律责任。

《政府采购法》第五十条规定，政府采购合同的双方当事人不得擅自变更、中止

或者终止合同。政府采购合同是根据采购文件确定的事项签订，采购人和供应商应当严格按照合同的规定履行合同义务，双方任何一方都不得变更、中止或者终止合同，也不得通过协商变更、中止或者终止合同。供应商违反《政府采购法》关于合同的规定应当承担相应的法律责任。变更、中止或者终止合同可能是合同当事人双方协商一致的行为，也可能是合同当事人单方的行为。合同变更的内容包括合同的标的、规格、型号、数量、质量等；中止是无正当理由暂停履约；终止就是不再履行合同义务。合同当事人一方擅自变更、中止或者终止合同均属于违约行为，应当承担相应的违约责任。同时，也是《政府采购法》和《政府采购法条例》禁止的行为，应承担相应的法律责任。

《政府采购法实施条例》第七十二条规定，供应商擅自变更、中止或者终止政府采购合同的，处以采购金额千分之五以上千分之十以下的罚款，列入不良行为记录名单，在一至三年内禁止参加政府采购活动，有违法所得的，并处没收违法所得，情节严重的，由工商行政管理机关吊销营业执照；构成犯罪的，依法追究刑事责任。

【小贴士】

【问】政府采购合同签订后，供货商以厂家停产为理由请求变更合同，变更为同一型号的低配版（一项技术参数降低），是否可以？如果采购人希望变更为另一型号（一项参数降低，但整体参数提高且市场价格要高于中标产品），是否可以？是否需要财政监督部门批准，具体流程是什么？

【答】采购人、供应商应根据采购文件及响应文件确定的事项签订政府采购合同，并按照合同履约。政府采购合同的双方当事人不得擅自变更采购合同。但如果合同继续履行将损害国家利益和社会公共利益的，双方当事人可以变更合同，过错方应当承担赔偿责任。合同签订后不履约的，应当依照合同追究违约责任。

(信息来源中国政府采购网)

第十章
高校政府采购履约验收及支付

严格规范开展履约验收是加强政府采购结果管理的重要举措,是保证采购质量、开展绩效评价、形成闭环管理的重要环节,对实现采购与预算、资产及财务等管理工作协调联动具有重要意义。

第一节　政府采购履约验收

一、政府采购履约验收的法律依据

现行法律法规及政策对政府采购履约验收作了相关规定,从中央到地方以加强政府采购合同履约验收为目的,提出一系列加强履约验收和实施履约验收的规定,具体如下。

1. 法律

《政府采购法》第四十一条规定,采购人或者其委托的采购代理机构应当组织对供应商履约的验收。大型或者复杂的政府采购项目,应当邀请国家认可的质量检测机构参加验收工作。验收方成员应当在验收书上签字,并承担相应的法律责任。第六十一条规定,经办采购的人员与负责采购合同审核、验收人员的职责权限应当明确,并相互分离。

2. 行政法规

《政府采购法实施条例》的出台对于《政府采购法》各项具体制度的落实具有可行性。《政府采购法实施条例》对履约验收提出了以下要求。

第十三条　采购代理机构应当建立完善的政府采购内部监督管理制度，具备开展政府采购业务所需的评审条件和设施。

采购代理机构应当提高确定采购需求，编制招标文件、谈判文件、询价通知书，拟订合同文本和优化采购程序的专业化服务水平，根据采购人委托在规定的时间内及时组织采购人与中标或者成交供应商签订政府采购合同，及时协助采购人对采购项目进行验收。

第四十五条　采购人或者采购代理机构应当按照政府采购合同规定的技术、服务、安全标准组织对供应商履约情况进行验收，并出具验收书。验收书应当包括每一项技术、服务、安全标准的履约情况。

政府向社会公众提供的公共服务项目，验收时应当邀请服务对象参与并出具意见，验收结果应当向社会公告。

第六十八条　采购人、采购代理机构有下列情形之一的，依照《政府采购法》第七十一条、第七十八条的规定追究法律责任：

……

（四）违反本条例第十五条的规定导致无法组织对供应商履约情况进行验收或者国家财产遭受损失；

……

（十）未按照规定组织对供应商履约情况进行验收。

3. 地方性法规和部门规章

部门规章在上位法的框架和体系内，对全面实施履约验收进一步作出了具体的和明确的规定。其中要求最重要且完整的是财政部《关于进一步加强政府采购需求和履约验收管理的指导意见》（财库〔2016〕205号）。

《政府采购货物和服务招标投标管理办法》（财政部令第87号）

第六条　采购人应当按照行政事业单位内部控制规范要求，建立健全本单位政府采购内部控制制度，在编制政府采购预算和实施计划、确定采购需求、组织采购活动、履约验收、答复询问质疑、配合投诉处理及监督检查等重点环节加强内部控制管理。

第十一条　采购需求应当完整、明确，包括以下内容：

……

（六）采购标的的验收标准；

（七）采购标的的其他技术、服务等要求。

第七十二条　政府采购合同应当包括采购人与中标人的名称和住所、标的、数量、质量、价款或者报酬、履行期限及地点和方式、验收要求、违约责任、解决争议的方法等内容。

第七十四条　采购人应当及时对采购项目进行验收。采购人可以邀请参加本项目的其他投标人或者第三方机构参与验收。参与验收的投标人或者第三方机构的意见作为验收书的参考资料一并存档。

财政部《政府采购非招标采购方式管理办法》（财政部令第74号）

第二十四条　采购人或者采购代理机构应当按照采购合同规定的技术、服务等要求组织对供应商履约的验收，并出具验收书。验收书应当包括每一项技术、服务等要求的履约情况。大型或者复杂的项目，应当邀请国家认可的质量检测机构参加验收。验收方成员应当在验收书上签字，并承担相应的法律责任。

财政部《关于推进和完善服务项目政府采购有关问题的通知》（财库〔2014〕37号）

四、严格服务项目政府采购履约验收管理

完善服务项目履约验收管理制度。采购人或者集中采购机构应当按照采购合同规定组织履约验收，并出具验收书，验收书应当包括每一项服务要求的履约情况。第二类服务项目，供应商提交的服务成果应当在政府部门内部公开。第三类服务项目，验收时可以邀请第三方评价机构参与并出具意见，验收结果应当向社会公告。以人为对象的公共服务项目，验收时还应按一定比例邀请服务对象参与并出具意见。

财政部《关于加强政府采购活动内部控制管理的指导意见》(财库〔2016〕99号)

二、主要任务

(一)落实主体责任。

采购人应当做好政府采购业务的内部归口管理和所属单位管理,明确内部工作机制,重点加强对采购需求、政策落实、信息公开、履约验收、结果评价等的管理。

......

三、主要措施

(二)合理设岗,强化权责对应。合理设置岗位,明确岗位职责、权限和责任主体,细化各流程、各环节的工作要求和执行标准。

......

2. 不相容岗位分离。采购人、集中采购机构应当建立岗位间的制衡机制,采购需求制定与内部审核、采购文件编制与复核、合同签订与验收等岗位原则上应当分开设置。

3. 相关业务多人参与。采购人、集中采购机构对于评审现场组织、单一来源采购项目议价、合同签订、履约验收等相关业务,原则上应当由2人以上共同办理,并明确主要负责人员。

财政部《关于进一步加强政府采购需求和履约验收管理的指导意见》(财库〔2016〕205号)

严格规范开展履约验收是加强政府采购结果管理的重要举措,是保证采购质量、开展绩效评价、形成闭环管理的重要环节,对实现采购与预算、资产及财务等管理工作协调联动具有重要意义。各地区、各部门要充分认识政府采购需求和履约验收管理的重要性和必要性,切实加强政府采购活动的源头和结果管理。

......

三、严格规范开展履约验收

(五)采购人应当依法组织履约验收工作。采购人应当根据采购项目的具体情况，自行组织项目验收或者委托采购代理机构验收。采购人委托采购代理机构进行履约验收的，应当对验收结果进行书面确认。

（六）完整细化编制验收方案。采购人或其委托的采购代理机构应当根据项目特点制定验收方案，明确履约验收的时间、方式、程序等内容。技术复杂、社会影响较大的货物类项目，可以根据需要设置出厂检验、到货检验、安装调试检验、配套服务检验等多重验收环节；服务类项目，可根据项目特点对服务期内的服务实施情况进行分期考核，结合考核情况和服务效果进行验收；工程类项目应当按照行业管理部门规定的标准、方法和内容进行验收。

（七）完善验收方式。对于采购人和使用人分离的采购项目，应当邀请实际使用人参与验收。采购人、采购代理机构可以邀请参加本项目的其他供应商或第三方专业机构及专家参与验收，相关验收意见作为验收书的参考资料。政府向社会公众提供的公共服务项目，验收时应当邀请服务对象参与并出具意见，验收结果应当向社会公告。

（八）严格按照采购合同开展履约验收。采购人或者采购代理机构应当成立验收小组，按照采购合同的约定对供应商履约情况进行验收。验收时，应当按照采购合同的约定对每一项技术、服务、安全标准的履约情况进行确认。验收结束后，应当出具验收书，列明各项标准的验收情况及项目总体评价，由验收双方共同签署。验收结果应当与采购合同约定的资金支付及履约保证金返还条件挂钩。履约验收的各项资料应当存档备查。

（九）严格落实履约验收责任。验收合格的项目，采购人应当根据采购合同的约定及时向供应商支付采购资金、退还履约保证金。验收不合格的项目，采购人应当依法及时处理。采购合同的履行、违约责任和解决争议的方式等适用《中华人民共和国合同法》。供应商在履约过程中有政府采购法律法规规定的违法违规情形的，采购人应当及时报告本级财政部门。

四、工作要求

（十）强化采购人对采购需求和履约验收的主体责任。采购人应当切实做好需求编制和履约验收工作，完善内部机制、强化内部监督、细化内部流程，把采购需求和履约验收嵌入本单位内控管理流程，加强相关工作的组织、人员和经费保障。

（十一）加强采购需求和履约验收的业务指导。各级财政部门应当按照结果导向的改革要求，积极研究制定通用产品需求标准和采购文件标准文本，探索建立供应商履约评价制度，推动在政府采购评审中应用履约验收和绩效评价结果。

（十二）细化相关制度规定。各地区、各部门可根据本意见精神，研究制定符合本地区、本部门实际情况的具体办法和工作细则，切实加强政府采购活动中的需求和履约验收管理。

4. 行政规范性文件

以湖北省为例，在结合湖北省实际的基础上充分吸收《政府采购法》《政府采购实施条例》等政策精神，湖北省亦出台相关规定来规范履约验收，这对指导履约验收工作有着积极的意义。

湖北省财政厅《关于印发〈湖北省省级政府采购工作规程〉的通知》（鄂财采规〔2015〕2号）

第四章　政府采购合同签订、备案及履约验收

……

第十五条　各部门、各单位应当按照采购合同的约定，依法组成验收小组，负责对供应商履约的验收。大型或者复杂的政府采购项目，应当邀请国家认可的质量检测机构参加验收工作。

验收小组应当按照政府采购合同规定的技术、服务、安全标准组织对供应商履约情况进行验收，并出具验收书。验收书应当包括每一项技术、服务、安全标准的履约情况。验收的标的物应与政府采购合同一致。验收小组对验收结果承担相应的法律责任。

第七章　政府采购监督检查

……

第二十八条　财政部门制定年度政府采购监督检查计划，每年确定对本级部门及其所属单位政府采购执行情况进行重点检查。重点检查政府采购实施计划备案、内部控制制度、采购需求管理、采购标准执行、采购行为规范、采购合同备案、履约验收、资金支付、信息公开、政府采购政策执行以及台账的建立等情况。检查结果报省人民政府、省监察厅、省审计厅。

湖北省财政厅《关于省级政府采购预算管理有关事项的通知》（鄂财函〔2016〕91号）

三、落实政府采购"两个责任"

（一）采购人主体责任。各预算单位是本部门、本单位的政府采购预算执行主体，负责本部门、本单位的政府采购预算编制及执行，对其执行结果负责，并依法承担确定采购需求、执行采购政策、公开采购信息、严格履约验收、完善内控制度五大主体责任。

二、政府采购履约验收的要求

政府采购履约验收是保证采购质量的关键环节。采购人应充分认识政府采购履约验收管理的重要性和必要性，切实加强政府采购活动的结果管理。由上述政府采购履约验收相关的法律法规、规章制度可知，政府采购履约验收的具体要求如下。

1. 采购人是履约验收的责任主体

采购人是政府采购履约验收工作的责任主体。对技术复杂、专业性强或者采购人履约验收能力不能满足工作需要的项目，采购人可以委托第三方专业机构组织项目验收。委托事项应当在委托协议中予以明确，但不得因委托而转移或者免除采购人项目验收的主体责任。无论第三方专业机构是否参与项目验收，采购人都是政府采购项目的责任主体。

2. 验收方案的编制要完整和细化

采购人应当根据项目特点制定验收方案，明确履约验收的时间、方式、程序等内容。技术复杂、社会影响较大的货物类项目，可以根据需要设置出厂检验、到货检验、安装调试检验、配套服务检验等多重验收环节；服务类项目可根据项目特点对服务期内的服务实施情况进行分期考核，结合考核情况和服务效果进行验收；工程类项目应当按照行业管理部门规定的标准、方法和内容进行验收。

对于采购人和使用人分离的采购项目，应当邀请实际使用人参与验收。采购人、采购代理机构可以邀请参加本项目的其他供应商或第三方专业机构及专家参与验收，相关验收意见作为验收书的参考资料。政府向社会公众提供的公共服务项目，验收时应当邀请服务对象参与并出具意见，验收结果应当向社会公告。

3. 开展履约验收应严格遵循采购合同

采购人或者采购代理机构应当成立验收小组，按照采购合同的约定对供应商履约情况进行验收。验收时，应当按照采购合同的约定对每一项技术、服务、安全标准的履约情况进行确认。验收结束后，应当出具验收书，列明各项标准的验收情况及项目总体评价，由验收双方共同签署。验收结果应当与采购合同约定的资金支付及履约保证金返还条件挂钩。履约验收的各项资料应当存档备查。

4. 履约验收责任应严格落实

验收合格的项目，采购人应当根据采购合同的约定及时向供应商支付采购资金、退还履约保证金。验收不合格的项目，采购人应当依法及时处理。采购合同的履行、违约责任和解决争议的方式等适用《民法典》。供应商在履约过程中有政府采购法律法规规定的违法违规情形的，采购人应当及时报告本级财政部门。

第二节　高校政府采购履约验收

一、高校政府采购项目的特点

高校作为教育系统的公益性事业单位，与一般行政事业单位有所不同，具有其自身的特点，主要体现在以下方面。

1. 高校政府采购品目种类多、范围广

为满足学校的发展和保障各项基本生活与工作需求，高校政府采购的种类相对较为复杂、数量和资金相对较为庞大。采购范围涉及货物、工程和服务，其中货物类采购一般包含科研设备、办公设备、教学设备、实训设备、学生生活用具等；工程类采购一般包含文体场所设施建设、房屋修缮及改扩建工程等；服务类采购一般包含教学科研相关服务、信息系统集成服务、物业管理服务、体检服务等。

2. 高校政府采购专业性要求高

高校政府采购是为高校的教学、科研和人才培养工作服务的，通常需采购专业化程度高的科研仪器设备，以满足专业发展前沿及特定领域科研工作的需求，采购项目对专业程度要求较高。

3. 高校政府采购涉及的部门多

高校各部门、各院系要根据实际情况编制本部门的政府采购预算,并由计划财务管理部门汇总编制全校的政府采购预算,并将政府采购预算报校领导进行集体决策审批后确定最终的政府采购预算,最终报财政管理部门审核。审核通过后,政府采购管理部门或采购项目主管部门再进行政府采购实施。在实际工作中,还经常出现各环节需要协调沟通的情况,因此耗费时间相对较长。

4. 高校政府采购制度相对健全

高校通过建立和不断完善校内的内部控制管理制度,进一步明确和规范采购流程,比如围绕采购资金管理、采购合同管理、采购专家管理以及采购廉政建设等方面制定管理办法,形成行之有效的管理流程。

二、高校政府采购履约验收的现状

严格规范开展履约验收是加强政府采购结果管理的重要举措,是政府采购活动的重要组成部分和关键环节,是约束供应商的有效手段,是评价采购效果的最直接方式,是保证采购质量、开展绩效评价、形成闭环管理、实现物有所值采购目标的重要保障,对实现采购与预算、资产及财务等管理工作协调联动具有重要意义。2016年,财政部颁行《关于进一步加强政府采购需求和履约验收管理的指导意见》(财库〔2016〕205号)(以下简称《指导意见》),《指导意见》从五个方面对履约验收进行严格规范:采购人应当依法组织履约验收工作;完整细化编制预算方案;完善验收方式;严格按照采购合同开展履约验收;严格落实履约验收责任。

为指导采购人规范开展履约验收,根据深化政府采购制度改革工作要求,各大高校也结合自身特点与实际情况,在积累了一定验收工作经验的基础上,出台了适用的履约验收实施方案或管理细则等,如湖北省属某高校在2016年推出了《招标采购需求论证和履约验收管理办法》,对履约验收的目的、原则、主体、职责、程序、监督检查和法律责任作出了具体的规定。

1. 高校政府采购履约验收共性情形

(1)明确采购人是政府采购履约验收工作的责任主体。采购人应当强化内部监督,完善履约验收工作机制,细化工作流程,把履约验收嵌入单位内控管理体系。

采购人应当加强履约验收工作的组织、人员和经费保障，履行验收义务，确定验收结论，依法处理验收中发现的问题及合同履行纠纷，对供应商的违法违规和违约失信行为，及时记录反馈，并向本级财政部门报告。

（2）履约验收一般包括采购部门自行验收和学校组织验收两种模式，即所有用户单位有自行采购权限及集中采购目录内、政府采购限额以下的验收由各单位自行组织，或由相关部门（如采购管理部门、资产管理部门等）组织。

（3）履约验收程序至少包括成立验收小组、制定验收方案、开展验收活动以及出具验收报告。在制定验收方案时，应明确履约验收主体的时间、方式、程序等内容，并针对不同的项目属性，分别明确了履约验收的标准、方法和内容。验收小组应当根据项目特点，制定具体详细的采购项目验收方案，包括项目基本情况、验收组织方式、项目类别、验收小组组成、验收方式与方法、验收指标及标准等。

2. 高校政府采购履约验收的不足

政府采购项目的履约验收是采购活动的最后一道关口，是保障采购人利益的重要手段。依据《行政事业单位内部控制规范（试行）》第三十六条规定，高校必须加强对政府采购项目验收的管理。

1）履约验收环节重视程度有待加强

部分高校在内控管理制度上对履约验收环节要求不够具体，约束对象不全面，缺乏对履约验收风险的认识，重过程轻结果，只重视执行政府采购业务人员约束，忽略对项目验收人员的约束，更重视采购项目发布中标结果之前的流程，而忽略了对中标（成交）供应商履约以及项目验收的细节控制。

2）履约验收环节监管力度有待提高

在目前的政府采购内控管理模式流程中，缺乏对采购项目履约验收的结果控制，采购项目完成后对实际的履约验收情况缺乏约束手段。学校自行对专业设备、新型设备、大型设备、定制型设备等进行验收，或委托第三方机构组织验收。采购项目的履约验收监管力度相对薄弱，不利于保证采购质量，增加了廉政风险，造成财政资金的浪费。

3）履约验收专业程度有待完善

履约验收归口责任部门在专业能力上不对口，无法完全把握采购标的的技术要求，因此可能使验收流于形式。高校履约验收工作往往只从服务内容、货物外观、数量和表现出来的功能上加以评判，忽略可能会在使用过程中逐渐暴露的技术风险。随着高校"双一流"等建设的不断开展，高校的科研仪器政府采购范围开始从通用类科研仪器向定制类科研仪器转变，此类项目的验收未有统一的标准，更加大了履约验收的难度。

结合《政府采购需求管理办法》（财库〔2021〕22号）的最新规定，高校政府采购项目的履约验收方案要明确履约验收的主体、时间、方式、程序、内容和验收标准等事项。采购人可以邀请参加本项目的其他供应商或者第三方专业机构及专家参与验收，相关验收意见作为验收的参考资料。

对于面向全校的公共服务项目，验收时应当邀请服务对象参与并出具意见，验收结果可向全校公告。验收内容要包括每一项技术和商务要求的履约情况，验收标准要包括所有客观、量化指标。不能明确客观标准、涉及主观判断的，可以通过在采购人、使用人中开展问卷调查等方式，转化为客观、量化的验收标准。

对于分期实施的采购项目，应当结合分期考核的情况，明确分期验收要求。货物类项目可以根据需要设置出厂检验、到货检验、安装调试检验、配套服务检验等多重验收环节。工程类项目的验收方案应当符合行业管理部门规定的标准、方法和内容。对于应当开展需求调查采购项目的履约验收，高校要研究采购过程和合同履行过程中的风险，判断风险发生的环节、可能性、影响程度和管控责任，采取有针对性的处置措施和提出有针对性的替代方案。

三、高校政府采购履约验收的流程

合同履行达到验收条件时，供应商向采购人发出项目验收申请。采购人应当收到申请后启动项目验收，并通知供应商。政府采购项目履约验收程序分为：一是成立履约验收小组；二是制定履约验收方案；三是开展履约验收活动；四是出具履约验收报告；五是公告履约验收结果；六是存档履约验收资料。具体工作内容请参见表10-1。

表10-1 政府采购项目部门履约验收程序

序号	咨询程序	工作内容
1	成立履约验收小组	履约验收小组应由使用部门人员、熟悉掌握政府采购项目技术需要的人员或专业检测机构人员等三人以上单数组成
2	制定履约验收方案	根据项目具体情况制定详细的采购项目履约验收工作方案

续表

序号	咨询程序	工作内容
3	开展履约验收活动	验收小组应按照验收工作方案实施验收,对验收结果提出结论性的意见
4	出具履约验收报告	验收小组验收完成后,咨询机构应将项目情况、验收情况在履约验收报告中详细记录和如实反映
5	公告履约验收结果（如需）	采购人依据验收书和供应商其他履约情况,对验收项目进行公告并在政府采购平台中进行验收结果录入和公告
6	存档履约验收资料	采购项目完成验收后,采购人应当将验收原始记录、验收书等验收资料作为该采购项目档案妥善保管

1. 成立履约验收小组

采购人在执行政府采购项目履约验收时,首先应当成立政府采购项目验收小组,负责项目验收具体工作,出具验收意见,并对验收意见负责。验收小组可由使用部门、审计部门、财务部门、资产管理部门等单位内部人员或其他专业技术人员等组成。验收小组成员由采购人自行选择,可以从本单位指定,也可以从同领域其他单位或者第三方专业机构等邀请。

履约验收小组原则上由熟悉项目需求与标的的专业技术人员、使用部门人员或邀请的专家等组成,并明确履约验收小组的负责人,主持验收小组工作。

(1) 凡符合下列情况之一的:

① 自行组织的分散采购项目。

② 未达到公开招标限额标准的政府采购项目。

③ 功能简单且属于标准定制的货物采购项目。

④ 需求单一且属于通用的服务采购项目。

验收小组成员可由熟悉掌握政府采购项目技术需要的采购单位人员、采购人使用部门人员等三人以上单数组成。相关专业技术人员不足的或采购人认为有必要的,可邀请验收专家参加验收。

(2) 凡符合下列情况之一的:

① 达到公开招标限额标准的政府采购项目。

② 受到质疑、投诉的政府采购项目。

③ 社会普遍关注及影响面较大的政府采购项目。

④ 大型、复杂的政府采购项目。

⑤ 政府采购监督管理部门规定的其他需要采取联合验收方式进行验收的政府采购项目。

验收小组成员由熟悉掌握政府采购项目技术需要的专家、采购人相关人员、监管部门人员等组成。对于大型或复杂的采购项目或依法需要国家相关职能部门检测的项目，应当邀请国家认可的质量检测机构参加验收工作或国家相关职能部门人员参加验收工作并出具意见。政府向社会提供的公共服务项目，验收时应当邀请服务对象参加验收工作并出具意见。

自行委托专家参加验收工作的，应对专家的真实性、合法性承担责任。验收专家必须符合政府采购评审专家要求并具备验收项目所需的专业资质。

验收小组应当认真履行项目验收职责，确保项目验收意见客观真实反映合同履行情况。验收小组应当在实施验收前全面掌握项目采购需求、验收清单和标准，项目的技术规定要求和中标（成交）供应商的响应承诺等情况以及合同明确约定的要求，并做好验收所需要的其他准备工作。

2. 制定履约验收方案

验收组织机构应当在实施验收前根据项目验收清单和标准、招标（采购）文件对项目的技术规定和要求、供应商的投标（响应）承诺情况、合同明确约定的要求等，制定具体详细的项目验收方案。

履约包括项目基本情况、验收组织机构、验收方式、验收流程和时间、验收内容及标准等内容。其中项目验收方式应当符合项目特点，对一次性整体验收不能反映履约情况的项目，应当采取分段、分期验收的方式，科学设置分段节点，分别制定验收方案并实施验收。验收内容要包括每一项技术和商务要求的履约情况，客观反映货物供给、工程施工和服务承接完成情况。货物类项目应当包括出厂检验、到货检验、安装调试检验及配套服务检验等多重验收环节。工程类项目应当包括施工内容、施工用料、施工进程、施工工艺、质量安全等。服务类项目应当包括服务对象覆盖面、服务事项满意度、服务承诺实现程度和稳定性等。验收标准要包括所有客观、量化指标。不能明确客观标准、涉及主观判断的，可以通过在采购人、使用人中开展问卷调查等方式，转化为客观、量化的验收标准。

验收方案制定的质量、完善程度，是验收工作的关键所在，是后续开展验收工作能否顺利、高效进行的前提条件。

3. 开展履约验收活动

供应商提供项目验收相关技术资料、合格证明以及验收所必须具备的其他材料，并协助验收组织机构开展验收。验收小组应当根据事先拟定的验收工作方案，对供应商提供的货物、工程或者服务按照招标（采购）文件、投标（响应）文件、封存样品、政府采购合同进行逐一核对、验收，并做好验收记录。验收工作由采购人组织、验收小组负责、供应商配合。验收工作应完整完善、公开合理，必要时应抽样并送交具备资质的第三方检测机构进行检验。

验收小组应按照拟定的验收工作方案及时做好验收前准备，依据政府采购合同、采购文件、投标（响应）文件、封存样品等规定的技术、服务、安全标准组织对供应商提供的货物、服务或工程进行验收。

标准定制的货物和通用的服务采购项目可以采用抽检方式进行验收。验收时，应当按照招标（采购）文件、投标（响应）文件、封存样品、政府采购合同约定对每一项技术、服务、安全标准的履约情况进行逐一核对、验收，并做好验收记录，政府向社会公众提供的公共服务项目，还应记录好服务对象出具的意见。

验收过程中，验收小组成员应认真做好个人验收记录，提出个人验收意见，个人验收意见作为验收报告的依据。验收小组在成员个人验收意见的基础上形成履约验收书。对需要共同认定的事项存在争议的，按照少数服从多数的原则出具履约验收结论，并签字确认。验收小组成员对验收有异议的，可在履约验收书上签署不同意见，并说明理由。

大型或复杂、关系到生命财产安全、社会关注度高的采购项目，验收组织机构应当邀请国家认可的质量检测机构参与验收，按照专业检测程序和时限完成验收工作后出具检测报告，并在验收书上签署意见并加盖单位公章。政府向社会公众提供的公共服务项目，应当邀请服务对象参与验收并出具意见。

4. 出具履约验收报告

履约验收结束后，根据采购项目实际、履约验收过程、履约验收情况及验收结论等编制项目履约验收报告。履约验收报告应包括：实施验收过程基本情况陈述，供应商对合同规定的每一项技术、服务、安全标准等履行情况，与政府采购合同约定的权利义务比较情况，验收结论性意见等。验收小组全体成员应当在验收报告上签字确认，对自己的验收结论承担法律责任。验收小组成员对验收结论存在争议的，应当按照少数服从多数的原则出具结论。有异议的验收小组成员应当在验收报告上签署不同意见并说明理由，否则视为同意验收结论。委托第三方检测的，需附上检测报告。分期验收的项目，需附上相应资料。采购人应当根据验收结论明确验收意见并盖章确认（验收结果如与采购合同不一致的，采购人应当根据验收意见中载明的具体偏差内容和处置建议，研究确定验收意见并加盖公章）。

对网上商城以及其他金额较小或者技术简单的项目，可以适当简化前述验收流程，由采购人指定本单位熟悉项目需求与标的的工作人员，对合同约定的技术、服务、安全标准等内容进行验收，提出项目验收意见，并由采购人确认。项目履约验收合格作为支付采购资金和退还履约保证金的重要依据和必要条件。

验收结果不合格的，采购人应责令供应商采取补救措施，向供应商发出整改通知书，整改完成后，由供应商通知采购人重新验收。重新验收仍然不合格的，采购人应当按照合同约定追究供应商的违约责任。验收结果部分不合格，不影响整体使用的，经采购人同意，可以先将合格的部分交付使用并支付相应部分的采购资金。若验收结果合格，应按照合同约定支付价款。对于验收结果不合格的项目，如可经整改合格的，应当给予限期整改的机会，若整改后仍不合格，则应当按照合同约定追究供应商的违约责任。

5. 公告履约验收结果

《政府采购法实施条例》第四十五条规定，政府向社会公众提供的公共服务项目，验收时应当邀请服务对象参与并出具意见，验收结果也应当向社会公告。

公共服务项目验收结果公告

  一、合同编号：_____

  二、合同名称：_____

  三、项目编号（或招标编号、政府采购计划编号、采购计划备案文号等，如有）：_____

四、项目名称：_____

五、合同主体

采购人（甲方）：_____

地址：_____

联系方式：_____

供应商（乙方）：_____

地址：_____

联系方式：_____

六、合同主要信息

服务内容：_____

服务要求：_____

服务期限：_____

服务地点：_____

七、验收日期：_____

八、验收组成员（应当邀请服务对象参与）：_____

九、验收意见：_____

十、其他补充事宜：_____

选自财政部办公厅《关于印发〈政府采购公告和公示信息格式规范（2020年版）〉的通知》（财办库〔2020〕50号）

6. 存档履约验收资料

验收完成，各项资料应当存档备查。采购项目完成验收后，采购人应当整理验收申请、验收方案、采购资料及合同、验收记录、检测报告、验收书等材料作为该采购项目档案并妥善保管，不得伪造、变造、隐匿或者销毁，验收资料保存期为从验收结束之日起十五年。

第三节　政府采购履约验收的监督检查及责任追究

一、政府采购履约验收的监督检查

财政部门是采购人履约验收的监管部门，财政部门应当强化采购人的履约验收监管，将以下内容纳入监督检查：是否制定政府采购项目履约验收内部控制管理制度，是否履行了项目验收义务，项目验收工作是否规范，验收方对于验收过程中发现的问题是否及时报告并妥善处理等。

对采购结果出现质疑、投诉、举报的采购项目，采购人根据工作需要，可以在项目验收前告知提出质疑、投诉、举报的供应商或者个人对履约验收情况进行监督。对于采购人和实际使用人或者受益者分离的采购项目，采购人应当通知实际使用人或者受益者对履约验收情况进行监督。

采购人、采购代理机构、供应商应当全面配合监管部门的监督检查和集中采购机构的履约评价，不得阻挠、欺骗或者消极应付。

采购人、采购代理机构、供应商应当签署保密承诺，严格保守项目验收中获悉的国家和商业秘密。

二、政府采购履约验收的责任追究

项目验收中发现供应商违约情形的，采购人应当按照合同的约定追究供应商的违约责任，情节严重或者拒不整改的，应当报财政部门，由财政部门依法处理。

采购人、采购代理机构、供应商在项目验收过程中，存在违法违规行为的，依据《政府采购法》及《政府采购法实施条例》等有关法律法规的规定进行处理。给他人造成损失的，应当赔偿相应损失；构成犯罪的，依法移送司法机关处理。

第四节　政府采购合同支付

一、政府采购合同支付相关规定

采购人应当按照政府采购合同规定，及时向中标（成交）供应商支付采购资金。

政府采购项目资金支付程序按照国家有关财政资金支付管理的规定执行。

《关于切实加强地方预算执行和财政资金安全管理有关事宜的通知》（财库〔2019〕49号）指出，各地财政部门和预算单位要严格执行预算管理和国库集中支付管理有关规定，除法律法规另有规定外，不得在无预算安排或不符合暂付款项管理规定的情况下支付资金，严禁依据不符合法律法规规定的合同或协议支付资金。

二、政府采购合同支付方式

使用纳入政府采购预算资金的政府采购项目，通过财政授权支付方式进行支付。财政授权支付，是指采购人根据财政部门的授权，向代理银行签发支付指令，代理银行根据支付指令，在各级财政部门批准的用款额度内，通过国库单一账户体系将资金支付到收款人账户。

三、政府采购合同支付工作流程

各省、自治区、直辖市关于政府采购资金支付都有各自的工作流程。以湖北省为例，采购人先将政府采购合同信息录入到政府采购管理信息系统，政府采购管理信息系统将根据合同信息自动生成政府采购资金支付申请。然后，采购人要按照合同的约定及时在政府采购管理信息系统中提交政府采购资金支付申请，各级财政部门在审核合同信息、中标（成交）通知书、验收报告、预算指标等相关文件后予以确认并下达支付指令。

第十一章 高校政府采购绩效评价

高校作为实行预算管理的事业单位,根据《政府采购法》的规定,其货物、工程和服务类项目的采购应当纳入政府采购管理。相关管理部门对高校政府采购工作的推进情况和实施效果,在资金预算、采购方式、采购流程、监督审核、效果评价、人员培训等方面都进行了严格的管理,其目的是促使高校的采购工作规范化、纯粹化,使其真正达到为教学服务的目标。

政府采购已成为高校行政工作的重要组成部分,建立完善的政府采购绩效评价体系,对推进我国高校政府采购工作更好地发展起到了关键作用。高校在政府采购法律制度的原则指导下,如何结合自身实际,构建符合新形势下自身发展规律和发展需求的政府采购绩效评价和管理体系,已成为高校管理中亟待解决的重要课题。

第一节 政府采购绩效评价的概念

一、政府采购绩效评价定义

政府采购绩效评价,是指运用一定的评价方法和标准,对政府采购活动组织实施全过程进行全面、客观、科学的评价,形成绩效评价结果,为规范政府采购相关当事人及参与者的行为提供信息参考,为实施政府采购监督管理提供依据。

二、政府采购绩效评价的基本原则

1. 科学公正

绩效评价应当运用科学合理的方法，按照规范的程序，对政府采购项目绩效进行客观、公正的反映。

2. 导向明确

绩效评价应以结果导向为核心，强化责任约束。

3. 统筹兼顾

单位自评和监管部门重点评价应职责明确，各有侧重，相互衔接。

4. 公开透明

绩效评价结果应依法依规公开，并自觉接受社会监督。

三、政府采购绩效评价的主要依据

1. 国家法律法规及各部委文件

目前我国尚未出台专门针对政府采购项目绩效评价的法律法规，但在一些政府采购相关的法律法规中对绩效评价提出了指导意见。

1)《中华人民共和国预算法》

第一章　总则

第十二条：各级预算应当遵循统筹兼顾、勤俭节约、量力而行、讲求绩效和收支平衡的原则。

第四章　预算编制

第三十二条：各级预算应当根据年度经济社会发展目标、国家宏观调控总体要求和跨年度预算平衡的需要，参考上一年预算执行情况、有关支出绩效评价结果和本年度收支预测，按照规定程序征求各方面意见后，进行编制。

第六章　预算执行

第五十七条：各级政府、各部门、各单位应当对预算支出情况开展绩效评价。

2)《政府购买服务管理办法》

<h2 style="text-align:center">第一章　总　则</h2>

第三条：政府购买服务应当遵循预算约束、以事定费、公开择优、诚实信用、讲求绩效原则。

<h2 style="text-align:center">第四章　购买活动的实施</h2>

第二十条：购买主体实施政府购买服务项目绩效管理，应当开展事前绩效评估，定期对所购服务实施情况开展绩效评价，具备条件的项目可以运用第三方评价评估。

财政部门可以根据需要，对部门政府购买服务整体工作开展绩效评价，或者对部门实施的资金金额和社会影响大的政府购买服务项目开展重点绩效评价。

第二十一条：购买主体及财政部门应当将绩效评价结果作为承接主体选择、预算安排和政策调整的重要依据。

<h2 style="text-align:center">第五章　合同及履行</h2>

第二十五条：购买主体应当加强政府购买服务项目履约管理，开展绩效执行监控，及时掌握项目实施进度和绩效目标实现情况，督促承接主体严格履行合同，按照合同约定向承接主体支付款项。

第二十八条：承接主体应当严格遵守相关财务规定，规范管理和使用政府购买服务项目资金。

承接主体应当配合相关部门对资金使用情况进行监督检查与绩效评价。

3)《关于推进和完善服务项目政府采购有关问题的通知》

推进政府采购服务项目绩效评价；建立绩效评价与后续采购相衔接的管理制度。按照全过程预算绩效管理制度要求，加强服务项目政府采购绩效评价，对项目的资金节约、政策效能、透明度以及专业化水平进行综合、客观评价。对于服务项目验收或者绩效评价结果优秀的供应商，在同类项目的采购中同等条件下可以优先考虑。

4)《关于加强政府采购活动内部控制管理的指导意见》

保障措施：强化运行监督。建立内部控制管理的激励约束机制，将内部控制制度的建设和执行情况纳入绩效考评体系，将日常评价与重点监督、内部分析和外部评价相结合，定期对内部控制的有效性进行总结，加强评估结果应用，不断改进内部控制管理体系。财政部门要将政府采购内部控制制度的建设和执行情况作为政府采购监督检查和对集中采购机构考核的重要内容，加强监督指导。

5）《关于进一步加强政府采购需求和履约验收管理的指导意见》

高度重视政府采购需求和履约验收管理：严格规范开展履约验收是加强政府采购结果管理的重要举措，是保证采购质量、开展绩效评价、形成闭环管理的重要环节，对实现采购与预算、资产及财务等管理工作协调联动具有重要意义。

工作要求：各级财政部门应当按照结果导向的改革要求，积极研究制定通用产品需求标准和采购文件标准文本，探索建立供应商履约评价制度，推动在政府采购评审中应用履约验收和绩效评价结果。

6）《关于做好事业单位政府购买服务改革工作的意见》

推进绩效管理。购买主体应当会同财政部门建立全过程预算绩效管理机制，依据确定的绩效目标开展绩效管理。购买主体要结合购买服务合同履行情况，推进政府购买事业单位服务绩效评价工作，将绩效评价结果作为确定事业单位后续年度参与承接政府购买服务的考量因素，健全对事业单位的激励约束机制，提高财政资金使用效益和公共服务提供质量及效率。积极探索推进第三方评价。

强化监督管理。各级财政部门要将政府向事业单位购买服务工作纳入财政监督范围，加强监督检查与绩效评价相结合，加大监督力度，保障政府购买服务工作规范开展。

做好信息公开。积极推进政府向事业单位购买服务绩效信息公开。

7）《关于通过政府购买服务支持社会组织培育发展的指导意见》

完善采购环节管理。实施购买服务的各级政府部门（购买主体）应充分考虑公共服务项目特点，优化政府购买服务项目申报、预算编制、组织采购、项目监管、绩效评价等工作流程，提高工作效率。

加强绩效管理。购买主体应当督促社会组织严格履行政府购买服务合同，及时掌握服务提供状况和服务对象满意度，发现并研究解决服务提供中遇到的问题，增强服务对象的获得感。加强绩效目标管理，合理设定绩效目标及指标，开展绩效目标执行监控。畅通社会反馈渠道，将服务对象满意度作为一项主要的绩效指标，务实开展绩效评价，尽量避免增加社会组织额外负担。鼓励运用新媒体、新技术辅助开展绩效评价。积极探索推进第三方评价，充分发挥专业机构在绩效评价中的作用。积极探索将绩效评价结果与合同资金支付挂钩，建立社会组织承接政府购买服务的激励约束机制。

健全支持机制。民政部门要会同财政等部门推进社会组织承接政府购买服务的培训、反馈、示范等相关支持机制建设，鼓励购买主体结合绩效评价开展项目指导。

2. 各地政府文件

为进一步深化政府采购制度改革，规范政府采购项目绩效评价管理工作，提高政府采购资金使用效率，根据《预算法》《政府采购法》等相关法律法规，结合实际，各地政府制定了一些政府采购项目绩效评价暂行或试行办法。

1）省级政府文件

以下列举部分省级政府文件。

《湖北省财政厅关于印发全面实施预算绩效管理系列制度的通知》（鄂财绩发〔2020〕3号）

《河北省省级政府采购项目绩效评价管理办法（试行）》（冀财采〔2014〕13号）

《四川省政府采购执行情况绩效评价管理暂行办法》（川财采〔2015〕34号）

《河北省省级部门委托第三方机构参与预算绩效管理办法》（冀财绩〔2021〕6号）

《江西省省级政府采购项目绩效管理暂行办法》（赣财购〔2022〕18号）。

……

2）市级政府文件

以下列举部分市级政府文件。

《义乌市政府采购绩效管理办法（试行）》（义政办发〔2016〕154号）

《合肥市政府采购绩效管理暂行办法》（合财购〔2020〕1130号）

《郑州市政府采购项目绩效评价管理办法（试行）》（郑财购〔2021〕4号）

《洛阳市政府采购项目绩效评价管理暂行办法（试行）》（洛财购〔2021〕15号）

《新乡市本级政府采购项目绩效评价管理办法（试行）》（新财购〔2021〕5号）

《鹤壁市市级政府采购绩效管理办法》（鹤财办购〔2021〕16号）

《佛山市政府采购绩效评价管理规定（试行）》（佛政数函〔2021〕52号）

《眉山市本级政府采购项目绩效评价办法（试行）》（眉财规〔2022〕1号）

德州市《政府采购和政府购买服务项目绩效评价管理办法（试行）》（德财采〔2022〕15号）

《泰安市市级政府采购和政府购买服务项目绩效评价管理办法（试行）》（泰财采〔2022〕24号）

《广元市市级政府采购预算绩效管理暂行办法》(广财采〔2022〕61号)

《宜昌市政府采购绩效管理办法》(宜市财采发〔2022〕11号)

……

第二节　高校政府采购绩效评价

一、高校政府采购绩效评价的意义

政府采购绩效的提高有利于实现政府公共职能,加强政府采购在调控经济发展、促进产业转型和结构升级方面的作用。政府采购绩效评价的目的就是帮助政府采购提高绩效,加快政府采购制度改革,更好地发挥其自身职能和政策功能。而政府采购绩效评价指标体系的建立能影响政府采购绩效评价的可操作性和适用性,对维护政府形象和公众信任程度具有十分重要的意义。

高校政府采购活动与其他机关、事业单位又有许多不同之处,在实际操作过程中,距离"规范化""阳光采购"还有一定的差距。通过实施政府采购绩效评价,有利于充分发现高校政府采购活动中的不足,不断优化高校政府采购工作,落实采购人主体责任,切实提高高校政府采购绩效。

因此,高校建立一个符合实际、科学有效的政府采购绩效评价体系,会给高校的政府采购工作带来以下诸多好处。

1. 有利于提高高校政府采购绩效

高校每年投入大量资金到教学、科研的软硬件建设上,而投入资金所获得的产出如何评价,是否能达到政府采购需求设定的各项目标,均需高校建立政府采购绩效评价体系。另外,上一阶段政府采购绩效评估结果也为下一阶段政府采购计划及预算的科学制定提供基础,利于提高高校政府采购绩效。

2. 有利于监督高校政府采购行为

公开、公平、公正、诚实守信是政府采购行为所遵循的基本原则,而完整、规范的监督机制则是确保政府采购工作规范开展的有力措施。通过建立健全高校政府采购评价体系,可以对高校政府采购行为中是否执行政府采购法律法规、财政政策导向、促进廉政建设等方面的要求进行评价。政府采购绩效评价体系是一面镜子，它的存在可以暴露出政府采购过程中存在的问题，并促使采购部门必须按照规定的程序和标准组织实施采购，有利于推动高校对政府采购工作重要性的认识，对高校在高质量发展上理清思路、把握方向有着很好的指导意义。

3. 有利于展示高校政府采购成果

建立高校政府采购评价体系、公布绩效评价结果，是高校向服务对象展示工作成效的机会。而且服务对象对高校政府采购工作的积极评价，也可令广大师生及社会公众了解高校政府采购工作的实际内容，以此获得更多的支持。

高校建立政府采购绩效评价体系可以起到评价高校政府采购绩效、监督政府采购工作、反映预算执行情况、指导政府采购计划制订、促进采购工作不断完善的作用。

二、高校政府采购绩效评价体系的建立

1. 高校政府采购绩效评价体系建立的原则

高校政府采购评价工作应贯穿于高校采购工作全过程。针对高校采购工作的实际情况，科学地构建政府采购绩效评价体系，重点应考虑采购前期准备阶段，比如，采购预算编制、采购计划申报，而难点则是在采购事项完成之后的实际效果跟踪方面。另外，绩效评价体系的构建还要依据政府采购和绩效管理的法律法规和政策导向，推动政府采购从程序管理向结果导向转变。评价体系要做到科学、合理、全面地反映高校政府采购工作在事前、事中、事后三个阶段的实际情况。在对政府采购进行绩效评价时，要充分考虑政府采购的效果性、经济性、效率性、环境性和公平性。

1）系统性和全面性相结合的原则

政府采购绩效评价体系应能够全面、系统、多维度地反映政府采购绩效。由于政府采购涉及的方面和范围较为复杂和广泛，且需考虑长远的、可持续的绩效趋势，因此需要政府采购绩效评价体系具有系统性，通过绩效评价指标之间的相互配合来从不同层面对政府采购绩效进行评价。构建的政府采购绩效评价体系还需能够全面、客观地反映政府采购绩效，因此，不仅要设计包括政府采购项目的标的数量、质量及与程序相关的指标，还要设计反映政府采购各项政策功能发挥作用的指标。

系统性和全面性相结合的原则，要求政府采购绩效评价体系能够根据不同的政府采购项目特点，采用特定的绩效评价标准和指标，通过指标之间的有机组合，全面、系统地反映政府采购自身的内涵和特征，以及在调控经济、促进产业升级、对中小企业支持和创新等方面的采购绩效。

2）层次性原则

在系统性和全面性相结合的原则基础上，政府采购绩效评价体系应具有层次性。由于政府采购绩效评价过程较为复杂，需要多方位准确反映政府采购绩效实际状况，因此政府采购绩效评价体系应遵循层次性原则。将政府采购绩效评价体系设计成层次结构，确定政府采购总目标，并根据政府采购对象的特点和客观需求，以及各指标对绩效评价的贡献程度进行层层分解，通过实现各层级目标来保证政府采购整体综合目标的实现。

3）定性与定量相结合的原则

在政府采购绩效评价体系中，凡是能够直接量化的指标，应采用定量指标来进行绩效评价，如政府采购项目的经济效益状况等。但政府采购的公众满意度，政府采购对于引导产业升级、促进中小企业创新和保护环境等方面的绩效难以用定量的指标和标准进行评价，因此，需要在政府采购绩效评价体系中设计定性指标来满足客观需求。

4）可比性原则

可比性原则包括横向比较和纵向比较，要求在相同或者类似的政府采购项目中设置相同的政府采购绩效评价指标和评价标准，使这些采购项目的绩效评价结果可以进行相互比较。因此，政府采购绩效评价体系的设立应遵循可比性原则。

5）可操作性原则

政府采购绩效评价体系应能全面、有效地对政府采购过程和实施情况进行监督，因此，指标的设置则需要针对中国政府采购的现状和客观需要，符合政府采购工作的实际情况。在满足以上几个原则的基础上，评价指标的内容客观明确，所需数据和信息便于采集，评价方法简便可行，可在降低政府采购绩效评价工作成本的同时，评价结果还能够被政府采购管理部门良好运用。

2. 绩效评价体系指标的设置

1）绩效评价体系指标的设置步骤

合理评价指标选择是绩效评价体系确立的关键。虽然每个学校对于政府采购绩效评价的内容不完全相同，但指标确定基本都可包括以下几个步骤。

（1）岗位分析。

（2）分析工作流程。

（3）分析绩效特征。

（4）理论对照。

（5）在以上步骤获得指标要素的基础上，采用多种检验方法进行分析，精简提炼得到的绩效评价指标体系。

2）绩效评价体系关键指标的设置方法

绩效评价体系关键指标的设置方法主要包括以下几步。

（1）问卷调查法。

（2）绩效指标图示法。

（3）访谈法。

（4）个案法。

（5）经验法。

3）高校重点采购项目绩效评价体系指标的设置

按照政府采购项目组织实施全过程，高校重点采购项目绩效评价指标可设置指标如表 11-1 所示。

表 11-1 高校重点采购项目绩效评价体系指标的设置

一级指标	二级指标
采购项目准备情况	采购预算
	采购意向
	采购需求
	采购实施计划
	其他相关工作
采购项目实施情况	采购公告
	采购文件
	评审过程
	评审结果确认

续表

一级指标	二级指标
采购项目实施情况	中标（成交）结果公示
	代理服务
	其他相关工作
采购项目结果情况	合同签订
	合同公告
	合同履约验收
	资金支付
	供应商质疑、投诉
	其他相关工作
采购项目政策功能效果情况	节能、环保产品政策
	进口产品政策
	中小企业发展政策
	监狱企业、残疾人福利企业政策
	其他政府采购政策
采购项目信息公开及满意度情况	政府采购项目信息公开
	政府采购项目相关当事人满意度
	其他相关工作

第十二章 高校政府采购档案管理

政府采购档案是指在政府采购过程中相关资料的留存,是政府采购事件的真实记录和反映。通常以文字、图纸、光盘、音像等形式为载体进行储存,具有十分重要的价值。

第一节 档案管理相关政策规定

政府采购法律制度体系在不断发展过程中已经较为完备,针对采购活动中的各个方面,均有相关法律法规政策作为支撑。但针对政府采购档案管理,尚未专门立法对相关内容进行约束,也并未出台全国范围内统一适用的政府采购档案管理办法,而是在部分法律法规中针对档案管理进行了规定。

一、国家法律法规及各部委文件

1.《中华人民共和国档案法》

第二条　从事档案收集、整理、保护、利用及其监督管理活动,适用本法。

本法所称档案,是指过去和现在的机关、团体、企业事业单位和其他组织以及个人从事经济、政治、文化、社会、生态文明、军事、外事、科技等方面活动直接形成的对国家和社会具有保存价值的各种文字、图表、声像等不同形式的历史记录。

第十二条　按照国家规定应当形成档案的机关、团体、企业事业单位和其他组织，应当建立档案工作责任制，依法健全档案管理制度。

第十九条　档案馆以及机关、团体、企业事业单位和其他组织的档案机构应当建立科学的管理制度，便于对档案的利用；按照国家有关规定配置适宜档案保存的库房和必要的设施、设备，确保档案的安全；采用先进技术，实现档案管理的现代化。

档案馆和机关、团体、企业事业单位以及其他组织应当建立健全档案安全工作机制，加强档案安全风险管理，提高档案安全应急处置能力。

第四十七条　档案主管部门及其工作人员应当按照法定的职权和程序开展监督检查工作，做到科学、公正、严格、高效，不得利用职权牟取利益，不得泄露履职过程中知悉的国家秘密、商业秘密或者个人隐私。

第四十八条　单位或者个人有下列行为之一，由县级以上档案主管部门、有关机关对直接负责的主管人员和其他直接责任人员依法给予处分：

（1）丢失属于国家所有的档案的。

（2）擅自提供、抄录、复制、公布属于国家所有的档案的。

（3）买卖或者非法转让属于国家所有的档案的。

（4）篡改、损毁、伪造档案或者擅自销毁档案的。

（5）将档案出卖、赠送给外国人或者外国组织的。

（6）不按规定归档或者不按期移交档案，被责令改正而拒不改正的。

（7）不按规定向社会开放、提供利用档案的。

（8）明知存在档案安全隐患而不采取补救措施，造成档案损毁、灭失，或者存在档案安全隐患被责令限期整改而逾期未整改的。

（9）发生档案安全事故后，不采取抢救措施或者隐瞒不报、拒绝调查的。

（10）档案工作人员玩忽职守，造成档案损毁、灭失的。

2.《政府采购法》

《政府采购法》第四十二条针对采购档案的保存年限及内容进行了规定。

第四十二条　采购人、采购代理机构对政府采购项目每项采购活动的采购文件应当妥善保存，不得伪造、变造、隐匿或者销毁。采购文件的保存期限为从采购结束之日起至少保存十五年。

采购文件包括采购活动记录、采购预算、招标文件、投标文件、评标标准、评估报告、定标文件、合同文本、验收证明、质疑答复、投诉处理决定及其他有关文件、资料。

采购活动记录至少应当包括下列内容。

(1) 采购项目类别、名称。

(2) 采购项目预算、资金构成和合同价格。

(3) 采购方式，采用公开招标以外的采购方式的，应当载明原因。

(4) 邀请和选择供应商的条件及原因。

(5) 评标标准及确定中标人的原因。

(6) 废标的原因。

(7) 采用招标以外采购方式的相应记载。

3.《政府采购法实施条例》(国务院令第658号)

《政府采购法实施条例》第四十六条针对《政府采购法》相关条款进行了补充说明。

第四十六条　政府采购法第四十二条规定的采购文件，可以用电子档案方式保存。

4.《政府采购货物和服务招标投标管理办法》(财政部令第87号)

《政府采购货物和服务招标投标管理办法》第七十六条对档案管理进行了描述。

第七十六条　采购人、采购代理机构应当建立真实完整的招标采购档案，妥善保存每项采购活动的采购文件。

5.《政府采购非招标采购方式管理办法》(财政部令第74号)

《政府采购非招标采购方式管理办法》第二十六条对档案包括的内容进行了描述。

第二十六条　采购人、采购代理机构应当妥善保管每项采购活动的采购文件。采购文件包括采购活动记录、采购预算、谈判文件、询价通知书、响应文件、推荐供应商的意见、评审报告、成交供应商确定文件、单一来源采购协商情况记录、合同文本、验收证明、质疑答复、投诉处理决定以及其他有关文件、资料。采购文件可以电子档案方式保存。

采购活动记录至少应当包括下列内容。

(1) 采购项目类别、名称。

(2) 采购项目预算、资金构成和合同价格。

(3) 采购方式，采用该方式的原因及相关说明材料。

(4) 选择参加采购活动的供应商的方式及原因。

(5) 评定成交的标准及确定成交供应商的原因。

(6) 终止采购活动的，终止的原因。

6.《政府购买服务管理办法》(财政部令 102 号)

《政府购买服务管理办法》在第二十七条中对相关内容进行了简单的描述。

第二十七条　承接主体应当建立政府购买服务项目台账，依照有关规定或合同约定记录保存并向购买主体提供项目实施相关重要资料信息。

7.《关于加强政府采购活动内部控制管理的指导意见》(财库〔2016〕99 号)

《关于加强政府采购活动内部控制管理的指导意见》对政府采购的流程控制提出了指导性意见。

(四) 优化流程，实现重点管控。加强对采购活动的流程控制，突出重点环节，确保政府采购项目规范运行。

……

健全档案管理。采购人、集中采购机构和监管部门应当加强政府采购记录控制，按照规定妥善保管与政府采购管理、执行相关的各类文件。

8.《关于印发〈政府采购代理机构管理暂行办法〉的通知》(财库〔2018〕2 号)

《关于印发〈政府采购代理机构管理暂行办法〉的通知》第十三条、第十四条、第十六条针对政府采购代理机构的相关档案保存工作进行了描述。

第十三条　代理机构受采购人委托办理采购事宜，应当与采购人签订委托代理协议，明确采购代理范围、权限、期限、档案保存、代理费用收取方式及标准、协议解除及终止、违约责任等具体事项，约定双方权利义务。

第十四条　代理机构应当严格按照委托代理协议的约定依法依规开展政府采购代理业务，相关开标及评审活动应当全程录音录像，录音录像应当清晰可辨，音像资料作为采购文件一并存档。

第十六条　采购人和代理机构在委托代理协议中约定由代理机构负责保存采购文件的，代理机构应当妥善保存采购文件，不得伪造、变造、隐匿或者销毁采购文件。采购文件的保存期限为从采购结束之日起至少十五年。

采购文件可以采用电子档案方式保存。采用电子档案方式保存采购文件的，相关电子档案应当符合《中华人民共和国档案法》《中华人民共和国电子签名法》等法律法规的要求。

由此可见，国家层面暂未出台全国范围内统一适用的政府采购档案管理办法，仅在部分法律法规中针对档案管理进行了规定。为了规范政府采购的档案管理，部分省（市）、自治区、直辖市针对自己的情况和特点，颁布了相关文件。

二、各地政府文件

关于政府采购档案管理，各地也出台了相关的管理规定，如《陕西省政府采购档案管理办法》（陕财办采〔2022〕08号）等。

第二节　高校政府采购档案管理

一、采购过程资料的管理

采购过程资料包括采购活动记录、采购文件、投标（响应）文件、评标（审）报告、定标文件、质疑答复、投诉处理决定及其他有关音视频文件、资料等。

采购活动记录至少应当包括下列内容。

（1）采购项目类别、名称。

（2）采购项目预算、资金构成和合同价格。

（3）采购方式，采用公开招标以外的采购方式的，应当载明原因。

（4）邀请和选择供应商的条件及原因。

（5）评标标准及确定中标人的原因。

为保障政府采购资料管理的规范性和合理性，应当结合各高校的独特情况形成相应的内控制度，作为相关法律的补充，规范采购过程资料的管理。

二、采购合同的管理

政府采购合同是采购人单位与中标（成交）供应商之间约定权利义务的重要法律文件，合同管理及履约验收是政府采购活动的重要组成部分和关键环节，是实现政府采购"物有所值"的重要保障。为了保护政府采购合同当事人的合法权益，维护国家利益和社会公共利益，构建政府采购领域公平竞争、诚实守信的营商环境，需要各方高度重视，采取多项措施，加强和规范政府采购合同的签订、备案、履行、公开和验收等有关事项管理，推动政府采购活动规范有序开展，确保政府采购的质量和效率。为了切实保证各方利益，需要从以下方面着手，保证政府采购活动的顺利开展。

一是健全政府采购合同管理工作机制。要求各主管预算单位按照政府采购内部控制制度建设管理要求，健全工作机制，落实工作责任，加强对所属单位的管理与指导，严格按照法定时限签订和公告采购合同，确保单位政府采购项目按规定时限签订与公告。

二是强化政府采购合同签订、公告和备案管理。为贯彻落实政府优化营商环境要求，督促依法依规签订政府采购合同，要求采购人加快采购速度，压缩采购合同签订时间，各采购人在中标（成交）通知书发出之日起30个自然日内与中标（成交）供应商签订政府采购合同，并按要求做好合同备案，及时按合同约定支付采购资金。

三是加强政府采购合同签订、公告和备案情况督促检查。加强政府采购活动的事中、事后监管，分阶段对超时签订和公告政府采购合同情况进行通报，要求超时签订和公告政府采购合同的采购人单位立即限时开展问题整改，限时完成合同签订和公告采购合同。

四是建立相应的内控制度，对于高校的采购合同管理进行约束，制定相应的管理方案并严格执行，从而确保采购活动的顺利进行。

三、履约验收资料的管理

政府采购履约验收资料的管理，对于政府采购合同的合规性要求、事后监管、质量管理和信息公开等方面都具有重要作用。

合规性要求：政府采购是涉及公共利益的重要行为，要求采购程序、过程和结果都符合相关法律法规、政策规定和采购合同要求。履约验收是政府采购合同生效后的重要环节，验收资料是合同履约情况的重要证据。对政府采购履约验收资料进行管理，可以确保政府采购合同的合规性，防范潜在的风险。

事后监管：政府采购履约验收资料是事后监管的重要依据。政府采购项目在执行过程中，可能会出现履约不良的情况，履约验收资料可以作为监管部门进行事后监管的重要参考，及时发现和解决问题，保障政府采购合同的履约情况。

质量管理：政府采购履约验收资料可以为政府采购项目的质量管理提供有力支撑。政府采购项目可能涉及大量资金和重要设备物资，对其质量要求较高。履约验收资料可以反映采购产品或服务的实际质量情况，有助于政府部门对采购产品或服务的质量进行评估和管理。

信息公开：政府采购履约验收资料是政府信息公开的重要内容之一。政府采购是公共资源的配置过程，需要公开透明，便于公众监督。政府采购履约验收资料可以作为政府信息公开的重要内容，提高政府采购的透明度和公信力。

第十三章
高校政府采购监督检查及采购人责任

第一节 高校政府采购的监督检查

高校政府采购活动及其当事人应当接受依法实施的监督。根据高校采购活动的实际情况，除外部的司法监督检查、行政监督检查与社会监督检查外，还应当加强对高校采购人的内部监督机制。

一、政府采购监督检查的相关要求

1. 《预算法》

第九十条　政府各部门负责监督检查所属各单位的预算执行，及时向本级政府财政部门反映本部门预算执行情况，依法纠正违反预算的行为。

2. 《政府采购法》

第十三条　各级人民政府财政部门是负责政府采购监督管理的部门，依法履行对政府采购活动的监督管理职责。各级人民政府其他有关部门依法履行与政府采购活动有关的监督管理职责。

第五十九条　政府采购监督管理部门应当加强对政府采购活动及集中采购机构的监督检查。监督检查的主要内容如下。

(1) 有关政府采购的法律、行政法规和规章的执行情况。

(2) 采购范围、采购方式和采购程序的执行情况。

(3) 政府采购人员的职业素质和专业技能。

3.《政府采购法实施条例》

第六十三条　各级人民政府财政部门和其他有关部门应当加强对参加政府采购活动的供应商、采购代理机构、评审专家的监督管理,对其不良行为予以记录,并纳入统一的信用信息平台。

第六十四条　各级人民政府财政部门对政府采购活动进行监督检查,有权查阅、复制有关文件、资料,相关单位和人员应当予以配合。

第六十五条　审计机关、监察机关以及其他有关部门依法对政府采购活动实施监督,发现采购当事人有违法行为的,应当及时通报财政部门。

二、高校政府采购监督检查

1. 外部监督检查

1) 财政部门的监督检查

《政府采购法》第十三条规定,各级人民政府财政部门是负责政府采购监督管理的部门,依法履行对政府采购活动的监督管理职责。

政府采购是财政支出管理的一项制度,政府采购与财政支出管理是财政部门的内在职能。采购过程中涉及采购预算管理、资金支出管理和政府采购政策功能等,这些管理职责都与财政部门密切相关,不能由其他政府部门代替。

财政部门对高校政府采购的监督管理职责包括：预算管理、政府采购的信息管理、政府采购方式管理、政府采购合同管理、受理供应商投诉、规定政府采购专业岗位任职要求、监督检查和处理违法违规行为等。

2) 审计机关的监督检查

审计机关依法对高校政府采购监督活动实施监督,发现采购当事人有违法行为的,应当及时通报财政部门。

审计监督重点是采购资金使用的合法性及有关财经纪律问题。高校政府采购审计监督主要内容包括：

(1) 高校政府采购预算审计。包括政府采购预算编制是否遵循法定程序,是否进行调查研究、充分论证、科学预测和可行性分析；采购范围、规模、数量、金额是否合理；有无盲目采购、重复采购；采购执行过程中是否增加支出、突破预算；预算结余是否用于规定用途等。

（2）高校政府采购程序的审计。包括政府采购活动是否按计划进行；采购方式的选择是否合理；是否符合规定的要求；是否遵守了先验收后结算的规定等。

（3）高校政府采购管理的审计。包括高校政府采购管理是否从资金分配延伸到使用环节，是否对现有财产进行清查登记，是否加强对高校新增固定资产的管理等。

（4）高校政府采购效益的审计。包括经济性审计，即是否实现货币价值最大化，财产物资利用是否充分、有效；效率性审计，即必要的财产物资保障及办公设施的改善是否提高了工作效率；效果性审计，即招标采购制度的实施是否切实加强了财政支出管理，实际支出是否比预算支出明显下降，以及是否促进了政府政策目标的实现和宏观效益的发挥等。

3）监察机关的监督检查

监察机关是行使国家监察职能的专责机关，对所有行使公共权力的公职人员进行监察，调查职务违法和职务犯罪，开展廉政建设和反腐败工作。在高校政府采购活动中，监察机关主要负责对参与高校政府采购监督活动的履行公职的人员实施监察。

监察机关对高校政府采购的监督检查，主要是检查高校政府采购活动采购程序、采购方式是否符合规定；采购过程中工作人员有无违规操作行为；是否执行国家法律、法规和各项管理制度；接待政府采购活动中的信访；调查处理政府采购活动中的违纪违规问题，维护监督检查工作的严肃性等。

2. 内部监督检查

教育部《关于进一步做好政府采购工作的通知》（教财函〔2014〕19号）中明确，高校要建立或明确政府采购工作归口管理机构，其主要职责是：根据国家政府采购法律、法规制定本单位规章制度；采购计划填报、执行；对高校政府采购监督方式变更、进口产品等事项进行初审和送审；批量集中采购的汇总上报；评审专家的推荐和管理；采购信息发布管理；采购合同的管理；采购信息统计汇总和分析；组织采购人员、评审专家的业务学习和培训。

高校要进一步完善政府采购监督体系，建立财务、审计、监察等部门共同配合的监督机制。充分发挥各部门的监督职能，强化对政府采购行为的约束，切实做到严格执法，避免和杜绝违规采购现象。及时发现、纠正和处理违反政府采购法规的行为，并追究相关人员的责任。

高校要全面加强管理监督，提高管理效能，逐步推动政府采购管理监督程序导向型向结果导向型转变。要着力推进政府采购管理信息系统的建设，对采购预算、采购程序、采购结果实施动态监管。加强对采购需求、采购效果的管理，确保物有所值，确保资金的使用效率。

第二节 采购人法律责任

政府采购法律责任的责任类型按照不同的标准有不同的分类形式，最为常用的是以违反义务的性质和危害后果来划分，以此标准来划分，我国的政府采购法律责任分为民事法律责任、行政法律责任和刑事法律责任。

一、民事法律责任

采购人承担的民事法律责任违法行为。民事责任主要是一种具有补偿性的财产责任。在我国的《政府采购法》中，关于民事责任的条款只有一条，即第七十九条。根据该条规定，政府采购当事人有本法第七十一条、第七十二条、第七十七条违法行为之一，给他人造成损失的，应依照有关民事法律规定承担民事责任。可见，政府采购当事人是政府采购民事责任的主要承担者。

依照《民法典》《侵权责任法》的相关规定，违约财产性责任的承担方式包括归还财物品、更换、恢复原状、损害赔偿、违约金、定金等。依据《政府采购法》的规定，高校政府采购人需承担民事责任的违法行为主要有以下几方面。

（1）采购人在应当采用公开招标方式而擅自采用其他方式采购的。

（2）擅自提高采购标准的。

（3）委托不具备政府采购业务代理资格的机构办理采购事务的。

（4）以不合理的条件对供应商实行差别待遇或者歧视待遇的。

（5）在招标采购过程中与投标人进行协商谈判的。

（6）中标、成交通知书发出后不与中标、成交供应商签订采购合同的。

（7）采购人对应当实行集中采购的政府采购项目，不委托集中采购机构实行集中采购的。

二、行政法律责任

采购人的行政责任是指采购人在政府采购过程中因违反法律法规、部门规章的行政规定进行采购而应承担的法律责任。在我国的《政府采购法》第八章（法律责任）中，有多达十二条规定包含了行政责任的相关内容，占到了整个法律责任条文的绝大部分内容。显而易见，行政责任是我国政府采购法律责任中最主要的责任类型。政府采购中行政责任的责任承担主体主要是具有公务员身份的政府采购工作人员和行政相对人两类，两者均是在违反政府采购所规定的行政性义务，危害了行政管理秩序的情形时需要承担的行政法律责任。

参照相关法律及《国家公务员暂行条例》等规定，行政处分的具体内容有：警告、记过、记大过、降级、撤职和开除。根据《政府采购法》的规定，高校政府采购人需承担行政责任的违法行为主要有以下几方面。

（1）采购人在应当采用公开招标方式而擅自采用其他方式采购的。

（2）擅自提高采购标准的；委托不具备政府采购业务代理资格的机构办理采购事务的。

（3）以不合理的条件对供应商实行差别待遇或者歧视待遇的。

（4）在招标采购过程中与投标人进行协商谈判的。

（5）中标、成交通知书发出后不与中标、成交供应商签订采购合同的。

（6）拒绝有关部门依法实施监督检查的。

（7）采购人在政府采购过程中与供应商或者采购代理机构恶意串通的。

（8）在采购过程中接受贿赂或者获取其他不正当利益的。

（9）在有关部门依法实施的监督检查中提供虚假情况的。

（10）开标前泄露标底的或者有隐匿、销毁应当保存的采购文件或者伪造、变造采购文件的。

（11）采购人对应当实行集中采购的政府采购项目，不委托集中采购机构实行集中采购的。

（12）采购人未依法公布政府采购项目的采购标准和采购结果的。

三、刑事法律责任

在《政府采购法》中,共有五条规定了政府采购中的刑事责任。高校政府采购人刑事责任的承担主体主要是采购人、采购代理机构及其工作人员、供应商、政府采购监督机构,以上承担主体均是在其行为侵害了刑法所保护的法益并具有可归责性的情况下需要承担该种法律责任。

刑事责任的承担方式参照《刑法》的规定,主要以刑罚为主,以其他方法为补充方式。刑罚主要包括管制、拘役、有期徒刑、无期徒刑、死刑、罚金、没收财产、剥夺政治权利。其他方式包括训诫、责令具结悔过、责令赔礼道歉、赔偿损失等。根据《政府采购法》等相关法律法规的规定,高校政府采购人承担的刑事责任主要有以下几方面。

(1) 采购人在政府采购中与供应商或者采购代理机构恶意串通,构成串通投标罪的。

(2) 采购人中直接负责人员和其他负责人员利用职务上的便利,接受贿赂的,构成受贿罪的。

(3) 采购人在开标前泄露标底的,情节严重的构成侵犯商业秘密罪的。

(4) 采购人伪造、变造采购文件,构成伪造国家机关公文罪的。

(5) 采购人隐匿、销毁应当保存的采购文件,构成毁灭国家机关公文罪的。

第三节 采购人责任清单

一、编制采购预算及采购计划备案

1. 编制政府采购预算

编制政府采购预算主要包括以下几点。

(1) 政府采购应当严格按照批准的预算执行。

(2) 负有编制部门预算职责的部门在编制下一财政年度部门预算时,应当将该财政年度政府采购的项目及资金预算列出,报本级财政部门汇总。部门预算的审批,按预算管理权限和程序进行。

（3）政府采购应当依法完整编制采购预算，严格执行经费预算和资产配置标准。

2. 政府采购计划备案

采购人应当根据集中采购目录、采购限额标准和已批复的部门预算编制政府采购实施计划，报本级人民政府财政部门备案。

二、确定采购方式

1. 确定采购方式

（1）采购人不得将应当以公开招标方式采购的货物或者服务化整为零或者以其他任何方式规避公开招标采购。

（2）采购人必须按照采购法规定的采购方式和采购程序进行采购。

（3）在一个财政年度内，采购人将一个预算项目下的同一品目或者类别的货物、服务采用公开招标以外的方式多次采购，累计资金数额超过公开招标数额标准的，属于以化整为零方式规避公开招标，但项目预算调整或者经批准采用公开招标以外方式采购除外。

2. 申请采购方式变更

（1）因特殊情况需要采用公开招标以外的采购方式的，应当在采购活动开始前获得设区的市、自治州以上人民政府采购监督管理部门的批准。

（2）采购人采购公开招标数额标准以上的货物或者服务，符合《政府采购法》第二十九条、第三十条、第三十一条、第三十二条规定情形或者有需要执行政府采购政策等特殊情况的，经设区的市级以上人民政府财政部门批准，可以依法采用公开招标以外的采购方式。

（3）公开招标数额标准以上的采购项目，投标截止后投标人不足3家或者通过资格审查或符合性审查的投标人不足3家的，除采购任务取消情形外，按照以下方式处理：（二）招标文件没有不合理条款、招标程序符合规定，需要采用其他采购方式采购的，采购人应当依法报财政部门批准。

（4）达到公开招标数额标准的货物、服务采购项目，拟采用非招标采购方式的，采购人应当在采购活动开始前，报经主管预算单位同意后，向设区的市、自治州以上人民政府财政部门申请批准。

3. 自行选择代理机构并签订委托代理协议

采购人采购纳入集中采购目录的政府采购项目，必须委托集中采购机构代理采购；采购未纳入集中采购目录的政府采购项目，可以自行采购，也可以委托集中采购机构在委托的范围内代理采购。

采购人可以委托集中采购机构以外的采购代理机构，在委托的范围内办理政府采购事宜。采购人有权自行选择采购代理机构，任何单位和个人不得以任何方式为采购人指定采购代理机构。

采购人依法委托采购代理机构办理采购事宜的，应当由采购人与采购代理机构签订委托代理协议，依法确定委托代理的事项，约定双方的权利义务。

高校特殊规定除外。

三、确定采购需求

1. 合理确定采购需求

（1）政府采购应当有助于实现国家的经济和社会发展政策目标，包括保护环境、扶持不发达地区和少数民族地区、促进中小企业发展等。

（2）采购人在政府采购活动中应当维护国家利益和社会公共利益，公正廉洁，诚实守信，执行政府采购政策，建立政府采购内部管理制度，厉行节约，科学合理地确定采购需求。

（3）政府采购应当合理确定采购需求，不得超标准采购，不得超出办公需要采购。

（4）采购人应当对采购标的市场技术或者服务水平、供应、价格等情况进行市场调查，根据调查情况、资产配置标准等科学、合理地确定采购需求，进行价格测算。

采购需求应当完整、明确，包括以下内容：① 采购标的需实现的功能或者目标，以及为落实政府采购政策需满足的要求；② 采购标的需执行的国家相关标准、行业标准、地方标准或者其他标准、规范；③ 采购标的需满足的质量、安全、技术规格、物理特性等要求；④ 采购标的数量、采购项目交付或者实施的时间和地点；⑤ 采购标的需满足的服务标准、期限、效率等要求；⑥ 采购标的验收标准；⑦ 采购标的其他技术、服务等要求。

（5）科学合理确定采购需求：① 采购人负责确定采购需求。② 采购需求应当合规、完整、明确。③ 加强需求论证和社会参与。④ 严格依据采购需求编制采购文件及合同。

2. 不得对供应商实行歧视性或倾向性待遇，不得排斥其他供应商

（1）任何单位和个人不得采用任何方式，阻挠和限制供应商自由进入本地区和本行业的政府采购市场。

（2）采购人可以根据采购项目的特殊要求，规定供应商的特定条件，但不得以不合理的条件对供应商实行差别待遇或者歧视待遇。

（3）采购人或者采购代理机构有下列情形之一的，属于以不合理的条件对供应商实行差别待遇或者歧视待遇：① 就同一采购项目向供应商提供有差别的项目信息；② 设定的资格、技术、商务条件与采购项目的具体特点和实际需要不相适应或者与合同履行无关；③ 采购需求中的技术、服务等要求指向特定供应商、特定产品；④ 以特定行政区域或者特定行业的业绩、奖项作为加分条件或者中标、成交条件；⑤ 对供应商采取不同的资格审查或者评审标准；⑥ 限定或者指定特定的专利、商标、品牌或者供应商；⑦ 非法限定供应商的所有制形式、组织形式或者所在地；⑧ 以其他不合理条件限制或者排斥潜在供应商。

（4）采购人、采购代理机构不得将投标人的注册资本、资产总额、营业收入、从业人员、利润、纳税薪资等规模条件作为资格要求或者评审因素，也不得通过将除进口货物以外的生产厂家授权、承诺、证明、背书等作为资格要求，对投标人实行差别待遇或者歧视待遇。

（5）谈判小组所有成员应当集中与单一供应商分别进行谈判，并给予所有参加谈判的供应商平等的谈判机会。

（6）磋商小组所有成员应当集中与单一供应商分别进行磋商，并给予所有参加磋商的供应商平等的磋商机会。

3. 公共服务项目需求向社会公众征求意见

（1）采购人、采购代理机构应当根据政府采购政策、采购预算、采购需求编制采购文件。采购需求应当符合法律法规以及政府采购政策规定的技术、服务、安全等要求。政府向社会公众提供的公共服务项目，应当就确定采购需求征求社会公众的意见。除因技术复杂或者性质特殊，不能确定详细规格或者具体要求外，采购需求应当完整、明确。必要时，应当就确定采购需求征求相关供应商、专家的意见。

（2）对于政府向社会公众提供的公共服务项目，除按有关规定公开相关采购信息外，采购人还应当就确定采购需求在指定媒体上征求社会公众的意见，并将验收结果于验收结束之日起2个工作日内向社会公告。

4. 申请购买进口产品

（1）政府采购应当采购本国货物、工程和服务。但有下列情形之一的除外：① 需要采购的货物、工程或者服务在中国境内无法获取或者无法以合理的商业条件获取的；② 为在中国境外使用而进行采购的；③ 其他法律、行政法规另有规定的。

（2）政府采购应当采购本国产品，确需采购进口产品的，实行审核管理。

（3）对高校、科研院所采购进口科研仪器设备实行备案制管理。高校、科研院所采购进口科研仪器设备，应按规定做好专家论证工作，参与论证的专家可自行选定，专家论证意见随采购文件存档备查。

四、编制、确认采购文件，发布采购公告

1. 编制采购文件

（1）采购人可以根据采购项目的特殊要求，规定供应商的特定条件，但不得以不合理的条件对供应商实行差别待遇或者歧视待遇。

（2）采购人、采购代理机构应当根据政府采购政策、采购预算、采购需求编制采购文件。

（3）采购人或者采购代理机构应当在招标文件、谈判文件、询价通知书中公开采购项目预算金额。

（4）采购人或者采购代理机构应当按照国务院财政部门制定的招标文件标准文本编制招标文件。招标文件应当包括采购项目的商务条件、采购需求、投标人的资格条件、投标报价要求、评标方法、评标标准以及拟签订的合同文本等。

（5）采购人应当在货物服务招标投标活动中落实节约能源、保护环境、扶持不发达地区和少数民族地区、促进中小企业发展等政府采购政策。

（6）采购人根据价格测算情况，可以在采购预算额度内合理设定最高限价，但不得设定最低限价。

（7）采购人、采购代理机构不得将投标人的注册资本、资产总额、营业收入、从业人员、利润、纳税额等规模条件作为资格要求或者评审因素，也不得通过将除

进口货物以外的生产厂家授权、承诺、证明、背书等作为资格要求，对投标人实行差别待遇或者歧视待遇。

（8）采购人、采购代理机构一般不得要求投标人提供样品，仅凭书面方式不能准确描述采购需求或者需要对样品进行主观判断以确认是否满足采购需求等特殊情况除外。

（9）招标文件、资格预审文件的内容不得违反法律、行政法规、强制性标准、政府采购政策，或者违反公开透明、公平竞争、公正和诚实信用原则。

（10）谈判文件、询价通知书应当根据采购项目的特点和采购人的实际需求制定，并经采购人书面同意。采购人应当以满足实际需求为原则，不得擅自提高经费预算和资产配置等采购标准。

谈判文件、询价通知书不得要求或者标明供应商名称或者特定货物的品牌，不得含有指向特定供应商的技术、服务等条件。

（11）竞争性磋商文件应当根据采购项目的特点和采购人的实际需求制定，并经采购人书面同意，采购人应当以满足实际需求为原则，不得擅自提高经费预算和资产配置等采购标准。

磋商文件不得要求或者标明供应商名称或者特定货物的品牌，不得含有指向特定供应商的技术、服务等条件。

（12）投标人的资格条件，不得列为评分因素。

2. 对采购文件修改、澄清、变更

（1）招标文件的提供期限自招标文件开始发出之日起不得少于5个工作日。

采购人或者采购代理机构可以对已发出的招标文件进行必要的澄清或者修改。澄清或者修改的内容可能影响投标文件编制的，采购人或者采购代理机构应当在投标截止时间至少15日前，以书面形式通知所有获取招标文件的潜在投标人；不足15日的，采购人或者采购代理机构应当顺延提交投标文件的截止时间。

（2）采购人或者采购代理机构可以对已发出的招标文件、资格预审文件、投标邀请书进行必要的澄清或者修改，但不得改变采购标的和资格条件。澄清或者修改应当在原公告发布媒体上发布澄清公告。澄清或者修改的内容为招标文件、资格预审文件、投标邀请书的组成部分。

澄清或者修改的内容可能影响投标文件编制的，采购人或者采购代理机构应当在投标截止时间至少15日前，以书面形式通知所有获取招标文件的潜在投标人；不足15日的，采购人或者采购代理机构应当顺延提交投标文件的截止时间。

澄清或者修改的内容可能影响资格预审申请文件编制的，采购人或者采购代理机构应当在提交资格预审申请文件截止时间至少3日前，以书面形式通知所有获取资格预审文件的潜在投标人；不足3日的，采购人或者采购代理机构应当顺延提交资格预审申请文件的截止时间。

（3）提交首次响应文件截止之日前，采购人、采购代理机构或者谈判小组可以对已发出的谈判文件进行必要的澄清或者修改，澄清或者修改的内容作为谈判文件的组成部分。澄清或者修改的内容可能影响响应文件编制的，采购人、采购代理机构或者谈判小组应当在提交首次响应文件截止之日3个工作日前，以书面形式通知所有接收谈判文件的供应商，不足3个工作日的，应当顺延提交首次响应文件截止之日。（竞争性谈判）

（4）提交响应文件截止之日前，采购人、采购代理机构或者询价小组可以对已发出的询价通知书进行必要的澄清或者修改，澄清或者修改的内容作为询价通知书的组成部分。澄清或者修改的内容可能影响响应文件编制的，采购人、采购代理机构或者询价小组应当在提交响应文件截止之日3个工作日前，以书面形式通知所有接收询价通知书的供应商，不足3个工作日的，应当顺延提交响应文件截止之日。（询价）

（5）提交首次响应文件截止之日前，采购人、采购代理机构或者磋商小组可以对已发出的磋商文件进行必要的澄清或者修改，澄清或者修改的内容作为磋商文件的组成部分。澄清或者修改的内容可能影响响应文件编制的，采购人、采购代理机构或者磋商小组应当在提交首次响应文件截止时间至少5日前，以书面形式通知所有获取磋商文件的供应商；不足5日的，采购人、采购代理机构应当顺延提交首次响应文件截止时间。（竞争性磋商）

3. 发布采购公告

（1）政府采购的信息应当在政府采购监督管理部门指定的媒体上及时向社会公开发布，但涉及商业秘密的除外。

（2）政府采购项目信息应当在省级以上人民政府财政部门指定的媒体上发布。

采购项目预算金额达到国务院财政部门规定标准的，政府采购项目信息应当在国务院财政部门指定的媒体上发布。

（3）除涉及国家秘密、供应商的商业秘密，以及法律、行政法规规定应予保密的政府采购信息以外，下列政府采购信息必须公告：（四）招标投标信息，包括公开招标公告、邀请招标资格预审公告、中标公告、成交结果及其更正事项等。

（4）招标公告、资格预审公告的公告期限为5个工作日；竞争性谈判公告、竞争性磋商公告和询价公告的公告期限为3个工作日。单一来源公示期限不得少于5个工作日。

五、组建评审委员会

1. 抽取评审专家

（1）除国务院财政部门规定的情形外，采购人或者采购代理机构应当从政府采购评审专家库中随机抽取评审专家。

（2）采购人或者采购代理机构应当从省级以上财政部门设立的政府采购评审专家库中，通过随机方式抽取评审专家。

对技术复杂、专业性强的采购项目，通过随机方式难以确定合适评审专家的，经主管预算单位同意，采购人可以自行选定相应专业领域的评审专家。

（3）采用竞争性谈判、询价方式采购的政府采购项目，评审专家应当从政府采购评审专家库内相关专业的专家名单中随机抽取。技术复杂、专业性强的竞争性谈判采购项目，通过随机方式难以确定合适的评审专家的，经主管预算单位同意，可以自行选定评审专家。技术复杂、专业性强的竞争性谈判采购项目，评审专家中应当包含1名法律专家。

（4）采购人或者采购代理机构应当从省级以上人民政府财政部门设立的评审专家库中随机抽取评审专家。评审专家库中相关专家数量不能保证随机抽取需要的，采购人或者采购代理机构可以推荐符合条件的人员，经审核选聘入库后再随机抽取使用。

（5）出现评审专家缺席、回避等情形导致评审现场专家数量不符合规定的，采购人或者采购代理机构应当及时补抽评审专家，或者经采购人主管预算单位同意自行选定补足评审专家。无法及时补足评审专家的，采购人或者采购代理机构应当立即停止评审工作，妥善保存采购文件，依法重新组建评标委员会、谈判小组、询价小组、磋商小组进行评审。

（6）评审专家库中相应专业类型专家不足的，采购人或采购代理机构应当按照不低于1：3的比例向财政部门提供专家名单，经审核入库后随机抽取使用。出现评审专家临时缺席、回避等情形导致评审现场专家数量不符合法定标准的，采购人或采购代理机构要按照有关程序及时补抽专家，继续组织评审。如无法及时补齐专家，则要立即停止评审工作，封存采购文件和所有投标或响应文件，择期重新组建评审委员会进行评审。采购人或采购代理机构要将补抽专家或重新组建评审委员会的情况进行书面记录，随其他文件一并存档。

（7）高校、科研院所科研仪器设备采购，可在政府采购评审专家库外自行选择评审专家。自行选择的评审专家与供应商有利害关系的，应严格执行回避有关规定。

2. 成立评审委员会（磋商、谈判、询价小组）

（1）采用竞争性谈判方式采购的，应当遵循下列程序：（一）成立谈判小组。谈判小组由采购人的代表和有关专家共三人以上的单数组成，其中专家的人数不得少于成员总数的三分之二。

（2）采取询价方式采购的，应当遵循下列程序：（一）成立询价小组。询价小组由采购人的代表和有关专家共三人以上的单数组成，其中专家的人数不得少于成员总数的三分之二。询价小组应当对采购项目的价格构成和评定成交的标准等事项作出规定。

（3）评标委员会由采购人代表和评审专家组成，成员人数应当为5人以上单数，其中评审专家不得少于成员总数的三分之二。采购项目符合下列情形之一的，评标委员会成员人数应当为7人以上单数：（一）采购预算金额在1000万元以上；（二）技术复杂；（三）社会影响较大。

评标委员会成员名单在评标结果公告前应当保密。

（4）竞争性谈判小组或者询价小组由采购人代表和评审专家共3人以上单数组成，其中评审专家人数不得少于竞争性谈判小组或者询价小组成员总数的2/3。采购人不得以评审专家身份参加本部门或本单位采购项目的评审。

达到公开招标数额标准的货物或者服务采购项目，或者达到招标规模标准的政府采购工程，竞争性谈判小组或者询价小组应当由5人以上单数组成。

磋商小组由采购人代表和评审专家共 3 人以上单数组成,其中评审专家人数不得少于磋商小组成员总数的 2/3。采购人代表不得以评审专家身份参加本部门或本单位采购项目的评审。

六、项目评审

1. 依法回避

(1) 在政府采购活动中,采购人员及相关人员与供应商有利害关系的,必须回避。

(2) 在政府采购活动中,采购人员及相关人员与供应商有下列利害关系之一的,应当回避:① 参加采购活动前 3 年内与供应商存在劳动关系;② 参加采购活动前 3 年内担任供应商的董事、监事;③ 参加采购活动前 3 年内是供应商的控股股东或者实际控制人;④ 与供应商的法定代表人或者负责人有夫妻、直系血亲、三代以内旁系血亲或者近姻亲关系;⑤ 与供应商有其他可能影响政府采购活动公平、公正进行的关系。采购人或者采购代理机构应当及时询问被申请回避人员,有利害关系的被申请回避人员应当回避。

(3) 采购人、采购代理机构对投标人代表提出的询问或者回避申请应当及时处理。

(4) 采购人或者采购代理机构负责组织评标工作,并履行下列职责:公布投标人名单,告知评审专家应当回避的情形。

2. 不得接受赠品、回扣

采购人在政府采购活动中应当维护国家利益和社会公共利益,公正廉洁,诚实守信,执行政府采购政策,建立政府采购内部管理制度,厉行节约,科学合理确定采购需求。

采购人不得向供应商索要或者接受其给予的赠品、回扣或者与采购无关的其他商品、服务。

3. 禁止影响公正评审

(1) 采购人、采购代理机构不得向评标委员会、竞争性谈判小组或者询价小组的评审专家作倾向性、误导性的解释或者说明。

(2) 采购人、采购代理机构应当按照政府采购法和本办法的规定组织开展非招标采购活动，并采取必要措施，保证评审在严格保密的情况下进行。任何单位和个人不得非法干预、影响评审过程和结果。

4. 资格审查

公开招标采购项目开标结束后，采购人或者采购代理机构应当依法对投标人的资格进行审查。合格投标人不足3家的，不得评标。

5. 违法违规报告

（1）采购人发现采购代理机构有违法行为的，应当要求其改正。采购代理机构拒不改正的，采购人应当向本级人民政府财政部门报告，财政部门应当依法处理。

（2）采购人、采购代理机构发现谈判小组、询价小组、磋商小组未按照采购文件规定的评定成交的标准进行评审的，应当重新开展采购活动，并同时书面报告本级财政部门。

6. 不得泄密

（1）投标截止时间前，采购人、采购代理机构和有关人员不得向他人透露已获取招标文件的潜在投标人的名称、数量以及可能影响公平竞争的有关招标投标的其他情况。

（2）投标人应当在招标文件要求提交投标文件的截止时间前，将投标文件密封送达投标地点。采购人或者采购代理机构收到投标文件后，应当如实记载投标文件的送达时间和密封情况，签收保存，并向投标人出具签收回执。任何单位和个人不得在开标前开启投标文件。

（3）采购人、采购代理机构应当采取必要措施，保证评标在严格保密的情况下进行。

（4）谈判小组、询价小组成员以及与评审工作有关的人员不得泄露评审情况以及评审过程中获悉的国家秘密、商业秘密。

（5）对在质疑答复和投诉处理过程中知悉的国家秘密、商业秘密、个人隐私和依法不予公开的信息，财政部门、采购人、采购代理机构等相关知情人应当保密。

七、确定中标人，发布中标、成交公告

1. 不得与供应商或代理机构恶意串通

政府采购当事人不得相互串通损害国家利益、社会公共利益和其他当事人的合

法权益；不得以任何手段排斥其他供应商参与竞争。

2. 不得与投标人谈判

3. 不得以对样品检测、考察等方式改变评审结果

（1）采购人或者采购代理机构不得通过对样品进行检测、对供应商进行考察等方式改变评审结果。

（2）除资格性审查认定错误和价格计算错误外，采购人或者采购代理机构不得以任何理由组织重新评审。

（3）除资格性检查认定错误、分值汇总计算错误、分项评分超出评分标准范围、客观分评分不一致、经磋商小组一致认定评分畸高、畸低的情形外，采购人或者采购代理机构不得以任何理由组织重新评审。采购人或者采购代理机构不得通过对样品进行检测、对供应商进行考察等方式改变评审结果。

4. 确定中标（成交）供应商

（1）中标或者成交供应商拒绝与采购人签订合同的，采购人可以按照评审报告推荐的中标或者成交候选人名单排序，确定下一候选人为中标或者成交供应商，也可以重新开展政府采购活动。

（2）采购代理机构应当在评标结束后 2 个工作日内将评标报告送采购人。采购人应当自收到评标报告之日起 5 个工作日内，在评标报告确定的中标候选人名单中按顺序确定中标人。中标候选人并列的，由采购人或者采购人委托评标委员会按照招标文件规定的方式确定中标人；招标文件未规定的，采取随机抽取的方式确定。

采购人自行组织招标的，应当在评标结束后 5 个工作日内确定中标人。

采购人在收到评标报告 5 个工作日内未按评标报告推荐的中标候选人顺序确定中标人，又不能说明合法理由的，同按评标报告推荐的顺序确定排名第一的中标候选人为中标人。

（3）采购代理机构应当在评审结束后 2 个工作日内将评审报告送采购人确认。采购人应当在收到评审报告后 5 个工作日内，从评审报告提出的成交候选人中，根据质量和服务均能满足采购文件实质性响应要求且最后报价最低的原则确定成交供应商，也可以书面授权谈判小组直接确定成交供应商。采购人逾期未确定成交供应商且不提出异议的，视为确定评审报告提出的最后报价最低的供应商为成交供应商。

5. 发布中标（成交）公告

（1）政府采购项目的采购标准应当公开。采用本法规定的采购方式的，采购人在采购活动完成后，应当将采购结果予以公布。

（2）采购人或者采购代理机构应当在招标文件、谈判文件、询价通知书中公开采购项目预算金额。

（3）采购人或者采购代理机构应当自中标、成交供应商确定之日起2个工作日内，发出中标、成交通知书，并在省级以上人民政府财政部门指定的媒体上公告中标、成交结果，招标文件、竞争性谈判文件、询价通知书随中标、成交结果同时公告。

（4）中标结果公告内容应当包括采购人及其委托的采购代理机构的名称、地址、联系方式，项目名称和项目编号，中标人名称、地址和中标金额，主要中标标的的名称、规格型号、数量、单价、服务要求，中标公告期限以及评审专家名单。中标公告期限为1个工作日。

邀请招标采购人采用书面推荐方式产生符合资格条件的潜在投标人的，还应当将所有被推荐供应商名单和推荐理由随中标结果同时公告。

在公告中标结果的同时，采购人或者采购代理机构应当向中标人发出中标通知书；对未通过资格审查的投标人，应当告知其未通过的原因；采用综合评分法评审的，还应当告知未中标人本人的评审得分与排序。

（5）采购人或者采购代理机构应当在成交供应商确定后2个工作日内，在省级以上财政部门指定的媒体上公告成交结果，同时向成交供应商发出成交通知书，并将竞争性谈判文件、询价通知书随成交结果同时公告。

八、询问、质疑、投诉

1. 询问答复

（1）供应商对政府采购活动事项有疑问的，可以向采购人提出询问，采购人应当及时作出答复，但答复的内容不得涉及商业秘密。

（2）采购人或者采购代理机构应当在3个工作日内对供应商依法提出的询问作出答复。

2. 质疑回复

（1）采购人应当在收到供应商的书面质疑后七个工作日内作出答复，并以书面形式通知质疑供应商和其他有关供应商，但答复的内容不得涉及商业秘密。

（2）采购人负责供应商质疑答复。采购人委托采购代理机构采购的，采购代理机构在委托授权范围内作出答复。

（3）采购人、采购代理机构应当在采购文件中载明接受质疑函的方式、联系部门、联系电话和通信地址等信息。

3. 配合投诉处理

（1）财政部门在处理投诉事项期间，可以视具体情况书面通知采购人和采购代理机构暂停采购活动，暂停采购活动时间最长不得超过30日。

采购人和采购代理机构收到暂停采购活动通知后应当立即中止采购活动，在法定的暂停期限结束前或者财政部门发出恢复采购活动通知前，不得进行该项采购活动。

（2）财政部门依法进行调查取证时，投诉人、被投诉人以及与投诉事项有关的单位及人员应当如实反映情况，并提供财政部门所需要的相关材料。

九、合同签订、公告、备案

1. 签订政府采购合同

（1）政府采购合同适用合同法。采购人和供应商之间的权利和义务，应当按照平等、自愿的原则以合同方式约定。采购人可以委托采购代理机构代表其与供应商签订政府采购合同。由采购代理机构以采购人名义签订合同的，应当提交采购人的授权委托书，作为合同附件。

（2）政府采购合同应当采用书面形式。

（3）采购人与中标、成交供应商应当在中标、成交通知书发出之日起三十日内，按照采购文件确定的事项签订政府采购合同。中标、成交通知书对采购人和中标、成交供应商均具有法律效力。中标、成交通知书发出后，采购人改变中标、成交结果的，或者中标、成交供应商放弃中标、成交项目的，应当依法承担法律责任。

（4）政府采购合同履行中，采购人需追加与合同标的相同的货物、工程或者服务的，在不改变合同其他条款的前提下，可以与供应商协商签订补充合同，但所有补充合同的采购金额不得超过原合同采购金额的百分之十。

（5）政府采购合同的双方当事人不得擅自变更、中止或者终止合同。

政府采购合同继续履行将损害国家利益和社会公共利益的，双方当事人应当变更、中止或者终止合同。有过错的一方应当承担赔偿责任，双方都有过错的，各自承担相应的责任。

2. 政府采购合同公告

采购人应当自政府采购合同签订之日起2个工作日内，将政府采购合同在省级以上人民政府财政部门指定的媒体上公告，但政府采购合同中涉及国家秘密、商业秘密的内容除外。

3. 政府采购合同备案

政府采购项目的采购合同自签订之日起七个工作日内，采购人应当将合同副本报同级政府采购监督管理部门和有关部门备案。

十、合同履约验收

1. 履约验收

（1）采购人或者其委托的采购代理机构应当组织对供应商履约的验收。大型或者复杂的政府采购项目，应当邀请国家认可的质量检测机构参加验收工作。验收方成员应当在验收书上签字，并承担相应的法律责任。

（2）采购人或者采购代理机构应当按照政府采购合同规定的技术、服务、安全标准组织对供应商履约情况进行验收，并出具验收书。验收书应当包括每一项技术、服务、安全标准的履约情况。政府向社会公众提供的公共服务项目，验收时应当邀请服务对象参与并出具意见，验收结果应当向社会公告。

（3）采购人应当及时对采购项目进行验收。采购人可以邀请参加本项目的其他投标人或者第三方机构参与验收。参与验收的投标人或者第三方机构的意见作为验收书的参考资料一并存档。

（4）严格规范开展履约验收：① 采购人委托采购代理机构进行履约验收的，应当对验收结果进行书面确认；② 采购人或其委托的采购代理机构应当根据项目特点制定验收方案，明确履约验收的时间、方式、程序等内容。技术复杂、社会影响较大的货物类项目，可以根据需要设置出厂检验、到货检验、安装调试检验、配套服务检验等多重验收环节；服务类项目，可根据项目特点对服务期内的服务实施情况进行分期考核，结合考核情况和服务效果进行验收；工程类项目应当按照行业管理部门规定的标准、方法和内容进行验收；③ 对于采购人和使用人分离的采购项目，应当邀请实际使用人参与验收；④ 采购人或者采购代理机构应当成立验收小组，按照采购合同的约定对供应商履约情况进行验收。验收时，应当按照采购合同的约定对每一项技术、服务、安全标准的履约情况进行确认。验收结束后，应当出具验收书，列明各项标准的验收情况及项目总体评价，由验收双方共同签署。验收结果应当与采购合同约定的资金支付及履约保证金返还条件挂钩。履约验收的各项资料应当存档备查；⑤ 验收合格的项目，采购人应当根据采购合同的约定及时向供应商支付采购资金、退还履约保证金。验收不合格的项目，采购人应当依法及时处理。

2. 资金支付

（1）采购人应当按照政府采购合同规定，及时向中标或者成交供应商支付采购资金。政府采购项目资金支付程序，按照国家有关财政资金支付管理的规定执行。

（2）对于中标人违反采购合同约定的行为，采购人应当及时处理，依法追究其违约责任。

十一、档案保存

1. 保存采购资料

（1）采购人、采购代理机构对政府采购项目每项采购活动的采购文件应当妥善保存，不得伪造、变造、隐匿或者销毁。采购文件的保存期限为从采购结束之日起至少保存十五年。

（2）政府采购法第四十二条规定的采购文件，可以用电子档案方式保存。

（3）采购人、采购代理机构应当建立真实完整的招标采购档案，妥善保存每项采购活动的采购文件。

采购人、采购代理机构应当对开标、评标现场活动进行全程录音录像。录音录像应当清晰可辨，音像资料作为采购文件一并存档。

十二、项目终止、暂停或重新评审

1. 采购活动终止报告财政部门

（1）采购人、采购代理机构在发布招标公告、资格预审公告或者发出投标邀请书后，除因重大变故采购任务取消情况外，不得擅自终止招标活动。

终止招标的，采购人或者采购代理机构应当及时在原公告发布媒体上发布终止公告，以书面形式通知已经获取招标文件、资格预审文件或者被邀请的潜在投标人，并将项目实施情况和采购任务取消原因报告本级财政部门。已经收取招标文件费用或者投标保证金的，采购人或者采购代理机构应当在终止采购活动后5个工作日内，退还所收取的招标文件费用和所收取的投标保证金及其在银行产生的孳息。

（2）在采购活动中因重大变故，采购任务取消的，采购人或者采购代理机构应当终止采购活动，通知所有参加采购活动的供应商，并将项目实施情况和采购任务取消原因报送本级财政部门。

（3）依法需要终止招标、竞争性谈判、竞争性磋商、询价、单一来源采购活动的，采购人或者采购代理机构应当发布项目终止公告并说明原因。

2. 依法暂停采购活动

询问或者质疑事项可能影响中标、成交结果的，采购人应当暂停签订合同，已经签订合同的，应当中止履行合同。

3. 重新评审报告财政部门

（1）除国务院财政部门规定的情形外，采购人、采购代理机构不得以任何理由组织重新评审。采购人、采购代理机构按照国务院财政部门的规定组织重新评审的，应当书面报告本级人民政府财政部门。

（2）除资格性审查认定错误和价格计算错误外，采购人或者采购代理机构不得以任何理由组织重新评审。采购人、采购代理机构发现谈判小组、询价小组未按照采购文件规定的评定成交的标准进行评审的，应当重新开展采购活动，并同时书面报告本级财政部门。

评标结果汇总完成后，除下列情形外，任何人不得修改评标结果：① 分值汇总计算错误的；② 分项评分超出评分标准范围的；③ 评标委员会成员对客观评审因素评分不一致的；④ 经评标委员会认定评分畸高、畸低的。

评标报告签署前，经复核发现存在以上情形之一的，评标委员会应当当场修改评标结果，并在评标报告中记载；评标报告签署后，采购人或者采购代理机构发现存在以上情形之一的，应当组织原评标委员会进行重新评审，重新评审改变评标结果的，书面报告本级财政部门。

投标人对本条第一款情形提出质疑的，采购人或者采购代理机构可以组织原评标委员会进行重新评审，重新评审改变评标结果的，应当书面报告本级财政部门。

（3）评标委员会或者其成员存在下列情形导致评标结果无效的，采购人、采购代理机构可以重新组建评标委员会进行评标，并书面报告本级财政部门，但采购合同已经履行的除外：① 评标委员会组成不符合本办法规定的；② 有本办法第六十二条第一至五项情形的；③ 评标委员会及其成员独立评标受到非法干预的；④ 有政府采购法实施条例第七十五条规定的违法行为的。

有违法违规行为的原评标委员会成员不得参加重新组建的评标委员会。

（5）中标通知书发出后，采购人不得违法改变中标结果。

十三、监督检查

接受监督检查主要包括以下几点。

（1）政府采购监督管理部门应当对政府采购项目的采购活动进行检查，政府采购当事人应当如实反映情况，提供有关材料。

（2）审计机关应当对政府采购进行审计监督。政府采购监督管理部门、政府采购各当事人有关政府采购活动，应当接受审计机关的审计监督。

（3）上报政府采购信息。

十四、内控管理

建立内部管理制度主要包括以下几点。

（1）采购人在政府采购活动中应当维护国家利益和社会公共利益，公正廉洁，诚实守信，执行政府采购政策，建立政府采购内部管理制度，厉行节约，科学合理确定采购需求。

（2）采购人应当按照行政事业单位内部控制规范要求，建立健全本单位政府采购内部控制制度，在编制政府采购预算和实施计划、确定采购需求、组织采购活动、履约验收、答复询问质疑、配合投诉处理及监督检查等重点环节加强内部控制管理。

第四篇 高校政府采购内部控制管理

第十四章 高校政府采购内部控制管理

第一节 政府采购内部控制管理

一、内部控制管理的发展历史

1. 内部控制的发展历史

内部控制，是指单位为实现控制目标，通过制定制度、实施措施和执行程序，对经济活动的风险进行防范和管控。内部控制目标，主要包括合理保证单位经济活动合法合规、资产安全和使用有效、财务信息真实完整、有效防范舞弊和预防腐败、提高公共服务的效率。

内部控制，国外较为经典的是 ASB 对内部控制的定义。1972 年，美国审计准则委员会（ASB）所做的《审计准则公告》，该公告循着《证券交易法》的路线进行研究和讨论，对内部控制提出了如下定义：内部控制是在一定的环境下，单位为了提高经营效率、充分有效地获得和使用各种资源，达到既定管理目标，而在单位内部实施的各种制约和调节的组织、计划、程序和方法。

内部控制是社会经济发展的必然产物，它是随着外部竞争的加剧和内部强化管理的需要而不断丰富和发展的。我国在借鉴和吸收国际监管理念的背景下，2008 年

5月财政部联合证监会、审计署、银监会和保监会五部委发布了《企业内部控制基本规范》，就加强企业内部控制、贯彻实施内部控制规范作出了明确部署；2010年4月五部委又联合发布了《企业内部控制配套指引》，连同此前发布的《企业内部控制基本规范》，标志着中国企业内部控制规范体系基本建成；2012年5月财政部联合国资委下发《关于加快构建中央企业内部控制体系有关事项的通知》，要求各中央企业全面启动内部控制建设与实施工作；2012年11月财政部发布了《行政事业单位内部控制规范（试行）》文件的通知，加强行政事业单位内部控制规范，并于2014年1月1日起在全国范围施行。

2015年12月22日，财政部根据《中共中央关于全面推进依法治国若干重大问题的决定》文件精神，发布《关于加强财政内部控制工作的若干意见》（以下简称《意见》），提出对财政资金分配使用、国有资产监管、政府投资、政府采购、公共资源转让、公共工程建设等权力集中的部门和岗位实行分事行权、分岗设权、分级授权，定期轮岗，强化内部流程控制，防止权力滥用，以切实提高财政部门的风险防控能力和内部管理水平。《意见》指出，内部控制制度建设要坚持突出重点、整体推进，构建内容协调、程序严密、配套完备、有效管用的制度体系。要结合当地实际情况顶层设计内部控制基本制度，将业务、流程进行分类，明确内部控制制度的适用范围及控制目标，提出内部控制的主要要素和应当遵循的原则，明确专项风险内部控制的种类、方法、主要内容以及职责分工。要科学制定符合本单位实际情况的内部控制办法和操作规程。深入梳理预算编制、预算执行等财政业务重点领域和主要流程，抓住重要环节和控制节点，分析存在的业务风险和廉政风险，厘清责任边界，按照分事行权、分岗设权、分级授权的要求，综合运用不相容岗位（职责）分离控制、授权控制、归口管理、流程控制、信息系统管理控制等方法进行有效防控。

2. 政府采购内部控制管理的有关规定

（1）部委规定。

2014年4月14日，财政部发布《关于推进和完善服务项目政府采购有关问题的通知》（财库〔2014〕37号），通知要求加强采购需求制定相关的内控管理。采购人、集中采购机构应当明确相关岗位的职责和权限，确保政府采购需求制定与内部审批、采购文件准备与验收等不相容岗位分设。

2016年11月10日，财政部发布《关于完善中央单位政府采购预算管理和中央高校、科研院所科研仪器设备采购管理有关事项的通知》（财库〔2016〕194号），通知要求加强对科研仪器设备采购的内部控制管理。中央高校、科研院所应按照《财政部关于加强政府采购活动内部管理的指导意见》（财库〔2016〕99号）的规定，进一步完善内部管理规定，加强科研仪器设备采购的内控管理，严格执行政府采购相关规定，主动公开政府采购相关信息，做到科研仪器设备采购的全程公开、透明、可追溯。

2016年11月17日，财政部发布的《关于对中央预算单位政府采购执行情况实行动态监管的通知》（财办库〔2016〕413号）规定，各主管预算单位应加强本系统政府采购项目执行管理，督促所属预算单位做好政府采购活动的内控管理，积极配合财政部（国库司）对动态监管中发现疑点问题的核实处理，对违法违规问题及时进行整改，切实提高政府采购规范化管理水平。

2016年11月25日，财政部发布《关于进一步加强政府采购需求和履约验收管理的指导意见》（财库〔2016〕205号），要求强化采购人对采购需求和履约验收的主体责任。采购人应当切实做好需求编制和履约验收工作，完善内部机制、强化内部监督、细化内部流程，把采购需求和履约验收嵌入本单位内控管理流程，加强相关工作的组织、人员和经费保障。

2017年2月9日，财政部发布《关于加强政府采购活动内部控制管理的指导意见》（财库〔2016〕99号），《指导意见》以党的十八大和十八届三中、四中、五中全会精神为指导，适应政府职能转变和构建现代财政制度需要，围绕落实政府采购法律法规，进一步规范政府采购活动中的权力运行。

2017年4月25日，财政部发布《关于进一步做好政府采购信息公开工作有关事项的通知》（财库〔2017〕86号）规定，加强政府采购信息公开内控管理。采购人和集中采购机构应当将政府采购信息公开作为本部门、本单位政务信息公开工作的重要内容，列入主动公开基本目录，嵌入内控管理环节，确保政府采购信息发布的及时、完整、准确。

2017年7月11日，财政部发布《政府采购货物和服务招标投标管理办法》（财政部令第87号），办法第六条规定，采购人应当按照行政事业单位内部控制规范要求，建立健全本单位政府采购内部控制制度，在编制政府采购预算和实施计划、确定采购需求、组织采购活动、履约验收、答复询问质疑、配合投诉处理及监督检查等重点环节加强内部控制管理。

2021年4月30日，财政部发布《关于印发〈政府采购需求管理办法〉的通知》（财库〔2021〕22号），通知第二十七条规定，采购人应当将采购需求管理作为政府采购内控管理的重要内容，建立健全采购需求管理制度，加强对采购需求的形成和实现过程的内部控制和风险管理。第三十六条规定，在政府采购项目投诉、举报处理和监督检查过程中，发现采购人未按本办法规定建立采购需求管理内控制度、开展采购需求调查和审查工作的，由财政部门采取约谈、书面关注等方式责令采购人整改，并告知其主管预算单位。对情节严重或者拒不改正的，将有关线索移交纪检监察、审计部门处理。

（2）地方规定。

以湖北省为例，近年来政府采购监管部门也出台了一系列政府采购内控制度管理措施。

2016年3月8日，湖北省财政厅发布《关于省级政府采购预算管理有关事项的通知》（鄂财函〔2016〕91号），强调采购人主体责任和财政部门监督责任。办法规定，各预算单位是本部门、本单位的政府采购预算执行主体，负责本部门、本单位的政府采购预算编制及执行，对其执行结果负责，并依法承担确定采购需求、执行采购政策、公开采购信息、严格履约验收、完善内控制度五大主体责任。各主管部门应加强对本系统、本单位政府采购预算执行的指导，督促所属单位严格执行政府采购法律法规及相关政策规定，确保采购人主体责任落实。对因项目资金落实不到位，无法保证项目法定采购结果执行，造成不良社会影响的单位，部门承担相应主体责任。湖北省财政厅依法履行对政府采购活动的监督管理责任，负责对各预算单位政府采购预算编制及执行、资金使用、项目实施、采购需求管理、政策执行、信息公开、履约验收、内控制度建设等情况进行监督检查，对在政府采购预算编制及执行中有违法违纪行为的单位及个人，湖北省财政厅将提请相关部门依法处理，并将结果予以通报。

2016年10月28日，湖北省财政厅发布《关于加强政府采购内部控制管理的通知》（鄂财采发〔2016〕6号），旨在结合湖北省政府采购工作实际，积极贯彻落实《财政部关于加强政府采购活动内部控制管理的指导意见》，以加强湖北省政府采购工作的内部控制管理。内控通知中明确了采购人的职责范围，明确采购人有责任对自身在政府采购执行中存在的风险进行查漏补缺和评估，强调采购人要加强采购重点环节的审核，在采购方式确定、质疑投诉处理等工作流程中严格落实主体责任，切实提高政府采购内控管理水平;同时采购人要高度重视政府采购内控制度建设,不断提升政府采购活动的组织管理水平,加强财政资金使用效益,将政府采购内部控制管理贯穿于政府采购执行和监管的各环节,要以"全面管理与突出重点并举、分工制约与提升效能并重、权责对等与依法惩处并行"为原则;以"分事行权、分岗设权、分级授权"为主线;以"约束机制健全,权力运行规范,风险机制有力,监管问责到位"为目标,提升履职效能,彰显担当作为。

2017年6月30日,湖北省财政厅发布《关于进一步加强政府采购方式变更管理有关事项的通知》(鄂财函〔2017〕215号),提出主管预算单位应当按照政府采购内部控制制度建设的要求,对所属单位实行内部归口管理,加强对所属单位的采购执行管理,强化政府采购政策落实的指导。采购代理机构应当依法按照采购人的委托,代理采购项目的具体实施活动,配合采购人提供需变更采购方式所需的相关材料,并依法按照批准的采购方式开展采购活动。财政部门按照政府采购法律法规及相关制度的规定,对采购人提交的变更采购方式申请材料进行符合性审核,审核符合法定情形规定的,依法批准采购人的政府采购方式申请,并负责对政府采购方式执行进行监督检查。

2017年6月30日,湖北省财政厅发布《关于进一步做好省属高校政府采购有关工作的通知》(鄂财函〔2017〕214号),其中第六条规定,加强对自行采购的内部控制管理。省属高校应按照《财政部关于加强政府采购活动内部控制管理的指导意见》(财库〔2016〕99号)和《省财政厅关于加强政府采购内部控制管理的通知》(鄂财采发〔2016〕6号)的规定,进一步完善自行采购的内控管理,严格执行政府采购相关规定,着重加强采购需求管理、信息公开、落实政府采购政策、采购方式选择、质疑处理和履约验收等重点环节的管理。合理设岗,强化权责对应,不相容岗位分离,建立岗位间的制衡机制。优化流程,实现重点管控,做到政府采购全程公开、透明、可追溯。

2022年5月27日,湖北省财政厅发布《关于印发〈湖北省省级政府采购工作规程〉的通知》(鄂财采规〔2022〕2号),通知第五十六条规定,省财政厅负责监督检查省级各部门及其所属各单位政府采购预算的编制、执行情况。包括但不限于下列事项:(一)政府采购法律、行政法规和规章的执行情况;(二)采购政策、采购范围、采购方式和采购程序的执行情况;(三)政府采购人员的职业素质和专业技能;(四)内部控制制度建设和执行情况。

2022年5月27日,湖北省财政厅发布《关于印发〈湖北省政府采购代理机构记分管理办法(试行)〉的通知》(鄂财采规〔2022〕3号),第八条　省财政厅依托"中国湖北政府采购网"建立政府采购代理机构名录并向社会公开。采购人应当根据项目特点、代理机构专业领域和记分考核结果等,从名录中自主择优选择代理机构。采购人应完善内控制度和代理机构进退机制,定期进行动态调整,接受各方监督。第十二条　各部门、各单位应当将采购需求管理作为政府采购内控管理的重要内容,在制定采购需求时,按照内控要求做好风险分类和风险预判,完善应对措施和应对方案,减少和规避风险。

2022年11月9日,湖北省财政厅发布《关于进一步加强省级政府采购预算管理的通知》,通知规定,(三)加强监督考核。湖北省财政厅履行对省级政府采购活动的监督管理职责,依法对省级预算单位政府采购法律、法规和规章的执行情况,采购政策、采购范围、采购方式和采购程序的执行情况,政府采购人员的职业素质和专业技能以及内部控制制度建设执行情况进行监督检查,监督检查结果予以通报。对在政府采购预算编制及执行中有违法违纪行为的单位及个人,按照规定移交有关部门依法处理。(四)汉外省直单位政府采购预算的执行。省内汉外省直单位采购纳入政府集中采购目录的货物、工程和服务,采购人可根据项目实施地点,就近委托集中采购机构代理采购,各级集中采购机构应当代理;常驻省外的省直单位原则上实施分散采购;常驻境外的省直单位原则上由采购人按照相关预算支出管理规定和本单位内控制度自行组织实施采购。在汉省直单位需汉外实施的项目参照前述规定执行。

2023年1月9日,湖北省财政厅发布《湖北省省级行政事业单位内部控制指引》。湖北省财政厅结合省级行政事业单位工作实际制定了内控指引,旨在帮助省级各单位正确理解内部控制政策要求、运用内部控制方法、掌握经济活动常见风险及其应对措施,构建符合自身管理实际的内部控制体系,切实履行内部控制建设主体责任,提高内部管理水平和风险防范能力,要求省级行政事业单位则应当将内部控制置于自身工作全局中谋划、部署和落实,深植内控理念,完善内控制度,强化执行落地。依托指引,针对重点业务领域和关键岗位,明确权责分工,优化业务流程,查找存在的薄弱环节和风险隐患,完善内控措施,提高内部控制的针对性和有效性,建立"制订完善－指导实施－监督评价"的闭环管理机制,提高内部控制规范的实施效果,充分发挥内部控制在单位发展中的保驾护航作用。

二、政府采购内部控制管理的基本原则和主要目标

1. 基本原则

（1）全面管控与突出重点并举。将政府采购内部控制管理贯穿于政府采购执行与监管的全流程、各环节，全面控制，重在预防。抓住关键环节、岗位和重大风险事项，从严管理，重点防控。

（2）分工制衡与提升效能并重。发挥内部机构之间，相关业务、环节和岗位之间的相互监督和制约作用，合理安排分工，优化流程衔接，提高采购绩效和行政效能。

（3）权责对等与依法惩处并行。在政府采购执行与监管过程中贯彻权责一致原则，因权定责、权责对应。严格执行法律法规的问责条款，有错必究、失责必惩。

2. 主要目标

政府采购内部控制管理的主要目标是，以"分事行权、分岗设权、分级授权"为主线，通过制定制度、健全机制、完善措施、规范流程，逐步形成依法合规、运转高效、风险可控、问责严格的政府采购内部运转和管控制度，做到约束机制健全、权力运行规范、风险控制有力、监督问责到位，实现对政府采购活动内部权力运行的有效制约。

三、政府采购内部控制管理的主要任务

1. 落实主体责任

采购人应当做好政府采购业务的内部归口管理和所属单位管理，明确内部工作机制，重点加强对采购需求、政策落实、信息公开、履约验收、结果评价等的管理。

采购代理机构应当做好流程控制，围绕委托代理、编制采购文件和拟订合同文本、执行采购程序、代理采购绩效等政府采购活动的重点内容和环节加强管理。

监管部门应当强化依法行政意识，围绕放管服改革要求，重点完善采购方式审批、采购进口产品审核、投诉处理、监督检查等内部管理制度和工作规程。

2. 明确重点任务

（1）严防廉政风险

牢固树立廉洁是政府采购生命线的根本理念，把纪律和规矩挺在前面。针对政府采购岗位设置、流程设计、主体责任、与市场主体交往等重点问题，细化廉政规范、明确纪律规矩，形成严密、有效的约束机制。

（2）控制法律风险

切实提升采购人、采购机构和监管部门的法治观念，依法依规组织开展政府采购活动，提高监管水平，切实防控政府采购执行与监管中的法律风险。

（3）落实政策功能

准确把握政府采购领域政策功能落实要求，严格执行政策规定，切实发挥政府采购在实现国家经济和社会发展政策目标中的作用。

（4）提升履职效能

落实精简、统一、效能的要求，科学确定事权归属、岗位责任、流程控制和授权关系，推进政府采购流程优化、执行顺畅，提升政府采购整体效率、效果和效益。

四、政府采购内部控制管理的主要措施

1. 明晰事权，依法履职尽责

采购人、采购机构和监管部门应当根据法定职责开展工作，既不能失职不作为，也不得越权乱作为。

（1）实施归口管理。采购人应当明确内部归口管理部门，具体负责本单位、本系统的政府采购执行管理。归口管理部门应当牵头建立本单位政府采购内部控制制度，明确本单位相关部门在政府采购工作中的职责与分工，建立政府采购与预算、财务（资金）、资产、使用等业务机构或岗位之间沟通协调的工作机制，共同做好编制政府采购预算和实施计划、确定采购需求、组织采购活动、履约验收、答复询问质疑、配合投诉处理及监督检查等工作。

（2）明确委托代理权利义务。委托采购代理机构采购的，采购人应当和采购代理机构依法签订政府采购委托代理协议，明确代理采购的范围、权限和期限等具体事项。采购代理机构应当严格按照委托代理协议开展采购活动，不得超越代理权限。

（3）强化内部监督。采购人、集中采购机构和监管部门应当发挥内部审计、纪检监察等机构的监督作用，加强对采购执行和监管工作的常规审计和专项审计。畅通问题反馈和受理渠道，通过检查、考核、设置监督电话或信箱等多种途径查找和发现问题，有效分析、预判、管理、处置风险事项。

2. 合理设岗，强化权责对应

（1）界定岗位职责。采购人、集中采购机构和监管部门应当结合自身特点，对照政府采购法律、法规、规章及制度规定，认真梳理不同业务、环节、岗位需要重点控制的风险事项，划分风险等级，建立制度规则、风险事项等台账，合理确定岗位职责。

（2）不相容岗位分离。采购人、集中采购机构应当建立岗位间的制衡机制，采购需求制定与内部审核、采购文件编制与复核、合同签订与验收等岗位原则上应当分开设置。

（3）相关业务多人参与。采购人、集中采购机构对于评审现场组织、单一来源采购项目议价、合同签订、履约验收等相关业务，原则上应当由2人以上共同办理，并明确主要负责人员。

（4）实施定期轮岗。采购人、集中采购机构和监管部门应当按规定建立轮岗交流制度，按照政府采购岗位风险等级设定轮岗周期，风险等级高的岗位原则上应当缩短轮岗年限。不具备轮岗条件的应当定期采取专项审计等控制措施。建立健全政府采购在岗监督、离岗审查和项目责任追溯制度。

3. 分级授权，推动科学决策

明确不同级别的决策权限和责任归属，按照分级授权的决策模式，建立与组织机构、采购业务相适应的内部授权管理体系。

（1）加强所属单位管理。主管预算单位应当明确与所属预算单位在政府采购管理、执行等方面的职责范围和权限划分，细化业务流程和工作要求，加强对所属预算单位的采购执行管理，强化对政府采购政策落实的指导。

（2）完善决策机制。采购人、集中采购机构和监管部门应当建立健全内部政府采购事项集体研究、合法性审查和内部会签相结合的议事决策机制。对于涉及民生、社会影响较大的项目，采购人在制定采购需求时，还应当进行法律、技术咨询或者公开征求意见。监管部门处理政府采购投诉应当建立健全法律咨询机制。决策过程要形成完整记录，任何个人不得单独决策或者擅自改变集体决策。

（3）完善内部审核制度。采购人、集中采购机构确定采购方式、组织采购活动，监管部门办理审批审核事项、开展监督检查、做出处理处罚决定等，应当依据法律制度和有关政策要求细化内部审核的各项要素、审核标准、审核权限和工作要求，实行办理、复核、审定的内部审核机制，对照要求逐层把关。

4. 优化流程，实现重点管控

加强对采购活动的流程控制，突出重点环节，确保政府采购项目规范运行。

（1）增强采购计划性。采购人应当提高编报与执行政府采购预算、实施计划的系统性、准确性、及时性和严肃性，制定政府采购实施计划执行时间表和项目进度表，有序安排采购活动。

（2）加强关键环节控制。采购人、集中采购机构应当按照有关法律法规及业务流程规定，明确政府采购重点环节的控制措施。未编制采购预算和实施计划的不得组织采购，无委托代理协议不得开展采购代理活动，对属于政府采购范围未执行政府采购规定、采购方式或程序不符合规定的及时予以纠正。

（3）明确时限要求。采购人、集中采购机构和监管部门应当提高政府采购效率，对信息公告、合同签订、变更采购方式、采购进口产品、答复询问质疑、投诉处理以及其他有时间要求的事项，要细化各个节点的工作时限，确保在规定时间内完成。

（4）强化利益冲突管理。采购人、集中采购机构和监管部门应当厘清利益冲突的主要对象、具体内容和表现形式，明确与供应商等政府采购市场主体、评审专家交往的基本原则和界限，细化处理原则、处理方式和解决方案。采购人员及相关人员与供应商有利害关系的，应当严格执行回避制度。

（5）健全档案管理。采购人、集中采购机构和监管部门应当加强政府采购记录控制，按照规定妥善保管与政府采购管理、执行相关的各类文件。

五、政府采购内部控制管理的保障措施

采购人、集中采购机构和监管部门要深刻领会政府采购活动中加强内部控制管理的重要性和必要性，结合廉政风险防控机制建设、防止权力滥用的工作要求，准确把握政府采购工作的内在规律，加快体制机制创新，强化硬的制度约束，切实提高政府采购内部控制管理水平。

1. 加强组织领导

建立政府采购内部控制管理工作的领导、协调机制,做好政府采购内部控制管理各项工作。要严格执行岗位分离、轮岗交流等制度,暂不具备条件的要创造条件并逐步落实,确不具备条件的基层单位可适当放宽要求。集中采购机构以外的采购代理机构可以参照本意见建立和完善内部控制管理制度,防控代理执行风险。

2. 加快建章立制

抓紧梳理和评估本部门、本单位政府采购执行与监管中存在的风险,明确标准化工作要求和防控措施,完善内部管理制度,形成较为完备的内部控制体系。

3. 完善技术保障

运用信息技术落实政府采购内部控制管理措施,政府采购管理交易系统及采购人内部业务系统应当重点强化人员身份验证、岗位业务授权、系统操作记录、电子档案管理等系统功能建设。探索大数据分析在政府采购内部控制管理中的应用,将信息数据科学运用于项目管理、风险控制、监督预警等方面。

4. 强化运行监督

建立内部控制管理的激励约束机制,将内部控制制度的建设和执行情况纳入绩效考评体系,将日常评价与重点监督、内部分析和外部评价相结合,定期对内部控制的有效性进行总结,加强评估结果应用,不断改进内部控制管理体系。财政部门要将政府采购内部控制制度的建设和执行情况作为政府采购监督检查和考核集中采购机构的重要内容,加强监督指导。

第二节 高校政府采购内部控制管理制度建设

以湖北省为例,2017年6月30日,湖北省财政厅发布《关于进一步做好省属高校政府采购有关工作的通知》(鄂财函〔2017〕214号),进一步规范省属高校政府采购行为,提高采购效率,文件的第六项内容明确要求高校加强对自行采购的内部控制管理,应按照《财政部关于加强政府采购活动内部控制管理的指导意见》(财库〔2016〕99号)和《省财政厅关于加强政府采购内部控制管理的通知》(鄂财采发〔2016〕6号)的规定,进一步完善自行采购的内控管理,严格执行政府采购相关规定，着重加强采购需求管理、信息公开、落实政府采购政策、采购方式选择、质疑处理和履约验收等重点环节的管理。合理设岗，强化权责对应，不相容岗位分离，建立岗位间的制衡机制。优化流程，实现重点管控，做到政府采购全程公开、透明、可追溯。

2023年1月9日，湖北省财政厅发布《湖北省省级行政事业单位内部控制指引》（鄂财会发〔2023〕1号），内容包括内控工作指引、单位层面内控指引、预算业务内控指引、收支业务内控指引、采购业务内控指引、资产管理内控指引、建设项目管理内控指引、合同管理内控指引、评价与监督指引、内部控制报告指引、参考表单等11个部分内容。其中，采购业务内控指引对行政事业单位从采购需求与预算到档案管理等主要环节均做出了具体的指引，对高校政府采购工作起到了很好的指导作用。

一、高校内控制度建设的必要性

1. 依法采购的必然要求

《政府采购法》第六十一条规定，集中采购机构应当建立健全内部监督管理制度；2015年《政府采购法实施条例》第十一条规定，采购人应当建立政府采购内部管理制度；2016年财政部《关于加强政府采购活动内部控制管理的指导意见》指出，将政府采购内部控制管理贯穿于政府采购执行与监管的全流程、各环节，全面控制，重在预防。抓住关键环节、岗位和重大风险事项，从严管理，重点防控；2017年《政府采购货物和服务招标投标管理办法》第六条规定，采购人应当按照行政事业单位内部控制规范要求，建立健全本单位政府采购内部控制制度，在编制政府采购预算和实施计划、确定采购需求、组织采购活动、履约验收、答复询问质疑、配合投诉处理及监督检查等重点环节加强内部控制管理；2018年《深化政府采购制度改革方案》强调，深化政府采购制度改革要坚持问题导向，强化采购人主体责任，完善采购人内控机制，加强确定采购需求、选择评审专家、落实采购政策、公开采购信息等重点环节的内部控制。可以看到，政府对于采购内控工作要求是一以贯之、持续推进的。

2. 规范采购的必然要求

2016年，财政部发布《关于对中央预算单位政府采购执行情况实行动态监管的通知》提出，为切实加强对中央预算单位政府采购活动的事中事后监管，推动中央预算单位依法依规开展政府采购活动，财政部决定对中央预算单位政府采购执行情况实行动态监管。财政部（国库司）通过依托中国政府采购网、政府采购计划管理系统等信息系统，对采购项目采购预算和计划编报、单一来源采购审核前公示、采购公告、中标（成交）结果公告和采购合同公告等环节的数据信息进行核对校验，对中央预算单位政府采购项目执行情况实行动态监管。其动态监管的主要内容：一是政府采购预算和计划编报情况（重点监管是否违规调剂政府采购预算，规避公开招标和政府采购；是否超采购预算或计划开展采购活动）；二是政府采购审核审批事项执行情况（重点监管达到公开招标数额标准以上的货物、服务采购项目采用公开招标以外采购方式的，在发布采购公告前是否按规定报财政部审批；采购进口产品的采购项目，在发布采购公告前是否按规定报财政部审核或备案）；三是政府采购信息公开情况（重点监管是否按规定在中国政府采购网发布招标公告、竞争性谈判公告、竞争性磋商公告、询价公告、中标（成交）结果公告和采购合同公告）。通知中规定由财政部（国库司）对动态监管中发现疑点问题进行核实处理，对违法违规问题及时督促整改，以切实提高政府采购规范化管理水平。可以看到，无论是《政府采购法》，还是与其配套的法律法规，都是从总体采购行为规范化为出发点制定，因此，通过对政府采购执行情况实行动态监管，将采购活动的流程、方式、细则等进行制度化、规范化管理，以保证采购活动有据可依、有章可循。

3. 廉洁采购的必然要求

《政府采购法实施条例》第十一条规定，采购人在政府采购活动中应当维护国家利益和社会公共利益，公正廉洁，诚实守信，执行政府采购政策，建立政府采购内部管理制度，厉行节约，科学合理确定采购需求；财政部《关于加强政府采购活动内部控制管理的指导意见》中四大重点任务之首就是"严防廉政风险"，要求：牢固树立廉洁是政府采购生命线的根本理念，把纪律和规矩挺在前面。针对政府采购岗位设置、流程设计、主体责任、与市场主体交往等重点问题，细化廉政规范、明确纪律规矩，形成严密、有效的约束机制。高校作为政府预算单位，建立良好的内控制度，既是对自身建设管理的内在要求，也是打造良好形象、获取社会美誉度的需要，因此，建立责任明确、流程清楚、标准到位、监管有力、运转有效的内控制度是廉洁采购的刚需。

二、高校政府采购职责分工及岗位设置

1. 职责分工

《关于加强政府采购活动内部控制管理的指导意见》指出,应当以"分事行权、分岗设权、分级授权"为主线,逐步形成依法合规、运转高效、风险可控、问责严格的政府采购内部运转和管控制度。职责分工控制是采购需求内控制度"分事行权、分岗设权、分级授权"的具体体现,也是围堵采购需求管理程序风险的重要举措。高校可形成内部监督、归口、财务与需求部门相互制衡的内部分工体系,按行政管理职能定机构、定岗、定人、定职、定责。职责分工具体如图14.1所示。

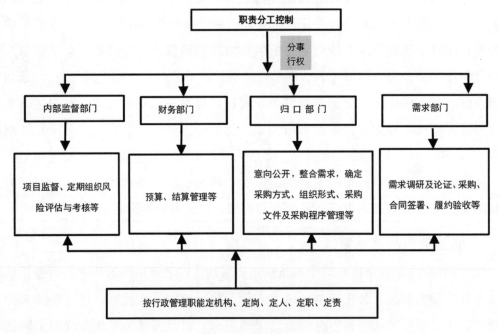

图14.1 职责分工

2. 岗位设置

岗位设置具体如表14-1所示。

表14-1 岗位设置

岗位	职责概述	不相容岗位
采购需求岗	负责采购需求的前期调查、论证和编制	采购审核岗
采购审核岗	负责审核采购需求的合理性、必要性,采购方式的合法性、合理性	采购需求岗
		采购管理岗

续表

岗位	职责概述	不相容岗位
采购管理岗	负责接收采购需求并确定采购方式，协调、组织采购	采购审核岗 采购验收岗
采购验收岗	负责对采购结果进行验收	采购管理岗 采购登记岗
采购登记岗	负责登记采购相关信息，归档采购相关资料	采购验收岗

三、高校政府采购风险点

高校政府采购可能存在的风险点如表14-2所示。

表14-2 高校政府采购可能存在的风险点

关键环节	风险点	责任主体
采购需求与预算管理	采购需求管理分散，可能导致同类采购需求标准不同，资源无法得到整合	归口部门
	采购需求未经必要的调研或论证，可能导致采购需求偏离实际，无法完成预期采购目标	需求部门 归口部门
	采购预算控制不到位，可能导致未编制采购预算而无法执行采购，采购预算与实际采购需求脱节，采购预算执行迟滞等	财务部门
采购审批与组织	未执行采购申请审批程序，可能导致采购工作无法得到统筹、采购时机不符合单位业务规划、采购内容不符合需求、超预算采购等	需求部门
	采购组织形式或采购方式的选择不合理，可能导致采购质量无法达到预期，违反采购法规的要求受到处罚或重新组织	归口部门
	采购代理机构选择不当，可能导致采购代理机构无法按预期目标完成采购活动，采购进展迟滞、采购质量得不到保障、采购程序合法性受到质疑	归口部门
	采购文件未经审查，可能导致采购文件无法准确反映业务需求，评审因素存在倾向性，无法完成预期采购目标	归口部门
	评标委员会或评审小组（谈判、磋商、询价小组）成员的专业领域与项目不匹配，可能导致评标委员会或评审小组无法准确把握评审要点，无法准确评判各供应商的符合程度，无法完成预期采购目标	归口部门

续表

关键环节	风险点	责任主体
采购审批与组织	采购结果确认未经授权或未遵循最优原则，可能导致采购结果不具备合法性，招致质疑或投诉，采购工作无法顺利完成	归口部门
	未按要求执行电子卖场采购，可能导致供应商不具备基本资质，采购质量无法得到保障，采购资金浪费	归口部门
	未按采购文件和供应商响应情况及时签署合同，可能导致采购合同与采购需求、投标文件脱节，无法对供应商形成有效约束，无法完成预期采购目标	需求部门
	采购方式变更等事项未经审批，可能在采购执行过程中因变更导致与需求偏离，无法完成预期采购目标	归口部门
履约验收与结算	采购履约过程跟踪不到位，可能在采购执行过程中因变更导致与需求偏离，无法完成预期采购目标	需求部门
	采购验收程序不规范，可能导致采购验收流于形式，无法准确判断履约情况，未达到验收条件的项目通过验收，采购质量无法得到保障	归口部门
	采购资金结算未严格遵循采购合同执行，可能导致未验先付或延期支付、履约保证金等未及时归还	需求部门
采购质疑与投诉	政府采购质疑与投诉处理不当，可能导致单位或供应商利益受损，公平公正性受到质疑	归口部门
采购信息公开与档案管理	政府采购信息公开流程不规范，包括采购意向公开等，可能导致采购无法接受应有监督	归口部门
	未妥善记录和保管政府采购文件，可能导致资料遗失或泄露，文件未达到保管期限被销毁，后续无法追溯	归口部门
	未严格执行保密程序，可能导致采购文件在未公开阶段泄露，供应商商业机密被泄露、涉密项目的涉密信息被泄露等	归口部门 需求部门

四、高校采购管理流程

高校采购管理流程如图 14.2 所示。

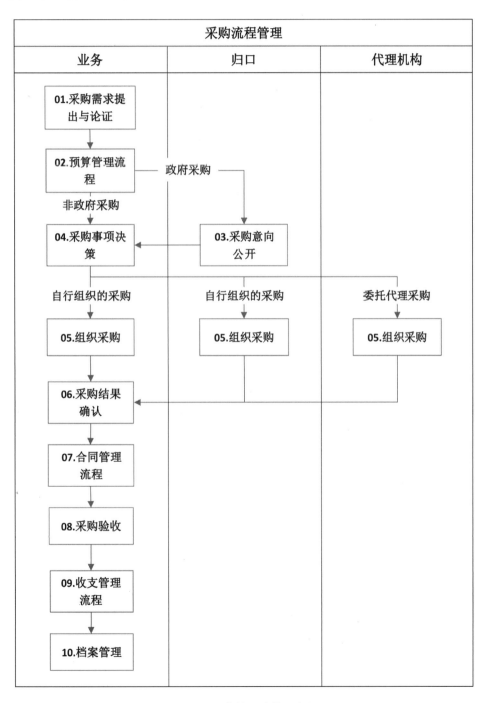

图 14.2　高校采购管理流程

五、高校政府采购执行要求

1. 采购需求与预算要求

1) 采购需求

编制采购需求，可以通过问卷调查、网上查询等方式开展需求调查，进行可行性分析，必要时可以邀请相关专业人员或者第三方机构参与咨询论证。（责任部门：采购需求部门或采购归口部门）

对于下列采购项目，必须开展需求调查。

（1）1000万元以上的货物、服务采购项目，3000万元以上的工程采购项目。

（2）涉及公共利益、社会关注度较高的采购项目，包括政府向社会公众提供的公共服务项目，如公共设施管理服务、环境服务、专业技术服务以及教育、医疗卫生和社会服务等。

（3）技术复杂、专业性较强的项目，包括需定制开发的信息化建设项目、采购进口产品的项目等。

（4）主管部门或者单位认为需要开展需求调查的其他采购项目。

高校应当根据法律法规、政府采购政策和国家有关规定，结合采购需求特点确定采购实施计划，包括但不限于采购项目预（概）算、最高限价，开展采购活动的时间安排，采购组织形式和委托代理安排，采购包划分与合同分包，供应商资格条件，采购方式、竞争范围和评审规则，以及合同类型、定价方式、合同文本的主要条款、履约验收方案、风险管控措施等。（责任部门：采购需求部门或采购归口部门）

2) 政府采购预算

按照财政部《政府采购品目分类目录》以及省政府颁布的年度政府集中采购目录和采购限额标准编制本部门、本单位年度政府采购预算，不得对一个预算项目下的同一品目或者类别的项目进行拆分，化整为零规避政府采购，做到"应编尽编、应采尽采"。政府集中采购目录以外、限额标准以下的采购项目，不适用政府采购法律法规规定，不编列政府采购预算。（责任部门：采购需求部门或采购归口部门）

政府采购严格按照批准的预算执行。严禁无预算采购、超预算采购，不得擅自改变已批准的政府采购预算金额及用途。（责任部门：采购需求部门或采购归口部门）

2. 采购审批与组织要求

(1) 采购计划。

启动采购前执行内部审批程序。(责任部门：采购需求部门或采购归口部门)

确定采购组织形式和采购方式（可与第一步同步执行）。(责任部门：采购归口部门)

编制政府采购实施计划，报同级财政部门备案。(责任部门：采购归口部门)

(2) 进口产品采购。

因特殊情况需要采购进口产品的，按照财政部《政府采购进口产品管理办法》等相关规定执行。高校采购进口仪器设备实行备案制。(责任部门：采购归口部门)

3. 履约验收与结算要求

(1) 采购履约验收（责任部门：采购归口部门或采购需求部门）。

根据国家、行业验收标准，以及合同约定，组织对供应商履约的验收。政府采购合同履行完毕，应于收到供应商验收申请后组织履约验收。应当根据采购项目的具体情况，自行组织项目验收或者委托采购代理机构验收（具体由单位根据工作实际确定。采购人委托采购代理机构进行履约验收的，应当对验收结果进行书面确认。）

根据项目特点制定验收方案，明确履约验收的时间、方式、程序等内容。技术复杂、社会影响较大的货物类项目（具体标准由单位确定），可以根据需要设置出厂检验、到货检验、安装调试检验、配套服务检验等多重验收环节；服务类项目，可根据项目特点对服务期内的服务实施情况进行分期考核，结合考核情况和服务效果进行验收；工程类项目应当按照行业管理部门规定的标准、方法和内容进行验收。

成立验收小组，按照采购合同的约定对供应商履约情况进行验收。验收时，应当按照采购合同的约定对每一项技术、服务、安全标准的履约情况进行确认。

验收结束后，应当出具验收书，列明各项标准的验收情况及项目总体评价，由验收双方共同签署。验收结果应当与采购合同约定的资金支付及履约保证金返还条件挂钩。履约验收的各项资料应当存档备查。

(2) 采购资金结算（责任部门：采购需求部门）。

严格按照政府采购合同约定的资金支付方式、比例、时间和条件，办理采购资金支付。项目资金的收款人、支付的合同金额必须与政府采购合同一致。按照政府采购合同约定，及时向中标、成交供应商支付采购资金。

4. 采购质疑与投诉要求

供应商对采购文件提出质疑的，采购人或采购代理机构应当对被质疑的采购文件相关内容进行核实并作出答复；供应商对评审过程、中标或者成交结果提出质疑的，单位或采购代理机构可以组织原评标委员会、竞争性谈判小组、询价小组或者竞争性磋商小组协助处理质疑事项，并依据其出具的意见进行答复。（责任部门：采购归口部门、采购需求部门）

质疑供应商对答复不满意，或者单位、采购代理机构未在规定时间内作出答复的，可以在答复期满后15个工作日内依法向同级财政部门提起投诉。

被投诉人和其他与投诉事项有关的当事人应当在收到投诉答复通知书及投诉书副本之日起5个工作日内，以书面形式向同级财政部门作出说明，并提交相关证据、依据和其他有关材料。（责任部门：采购归口部门、采购需求部门）

5. 采购信息公开与档案管理要求

（1）采购信息公开（责任部门：采购归口部门）。

依照政府采购有关法律制度规定，将本单位政府采购项目信息及时在规定的媒体上发布。

发布内容包括但不限于采购意向、公开招标公告、资格预审公告、单一来源采购公示、中标（成交）结果公告、政府采购合同公告、面向中小企业预留采购份额项目执行情况等政府采购信息。

（2）采购档案管理（责任部门：采购归口部门）。

按照政府采购档案的有关规定，真实、完整、准确、及时记载政府采购档案。

采购活动结束后，及时将政府采购项目的采购文件进行归档并妥善保存，不得伪造、变造、隐匿或者销毁。

采购文件包括采购活动记录、采购预算、招标文件、投标文件、评标标准、评估报告、定标文件、合同文本、验收报告、质疑答复、投诉处理决定及其他有关文件、资料。采购文件的保存期限为从采购结束之日起至少保存15年，可以用电子档案方式保存。

六、高校内控建设任务清单

高校应当建立适合本单位实际情况的内部控制体系,并组织实施。单位建立和实施内部控制可以分为以下 7 项关键任务。

(1) 制定内部控制实施方案。

(2) 建立内部控制相关组织。

(3) 开展内部控制风险评估。

(4) 修订完善内部管理制度。

(5) 绘制业务流程图。

(6) 开展内控信息化建设。

(7) 开展内控监督与评价。

内部控制体系需要与单位发展和内部管理要求相匹配,高校应每年开展风险评估、内部控制评价等常态化工作,并对内部控制组织、内部管理制度进行必要的调整。单位每年度内部控制相关工作包括但不局限于以下 10 项关键任务。

(1) 调整内部控制相关组织(如涉及人员变动)。

(2) 召开内部控制领导小组会议。

(3) 开展内部控制专题培训和关键岗位业务培训。

(4) 开展内部控制风险评估。

(5) 更新岗位职责说明书(如涉及调整)。

(6) 对内部管理制度进行必要的增修订。

(7) 对业务流程图进行必要的增修订。

(8) 执行关键岗位轮岗机制。

(9) 开展本级和下属单位内部控制评价。

(10) 填报年度内部控制报告(根据财政部门要求),并对下属单位填报的内部控制报告信息质量进行监督检查。

第三节 高校政府采购电子化建设

政府采购电子化是指将信息技术和基础设施在线应用于政府采购的管理、实施、评估以及报告各个阶段。政府采购电子化建设是实现政府采购内控管理的重要依托。

政府采购电子化建设应当至少包括三个层面的内容：一是政府采购交易和管理信息系统的开发和应用，这是电子化建设的基础；二是政府采购信息资源的利用和共享，这是电子化建设的重点和关键；三是政府采购业务的规范化和系统的易用性，这是信息化建设的重要支撑。可见，政府采购电子化不局限于电子信息替代纸质信息，或者技术手段的使用。事实上，政府采购电子化不仅仅是政府采购制度改革的重要推动力，同时其自身已经成为当今政府采购制度变革中的最核心内容之一。

政府采购电子化建设是一项涉及面广、技术性强、社会关注度高的庞大系统工程。它不仅是对传统政府采购方式方法的变革，更是对政府采购管理制度、操作模式的重大改革，需要对现行政府采购的管理理念、工作职能、机构性质等一系列问题进行重新定位和厘清，其本质是一项重大的政府采购制度改革。

2015年，《政府采购法实施条例》提出，国家实行统一的政府采购电子交易平台建设标准，推动利用信息网络进行电子化政府采购活动。

2017年，为贯彻落实《国务院关于积极推进"互联网＋"行动的指导意见》《国务院关于加快推进"互联网＋政务服务"工作的指导意见》的部署，国家发改委、工信部、住建部、交运部、水利部、商务部联合印发《"互联网＋"招标采购行动方案（2017—2019年）》，方案提出，大力发展电子化招标采购，促进招标采购与互联网深度融合，提高招标采购效率和透明度，降低交易成本，充分发挥信用信息和交易大数据在行政监督和行业发展中的作用，推动政府职能转变，助力供给侧结构性改革，促进经济社会平稳健康发展。

2019年，财政部发布《关于促进政府采购公平竞争优化营商环境的通知》提出，"加快推进电子化政府采购"，并明确指出，一是"推进采购项目电子化实施。要加快完善电子化政府采购平台的网上交易功能，实现在线发布采购公告、提供采购文件、提交投标（响应）文件，实行电子开标、电子评审。逐步建立电子化政府采购平台与财政业务、采购单位内部管理等信息系统的衔接，完善和优化合同签订、履约验收、信用评价、用户反馈、提交发票、资金支付等线上流程。"；二是"加快实施"互联网＋政府采购"行动。积极推进电子化政府采购平台和电子卖场建设，建立健全统一的技术标准和数据规范，逐步实现全国范围内的互联互通，推动与公共资源交易平台数据共享，提升供应商参与政府采购活动的便利程度。"

一、高校政府采购电子化建设范围

高校的采购管理信息化系统，其本质上应当是高校本身的政府采购制度流程的电子化，应当以提升采购管理业务流程化、透明化、效率化、数据化为目标，从风险防控、效率提升、流程优化上加强对采购活动的监管、提升采购管理水平、降低项目采购成本，从而提高采购质效。其建设核心逻辑则是遵从学校内部控制机制，将采购活动中的法律法规、管理制度、采购流程（如：采购需求编制、采购申请、采购文件审核、评审结果审核、成交结果确认、合同签订、履约验收、款项支付、档案汇总、资料补录）固化到管理系统中，实现采购过程电子化、采购活动规范化。

采用信息化手段，满足学校政府采购、分散采购全流程、全方位的项目管理。因此，高校政府采购电子化建设主要功能建设范围应包含但不限于以下方面。

（1）预算管理（财务预算下达）。

（2）计划管理（政府采购项目计划备案）。

（3）项目管理（项目申请、意向公开、审核、公告发布、合同备案等）。

（4）专家库管理（专家申报、抽取、评价）。

（5）采购代理机构管理（项目委托、质疑投诉处理）。

（6）供应商管理。

（7）评价管理（项目负责人评价、采购代理机构评价、采购单位评价）。

（8）统计报表（学校内部、上报主管部门等报表）。

二、高校政府采购电子化建设基本要求

1. 技术要求

（1）先进性。系统设计应采用先进的、成熟的、可持续发展的技术方法，采用云计算、移动互联网及大数据分析技术，同时把先进的管理思想和理念与实际工作相结合，以确保系统的安全、规范、便捷、高效。

（2）开放性。系统的设计和建设坚持开放性原则，遵循业界相关标准，支持开放的标准接口，满足业务需求的不断变化对软件的调整，可与现有业务应用平台无缝整合。必须对学校无条件开放所有接口 API，并符合学校提出的接口标准。

（3）易用性。系统操作界面应设计友好、美观，具备辅助提示、超时提醒等功

能；通过适当的术语、释义、图形、背景信息和操作帮助，协助用户理解和使用系统各项功能；具备简单易懂的导航功能，可提示平台功能操作错误的原因和纠正信息，提高系统操作性和执行效率。

（4）稳定安全性。系统应提供 7×24 小时的连续稳定运行，具有自身的容灾备份机制，并能兼容学校的统一备份机制。以便在系统发生错误时能够快速地恢复正常运行，同时软件系统应能有效防止因系统资源消耗过多而导致系统异常崩溃。

（5）易维护性。系统维护要建立整套管理流程，提供多层次、方便、高效的管理措施，为系统正常运行提供技术管理保障。

（6）移动办公。系统移动端可兼容主流手机品牌和型号，支持 Android（谷歌）、IOS（苹果）、Harmony（鸿蒙）操作系统；可提供 IOS、Android 移动端软件，保证数据、业务处理与 PC Web 端一致，支持微信公众号的快速集成接入。

（7）系统响应时间指标。系统应满足用户访问应用的时效性要求。

2. 系统安全要求

应用系统集成应设计成能够抵御来自互联网的常见 Hacker 攻击手段，防范 SQL 注入攻击、防范跨站脚本攻击。

系统能够保证用户数据安全，防止数据的盗窃和丢失。

功能及数据权限：能够对用户进行功能授权和数据授权，功能授权对象为菜单、界面、界面控件等，数据授权对象为数据表、数据行、数据列等；

数据更改：所有对数据的操作必须通过系统界面/批处理进行；所有对数据的更改必须是可跟踪和可查询的；

数据加密：客户端和服务器端传输敏感数据时，需要加密控制；

系统日志：所有系统认证、系统访问、终端操作等动作均要记录到系统日志，且至少保留 5 年。

系统认证必须与学校统一身份认证平台集成，实现单点登录；须为常用业务办理和数据分析提供碎片化服务，可接入学校网上办事大厅。系统禁止在客户端缓存密码、密钥等敏感信息。

不得在软件系统预留后门，不得植入木马等不安全的操作。

应用服务可在互联网环境进行访问，需保证 WEB/视频传输安全，支持采取 SSL 协议进行传输加密，应有效防止数据泄密。

系统需通过安全等级保护测评，即配合学校按安全等级保护2.0标准，完成信息安全等级保护测评。

3. 安全保密需求

要求对接入系统的用户进行身份验证。对不同角色的用户设置不同的权限，通过角色定义实现不同角色个性化菜单的定制，有效控制用户的功能权限。

三、高校政府采购电子化建设功能模块

1. 采购人（归口部门、需求部门）模块（审批、执行、监督）

（1）预算资金管理。

系统可根据财务处下达的年度预算文件的（EXCEL文档）导入/导出、部门查询、资金核对功能。即：每年财政厅拨款之后，根据财务给出的预算明细，能够与政府采购管理系统内的资金一一对应（每一笔预算需要详细对应政府采购系统中的资金编号），其资金在各部门项目申请计划之后能够自动扣减，达到资金核查的目标。（对接二级单位数据准确性）

系统可结合实际工作中的预算变更的状况，赋权财务处审批变更资金来源与编号。

（2）采购计划管理。

需求部门按部门年度预算编制采购计划，并在系统中填报采购计划报表，由部门负责人签字后提交上传系统。

系统能够导出/导入EXCEL版采购计划，可对采购计划进行汇总后，并按时间、项目紧急程度自动形成年度项目采购推进表，具备紧急程度、实施时间、项目负责人等内容的调整、修改以及按关键字段查询、对未按采购计划实施的采购项目推送提醒信息等功能。

（3）项目采购管理。

以归口部门集中采购和需求部门分散采购项目的全生命周期管理为目标，在各采购环节记录有效的采购业务流程痕迹，保证采购业务过程数据及文件的档案完整，实现"全程留痕、过程受控"的管理要求。具体内容如下：

采购活动事前准备，项目立项、采购申请、采购需求论证、采购实施计划编制，采购需求和采购实施计划的审查、采购文件审批等。

系统记录采购活动组织实施过程管理（包括但不仅限于：采购方式确定如磋商/谈判/询价/网上商城（竞价、议价）及其他采购方式、采购文件编制、采购文件审核、采购公告发布、采购方式变更、评审结果审核、成交供应商确定、招投标资料归档、合同签订、履约验收、项目备案、款项支付等）。

系统能够对二级单位自行采购项目自动生成采购资料汇编，提交归口部门审核，予以备案。

归口部门、需求部门按项目填写废标/质疑/投诉情况说明、原因分析（固定几种情形），可上传支撑材料，可自动汇总生成年度项目废标/质疑/投诉情况分类一览表。

2. 采购代理机构管理

采购代理机构可在系统进行登记注册，接受采购人的项目委托，系统可进行数据抓取，将委托采购代理机构实施的采购项目状态实时汇总到学校采购管理信息化系统，通过平台管理员授予权限后，授权人能查看学校所有委托给采购代理机构招采项目的数量、金额、进展状况。

具备动态显示库内采购代理机构承接项目的基本情况（包括项目数量、金额、差错率、项目负责人信息、采购二级单位等），为学校委派采购项目提供参考依据。

3. 采购评审专家库管理

按"统一标准、管用结合、随机抽取、资源共享"的原则，归口部门、需求部门分级授权使用、管理、维护学校采购评审专家库。

（1）可增加、导入/导出、删除、修改专家信息等功能。

（2）可按项目金额（分级授权抽取人）和特定字段对专家进行随机抽取、重新抽取（说明原因）以及回避设置功能，抽取结果与评审项目绑定，可显示该专家参加当年评审的项目内容及专家对项目评审情况的评价。

（3）可记录所抽专家参与评审活动的信息（项目名称、姓名、评审时长），具有按照指定内容查询专家参与项目信息功能。

（4）可根据抽取结果，给所抽取的评审专家发送短信、推送评审相关信息以及接收确认参与/拒绝评审信息的功能。（接入学校微信企业号实现信息推送）

4. 供应商管理

供应商可注册、登录系统，归口部门/需求部门可对供应商注册信息、资质进行审核。

供应商登录系统，可对学校正在进行中的采购项目，下载采购文件并提交响应文件；项目评审完成后，向参与投标的供应商推送项目评审结果；项目完成后，供应商可在系统平台对采购代理机构、采购项目负责人进行评价。

5. 评价管理

针对采购绩效，设计评价模板，开展多维度的项目执行评价，可将前期项目评价结果填写入模板汇总导入系统，可按单个项目的指定内容进行评价查询。

（1）归口部门/需求部门评价。

（2）采购评审专家评价。

（3）采购代理机构评价。

（4）供应商评价。

系统具备统一的事务（消息）管理功能，针对学校不同角色提供事务办理快速入口，方便不同角色、事务的即时触发，极大提高采购工作效率。所有待办、已处理的采购项目，皆可分级授权查看并追溯采购活动痕迹。

系统可根据分级授权的数据权限展示不同的信息内容，其网页以可视化的形式，动态展示各需求部门采购项目开、评标信息，提供开、评标时间、项目名称等查询模块，管理员可以按时间段汇总采购项目活动安排并自动生成《采购项目计划》表格文件，可统计显示项目名称、需求部门、申请时间、预算金额、项目属性、采购方式、当前采购阶段以及项目实施完成比例等相关状态信息；系统可对延迟实施采购的项目推送督办、提醒信息，需求部门可对延迟采购项目进行情况说明和延缓采购申请。

6. 统计报表

（1）能对项目相关数据进行汇总、统计分析（包括但不仅限于预算资金使用率、项目节省率、流标率、质疑率等），并生成相应数据报表。

（2）能按项目名称、采购负责人、需求部门、项目预算、中标金额、评审专家、中标供应商等字段进行统计。

（3）能对评审专家评审项目情况进行统计。

（4）能按投标、中标供应商信息进行统计。（包括投标供应商、中标供应商、质疑/投诉供应商等信息）

（5）能对委托采购代理机构项目执行情况进行统计（代理项目数、代理项目金额、已完成项目的质量评价、项目完成进度等）。

7. 项目归档功能

（1）按照采购项目属性，分类对项目采购环节中的全过程资料进行电子归档，按年度归纳形成项目对应文件夹（压缩包）；

（2）能够按模板导入历史归档数据，按年度形成项目对应文件夹（压缩包）；

（3）能够对接档案馆档案系统数据接口，实现档案台账数据的导入/导出。

8. 系统平台管理

具备系统配置信息管理、维护的功能，包括但不限于模板管理、基础数据管理、用户角色管理、权限管理、日志管理等。

（1）模板管理。

为规范在各采购环节所提交的信息、文本等相关文件的标准化，系统提供采购活动各环节的标准模板和自定义模块设置的功能，方便统一规范发布内容和模板的优化完善。例如：采购文件模板、项目招标公告、成交结果公告、中标（成交）通知书等各类模板的标准化建设。

（2）签章管理。

系统分级授权，提供签章图片上传的入口，可进行修改、删除、重新上传等相关功能，可在审批流或是需要签章时调用。

（3）基础数据管理。

① 支持基础数据的自定义，包括枚举、分类体系等。

② 支持主数据的统一管理。

③ 支持基础数据的增、减、删、改、封存或冻结。

④ 实现与学校数据中心的数据交换和数据共享。作为数据生产方，实现"一数一源"，按需提供业务数据到学校数据中心；作为数据使用方，以"最小够用"原则，学校数据中心按需提供人员、组织架构等基础数据供业务系统使用。

（4）用户和角色管理。

① 支持提供系统管理用户、业务用户（需求部门）、配置用户、普通用户，不同用户可操作的功能不同；支持对系统管理员的等级配置进行灵活调整。

② 支持一个用户拥有多个角色的权限。

③ 支持用户密码修改，初始用户密码为系统默认或者提供动态密码，初次登录系统用户可自行修改密码，密码复杂程序及有效问题由密码策略决定，以保证系统登录安全。

（5）权限管理。

① 权限设定原则支持按照不同用户、角色、组织、类别等进行设定，可以对不同的用户、角色及组织制定不同的权限，如操作权限、浏览权限、下载权限等。

② 支持方便灵活、可配置的授权机制，实现按照角色、组织、类别等进行数据授权和功能授权，提供可视化授权配置功能。

③ 支持权限的查询，支持业务处理中权限的检验，无权限的用户登录系统处理时无法进行相应的操作或查询相应的数据。

（6）日志管理。

根据信息系统内控要求，系统各用户的操作日志能够在系统保存，提供应用界面，可对指定内容自动形成流水信息，方便浏览和打印。

附录

附录 A 高校采购管理制度实例

××学院采购评审专家管理实施办法

第一章 总则

第一条 为充分发挥专家在招标（采购）活动中的作用，规范评审行为，加强评审过程的监督管理，保证评审活动的公平公正，根据《招标投标法》《政府采购法》《政府采购评审专家管理办法》《××省评标专家和专家库管理办法》和《××省政府采购评审专家管理实施办法》等有关规定，结合学校工作实际，制定本办法。

第二条 本办法中的评审专家，是指经学校采购与招标管理办公室（以下简称采招办）组织选聘，以独立身份参加学校组织的或委托代理机构组织的采购项目评审，纳入"××学院采购评审专家库"管理的校内人员。

评审专家的选聘、解聘、抽取、使用、监督管理适用本管理办法。

第三条 学校采招办负责评审专家库的建立和评审专家管理。

第四条 评审专家的管理、使用，实行"统一标准、管用结合、随机抽取、资源共享"的原则。

第二章　评审专家选聘与解聘

第五条　采招办通过校内公开征集、部门推荐和个人自愿相结合的方式选聘评审专家。评审专家原则上从学校教职工中产生。

第六条　评审专家涉及的专业领域如下。

（1）工程类，包括土建工程、建安工程、水电暖通工程、绿化工程、装修装饰以及修缮工程等。

（2）货物类，包括教研实验设备、办公设备、家具电器、生活物资等。

（3）服务类，包括工程造价咨询、资产评估、印刷、信息技术、会计、审计、法律、物业管理、保安服务等。

第七条　评审专家应当具备以下资格条件。

（1）具有较高的政治素养、良好的职业道德和较高的业务素质。

（2）从事相关领域工作满5年、具有本科（含）以上文化程度、中级及以上专业技术职称、精通专业业务或者有与项目实施相关的工作经历。

（3）熟悉招标投标、政府采购相关政策法规。

（4）本人自愿以独立身份参加学校采购活动的评审工作，能依法履行评审工作职责，自觉接受采招办的管理，承担相应法律责任。

第八条　评审专家选聘条件如下。

（1）凡符合本办法第七条规定条件的人员均可申报。申报评审专家的人员需填写"××学院采购评审专家（采购人代表）申请表"（见附件1），并提供相应的专业资格证明文件，包括最高学历、学位证书、身份证、职称证或其他有效证件、注册执业资格证等证书复印件一套。

（2）采招办组织专门人员对申请人提交的申请材料、评审专业进行审核，将符合条件的专家名单报学校采购与招标工作领导小组研究，经学校审定纳入"××学院采购评审专家库"管理，并以短信或电话形式通知评审专家。

（3）学校对入库的评审专家统一颁发纸质或电子聘书。

第九条　评审专家原则上聘期为3年，对认真履行职责且无本办法第二十二条规定的不良行为记录专家可以续聘。

第十条　学校采招办负责对评审专家的基本信息进行管理和实时更新。

第十一条　评审专家存在以下情形之一的，采招办应当将其解聘。

（1）不符合本办法第七条规定条件。

（2）本人申请不再担任评审专家。

（3）存在本办法第二十二条规定的不良行为记录。

（4）受到刑事处罚。

第三章　评审专家的抽取与使用

第十二条　采招办负责组织采购评审专家的抽取工作。

第十三条　采招办应当在评审活动开始前，根据采购项目需求确定评审专家专业类别，在"××学院采购评审专家库"中查询评审专家数量，如评审专家库中相关专家数量不能保证随机抽取需要的，采招办可以推荐符合条件的人员进行入库登记，再随机抽取与使用。

第十四条　技术复杂、专业性强的采购项目，通过随机方式难以确定合适的评审专家，经采招办同意，二级采购单位可以推荐非本部门的相应专业领域评审专家。

第十五条　为确保采购评审专家名单不泄密，评审专家原则上当天抽取当天使用，其名单在评审结果公告前应当保密。

第十六条　评审专家与参加采购活动的供应商存在下列利害关系之一的，应当回避。

（1）参加采购活动前3年内，与供应商存在劳动关系，或者担任过供应商的董事、监事，或者供应商的控股股东或实际控制人的。

（2）与供应商的法定代表人或者负责人有夫妻、直系血亲、三代以内旁系血亲或者近姻亲关系的。

（3）与供应商有其他可能影响政府采购活动公平、公正关系的。

（4）其他法律法规规定应回避的。

第十七条　出现下列情况之一的，应当及时补抽评审专家。

（1）评审专家主动提出回避的。

（2）评审专家缺席不能参加评审的。

（3）评审前发现专家名单泄露的。

（4）其他可能影响公正评审的。

第十八条　原则上，采招办工作人员不作为评审专家参与学校采购项目评审活动。二级采购单位工作人员原则上不参加本部门承办的采购项目评审。

第四章　评审专家权利和义务

第十九条　评审专家在评审活动中享有以下权利。

（1）对应邀参加评审的采购项目的评审权。

（2）推荐中标（成交）候选供应商的表决权。

（3）对评审过程中的违法、违规或不正当行为，向采招办、学校有关职能部门以及上级主管部门举报权。

（4）法律法规规定的其他权利。

第二十条　评审专家在评审活动中应履行以下义务。

（1）凡接到通知并同意评审的专家必须亲自参加，不能参加评审活动时，应及时向采招办说明情况，不得委托他人代替。

（2）有本办法第十六条规定情形之一的，应当主动提出回避。

（3）评审前，必须签订《××学院采购评审专家（采购人代表）承诺书》（见附件2），详细阅读招标（采购）文件，充分了解采购项目具体情况及采购需求；必要时，负责向评标委员会、谈判小组、询价小组、磋商小组介绍采购项目的背景和采购需求相关情况。

（4）严格遵守评审工作纪律，按照客观、公正、审慎的原则，根据采购文件规定的评审程序、评审方法和评审标准进行独立评审。

（5）评审后，填写《××学院采购评审专家（采购人代表）评审情况反馈表》（见附件3），并向采招办提出完善采招工作的建议或报告项目评审中存在的违法违规行为等。

（6）必要时，向学校报告重大项目评审过程和评审结果。

（7）配合答复供应商的询问、质疑和投诉等事项，不得泄露评审文件、评审情况和在评审过程中获悉的商业秘密。

（8）积极参加采招办组织的采购招标业务培训，及时了解和掌握政府采购法律法规和政策文件。

（9）工作部门、职称和通信方式等个人信息发生变化时，及时以书面形式告知采招办。

(10) 法律法规规定的其他义务。

第二十一条 采招办负责对评审专家工作进行评价，根据评审专家的工作态度、工作纪律、履职能力等方面评价情况，实行专家库动态调整。学校每年对评审专家的工作量进行统计和有效认定，计入年度公益积分，报人事处备案。

第五章 评审专家监督管理

第二十二条 评审专家有下列情形之一的，列入不良行为记录。

(1) 未按照采购文件规定的评审程序、评审方法和评审标准进行独立评审。

(2) 泄露评审文件、评审情况。

(3) 与供应商存在利害关系未回避。

(4) 收受采购人、采购代理机构、供应商贿赂或者获取其他不正当利益。

(5) 提供虚假申请材料。

(6) 拒不履行配合答复供应商询问、质疑、投诉等法定义务。

(7) 以评审专家身份从事有损政府采购公信力的活动。

(8) 其他相关法律法规明文禁止的行为。

第二十三条 对存在第二十二条情形的评审专家，视情节轻重，予以通报批评、警告、禁止参加评审或移交纪委监察专员办公室处理。

第二十四条 采购相关部门在项目评审工作中存在滥用职权、玩忽职守、徇私舞弊等违法违纪行为的，视情节轻重，予以通报批评、警告或移交纪委监察专员办公室处理。

第六章 附 则

第二十五条 国家、××省对评审专家抽取、选定另有规定的，从其规定。

第二十六条 本办法由学校采购与招标管理办公室负责解释。

第二十七条 本办法自印发之日起施行。

附件1

××学院采购评审专家（采购人代表）申请表

填表日期：　　年　　月　　日

姓名		性别		出生年月	
学历		学位		技术职称	
擅长专业领域及年限					
通信地址					
邮政编码			移动电话		
主要社会兼职及业绩					
个人专业资质证书					
个人保证	本人保证以上信息真实准确，并承诺在参与××学院招标（采购）评审工作中能本着科学、依法、公正、保密的原则开展工作。 本人签名：　　　　　　　　　　　　　　　　　　　年　　月　　日				
所在单位意见	单位（盖章）　　　　　　　　　　　　　　　　　　　年　　月　　日				

××学院采购与招标管理办公室制

附件 2

××学院采购评审专家（采购人代表）承诺书

本人在授权代表学校参加的＿＿＿＿＿＿＿项目的评审工作中，作如下承诺。

（1）详细阅读项目招标（采购）文件，充分了解采购项目具体情况及采购需求，携带授权书作为采购人代表，公平、公正参与评审活动。

（2）遵守保密规定，开标前对招标（采购）文件等内容保密，不得向任何单位或个人泄露参与招标（采购）活动中所获知的商业秘密。

（3）遵守职业道德，客观、公正地履行评审委员的职责，评审过程中不能以个人看法为由作出倾向性、误导性的发言，对提出的评审意见承担个人责任。

（4）遵守招标（采购）评审工作纪律，不与供应商或与招标（采购）结果有利害关系的人私下接触，不收受投标人或其他利害关系人的财物和好处。

（5）评审时不得向外界透露任何评审内容，包括评审人员、评审资料、对投标文件的评审和比较、评审结果、中标候选人的推荐情况以及评审过程。评审结束后，向采招办汇报评审结果。

（6）配合学校及监督部门答复供应商提出的质疑和项目的复评、复审等工作。

若本人违反上述承诺，愿意接受组织的处分和承担相应的法律责任。

承诺人（签字）：

年　　月　　日

附件 3

××学院采购评审专家（采购人代表）评审情况反馈表

评标项目名称			预算/万元	
评审专家姓名		评审时长		
评审地点和时间				
委托代理机构				
代理机构服务评价	☐ 非常满意　☐ 比较满意　☐ 基本满意　☐ 不满意 或其他建议：			
评审过程概述及完善招标的建议				
	评审专家签字：		日期：　年　月　日	

××学院采购与招标管理办公室制

××学院采购资料管理办法

第一章 总则

第一条 为加强政府采购项目采购资料的管理，有效保护和利用政府采购项目档案资源，根据《档案法》《政府采购法》等有关规定，结合实际情况，制定本办法。

第二条 采购资料是指在进行政府采购项目过程中形成的文字、图纸、图表、声像、纸质、磁盘、光盘等不同载体的记录。

第三条 本办法适用于学校政府采购所有采购项目采购资料的收集、整理、移交和管理。

第四条 政府采购项目采购资料是反映政府采购活动的重要记录和史料，有重要的依据作用，应当依法保存，不得伪造、隐匿或者销毁。

第五条 学校在进行政府采购项目活动中形成的采购文件及相关记录，都应归入政府采购项目采购资料管理，以保证采购资料的真实性、完整性和有效性。

第二章 职责和分工

第六条 采购管理部门在政府采购项目执行过程中，认真收集并妥善保管采购文件和记录，合同签订完毕经整理后定期移交学校档案室。

第七条 学校档案室负责档案的审核、立卷、归档、储存和管理工作，并负责定期制作项目归档情况明细表，敦促采购管理部门及时移交项目档案。

第八条 项目档案移交前由采购管理部门项目负责人和档案管理员对项目档案的真实性、完整性、有效性负责并妥善保管；项目档案正式移交后，由档案员负责管理和提供利用。

第三章 政府采购资料的内容

第九条 政府采购项目采购资料具体包括以下内容。

（1）项目的前期准备材料。

项目的前期准备材料包括项目立项文件、项目采购需求、项目实施计划及审查意见（一般性审查、重点审查）等。

（2）项目的采购文件。

项目的采购文件包括采购活动记录、采购预算、招标文件、投标文件、评标标准、评估报告、定标文件、合同文本、验收证明、质疑答复、投诉处理决定及其他有关文件、资料等。

（三）其他与采购项目、采购过程及采购项目完成情况有关的文件资料。

第四章　采购资料的收集、整理

第十条　采购项目合同签订后 3 个月内，由项目负责人将该项目的全套文件材料进行收集整理。

第十一条　整理的采购资料应包括该项目的全部文件材料和记录，包括图纸、效果图、磁带、光盘、磁盘等载体的各类文件材料。

第十二条　必须保证项目采购资料的完整、真实和有效。具体要求如下。

（1）项目采购资料的内容要符合要求，规范统一。

（2）采购操作中形成的文件材料要齐全完整。

（3）文件材料中的签名、印鉴手续要齐全。

（4）整理的项目采购资料符合质量标准，便于保管和利用。

第十三条　项目采购资料不符合要求的，项目负责人应尽快补齐相应材料，保证项目采购资料的完整、真实和有效。

第五章　移交及审核

第十四条　采购管理部门档案管理员将项目材料汇总整理完毕后，填写《采购项目采购资料归档登记表》，向档案室移交项目采购资料。在学校档案室保存期限为从采购结束之日起至少保存 15 年。期满后另行处理。

第十五条　档案员对移交的项目采购资料编制目录，并对档案的完整性、真实性进行审核。如发现不完整、不真实的情况，在《采购项目采购资料归档登记表》上填写审核意见，通知项目负责人补齐相应材料。

第十六条　采购管理部门档案管理员根据档案员的审核意见，在规定时间内将相应材料补齐后，交档案员审核并移交项目采购资料。

第十七条　项目采购资料通过审核后,采购管理部门档案管理员编制项目采购资料目录连同采购资料一同移交档案员,并办理正式移交手续。《采购项目采购资料归档登记表》由档案员统一保管。

第十八条　采购管理部门档案管理员及项目负责人应加强未移交采购资料的管理,做到安全保管、放置有序、查找方便。

第十九条　采购资料需要追加时,由相应项目负责人整理相应的文件材料,填写《采购项目档案归档登记表》,说明追加原因及有关项目信息,向档案室移交项目材料。档案员审核无误后,归入原档案目录统一管理。

第七章　档案的查阅及使用

第二十四条　因工作需要,确需查阅或复印政府采购项目采购资料,应填写《项目采购资料查阅/复印/借阅登记表》,经采购管理部门负责人签字后,由项目负责人办理查阅手续。

第二十五条　凡查阅或复印的,必须由档案员抽调项目档案,交查阅人查阅。需复印的,由档案员按指定页码复印。

第二十六条　因工作需要,确需借阅政府采购项目档案的,应填写《项目采购资料查阅/复印/借阅登记表》,经采购管理部门负责人签字后,交项目负责人办理手续。

第二十七条　借阅项目档案返还时,档案员必须按页码核查项目档案,并办理返还手续。

第二十八条　查阅、复制或者借阅政府采购项目采购资料的人员,严禁在档案上涂画、拆封和抽换。

第八章　项目采购资料的销毁

第三十条　保管期满的政府采购项目采购资料,可按以下程序销毁。

（1）档案室提出项目采购资料销毁清单及销毁意见,并登记造册。

（2）销毁意见报采购档案室领导同意后,上报经政府采购管理部门批准,同时档案室备案。

（3）销毁政府采购项目档案时,应邀请政府采购管理部门人员参加现场监销。

(四)监销人在销毁政府采购项目采购资料前,应当认真核对清点销毁的项目采购资料;销毁后应当在销毁清册上签名。

第九章 其他

第三十一条 违反本规定的,按照内部管理制度和要求进行处理,情节严重的,移送有关部门追究其法律责任。

第三十三条 本办法自发布之日起执行。

××学院采购合同管理办法

第一章 总则

第一条 为规范学校采购合同管理,加强内控制度建设,防范合同风险,维护学校合法权益,促进学校采购事业健康发展,依据《中华人民共和国民法典》《中华人民共和国政府采购法》及实施条例等相关法律法规,结合学校实际,制定本办法。

第二条 本办法所指采购合同是指使用纳入学校预算管理资金采购货物、工程、服务后签订的经济合同。

第三条 学校签订采购合同应当遵循。

(1) 平等自愿、协商一致、诚实守信的原则。

(2) "先拟定、后审核、再签订"的原则。

(3) 坚持合同履约当事人为责任主体原则。

第四条 采购合同须以书面形式订立,胶装成册,合同当事人加盖公章或合同专用章、骑缝章。

以电子数据交换等方式能够有形地表现所载内容,并可以随时调取查用的数据电文,视为书面形式。

合同文本应以国家通用语言文字书写,合同文本中使用的计量单位应使用中华人民共和国法定计量单位。

第五条 合同的内容由当事人约定,一般包括下列条款。

(1) 当事人的姓名或者名称和住所。

(2) 合同类型。

(3) 标的。

(4) 数量。

(5) 质量。

(6) 价款或者报酬。

(7) 付款方式及履约保证金。

(8) 履行期限、地点和方式。

（9）验收要求。

（10）违约责任。

（11）解决争议的方法。

当事人可以参照各类合同的示范文本订立合同。通过招标、竞争性谈判、竞争性磋商、询价等方式确定的合同当事人，应当在招标文件、竞争性谈判文件、竞争性磋商文件、询价通知书等文件中提供合同文本，合同文本内容包含但不限于上述内容。

第六条 采购合同应当自该项目发出中标（成交）通知书之日或确定中标（成交）供应商之日起 30 日内完成签订。

学校集中采购的政府采购项目及非政府采购项目，自合同签订之日起 1 个工作日内送交采购管理部门。

政府采购合同自合同签订之日起 2 个工作日内由采购管理部门对合同进行公告、备案。

第七条 学校采购合同应由学校法定代表人或其授权委托人与中标供应商法定代表人或其授权委托人签订并据实签署日期方可生效。如需收取履约保证金的，需由中标（成交）供应商足额缴纳履约保证金后方可生效。

第二章 合同管理职责

第八条 审计处是学校采购合同的管理部门，其主要职责包括以下几方面。

（1）制定学校采购合同的管理办法、合同的审核、签订流程、合同范本等。

（2）审核集中采购的政府采购项目及非政府采购项目的采购合同与采购文件的一致性、完整性、全面性等，对此类合同进行整理、归档等。

（3）对政府采购合同在法律规定时限内进行公告、备案。

（4）配合相关部门完成政府采购项目及校级采购范围内的非政府采购项目采购合同的纠纷、调解、仲裁等活动。

第九条 学校办公室负责合同法律事务工作及法定代表人授权、签章等工作，主要职责包括以下几方面。

（1）协调法律顾问对采购合同进行审核。

（2）协调法律顾问参与学校重大采购合同的谈判和签订，并召集校内相关部门参与解决合同纠纷与调解、仲裁与诉讼活动。

(3) 对采购合同开具法定代表人授权委托函。

(4) 对已按照学校合同审核、签订流程完成的合同进行签章。

第十条 学校财务处负责审核学校采购合同的资金来源、履约保证金、付款方式及支付的合规性等内容。

第十一条 学校各院处为采购合同签订的责任主体，主要职责包括：

(1) 负责合同的谈判、起草、送审、签订等工作。

(2) 负责逐一对合同中招标要求、技术参数、商务要求等条款与采购文件进行核对，确保合同与采购文件的一致性。

(3) 跟踪合同履行情况；根据合同履行中存在的问题，提出解决问题的意见或建议。

(4) 及时上报和处理合同纠纷。

第十二条 归口管理部门负责对实施归口管理项下的采购项目进行合同的谈判、审核、跟踪、处理纠纷等工作。

第三章 合同的起草、签订与审批

第十三条 院处应根据相关法律法规，按照招标文件、竞争性谈判文件、竞争性磋商文件、询价通知书等文件中提供的合同范本或各类合同的示范文本起草采购合同。凡国家规定采用标准合同文本的，必须采用标准文本。

第十四条 院处应在采购项目发出中标（成交）通知书之日起 5 个工作日内完成采购合同起草工作。

第十五条 合同内容应严谨、准确、完整，与采购文件保持一致。

第十六条 采购项目预算金额在 30 万元（含）以上并由国有资产管理处组织实施的采购项目，院处将拟定的采购合同交校法律顾问、国有资产管理处、财务处、归口管理部门（如有）共同审核并提出修改意见，审定后的合同由院处及审核部门共同签字确认。

第十七条 预算金额 30 万元以下的采购项目（除电子卖场采购项目），应由院处采购工作小组将拟定的采购合同交校法律顾问、财务处共同审核并提出修改意见，审定后的合同由院处及审核部门共同签字确认。

第十八条 采购合同修改完成后，院处应会同合同审核部门在胶装成册的一份正式合同文本封面处确认签字后,由院处送党政办呈学校法定代表人或法定代表人的授权委托人签署,并由党政办加盖学校公章。

第四章 合同的履行

第十九条 合同生效后,院处应当严格按合同内容执行,及时跟踪和了解合同履行情况。

第二十条 合同双方当事人不得擅自变更、中止或者终止合同。确需变更或解除合同的,应在法定或约定期限内,签订变更或解除合同文本。变更或解除合同,必须采用书面形式并说明变更或解除的理由、变更或解除的条款及事项、履行期限、与原合同的关系等,并按规定的合同审查权限和程序报批。

第二十一条 合同履行过程中发生纠纷,院处和归口管理部门应及时处理。处理时应先协商解决,经协商双方达成一致的,应当订立书面协议;不能协商解决或经协商不能达成一致的,应当在法定的诉讼时效期限内向人民法院提起诉讼或根据合同约定向仲裁机构申请仲裁。

第二十二条 在合同签订或履行过程中,各相关责任人应认真负责,积极预防,降低风险、避免或减少损失,保障合同依法履行。

第五章 合同档案的归档

第二十三条 合同档案由各项目实施部门分别管理,以确保档案的完整和有效利用。

第二十四条 项目实施部门负责统筹、协调、组织、整理、保管和合作方的所有合同文档。

第二十五条 分别建立健全合同文档的形成、积累、整理、归档工作体系,由合同管理人员负责合同文档管理。

第二十六条 合同管理人员要尽心尽责发挥作用,按照要求建立完善的合同管理台账。签订完的合同要及时归档,做好登记。凡归档的合同文件材料均必须是原件。

第二十七条 保存的合同文档每半年清理核对一次,如有遗失、损毁,要及时查明原因、及时处理,并追究相关人员的责任。

第二十八条 加强对合同档案的统计工作,要以原始记录为依据,合同文档分类编号,编制合同统计清单。

第二十九条 应根据实际需求编制合同档案检索工具,以有效的开展合同的查询、利用工作。

第三十条 做好合同管理的保密工作,未经许可不得擅自借阅、外带归档合同。因工作需要需借出查阅合同文本者,需经主管部门领导审批签字同意后,方可办理相关借阅手续。以复印件形式借出,并督促其按期归还。合同原件非特殊情况不得外借。

第三十一条 合同文档的保存条件要有防火防潮措施,以确保合同文档的安全。

第三十二条 借阅人不得涂改、伪造、撕毁合同档案材料,视情节轻重予以处罚。

第三十三条 合同文档保密级别为机密,任何人不得擅自将合同对外公开、复印,违者视情节轻重予以处罚。

第五章 附则

第三十四条 本办法中未尽事宜,依据《中华人民共和国民法典》等相关法律、法规执行。

第三十五条 本办法自发布之日起执行。

附录 B
高校采购需求和采购实施计划编制实例

一、货物类项目（湖北省某高校教室课桌椅采购项目）

采购需求咨询报告

第一章　项目概述

一、项目基本情况

（1）项目名称：湖北省某高校教室课桌椅采购项目。

（2）采购人：湖北省某高校。

（3）项目属性：货物类。

（4）采购项目内容：购置教学楼××间教室课桌椅，包括：非固定式二人桌椅×××套；非固定式三人桌椅×××套；固定式课桌椅×××位。

（5）项目预算：人民币×××万元。

二、编制依据

本报告主要编制依据如下。

《中华人民共和国政府采购法》；

《中华人民共和国政府采购法实施条例》（国务院令第 658 号）；

《政府采购需求管理办法》（财库〔2021〕22 号）；

《政府采购促进中小企业发展管理办法》(财库〔2020〕46号);

《中小企业划型标准规定》(工信部联企业〔2011〕300号);

《关于进一步加强政府采购需求和履约验收管理的指导意见》(财库〔2016〕205号)。

第二章 需求调查

一、调查的内容及方式

1. 调查说明

采购人可以在确定采购需求前,通过咨询、论证、问卷等方式开展需求调查,了解相关产业发展、市场供给、同类采购项目历史成交信息,可能涉及的运行维护、升级更新、备品备件、耗材等后续采购,以及其他相关情况。

2. 调查内容

了解同类采购项目历史成交信息以及其他相关情况。

3. 调查方式

本项目需求调查的方式为对同类项目进行调研。

二、调查过程及结果

调查内容及结果涉及调查对象商业机密内容,此处不进行展示。

第三章 项目采购需求

一、技术要求

技术要求是指对采购标的的功能和质量要求,包括性能、材料、结构、外观、安全,或者服务内容和标准等。

1. 项目概况

(1) 项目建设目标:更换学院教学楼教室课桌椅,改善学院教学条件,提升学院现有硬件设施档次,为学生与教师提供良好的学习和生活环境。

(2) 采购范围及内容:购置教学楼××间教室课桌椅,具体采购内容见附表B-1。

附表 B-1 项目采购内容

序号	项目名称	单位	数量	备注
1	非固定式二人桌椅	套	××	含一张课桌、两把座椅

续表

序号	项目名称	单位	数量	备注
2	非固定式三人桌椅	套	××	含一张课桌、三把座椅
3	固定式课桌椅	位	××	每位含课桌及座椅

2. 需执行的国家、行业或地方标准和规范

执行标准：家具应按相关国家标准和行业标准进行设计和制造。本次采购的家具均应符合国家标准，优于但不限于以下标准规定。

GB/T 3324—2017：木家具通用技术条件。

GB/T 3325—2017：金属家具通用技术条件。

QB/T 1951.1—2010：木家具质量检验及质量评定。

GB/T 3326—2016：家具、桌、椅、凳类主要尺寸。

QB/T 2384—2010：木制写字桌。

QB/T 2280—2016：办公家具办公椅。

GB/T 4897—2015：刨花板。

GB/T 11718—2009：中密度纤维板。

GB/T 9846—2015：普通胶合板。

GB/T 3976—2014：学校课桌椅功能尺寸及技术要求。

GB/T 15102—2006：浸渍胶膜纸饰面人造板。

GB 18584—2001：《室内装饰装修材料　木家具中有害物质限量》。

GB 18580—2017：《室内装饰装修材料　人造板及其制品中甲醛释放限量》。

GB 18581—2009：《室内装饰装修材料　溶剂型木器涂料中有害物质限量》。

GB 18583—2008：《室内装饰装修材料　胶粘剂中有害物质限量》。

GB/T 34722—2017：《浸渍胶膜纸饰面胶合板和细木工板》。

GB/T 18259—2018：《人造板及其表面装饰术语》。

GB 28481—2012：《塑料家具中有害物质限量》。

所投产品应当达到现行国家及省、市、行业有关法规、规范的要求，如有新规范颁布，应以新的规范为准，如果上述标准及规范要求有出入，则以较严格者为准。

3. 项目具体技术参数及要求

项目具体技术参数及要求如附表 B-2 所示。

附表 B-2 项目具体技术参数及要求

序号	采购标的物	技术参数
1	非固定式二人桌椅	【课桌】 （1）二人桌面板技术参数要求； （2）桌钢架技术参数要求； （3）课斗管技术参数要求； （4）挡板技术参数要求； （5）左右侧板技术参数要求； （6）脚套技术参数要求。 【课椅】 （1）坐背板技术参数要求； （2）椅钢架技术参数要求； （3）脚套技术参数要求。
2	非固定式三人桌椅	【课桌】 （1）三人桌面板技术参数要求； （2）桌钢架技术参数要求； （3）课斗管技术参数要求； （4）挡板技术参数要求； （5）左右侧板技术参数要求； （6）脚套技术参数要求。 【课椅】 （1）坐背板技术参数要求； （2）椅钢架技术参数要求； （3）脚套技术参数要求。
3	固定式课桌椅	（1）规格参数要求； （2）铝合金站脚技术参数要求； （3）椅背技术参数要求； （4）椅座技术参数要求； （5）支撑件技术参数要求； （6）写字板技术参数要求； （7）书网技术参数要求； （8）回复机构技术参数要求。

二、商务要求

商务要求是指取得采购标的的时间、地点、财务和服务要求,包括交付(实施)的时间(期限)和地点(范围)、付款条件(进度和方式)、包装和运输、售后服务、保险等。

1. 供货要求

供应商所提供的货物符合采购文件规定的规格、标准、技术性能指标等,且货物(包括全部部件、备品备件)是原厂生产、全新、完整、未使用过的。

2. 包装、运输

(1) 供应商应对货物进行妥善包装,以满足货物运至安装场地及在安装场地保管的需要。包装应采取防潮、防晒、防锈、防腐蚀、防震动及防止其他损坏的必要保护措施,从而保护货物能够经受多次搬运、装卸、长途运输等。

(2) 每个独立包装箱内应附装箱清单、质量合格证、装配图、说明书、操作指南等资料。

(3) 包装材料应符合国家相关规定。

(4) 供应商负责自行选择适宜的运输工具及线路安排设备运输,货物运输途中的毁损、灭失等风险自行承担。

3. 交付

(1) 交付时间:××年××月××日前完成采购项目的供货、安装和调试,并交付完毕。

(2) 交付地点:湖北省某高校校内。

4. 安装、调试

(1) 供应商应派有经验的安装人员到现场进行旧桌椅的拆卸、搬运,以及新桌椅的安装、调试,直至所有课桌椅及办公家具正常使用,其费用由供应商承担。

(2) 供应商派出的安装人员应自备在安装、调试过程中所需的全部工具、材料及备件等。

(3) 货物在供货时的具体摆放位置和排列方式,供应商应严格按照采购人要求进行。

(4) 安装期间,供应商应注意现场安装、施工的安全,期间产生的任何事故由供应商全部承担;安装完成后,安装人员必须清除现场杂物,并做好清洁和维护工作。

(5) 供应商原则上只能在双休日、节假日等非正常教学时间进行拆除、安装及调试等工作，不得影响学院正常教学。

5. 验收

(1) 生产监督：在生产前，待采购人确认生产方案、具体颜色后，供应商方可生产。采购人有权在供应商对该批项目产品生产时进行中期检测以及过程监督，中期检测不作为验收环节。

(2) 进场验收：产品计划运抵采购人指定的地点前，供应商应按采购文件所要求的标准和规范，对产品进行各项具体的检验与试验，并将设备清单、出厂合格证明、产品检测报告、产品说明书等材料准备齐全后，向采购人申请进场验收。采购人依据合同约定的产品数量、品牌、型号、包装要求、质量标准及配品配件等，对进场货物逐一进行验收。验收合格的产品允许进场，验收不合格的产品退还供应商，不允许进场。验收不合格的，应当及时整改，交货时间不顺延；未在规定期限内进行整改的，采购人有权终止合同。

(3) 最终验收：产品安装、调试完成，并经试运行一个月后，供应商应向采购人申请项目最终验收。采购人组织相关部门人员现场实地进行最终验收；完工教室环保需符合最新《室内空气质量标准》（GB/T 18883）的要求，并保证产品无异味。采购人聘请具有相应资质的第三方检测机构采取随机抽取的方式对课桌椅进行环保检测，合格后经采购人签字认可，此项费用包含在项目投标报价中。如有检测不合格，成交供应商应该在15日内更换新产品，相应的费用及责任由成交供应商自行负担。如果限期内成交供应商没有完成整改工作，则采购人有权解除合同并追究成交供应商的违约责任。

6. 质保期

(1) 质保期：××年。质保期自验收合格之日起计算。

(2) 质保期内出现任何非人为故意损坏的质量及缺陷问题，由供应商提供"三包"服务，由此产生的所有费用由供应商承担。

7. 售后服务

(1) 成交供应商应在项目所在地提供专业的售后服务，组建专业的售后服务团队，供应商提供的售后服务应符合《家具售后服务要求》（GB/T 37652—2019）。

(2) 在质保期内，产品自身出现质量问题，供应商应负责上门维修；需要更换配件的，供应商应负责更换配件，由此产生的费用由供应商承担。

(3) 供应商应提供 7×24 小时售后技术支持服务，从接到维修电话，供应商需在××分钟内响应并给出解决方案，××小时内到达现场维修，××小时以内排除故障（进行现场维修的一切费用由供应商承担）。

(4) 如供应商在接到采购人提出的技术服务要求或维修通知的规定时间内没有响应、拒绝或没有派人员到达采购人处提供技术服务、修理或退换货物，采购人有权委托第三人对合同货物进行维修或提供技术服务，由此产生的一切费用由供应商承担。

8. 付款方式

合同签订后，采购人向供应商支付合同金额的××%作为预付款；待供应商完成供货、安装、调试且经采购人验收合格后，采购人支付合同金额的××%。如因供应商货物质量或服务问题造成损失，采购人应及时扣除相应损失后再结清尾款。

三、执行政府采购政策

本项目执行《政府采购法》及法规政策规定的相关政府采购政策，包括保护环境、扶持不发达地区和少数民族地区、促进中小企业发展等。

1. 政府采购政策相关法规政策

(1) 财政部 工信部《政府采购促进中小企业发展管理办法》（财库〔2020〕46号）。

(2) 工信部 统计局 发改委 财政部《中小企业划型标准规定》（工信部联企业〔2011〕300号）。

(3) 财政部 发改委 生态环境部 市场监管总局《关于调整优化节能产品、环境标志产品政府采购执行机制的通知》（财库〔2019〕9号）。

(4) 财政部 生态环境部《关于印发环境标志产品政府采购品目清单的通知》（财库〔2019〕18号）。

(5) 财政部 发改委《关于印发节能产品政府采购品目清单的通知》（财库〔2019〕19号）。

(6) 财政部 司法部《关于政府采购支持监狱企业发展有关问题的通知》（财库〔2014〕68号）。

(7) 财政部 民政部 残疾人联合会《关于促进残疾人就业政府采购政策的通知》（财库〔2017〕141号）。

(8) 省财政厅 省经济和信息化厅《关于进一步加强政府采购促进中小企业发展的通知》（鄂财采发〔2021〕8号）。

……

2. 项目落实中小企业政策

根据省财政厅省经济和信息化厅《关于进一步加强政府采购促进中小企业发展的通知》（鄂财采发〔2021〕8号）：（一）提高预留政府采购份额。主管预算单位要统筹协调本部门及所属单位，对照我省政府集中采购目录及标准，完整编制政府采购预算，并单独列示专门面向中小企业的预留份额。200万元以下的货物和服务项目、400万元以下的工程项目，适宜由中小企业提供的，应当专门面向中小企业采购；200万元以上的货物和服务项目、400万元以上的工程项目，适宜由中小企业提供的，预留该部分采购项目预算总额的40%以上专门面向中小企业采购，其中预留给小微企业的比例不低于60%。不适宜由中小企业提供以及未达到规定预留比例的，应当说明依据原因。

采购实施计划咨询报告

第一章 合同订立安排

一、项目概况

(1) 项目名称：湖北省某高校教室课桌椅采购项目。

(2) 采购人：湖北省某高校。

(3) 项目属性：货物类。

(4) 采购项目内容：购置教学楼×××间教室课桌椅，包括：非固定式二人桌椅×××套；非固定式三人桌椅×××套；固定式课桌椅×××位。

二、项目预算及最高限价

(1) 项目预算：人民币×××万元。

(2) 最高限价：供应商投标总价不得超过人民币×××万元。

三、采购组织形式、采购方式及委托代理安排

1. 采购组织形式

(1) 选择组织形式：分散采购。

(2) 选择的理由：根据《湖北省政府集中采购目录及标准（2021版）》（鄂政办发〔2020〕56号），本项目家具属于集中采购目录，但集中采购目录不适用于高校、科研院所，拟采用分散采购方式组织实施。

2. 采购方式确定

(1) 确定采购方式：竞争性磋商。

(2) 选择的理由：根据《湖北省政府集中采购目录及标准（2021版）》（鄂政办发〔2020〕56号），湖北省省级政府采购货物类、服务类项目，400万元以上的应当采用公开招标方式。本项目采购预算金额未达到湖北省省级政府采购货物类公开招标数额标准，故拟采用竞争性磋商组织采购。

3. 委托代理安排

委托社会采购代理机构组织采购。社会采购代理机构的选择按照学校相关制度进行选择。

四、采购包划分与合同分包

根据《政府采购需求管理办法》（财库〔2021〕22号）第十七条，采购人要按

照有利于采购项目实施的原则,明确采购包或者合同分包要求。

(1) 采购包划分:本项目划分为一个采购包。

(2) 合同分包:本项目不接受合同分包。

五、开展采购活动的时间安排

按照政府采购法律法规涉及采购活动时间的相关规定,结合本项目实际情况,在不考虑采购活动中出现异常的情况下,综合安排采购活动时间如附表 B-3 所示。如果采购活动中遇到异常情况,则将导致采购活动时间顺延。

附表 B-3 综合安排采购活动时间表 1

顺序	工作内容	预计时间	实施主体
1	编制采购需求	5 个日历日	采购人
2	编制采购实施计划	3 个日历日	采购人
3	签订代理委托协议	1 个日历日	采购人和采购代理机构
4	拟定磋商文件送审	2 个日历日	采购代理机构
5	确定磋商文件	1 个工作日	采购人
6	发布磋商公告	自磋商文件开始发出之日起至供应商提交响应文件截止之日止,不得少于 10 日。 磋商文件的提供期限自磋商文件开始发出之日起不得少于 5 个工作日	采购代理机构
7	发出磋商文件		采购代理机构
8	编制响应文件		供应商
9	接受响应文件		采购代理机构
10	组建磋商小组	1 个工作日	采购代理机构
11	评审及磋商		磋商小组
12	推荐成交候选人		磋商小组
13	报送评审报告	评审结束后 2 个工作日内	采购代理机构
14	确定成交供应商	收到评审报告后 5 个工作日内	采购人
15	发布成交公告	确定成交供应商后 2 个工作日, 公示期 1 个工作日	采购代理机构
16	发出成交通知书	发布成交公告同时	采购代理机构
17	签订政府采购合同	成交通知书发出之日起 30 日内	采购人和成交供应商
18	合同履约	按响应文件承诺的合同履行期限	采购人和成交供应商
19	履约验收	完成项目全部内容后	采购人和成交供应商
20	合同款支付	按合同约定支付	采购人

六、供应商资格条件

(1) 满足《政府采购法》第二十二条规定，即：

① 具有独立承担民事责任的能力。

② 具有良好的商业信誉和健全的财务会计制度。

③ 具有履行合同所必需的设备和专业技术能力。

④ 有依法缴纳税收和社会保障资金的良好记录。

⑤ 参加政府采购活动前三年内，在经营活动中没有重大违法记录。

⑥ 法律、行政法规规定的其他条件。

(2) 单位负责人为同一人或者存在直接控股、管理关系的不同供应商，不得参加本项目同一合同项下的政府采购活动。

(3) 为本采购项目提供整体设计、规范编制或者项目管理、监理、检测等服务的，不得再参加本项目的其他招标采购活动。

(4) 未被列入失信被执行人、重大税收违法案件当事人名单，未被列入政府采购严重违法失信行为记录名单。

(5) 落实政府采购政策需满足的资格要求：本项目专门面向中小企业采购，供应商应提交有效的"中小企业声明函"。

(6) 本项目的特定资格要求：无。

七、竞争范围选择

(1) 竞争范围：公开（公告）方式邀请供应商。

选择竞争范围的理由：本项目不属于有限范围内竞争或者只能从唯一供应商处采购的情形，故选择以公开（公告）方式邀请供应商。

(2) 公告发布媒体：中国政府采购网湖北分网。

八、评审规则

1. 磋商小组组建

根据《政府采购竞争性磋商采购方式管理暂行办法》（财库〔2014〕214）第十四条，磋商小组由采购人代表和评审专家共3人以上单数组成，其中评审专家人数不得少于磋商小组成员总数的2/3。采购人代表不得以评审专家身份参加本部门或本单位采购项目的评审。采购代理机构人员不得参加本机构代理的采购项目的评审。采用竞争性磋商方式的政府采购项目，评审专家应当从政府采购评审专家库内相关专业的专家名单中随机抽取。

2. 评审规则

（1）评审方法：综合评分法，是指响应文件满足磋商文件全部实质性要求且按评审因素的量化指标评审得分最高的供应商为成交候选供应商的评审方法。

（2）价格分计算方式：采用低价优先法计算，即满足磋商文件要求且最后报价最低的供应商的价格为磋商基准价，其价格分为满分。其他供应商的价格分统一按照下列公式计算：

磋商报价得分＝（磋商基准价/最后磋商报价）×价格权值×100

项目评审过程中，不得去掉最后报价中的最高报价和最低报价。

因落实政府采购政策进行价格调整的，以调整后的价格计算评标基准价和投标报价。

（3）推荐成交候选人：磋商小组应当根据综合评分情况，按照评审得分由高到低顺序推荐3名以上成交候选供应商，并编写评审报告。评审得分相同的，按照最后报价由低到高的顺序推荐。评审得分且最后报价相同的，按照技术指标优劣顺序推荐。

3. 评审程序

（1）资格审查：磋商小组依据法律法规和采购文件的规定，对响应文件中的资格证明等进行审查，以确定供应商是否具备资格。

（2）符合性审查：磋商小组依据采购文件的规定，从响应文件的有效性、完整性和对采购文件的响应程度进行审查，以确定是否对采购文件的实质性要求作出响应。

（3）比较与评价：磋商小组按采购文件中规定的评审方法和标准，对资格性检查和符合性检查合格的响应文件进行商务和技术评估，综合比较与评价。

第二章　合同管理安排

一、合同类型

（1）确定合同类型：买卖合同。

（2）选择的理由：《中华人民共和国民法典》第三编第二分编规定，买卖合同是出卖人转移标的物的所有权于买受人，买受人支付价款的合同，适用于本项目合同类型。

二、定价方式

（1）确定合同类型：固定单价。

（2）选择的理由：本项目的采购内容包含提供了多个标的物的购置及相关的运输、装卸、安装、调试、售后、质保等服务，故选择的定价方式为固定单价。标的物的单价包含产品的购置价格，同时运输、装卸、安装、调试、售后、质保等与项目相关的服务费用摊销进入产品的单价中，即为综合单价。

三、合同文本的主要条款

合同文本主要包括以下条款。

（1）采购货物型号、产地及价格等。

（2）合同价款。

（3）质量标准要求。

（4）包装要求。

（5）供货要求。

（6）售后服务要求。

（7）货物验收。

（8）付款方式。

（9）质保期限。

（10）违约责任。

（11）其他。

四、履约验收方案

（1）履约验收主体：湖北省某高校。

（2）履约验收方式：项目验收包括进场验收和竣工验收。在产品计划发货前进场验收，设备安装、调试完成，并经试运行一个月后进行竣工验收。

（3）履约验收时间：生产前进行生产监督；产品抵达现场进行进场验收；产品安装、调试完成进行最终验收。

（4）履约验收程序、内容及标准如下。

① 生产监督：在生产前，待采购人确认生产方案、具体颜色后，供应商方可生产。采购人有权在供应商对该批项目产品生产时进行中期检测以及过程监督，中期检测不作为验收环节。

② 进场验收：产品计划运抵采购人指定的地点前，供应商应按采购文件所要求

的标准和规范,对产品进行各项具体的检验与试验,并将设备清单、出厂合格证明、产品检测报告、产品说明书等材料准备齐全后,向采购人申请进场验收。采购人依据合同约定的产品数量、品牌、型号、包装要求、质量标准及配品配件等,对进场货物逐一进行验收。验收合格的产品允许进场,验收不合格的产品退还供应商,不允许进场。验收不合格的,应当及时整改,交货时间不顺延;未在规定期限内进行整改的,采购人有权终止合同。

③ 最终验收:产品安装、调试完成,并经试运行一个月后,供应商应向采购人申请项目最终验收。采购人组织相关部门人员现场实地进行最终验收;完工教室环保需符合最新《室内空气质量标准》(GB/T 18883)的要求,并保证产品无异味。采购人聘请具有相应资质的第三方检测机构采取随机抽取的方式对课桌椅进行环保检测,合格后经采购人签字认可,此项费用包含在项目投标报价中。如有检测不合格,成交供应商应该在 15 日内更换新产品,相应的费用及责任由成交供应商自行负担。如果限期内成交供应商没有完成整改工作,则采购人有权解除合同并追究成交供应商的违约责任。

五、风险管控措施

采购过程和合同履行过程中的风险包括国家政策变化、实施环境变化、重大技术变化、预算项目调整、因质疑投诉影响采购进度、采购失败、不按规定签订或者履行合同、出现损害国家利益和社会公共利益情形等。

二、服务类项目（湖北省某高校课程资源建设项目）

采购需求咨询报告

第一章 项目概述

一、项目基本情况

（1）项目名称：湖北省某高校课程资源建设项目。

（2）采购人：湖北省某高校。

（3）项目属性：服务类。

（4）采购项目内容：完成一批在线开放课程资源的建设，包括课程宣传片、微课程视频、动画类素材、PPT演示文稿类素材、音频类素材、文本类素材、图形（图像）类素材、其他类素材等。课程制作完成后在平台上线运行，根据平台上线课程标准及修改意见，完善课程内容和提升制作质量。

（5）项目预算：人民币×××万元。

二、编制依据

本报告主要编制依据如下。

《中华人民共和国政府采购法》；

《中华人民共和国政府采购法实施条例》（国务院令第658号）；

《政府采购需求管理办法》（财库〔2021〕22号）；

《政府采购促进中小企业发展管理办法》（财库〔2020〕46号）；

《中小企业划型标准规定》（工信部联企业〔2011〕300号）；

《关于进一步加强政府采购需求和履约验收管理的指导意见》（财库〔2016〕205号）；

《关于加强高等学校在线开放课程建设应用与管理的意见》（教高〔2015〕3号）；

《湖北省高校精品在线开放课程建设技术标准（试行）》；

《大规模开放在线课程（MOOCS）制作手册》；

《职业教育专业教学资源库相关技术规范汇编（2019）版》。

第二章　需求调查

一、调查的内容及方式

1. 调查说明

采购人可以在确定采购需求前，通过咨询、论证、问卷等方式开展需求调查，了解相关产业发展、市场供给、同类采购项目历史成交信息，可能涉及的运行维护、升级更新、备品备件、耗材等后续采购，以及其他相关情况。

2. 调查内容

了解同类采购项目历史成交信息以及其他相关情况。

3. 调查方式

本项目需求调查的方式为对同类项目进行调研。

二、调查过程及结果

调查内容及结果涉及调查对象商业机密内容，此处不进行展示。

第三章　项目采购需求

一、技术要求

技术要求是指对采购标的的功能和质量要求，包括性能、材料、结构、外观、安全，或者服务内容和标准等。

1. 项目概况

（1）项目建设目标：为推动信息技术与教育教学深度融合，推进学校在线开放课程建设和应用，促进优质课程资源共享，加快学校创新创业教育与专业教育深度融合，深化高校教学模式和教学管理体制机制创新，全面提高教育教学质量。

（2）采购范围及内容：完成一批在线开放课程资源的建设，包括课程宣传片、微课程视频、动画类素材、PPT演示文稿类素材、音频类素材、文本类素材、图形（图像）类素材、其他类素材等。课程制作完成后在平台上线运行，根据平台上线课程标准及修改意见，完善课程内容和提升制作质量。

2. 质量要求

满足《关于加强高等学校在线开放课程建设应用与管理的意见》（教高〔2015〕3号）、《湖北省高校精品在线开放课程建设技术标准（试行）》《大规模开放在线课程（MOOCS）制作手册》《职业教育专业教学资源库相关技术规范汇编（2019）

版》，以及现行国家或行业颁布的其他现行各项技术标准和验收规范规定。

3. 课程要件

（1）课程介绍。课程介绍包括课程特点、教学目标、教学内容覆盖面、教学方法及组织形式、授课对象要求、教材与参考资料、课程已开设和面向社会开放情况等内容。

（2）教学大纲。教学大纲以纲要形式规定课程的教学内容，具体应包括课程的教学目的、教学任务、教学内容的结构、教学模块或单元教学目标与任务、教学活动以及教学基本要求等。

（3）教学日历。教学日历是教师组织线上课程教学的具体实施计划表，应按周来明确规定教学进程、授课内容、授课方式、讨论主题与要求、线上线下作业等的时间进度。

（4）课程导学。课程导学包括课程学习指南、课程学习建议，各课程单元的学习指南、学习建议，各种学习活动和学习方法介绍，常见问题等。

（5）教师授课视频。教师授课视频按教学知识单元录制，每个视频针对1~2个知识单元，要求结构完整。每个视频片段5~15分钟为宜，最多不超过20分钟。每个学分当量的课程学时应不少于16学时，教学视频（不含素材）应不少于120分钟。

（6）教学资料。教学资料包括每个授课单元的课程教学演示文稿，以及其他参考资料、文献、案例等。

（7）教师团队。课程负责人及主讲教师基本情况介绍；课程团队构成及介绍，包括教学设计人员、助教、拍摄和后期制作人员、技术支持人员、志愿者等。

（8）课堂讨论。每个单元可以安排一个或多个课堂讨论，需设定讨论的主题。课堂讨论是教学团队在教学单元中发起的讨论，教师可将学生发言情况记入学生的平时成绩。

（9）测验。测验包括随堂测验和单元测验，随堂测验可以添加在某个教学单元的多个教学视频间，方便学生即学即练，也便于教师随时考查学生对教学内容的理解和掌握程度；单元测验一般安排在整个教学单元学习完成之后进行。随堂测验和单元测验一般由客观题组成，题型可以是单选题、多选题、填空题、判断题，或者上述多种题型的组合，平台自动判分。

（10）作业。作业的形式可以是主观题、客观题，或者两者的组合，可以采用学生互评或教师批改的方式进行判分。

（11）试卷。试卷是检测学生阶段性或整体学习情况的正式测验题，可以包括客观题、主观题及两者的组合题；试题满足测试目标的要求，涵盖考查范围内的主要知识点，考查内容的题量和试题难度应与教学内容结构一致，具有一定的效度和信度，前后顺序必须合理，试题之间不能相互提示，不能相互矛盾。客观题由平台自动判分，主观题采用学生互评或教师批改的方式进行判分。

（12）课程评价。课程评价包括完成课程学习必须的课程整体评价策略和各学习周、知识单元的评价策略，评价策略明确了每个知识单元、每个学习周以及整门课程学习所必须按时完成的各项活动的数量、评分标准及成绩合成比例等，列入评价的活动包括视频点播、学习讨论、在线测试、在线作业、材料阅读等。

（13）拓展资源。拓展资源是指反映课程特点、应用于各教学与学习环节、支持课程教学和学习过程的较为成熟的多样性、交互性的辅助资源。例如：案例库、专题讲座库、素材资源库、学科专业知识检索系统、演示/虚拟/仿真实验实训（实习）系统、试题库系统、作业系统、在线自测/考试系统、课程教学、学习和交流工具及综合应用多媒体技术建设的网络课程等。

4. 视频内容

（1）屏幕图像的构图合理，画面主体突出。人像及肢体动作，配合讲授选用的板书、画板、教具实物、模型和实验设备等均不能超出镜头所及范围。

（2）授课视频的背景可采用彩色喷绘、电脑虚拟场景或现场实景等。背景的颜色、图案不宜过多，应保持静态，画面应简洁、明快，有利于营造学习气氛。

（3）摄像头应保持与主讲教师目光平视的角度。主讲教师不应较长时间仰视或俯视。

（4）使用的资料、图片、外景实拍、实验等教学手段应符合教学要求，与讲授内容紧密联系，手段选用恰当。

（5）选用的影视作品或自拍素材应注明素材来源。影视作品或自拍素材中涉及人物访谈内容时，应加注人物介绍。

（6）选用的资料、图片等素材画面应清楚，对于历史资料和图片应进行再加工。选用的资料、图片等应注明素材来源及原始信息（如字画的作品、生卒年月，影视片段的作品名称、创作年代等信息）。

(7) 动画的设计与使用要与课程内容相贴切,能够达到良好的教学效果。

(8) 动画的实现需流畅、合理,图像清晰,具有较强的可视性。

5. 视频技术规格

(1) 视频信号源。

① 稳定性:全片图像同步性能稳定,无失步现象,图像无抖动、跳跃现象,色彩无突变情况,编辑点处图像稳定。

② 色调:白平衡正确,无明显偏色,多机拍摄的镜头衔接处无明显色差。

③ 画幅:建议采用 16∶9、720 p 或 1080 p。

(2) 音频信号源。

① 声道:教师讲授内容音频信号录于第 1 声道,音乐、音效、同期声录于第 2 声道,其他文字解说录于第 3 声道(如录音设备无第 3 声道,则录于第 2 声道)。

② 声音和画面要求同步,无交流声或其他杂音等缺陷。

③ 伴音清晰、饱满、圆润,无失真、噪音干扰、音量忽大忽小等现象。解说声与现场声无明显比例失调,解说声与背景音乐无明显比例失调。

(3) 视频压缩格式及技术参数。

① 视频压缩采用 H.264/AVC(MPEG-4 Part10)编码、二次编码、不含字幕的 MP4 格式。

② 视频码流率:动态码流的最低码流率不得低于 1024 Kb。

③ 视频分辨率。

前期采用高清 16∶9 拍摄,并设定为 1280 像素×720 像素或 1920 像素×1080 像素。

④ 视频画幅宽高比。

视频画幅宽高比为 16∶9,分辨率设定为 1280 像素×720 像素或 1920 像素×1080 像素。

⑤ 视频帧率为 25 帧/秒。

⑥ 扫描方式采用逐行扫描。

(4) 音频压缩格式及技术参数。

① 音频压缩采用 AAC(MPEG4 Part3)格式。

② 采样率为 48 kHz。

③ 音频码流率为 128 kb/s(恒定)。

④ 必须是双声道，必须进行混音处理。

(5) 封装。

视频采用 MP4 封装，单个视频文件小于 200 MB。

字幕文件采用 SRT 格式，中英文字幕需分成两个 SRT 文件。

6. 演示文稿（PPT）制作规范

(1) 制作原则。

① 演示文稿（PPT）内容丰富，可集文字、图形、图像、声音等多种元素于一体。

② 页面设置要求符合高清格式比例，幻灯片大小为"全屏显示 16∶9"。

③ 整体应风格统一、色彩协调、美观大方。

(2) 字体与字号。

字体与字号请参见附表 B-4。

附表 B-4 字体与字号

类型	大标题	主讲信息	一级标题	正文	字幕
字体	自定，原则上以黑体、宋体、仿宋等为主				
字号	50～70 磅	36～40 磅	36～40 磅	24～32 磅	32 磅
应用	上下左右居中	左右居中	左右居中	左对齐或居中	左右居中

(3) 版心与版式。

每页四周应留出空白，避免内容顶到页面边缘。边界安全区域分别为左、右 130 像素内，上、下 90 像素内。

(4) 背景。

① 背景色以简洁、适中为主（颜色保持在一至两种色系内）。

② 背景和场景不宜变化过多。

③ 文字、图形等与背景对比应醒目。

(5) 色调。

① 色彩的选择应与课程科目相吻合。

② 每个短视频或一系列短视频在配色上应体现出系统性，可选一种主色调再加上一至两种辅助色进行匹配。

③ 同一屏里的文字不宜超出三种颜色。

(6) 字距与行距。

① 标题：在文字少的情形下，字距可放宽一倍，以体现舒展性。

② 正文：行距使用1倍行距或1.5倍行距，便于阅读。

(7) 配图。

① 图像应清晰并能反映出内容主题思想，分辨率应为72 dpi以上。

② 图片不可加长或压缩，防止变形。

③ 图形使用应通俗易懂，便于理解。

(8) 修饰。

① 细线条的运用比粗线条的运用更显精致。

② 扁平式的装饰更接近时代审美。

③ 有趣味的装饰通常更能吸引人。

(9) 版权来源。

素材选用请注意版权，若涉及版权问题，则需加入"版权来源"信息。

二、商务要求

商务要求是指取得采购标的的时间、地点、财务和服务要求，包括交付（实施）的时间（期限）和地点（范围）、付款条件（进度和方式）、包装和运输、售后服务、保险等。

(1) 项目地点：湖北省某高校校内。

(2) 合同履行期限：自合同签订之日起××个日历日内完成。

(3) 课程制作服务要求。

① 课程制作服务团队：供应商应为每门课程建设配备专业化的课程建设团队，包括课程设计人员、拍摄和后期制作人员、课程运行推广人员等。

② 课程设计与制作要求：供应商应为每门课程配备专业化的课程建设团队跟踪服务，协助课程教师根据课程的教学目标和学科特点，合理、有序地设计知识单元和拆分、配置知识点及技能点，进行课程拍摄与制作等。

③ 课程审校服务要求：为了提高规划建设数字课程的制作水平，并保障课程建设团队的知识产权，成交供应商应根据采购人需要对数字课程进行审校，审校工作需要由专业的审校团队进行，对建设内容进行标准审核，从而达到出版要求。

④ 知识产权：课程资源建设过程中，供应商保证提供的电子图书、视频等资源不侵犯任何第三方的专利或版权，否则，供应商需承担对第三方的专利或版权的侵

权责任并承担发生的所有费用。

⑤ 保密：成交供应商应对精品课程建设成果和在合同执行过程中了解的涉及采购人秘密的文件资料以及其他尚未公开的有关信息承担保密责任，并采取相应的保密措施。

（4）付款方式：合同签订后××个工作日内，采购人向供应商支付合同金额的××％；供应商完成合同全部内容并经验收合格，采购人向供应商支付合同款项的××％。

三、执行政府采购政策

本项目执行《政府采购法》及法规政策规定的相关政府采购政策，包括保护环境、扶持不发达地区和少数民族地区、促进中小企业发展等。

1. 政府采购政策相关法规政策

（1）财政部 工信部《政府采购促进中小企业发展管理办法》（财库〔2020〕46号）。

（2）工信部 统计局 发改委 财政部《中小企业划型标准规定》（工信部联企业〔2011〕300号）。

（3）财政部 发改委 生态环境部 市场监管总局《关于调整优化节能产品、环境标志产品政府采购执行机制的通知》（财库〔2019〕9号）。

（4）财政部 生态环境部《关于印发环境标志产品政府采购品目清单的通知》（财库〔2019〕18号）。

（5）财政部 发改委《关于印发节能产品政府采购品目清单的通知》（财库〔2019〕19号）。

（6）财政部 司法部《关于政府采购支持监狱企业发展有关问题的通知》（财库〔2014〕68号）。

（7）财政部 民政部 残疾人联合会《关于促进残疾人就业政府采购政策的通知》（财库〔2017〕141号）。

（8）省财政厅 省经济和信息化厅《关于进一步加强政府采购促进中小企业发展的通知》（鄂财采发〔2021〕8号）。

……

2. 项目落实中小企业政策

根据省财政厅省经济和信息化厅《关于进一步加强政府采购促进中小企业发展

的通知》(鄂财采发〔2021〕8号):(一)提高预留政府采购份额。主管预算单位要统筹协调本部门及所属单位,对照我省政府集中采购目录及标准,完整编制政府采购预算,并单独列示专门面向中小企业的预留份额。200万元以下的货物和服务项目、400万元以下的工程项目,适宜由中小企业提供的,应当专门面向中小企业采购;200万元以上的货物和服务项目、400万元以上的工程项目,适宜由中小企业提供的,预留该部分采购项目预算总额的40%以上专门面向中小企业采购,其中预留给小微企业的比例不低于60%。不适宜由中小企业提供以及未达到规定预留比例的,应当说明依据原因。

采购实施计划咨询报告

第一章 合同订立安排

一、项目概况

（1）项目名称：湖北省某高校课程资源建设项目。

（2）采购人：湖北省某高校。

（3）项目属性：服务类。

（4）采购项目内容：完成一批在线开放课程资源的建设，包括课程宣传片、微课程视频、动画类素材、PPT演示文稿类素材、音频类素材、文本类素材、图形（图像）类素材、其他类素材等。课程制作完成后在平台上线运行，根据平台上线课程标准及修改意见，完善课程内容和提升制作质量。

二、项目预算及最高限价

（1）项目预算：人民币×××万元。

（2）采购控制价：供应商投标总价不得超过人民币×××万元。

三、采购组织形式、采购方式及委托代理安排

1. 采购组织形式

（1）选择组织形式：分散采购。

（2）选择的理由：根据《湖北省政府集中采购目录及标准（2021版）》（鄂政办发〔2020〕56号）的规定，本项目采购内容不属于集中采购目录内容，所以采用分散采购组织实施。

2. 采购方式确定

（1）确定采购方式：公开招标。

（2）选择的理由：根据《湖北省政府集中采购目录及标准（2021版）》（鄂政办发〔2020〕56号），湖北省省级政府采购货物类服务类项目400万元以上的应当采用公开招标方式。本项目采购预算金额高于湖北省省级政府采购服务类公开招标数额标准，故采用公开招标组织采购。

3. 委托代理安排

委托社会采购代理机构组织采购。社会采购代理机构的选择按照学校相关制度进行选择。

四、采购包划分与合同分包

根据《政府采购需求管理办法》（财库〔2021〕22号）第十七条，采购人要按照有利于采购项目实施的原则，明确采购包或者合同分包要求。

（1）采购包划分：本项目划分为一个采购包。

（2）合同分包：本项目不接受合同分包。

五、开展采购活动的时间安排

按照政府采购法律法规涉及采购活动时间的相关规定，结合本项目实际情况，在不考虑采购活动中异常的情况下，综合安排采购活动时间参见附表B-5。如果采购活动中遇到异常情况，则将导致采购活动时间顺延。

附表B-5 综合安排采购活动时间表2

顺序	工作内容	预计时间	实施主体
1	编制采购需求	5个日历日	采购人
2	编制采购实施计划	3个日历日	采购人
3	签订代理委托协议	1个日历日	采购人和采购代理机构
4	拟定招标文件送审	2个日历日	采购代理机构
5	确定招标文件	1个工作日	采购人
6	发布招标公告	自招标文件开始发出之日起至供应商提交投标文件截止之日止，不得少于20日。 招标文件的提供期限自招标文件开始发出之日起不得少于5个工作日	采购代理机构
7	发出招标文件		采购代理机构
8	编制投标文件		供应商
9	接受投标文件		采购代理机构
10	开标	1个工作日	采购人和采购代理机构
11	组建评标委员会		采购代理机构
12	评标及推荐中标候选人		评标委员会
13	报送评标报告	评标结束后2个工作日内	采购代理机构
14	确定中标人	收到评标报告后5个工作日内	采购人
15	发布中标公告	确定中标人后2个工作日，公示期1个工作日	采购代理机构
16	发出中标通知书	发布中标公告同时	采购代理机构
17	签订政府采购合同	中标通知书发出之日起30日内	采购人和中标人
18	合同履约	按投标文件承诺的合同履行期限	采购人和中标人
19	履约验收	完成项目全部内容后	采购人和中标人
20	合同款支付	按合同约定支付	采购人

六、竞争范围选择

（1）竞争范围：公开（公告）方式邀请供应商。

选择竞争范围的理由：本项目不属于有限范围内竞争或者只能从唯一供应商处采购的情形，故选择以公开（公告）方式邀请供应商。

（2）公告发布媒体：中国政府采购网、中国政府采购网湖北分网。

七、供应商资格条件

（1）满足《中华人民共和国政府采购法》第二十二条规定，即：

① 具有独立承担民事责任的能力。

② 具有良好的商业信誉和健全的财务会计制度。

③ 具有履行合同所必需的设备和专业技术能力。

④ 有依法缴纳税收和社会保障资金的良好记录。

⑤ 参加政府采购活动前三年内，在经营活动中没有重大违法记录。

⑥ 法律、行政法规规定的其他条件。

（2）单位负责人为同一人或者存在直接控股、管理关系的不同供应商，不得参加本项目同一合同项下的政府采购活动。

（3）为本采购项目提供整体设计、规范编制或者项目管理、监理、检测等服务的，不得再参加本项目的其他招标采购活动。

（4）未被列入失信被执行人、重大税收违法案件当事人名单，未被列入政府采购严重违法失信行为记录名单。

（5）落实政府采购政策需满足的资格要求：本项目专门面向中小企业采购，供应商应提交有效的"中小企业声明函"。

（6）本项目的特定资格要求：无。

八、评审规则

1. 评标委员会的组建

根据《政府采购货物和服务招标投标管理办法》（财政部令第87号）第四十七条，评标委员会由采购人代表和评审专家组成，成员人数应当为5人以上单数，其中评审专家不得少于成员总数的三分之二。采购项目符合下列情形之一的，评标委员会成员人数应当为7人以上单数：（一）采购预算金额在1000万元以上；（二）技术复杂；（三）社会影响较大。《政府采购货物和服务招标投标管理办法》（财政部令第 87 号）第四十八条，采购人或者采购代理机构应当从省级以上财政部门设立的政府采购评审专家库中，通过随机方式抽取评审专家。

2. 评审规则

（1）评审方法：综合评分法，是指投标文件满足招标文件全部实质性要求，且按照评审因素的量化指标评审得分最高的供应商为中标候选人的评标方法。

（2）价格分计算方式：价格分应当采用低价优先法计算，即满足招标文件要求且投标价格最低的投标报价为评标基准价，其价格分为满分。其他供应商的价格分统一按照下列公式计算：

投标报价得分＝（评标基准价/投标报价）×100

评标总得分＝$F_1 \times A_1 + F_2 \times A_2 + \cdots + F_n \times A_n$

其中：F_1、F_2、……、F_n 分别为各项评审因素的得分；A_1、A_2、……、A_n 分别为各项评审因素所占的权重（$A_1 + A_2 + \cdots + A_n = 1$）。

评标过程中，不得去掉报价中的最高报价和最低报价。

因落实政府采购政策进行价格调整的，以调整后的价格计算评标基准价和投标报价。

（3）推荐中标候选人：评标结果按评审后得分由高到低顺序排列。得分相同的，按投标报价由低到高顺序排列。得分且投标报价相同的并列。投标文件满足招标文件全部实质性要求，且按照评审因素的量化指标评审得分最高的供应商为排名第一的中标候选人。

3. 评审程序

（1）资格审查：评标委员会依据法律法规和招标文件的规定，对投标文件中的资格证明等进行审查，以确定供应商是否具备资格。

（2）符合性审查：评标委员会应当对符合资格的供应商的投标文件进行符合性审查，以确定其是否满足招标文件的实质性要求。

（3）比较与评价：评标委员会应当按照招标文件中规定的评标方法和标准，对符合性审查合格的投标文件进行商务和技术评估，综合比较与评价。

第二章　合同管理安排

一、合同类型

（1）确定合同类型：技术合同。

(2) 选择的理由：《民法典》第八百四十三条规定，技术合同是当事人就技术开发、转让、许可、咨询或者服务订立的确立相互之间权利和义务的合同。

二、定价方式

(1) 确定合同类型：固定总价。

(2) 选择的理由：《政府采购需求管理办法》第十九条规定，采购需求客观、明确，且技术较复杂或者专业性较强的采购项目，如大型装备、咨询服务等，一般采用招标、谈判（磋商）方式采购，通过综合性评审选择性价比最优的产品，采用固定总价或者固定单价的定价方式。本项目采购需求客观、明确，技术较为复杂，难以划分明确的清单项进行单价报价，故采用固定总价。

三、合同文本的主要条款

合同文本应当包含法定必备条款和采购需求的所有内容，包括但不限于标的名称，采购标的质量、数量（规模），履行时间（期限）、地点和方式，包装方式，价款或者报酬，付款进度安排，资金支付方式，验收、交付标准和方法，质量保修范围和保修期，违约责任与解决争议的方法等。

四、履约验收方案

(1) 履约验收主体：湖北省某高校。

(2) 履约验收方式：项目验收包括技术验收和商务验收。

(3) 履约验收时间、程序：采购人在供应商课程建设完成后进行技术验收，采购需求部门根据合同约定的服务内容、成果数量、技术标准以及上线平台等，对供应商所递交成果逐一进行；技术验收通过后，采购人再组织相关部门进行商务验收。

(4) 履约验收内容：验收内容要包括每一项技术要求和商务要求的履约情况，验收标准要包括所有客观、量化指标。

五、风险管控措施

采购过程和合同履行过程中的风险包括国家政策变化、实施环境变化、重大技术变化、预算项目调整、因质疑投诉影响采购进度、采购失败、不按规定签订或者履行合同、出现损害国家利益和社会公共利益情形等。

三、工程类项目（湖北省某高校零星维修工程项目）

采购需求咨询报告

第一章　项目概述

一、项目基本情况

（1）项目名称：湖北省某高校零星维修工程项目。

（2）采购人：湖北省某高校。

（3）项目属性：工程类。

（4）采购项目内容：与学校建筑物、构筑物的新建、改建、扩建无关的单独装修、拆除、修缮等日常维修工程。其主要包括学校教学科研用房、办公用房、学生宿舍等公用房屋及教职工周转住房的装修、装饰和修缮项目，小型设施设备更新以及给排水、电气、消防、安防、排污、道路、环境绿化维修抢修等。

（5）项目预算：人民币×××万元。

二、编制依据

本报告主要编制依据如下。

《中华人民共和国政府采购法》；

《中华人民共和国政府采购法实施条例》（国务院令第658号）；

《政府采购需求管理办法》（财库〔2021〕22号）；

《政府采购促进中小企业发展管理办法》（财库〔2020〕46号）；

《中小企业划型标准规定》（工信部联企业〔2011〕300号）；

《关于进一步加强政府采购需求和履约验收管理的指导意见》（财库〔2016〕205号）。

第二章　需求调查

一、调查的内容及方式

1. 调查说明

采购人可以在确定采购需求前，通过咨询、论证、问卷等方式开展需求调查，了解相关产业发展、市场供给、同类采购项目历史成交信息，可能涉及的运行维护、升级更新、备品备件、耗材等后续采购，以及其他相关情况。

2. 调查内容

了解同类采购项目历史成交信息以及其他相关情况。

3. 调查方式

本项目需求调查的方式为对同类项目进行调研。

二、调查过程及结果

调查内容及结果涉及调查对象商业机密内容，此处不进行展示。

第三章 项目采购需求

一、技术要求

技术要求是指对采购标的的功能和质量要求，包括性能、材料、结构、外观、安全，或者服务内容和标准等。

1. 项目概况

（1）项目建设目标：加强和规范学校零星维修工程管理，保障学校教学的正常开展。

（2）采购范围及内容：与学校建筑物、构筑物的新建、改建、扩建无关的单独装修、拆除、修缮等日常维修工程。其主要包括学校教学科研用房、办公用房、学生宿舍等公用房屋及教职工周转住房的装修、装饰和修缮项目，小型设施设备更新以及给排水、电气、消防、安防、排污、道路、环境绿化维修抢修等。

2. 质量要求

满足《建筑工程施工质量验收统一标准》（GB 50300—2013）合格标准，以及现行国家或行业颁布的其他现行各项技术标准和验收规范规定。

二、商务要求

商务要求是指取得采购标的的时间、地点、财务和服务要求，包括交付（实施）的时间（期限）和地点（范围）、付款条件（进度和方式）、包装和运输、售后服务、保险等。

（1）项目地点：湖北省某高校校内。

（2）合同履行期限：自合同签订之日起一年。

（3）项目团队要求如下。

① 项目负责人：项目负责人应全面负责本项目的安全、质量、成本、进度、协调等管理和控制。项目负责人应具备二级建造师（建筑工程）及以上资格并注册在供应商处；项目负责人应具备安全生产考核培训合格证 B 证；项目负责人应承诺无在建工程。

② 项目管理团队：供应商应针对本项目组建项目管理团队。项目管理团队至少应配备 1 名安全员，具备安全生产考核培训合格证 C 证；项目管理团队其他成员的配备应符合《建筑施工企业安全生产管理机构设置及专职安全生产管理人员配备办法》（建质〔2008〕91 号）、《湖北省建设项目施工现场从业人员配备管理办法（试行）》（鄂建文〔2022〕12 号）和《建筑与市政工程施工现场专业人员职业标准》（JGJ/T 250—2011）等相关规定。

（4）计量规则和计价规则。

① 计量规则。

计量规则按照《关于发布〈湖北省房屋建筑与装饰工程消耗量定额及全费用基价表〉等 8 项定额的通知》（鄂建办〔2018〕27 号）执行，并根据国家有关规范、标准，结合我省实际，省住建厅组织编制了《湖北省房屋建筑与装饰工程消耗量定额及全费用基价表》《湖北省通用安装工程消耗量定额及全费用基价表》《湖北省建设工程公共专业消耗量定额及全费用基价表》《湖北省市政工程消耗量定额及全费用基价表》《湖北省园林绿化工程消耗量定额及全费用基价表》《湖北省装配式建筑工程消耗量定额及全费用基价表》《湖北省施工机具使用费定额》《湖北省建筑安装工程费用定额》。

② 计价规则。

计价规则按照《建设工程工程量清单计价规范》（GB 50500—2013）及《关于调整湖北省建设工程计价依据的通知》（鄂建办〔2019〕93 号）执行。材料价格按照零星工程当月发布的工程建设本地区建设工程价格信息进行调整。对于工程建设本地区建设工程价格信息未包含的材料价格，由采购人和供应商协商确定材料价格，并经造价审计单位审核确定。

（5）报价要求。

每项零星维修工程的建筑安装工程费按照计量规则和计价规则由造价咨询单位出具并审核确定。供应商应根据企业自身技术能力，结合本项目实际情况及特点，按照建筑安装工程费的折扣率进行报价。

(6) 结算与支付。

① 结算原则。

每项零星维修工程的建筑安装工程费结算公式如下。

实际结算建筑安装工程费＝造价咨询单位出具的建筑安装工程费×成交折扣率。

采购人将综合控制最终结算款项，最终结算款不高于本项目采购预算金额。

② 支付方式。

采购人按季度结算的方式支付合同款项。供应商在季度支付前，提供上一季度已完零星工程的验收单和工程款支付申请，经造价咨询单位审核后，支付工程款的××％，剩余××％的工程款在最后一季度合并支付。

(7) 项目保修期。

本项目各零星工程的保修期执行《建设工程质量管理条例》及有关规定，具体如下。

① 地基基础工程和主体结构工程为设计文件规定的该工程合理使用50年限。

② 屋面防水工程、有防水要求的卫生间、房间和外墙面的防渗漏为5年。

③ 装修工程为3年。

④ 电气管线、给排水管道、设备安装工程为2年。

⑤ 供热与供冷系统为2个采暖期、供冷期。

⑥ 承包范围内的给排水设施、道路等配套工程为3年。

三、执行政府采购政策

本项目执行《政府采购法》及法规政策规定的相关政府采购政策，包括保护环境、扶持不发达地区和少数民族地区、促进中小企业发展等。

1. 政府采购政策相关法规政策

(1) 财政部 工信部《政府采购促进中小企业发展管理办法》（财库〔2020〕46号）。

(2) 工信部 统计局 发改委 财政部《中小企业划型标准规定》（工信部联企业〔2011〕300号）。

(3) 财政部 发改委 生态环境部 市场监管总局《关于调整优化节能产品、环境标志产品政府采购执行机制的通知》（财库〔2019〕9号）。

(4) 财政部 生态环境部《关于印发环境标志产品政府采购品目清单的通知》（财库〔2019〕18号）。

(5) 财政部 发改委《关于印发节能产品政府采购品目清单的通知》（财库〔2019〕19号）。

(6) 财政部 司法部《关于政府采购支持监狱企业发展有关问题的通知》（财库〔2014〕68号）。

(7) 财政部 民政部 残疾人联合会《关于促进残疾人就业政府采购政策的通知》（财库〔2017〕141号）。

(8) 省财政厅 省经济和信息化厅《关于进一步加强政府采购促进中小企业发展的通知》（鄂财采发〔2021〕8号）。

……

2. 项目落实中小企业政策

根据省财政厅、省经济和信息化厅《关于进一步加强政府采购促进中小企业发展的通知》（鄂财采发〔2021〕8号）：（一）提高预留政府采购份额。主管预算单位要统筹协调本部门及所属单位，对照我省政府集中采购目录及标准，完整编制政府采购预算，并单独列示专门面向中小企业的预留份额。200万元以下的货物和服务项目、400万元以下的工程项目，适宜由中小企业提供的，应当专门面向中小企业采购；200万元以上的货物和服务项目、400万元以上的工程项目，适宜由中小企业提供的，预留该部分采购项目预算总额的40％以上专门面向中小企业采购，其中预留给小微企业的比例不低于60％。不适宜由中小企业提供以及未达到规定预留比例的，应当说明依据原因。

采购实施计划咨询报告

第一章 合同订立安排

一、项目概况

(1) 项目名称:湖北省某高校零星维修工程项目。

(2) 采购人:湖北省某高校。

(3) 项目属性:工程类。

(4) 采购项目内容:与学校建筑物、构筑物的新建、改建、扩建无关的单独装修、拆除、修缮等日常维修工程。主要包括学校教学科研用房、办公用房、学生宿舍等公用房屋及教职工周转住房的装修、装饰和修缮项目,小型设施设备更新以及给排水、电气、消防、安防、排污、道路、环境绿化维修抢修等。

二、项目预算及最高限价

(1) 项目预算:人民币×××万元。

(2) 招标控制价:供应商投标总价不得超过人民币×××万元;同时,建筑安装工程费折扣率不得超过100%。

三、采购组织形式、采购方式及委托代理安排

1. 采购组织形式

(1) 选择组织形式:分散采购。

(2) 选择的理由:根据《湖北省政府集中采购目录及标准(2021版)》(鄂政办发〔2020〕56号)的规定,集中采购目录不适用于高校、科研院所,所以本项目采用分散采购组织实施。

2. 采购方式确定

(1) 确定采购方式:竞争性磋商

(2) 选择的理由:根据《政府采购竞争性磋商采购方式管理暂行办法》(财库〔2014〕214号)第三条规定,按照招标投标法及其实施条例必须进行招标的工程建设项目以外的工程建设项目可以采用竞争性磋商方式开展采购。本项目采购内容为与建筑物、构筑物的新建、改建、扩建无关的单独装修、拆除、修缮等日常维修工程。不属于招标投标法及其实施条例必须进行招标的工程建设项目,所以采用竞争性磋商方式开展采购。

(3) 委托代理安排：委托社会采购代理机构组织采购。社会采购代理机构的选择按照学校相关制度进行选择。

四、采购包划分与合同分包

根据《政府采购需求管理办法》（财库〔2021〕22号）第十七条，采购人要按照有利于采购项目实施的原则，明确采购包或者合同分包要求。

(1) 采购包划分：本项目划分为一个采购包。

(2) 合同分包：除劳务分包外，本项目不接受合同分包。

五、开展采购活动的时间安排

按照政府采购法律法规涉及采购活动时间的相关规定，结合本项目实际情况，在不考虑采购活动中异常的情况下，综合安排采购活动时间参见附表B-6。如果采购活动中遇到异常情况，则将导致采购活动时间顺延。

附表 B-6 综合安排采购活动时间表 3

顺序	工作内容	预计时间	实施主体
1	编制采购需求	5个日历日	采购人
2	编制采购实施计划	3个日历日	采购人
3	签订代理委托协议	1个日历日	采购人和采购代理机构
4	拟定磋商文件送审	2个日历日	采购代理机构
5	确定磋商文件	1个工作日	采购人
6	发布磋商公告	自磋商文件开始发出之日起至供应商提交响应文件截止之日止，不得少于10日。磋商文件的提供期限自磋商文件开始发出之日起不得少于5个工作日	采购代理机构
7	发出磋商文件		采购代理机构
8	编制响应文件		供应商
9	接受响应文件		采购代理机构
10	组建磋商小组	1个工作日	采购代理机构
11	评审及磋商		磋商小组
12	推荐成交候选人		磋商小组
13	报送评审报告	评审结束后2个工作日内	采购代理机构
14	确定成交供应商	收到评审报告后5个工作日内	采购人
15	发布成交公告	确定成交供应商后2个工作日，公示期1个工作日	采购代理机构
16	发出成交通知书	发布成交公告同时	采购代理机构

续表

顺序	工作内容	预计时间	实施主体
17	签订政府采购合同	成交通知书发出之日起30日内	采购人和成交供应商
18	合同履约	按响应文件承诺的合同履行期限	采购人和成交供应商
19	履约验收	完成项目全部内容后	采购人和成交供应商
20	合同款支付	按合同约定支付	采购人

六、供应商资格条件

(1) 满足《政府采购法》第二十二条规定，即：

① 具有独立承担民事责任的能力。

② 具有良好的商业信誉和健全的财务会计制度。

③ 具有履行合同所必需的设备和专业技术能力。

④ 有依法缴纳税收和社会保障资金的良好记录。

⑤ 参加政府采购活动前三年内，在经营活动中没有重大违法记录。

⑥ 法律、行政法规规定的其他条件。

(2) 单位负责人为同一人或者存在直接控股、管理关系的不同供应商，不得参加本项目同一合同项下的政府采购活动。

(3) 为本采购项目提供整体设计、规范编制或者项目管理、监理、检测等服务的，不得再参加本项目的其他招标采购活动。

(4) 未被列入失信被执行人、重大税收违法案件当事人名单，未被列入政府采购严重违法失信行为记录名单。

(5) 落实政府采购政策需满足的资格要求：本项目专门面向中小企业采购，供应商应提交有效的《中小企业声明函》。

(6) 本项目的特定资格要求如下。

① 供应商具有建设行政主管部门核发的建筑工程施工总承包三级及以上资质。

② 供应商应具备相关部门核发合格有效的安全生产许可证。

③ 拟派项目负责人应具备二级建造师（建筑工程）及以上资格并注册在供应商处；项目负责人应具备安全生产考核培训合格证B证；项目负责人应承诺无在建工程。

④ 拟派安全管理人员需具备安全生产考核合格证书（C证），拟派安全员应为本项目专职安全员且与拟派项目负责人不为同一人。

七、竞争范围选择

（1）竞争范围：公开（公告）方式邀请供应商。

选择竞争范围的理由：本项目不属于有限范围内竞争或者只能从唯一供应商处采购的情形，故选择以公开（公告）方式邀请供应商。

（2）公告发布媒体：中国政府采购网湖北分网。

八、评审规则

1. 磋商小组组建

根据《政府采购竞争性磋商采购方式管理暂行办法》（财库〔2014〕214）第十四条，磋商小组由采购人代表和评审专家共3人以上单数组成，其中评审专家人数不得少于磋商小组成员总数的2/3。采购人代表不得以评审专家身份参加本部门或本单位采购项目的评审。采购代理机构人员不得参加本机构代理的采购项目的评审。采用竞争性磋商方式的政府采购项目，评审专家应当从政府采购评审专家库内相关专业的专家名单中随机抽取。

2. 评审规则

（1）评审方法：综合评分法，是指响应文件满足磋商文件全部实质性要求且按评审因素的量化指标评审得分最高的供应商为成交候选供应商的评审方法。

（2）价格分计算方式：采用低价优先法计算，即满足磋商文件要求且最后报价最低的供应商的价格为磋商基准价，其价格分为满分。其他供应商的价格分统一按照下列公式计算：

磋商报价得分＝（磋商基准价/最后磋商报价）×价格权值×100

项目评审过程中，不得去掉最后报价中的最高报价和最低报价。

因落实政府采购政策进行价格调整的，以调整后的价格计算评标基准价和投标报价。

（3）推荐成交候选人：磋商小组应当根据综合评分情况，按照评审得分由高到低的顺序推荐3名以上成交候选供应商，并编写评审报告。评审得分相同的，按照最后报价由低到高的顺序推荐。评审得分且最后报价相同的，按照技术指标优劣顺序推荐。

3. 评审程序

（1）资格审查：磋商小组依据法律法规和采购文件的规定，对响应文件中的资格证明等进行审查，以确定供应商是否具备资格，具体评审因素详见《资格性检查表》。

(2) 符合性审查：磋商小组依据采购文件的规定，从响应文件的有效性、完整性和对采购文件的响应程度进行审查，以确定是否对采购文件的实质性要求作出响应。

(3) 比较与评价：磋商小组按采购文件中规定的评审方法和标准，对资格性检查和符合性检查合格的响应文件进行商务与技术评估，综合比较与评价。

第二章　合同管理安排

一、合同类型

(1) 确定合同类型：建设工程合同。

(2) 选择的理由：《民法典》第七百八十八条规定：建设工程合同是承包人进行工程建设，发包人支付价款的合同。建设工程合同包括工程勘察、设计、施工合同。

二、定价方式

(1) 确定合同类型：固定单价。

(2) 选择的理由：本项目采购内容按最终完成的工程量据实结算，故选择的定价方式为固定单价。

三、合同文本的主要条款

(1) 合同文本的选择：《建设工程施工合同（示范文本）》（GF—2017—0201）。

(2) 合同文本的主要条款如下。

① 工程名称。

② 实施的内容、范围。

③ 合同价款。

④ 工程质量标准。

⑤ 工期要求。

⑥ 双方的责任与义务。

⑦ 竣工验收。

⑧ 工程款结算与支付。

⑨ 质保期限。

⑩ 违约责任。

⑪ 其他。

四、履约验收方案

零星维修工程项目完成后，在施工单位自检自查、提交竣工验收申请的基础上，高校应严格按照质量验收标准和合同约定组织验收，严把"质""量"验收关。其中，对资金额度较大的零星维修项目，高校应成立由零星维修工程项目管理部门、使用单位、审计和财务等相关部门人员组成的零星维修项目验收工作小组，制定验收方案，通过现场查验、召开评审会等方式，对工程质量外观、工程现场整洁度、工程主要材料证明、工程控制技术资料、隐蔽工程、安全文明施工、竣工资料以及服务质量等进行验收，并出具验收报告。验收不合格的，督促施工单位整改。

（1）履约验收主体：湖北省某高校。

（2）履约验收方式：高校应成立由零星维修工程项目管理部门、使用单位、审计和财务等相关部门人员组成的零星维修项目验收工作小组，制定验收方案，通过现场查验、召开评审会等方式。

（3）履约验收时间：本项目涉及多项维修任务，属于分期实施的采购项目，故采用分期验收的方式。每项维修任务完成后进行分期验收；合同期限到期后进行最终验收。

（4）履约验收程序：每项维修任务完成后，供应商向采购人提交维修项目验收申请；采购人组织验收并出具验收单，验收不合格的，督促施工单位整改。合同期满，供应商向采购人提供维修项目清单、维修项目验收单、季度支付情况报告等材料，采购人进行最终验收。

（5）履约验收内容：对工程质量外观、工程现场整洁度、工程主要材料证明、工程控制技术资料、隐蔽工程、安全文明施工、竣工资料以及服务质量等进行验收，并出具验收报告。

五、风险管控措施

采购过程和合同履行过程中的风险包括国家政策变化、实施环境变化、重大技术变化、预算项目调整、因质疑投诉影响采购进度、采购失败、不按规定签订或者履行合同、出现损害国家利益和社会公共利益情形等。

附录C 政府采购常用法律法规

中华人民共和国政府采购法

2002年6月29日第九届全国人民代表大会常务委员会第二十八次会议通过。根据2014年08月31日第十二届全国人民代表大会常务委员会第十次会议《关于修改〈中华人民共和国保险法〉等五部法律的决定》修正。

第一章 总则

第一条 为了规范政府采购行为，提高政府采购资金的使用效益，维护国家利益和社会公共利益，保护政府采购当事人的合法权益，促进廉政建设，制定本法。

第二条 在中华人民共和国境内进行的政府采购适用本法。

本法所称政府采购，是指各级国家机关、事业单位和团体组织，使用财政性资金采购依法制定的集中采购目录以内的或者采购限额标准以上的货物、工程和服务的行为。

政府集中采购目录和采购限额标准依照本法规定的权限制定。

本法所称采购，是指以合同方式有偿取得货物、工程和服务的行为，包括购买、租赁、委托、雇用等。

本法所称货物，是指各种形态和种类的物品，包括原材料、燃料、设备、产品等。

本法所称工程，是指建设工程，包括建筑物和构筑物的新建、改建、扩建、装修、拆除、修缮等。

本法所称服务，是指除货物和工程以外的其他政府采购对象。

第三条　政府采购应当遵循公开透明原则、公平竞争原则、公正原则和诚实信用原则。

第四条　政府采购工程进行招标投标的，适用招标投标法。

第五条　任何单位和个人不得采用任何方式，阻挠和限制供应商自由进入本地区和本行业的政府采购市场。

第六条　政府采购应当严格按照批准的预算执行。

第七条　政府采购实行集中采购和分散采购相结合。集中采购的范围由省级以上人民政府公布的集中采购目录确定。

属于中央预算的政府采购项目，其集中采购目录由国务院确定并公布；属于地方预算的政府采购项目，其集中采购目录由省、自治区、直辖市人民政府或者其授权的机构确定并公布。

纳入集中采购目录的政府采购项目，应当实行集中采购。

第八条　政府采购限额标准，属于中央预算的政府采购项目，由国务院确定并公布；属于地方预算的政府采购项目，由省、自治区、直辖市人民政府或者其授权的机构确定并公布。

第九条　政府采购应当有助于实现国家的经济和社会发展政策目标，包括保护环境，扶持不发达地区和少数民族地区，促进中小企业发展等。

第十条　政府采购应当采购本国货物、工程和服务。但有下列情形之一的除外：

（一）需要采购的货物、工程或者服务在中国境内无法获取或者无法以合理的商业条件获取的；

（二）为在中国境外使用而进行采购的；

（三）其他法律、行政法规另有规定的。

前款所称本国货物、工程和服务的界定，依照国务院有关规定执行。

第十一条　政府采购的信息应当在政府采购监督管理部门指定的媒体上及时向社会公开发布，但涉及商业秘密的除外。

第十二条 在政府采购活动中,采购人员及相关人员与供应商有利害关系的,必须回避。供应商认为采购人员及相关人员与其他供应商有利害关系的,可以申请其回避。

前款所称相关人员,包括招标采购中评标委员会的组成人员,竞争性谈判采购中谈判小组的组成人员,询价采购中询价小组的组成人员等。

第十三条 各级人民政府财政部门是负责政府采购监督管理的部门,依法履行对政府采购活动的监督管理职责。

各级人民政府其他有关部门依法履行与政府采购活动有关的监督管理职责。

第二章 政府采购当事人

第十四条 政府采购当事人是指在政府采购活动中享有权利和承担义务的各类主体,包括采购人、供应商和采购代理机构等。

第十五条 采购人是指依法进行政府采购的国家机关、事业单位、团体组织。

第十六条 集中采购机构为采购代理机构。设区的市、自治州以上人民政府根据本级政府采购项目组织集中采购的需要设立集中采购机构。

集中采购机构是非营利事业法人,根据采购人的委托办理采购事宜。

第十七条 集中采购机构进行政府采购活动,应当符合采购价格低于市场平均价格、采购效率更高、采购质量优良和服务良好的要求。

第十八条 采购人采购纳入集中采购目录的政府采购项目,必须委托集中采购机构代理采购;采购未纳入集中采购目录的政府采购项目,可以自行采购,也可以委托集中采购机构在委托的范围内代理采购。

纳入集中采购目录属于通用的政府采购项目的,应当委托集中采购机构代理采购;属于本部门、本系统有特殊要求的项目,应当实行部门集中采购;属于本单位有特殊要求的项目,经省级以上人民政府批准,可以自行采购。

第十九条 采购人可以委托集中采购机构以外的采购代理机构,在委托的范围内办理政府采购事宜。

采购人有权自行选择采购代理机构,任何单位和个人不得以任何方式为采购人指定采购代理机构。

第二十条 采购人依法委托采购代理机构办理采购事宜的,应当由采购人与采购代理机构签订委托代理协议,依法确定委托代理的事项,约定双方的权利义务。

第二十一条　供应商是指向采购人提供货物、工程或者服务的法人、其他组织或者自然人。

第二十二条　供应商参加政府采购活动应当具备下列条件：

（一）具有独立承担民事责任的能力；

（二）具有良好的商业信誉和健全的财务会计制度；

（三）具有履行合同所必需的设备和专业技术能力；

（四）有依法缴纳税收和社会保障资金的良好记录；

（五）参加政府采购活动前三年内，在经营活动中没有重大违法记录；

（六）法律、行政法规规定的其他条件。

采购人可以根据采购项目的特殊要求，规定供应商的特定条件，但不得以不合理的条件对供应商实行差别待遇或者歧视待遇。

第二十三条　采购人可以要求参加政府采购的供应商提供有关资质证明文件和业绩情况，并根据本法规定的供应商条件和采购项目对供应商的特定要求，对供应商的资格进行审查。

第二十四条　两个以上的自然人、法人或者其他组织可以组成一个联合体，以一个供应商的身份共同参加政府采购。

以联合体形式进行政府采购的，参加联合体的供应商均应当具备本法第二十二条规定的条件，并应当向采购人提交联合协议，载明联合体各方承担的工作和义务。联合体各方应当共同与采购人签订采购合同，就采购合同约定的事项对采购人承担连带责任。

第二十五条　政府采购当事人不得相互串通损害国家利益、社会公共利益和其他当事人的合法权益；不得以任何手段排斥其他供应商参与竞争。

供应商不得以向采购人、采购代理机构、评标委员会的组成人员、竞争性谈判小组的组成人员、询价小组的组成人员行贿或者采取其他不正当手段谋取中标或者成交。

采购代理机构不得以向采购人行贿或者采取其他不正当手段谋取非法利益。

第三章　政府采购方式

第二十六条　政府采购采用以下方式：

（一）公开招标；

（二）邀请招标；

（三）竞争性谈判；

（四）单一来源采购；

（五）询价；

（六）国务院政府采购监督管理部门认定的其他采购方式。

公开招标应作为政府采购的主要采购方式。

第二十七条　采购人采购货物或者服务应当采用公开招标方式的，其具体数额标准，属于中央预算的政府采购项目，由国务院规定；属于地方预算的政府采购项目，由省、自治区、直辖市人民政府规定；因特殊情况需要采用公开招标以外的采购方式的，应当在采购活动开始前获得设区的市、自治州以上人民政府采购监督管理部门的批准。

第二十八条　采购人不得将应当以公开招标方式采购的货物或者服务化整为零或者以其他任何方式规避公开招标采购。

第二十九条　符合下列情形之一的货物或者服务，可以依照本法采用邀请招标方式采购：

（一）具有特殊性，只能从有限范围的供应商处采购的；

（二）采用公开招标方式的费用占政府采购项目总价值的比例过大的。

第三十条　符合下列情形之一的货物或者服务，可以依照本法采用竞争性谈判方式采购：

（一）招标后没有供应商投标或者没有合格标的或者重新招标未能成立的；

（二）技术复杂或者性质特殊，不能确定详细规格或者具体要求的；

（三）采用招标所需时间不能满足用户紧急需要的；

（四）不能事先计算出价格总额的。

第三十一条　符合下列情形之一的货物或者服务，可以依照本法采用单一来源方式采购：

（一）只能从唯一供应商处采购的；

（二）发生了不可预见的紧急情况不能从其他供应商处采购的；

（三）必须保证原有采购项目一致性或者服务配套的要求，需要继续从原供应商处添购，且添购资金总额不超过原合同采购金额百分之十的。

第三十二条　采购的货物规格、标准统一、现货货源充足且价格变化幅度小的政府采购项目，可以依照本法采用询价方式采购。

第四章　政府采购程序

第三十三条　负有编制部门预算职责的部门在编制下一财政年度部门预算时，应当将该财政年度政府采购的项目及资金预算列出，报本级财政部门汇总。部门预算的审批，按预算管理权限和程序进行。

第三十四条　货物或者服务项目采取邀请招标方式采购的，采购人应当从符合相应资格条件的供应商中，通过随机方式选择三家以上的供应商，并向其发出投标邀请书。

第三十五条　货物和服务项目实行招标方式采购的，自招标文件开始发出之日起至投标人提交投标文件截止之日止，不得少于二十日。

第三十六条　在招标采购中，出现下列情形之一的，应予废标：

（一）符合专业条件的供应商或者对招标文件作实质响应的供应商不足三家的；

（二）出现影响采购公正的违法、违规行为的；

（三）投标人的报价均超过了采购预算，采购人不能支付的；

（四）因重大变故，采购任务取消的。

废标后，采购人应当将废标理由通知所有投标人。

第三十七条　废标后，除采购任务取消情形外，应当重新组织招标；需要采取其他方式采购的，应当在采购活动开始前获得设区的市、自治州以上人民政府采购监督管理部门或者政府有关部门批准。

第三十八条　采用竞争性谈判方式采购的，应当遵循下列程序：

（一）成立谈判小组。谈判小组由采购人的代表和有关专家共三人以上的单数组成，其中专家的人数不得少于成员总数的三分之二。

（二）制定谈判文件。谈判文件应当明确谈判程序、谈判内容、合同草案的条款以及评定成交的标准等事项。

（三）确定邀请参加谈判的供应商名单。谈判小组从符合相应资格条件的供应商名单中确定不少于三家的供应商参加谈判，并向其提供谈判文件。

（四）谈判。谈判小组所有成员集中与单一供应商分别进行谈判。在谈判中，谈判的任何一方不得透露与谈判有关的其他供应商的技术资料、价格和其他信息。谈判文件有实质性变动的,谈判小组应当以书面形式通知所有参加谈判的供应商。

(五)确定成交供应商。谈判结束后,谈判小组应当要求所有参加谈判的供应商在规定时间内进行最后报价,采购人从谈判小组提出的成交候选人中根据符合采购需求、质量和服务相等且报价最低的原则确定成交供应商,并将结果通知所有参加谈判的未成交的供应商。

第三十九条　采取单一来源方式采购的,采购人与供应商应当遵循本法规定的原则,在保证采购项目质量和双方商定合理价格的基础上进行采购。

第四十条　采取询价方式采购的,应当遵循下列程序:

(一)成立询价小组。询价小组由采购人的代表和有关专家共三人以上的单数组成,其中专家的人数不得少于成员总数的三分之二。询价小组应当对采购项目的价格构成和评定成交的标准等事项作出规定。

(二)确定被询价的供应商名单。询价小组根据采购需求,从符合相应资格条件的供应商名单中确定不少于三家的供应商,并向其发出询价通知书让其报价。

(三)询价。询价小组要求被询价的供应商一次报出不得更改的价格。

(四)确定成交供应商。采购人根据符合采购需求、质量和服务相等且报价最低的原则确定成交供应商,并将结果通知所有被询价的未成交的供应商。

第四十一条　采购人或者其委托的采购代理机构应当组织对供应商履约的验收。大型或者复杂的政府采购项目,应当邀请国家认可的质量检测机构参加验收工作。验收方成员应当在验收书上签字,并承担相应的法律责任。

第四十二条　采购人、采购代理机构对政府采购项目每项采购活动的采购文件应当妥善保存,不得伪造、变造、隐匿或者销毁。采购文件的保存期限为从采购结束之日起至少保存十五年。

采购文件包括采购活动记录、采购预算、招标文件、投标文件、评标标准、评估报告、定标文件、合同文本、验收证明、质疑答复、投诉处理决定及其他有关文件、资料。

采购活动记录至少应当包括下列内容:

(一)采购项目类别、名称;

(二)采购项目预算、资金构成和合同价格;

(三)采购方式,采用公开招标以外的采购方式的,应当载明原因;

(四)邀请和选择供应商的条件及原因;

（五）评标标准及确定中标人的原因；

（六）废标的原因；

（七）采用招标以外采购方式的相应记载。

第五章 政府采购合同

第四十三条 政府采购合同适用合同法。采购人和供应商之间的权利和义务，应当按照平等、自愿的原则以合同方式约定。

采购人可以委托采购代理机构代表其与供应商签订政府采购合同。由采购代理机构以采购人名义签订合同的，应当提交采购人的授权委托书，作为合同附件。

第四十四条 政府采购合同应当采用书面形式。

第四十五条 国务院政府采购监督管理部门应当会同国务院有关部门，规定政府采购合同必须具备的条款。

第四十六条 采购人与中标、成交供应商应当在中标、成交通知书发出之日起三十日内，按照采购文件确定的事项签订政府采购合同。

中标、成交通知书对采购人和中标、成交供应商均具有法律效力。中标、成交通知书发出后，采购人改变中标、成交结果的，或者中标、成交供应商放弃中标、成交项目的，应当依法承担法律责任。

第四十七条 政府采购项目的采购合同自签订之日起七个工作日内，采购人应当将合同副本报同级政府采购监督管理部门和有关部门备案。

第四十八条 经采购人同意，中标、成交供应商可以依法采取分包方式履行合同。

政府采购合同分包履行的，中标、成交供应商就采购项目和分包项目向采购人负责，分包供应商就分包项目承担责任。

第四十九条 政府采购合同履行中，采购人需追加与合同标的相同的货物、工程或者服务的，在不改变合同其他条款的前提下，可以与供应商协商签订补充合同，但所有补充合同的采购金额不得超过原合同采购金额的百分之十。

第五十条 政府采购合同的双方当事人不得擅自变更、中止或者终止合同。

政府采购合同继续履行将损害国家利益和社会公共利益的，双方当事人应当变更、中止或者终止合同。有过错的一方应当承担赔偿责任，双方都有过错的，各自承担相应的责任。

第六章 质疑与投诉

第五十一条 供应商对政府采购活动事项有疑问的，可以向采购人提出询问，采购人应当及时作出答复，但答复的内容不得涉及商业秘密。

第五十二条 供应商认为采购文件、采购过程和中标、成交结果使自己的权益受到损害的，可以在知道或者应知其权益受到损害之日起七个工作日内，以书面形式向采购人提出质疑。

第五十三条 采购人应当在收到供应商的书面质疑后七个工作日内作出答复，并以书面形式通知质疑供应商和其他有关供应商，但答复的内容不得涉及商业秘密。

第五十四条 采购人委托采购代理机构采购的，供应商可以向采购代理机构提出询问或者质疑，采购代理机构应当依照本法第五十一条、第五十三条的规定就采购人委托授权范围内的事项作出答复。

第五十五条 质疑供应商对采购人、采购代理机构的答复不满意或者采购人、采购代理机构未在规定的时间内作出答复的，可以在答复期满后十五个工作日内向同级政府采购监督管理部门投诉。

第五十六条 政府采购监督管理部门应当在收到投诉后三十个工作日内，对投诉事项作出处理决定，并以书面形式通知投诉人和与投诉事项有关的当事人。

第五十七条 政府采购监督管理部门在处理投诉事项期间，可以视具体情况书面通知采购人暂停采购活动，但暂停时间最长不得超过三十日。

第五十八条 投诉人对政府采购监督管理部门的投诉处理决定不服或者政府采购监督管理部门逾期未作处理的，可以依法申请行政复议或者向人民法院提起行政诉讼。

第七章 监督检查

第五十九条 政府采购监督管理部门应当加强对政府采购活动及集中采购机构的监督检查。

监督检查的主要内容是：

（一）有关政府采购的法律、行政法规和规章的执行情况；

（二）采购范围、采购方式和采购程序的执行情况；

（三）政府采购人员的职业素质和专业技能。

第六十条　政府采购监督管理部门不得设置集中采购机构，不得参与政府采购项目的采购活动。

采购代理机构与行政机关不得存在隶属关系或者其他利益关系。

第六十一条　集中采购机构应当建立健全内部监督管理制度。采购活动的决策和执行程序应当明确，并相互监督、相互制约。经办采购的人员与负责采购合同审核、验收人员的职责权限应当明确，并相互分离。

第六十二条　集中采购机构的采购人员应当具有相关职业素质和专业技能，符合政府采购监督管理部门规定的专业岗位任职要求。

集中采购机构对其工作人员应当加强教育和培训；对采购人员的专业水平、工作实绩和职业道德状况定期进行考核。采购人员经考核不合格的，不得继续任职。

第六十三条　政府采购项目的采购标准应当公开。

采用本法规定的采购方式的，采购人在采购活动完成后，应当将采购结果予以公布。

第六十四条　采购人必须按照本法规定的采购方式和采购程序进行采购。

任何单位和个人不得违反本法规定，要求采购人或者采购工作人员向其指定的供应商进行采购。

第六十五条　政府采购监督管理部门应当对政府采购项目的采购活动进行检查，政府采购当事人应当如实反映情况，提供有关材料。

第六十六条　政府采购监督管理部门应当对集中采购机构的采购价格、节约资金效果、服务质量、信誉状况、有无违法行为等事项进行考核，并定期如实公布考核结果。

第六十七条　依照法律、行政法规的规定对政府采购负有行政监督职责的政府有关部门，应当按照其职责分工，加强对政府采购活动的监督。

第六十八条　审计机关应当对政府采购进行审计监督。政府采购监督管理部门、政府采购各当事人有关政府采购活动，应当接受审计机关的审计监督。

第六十九条　监察机关应当加强对参与政府采购活动的国家机关、国家公务员和国家行政机关任命的其他人员实施监察。

第七十条　任何单位和个人对政府采购活动中的违法行为，有权控告和检举，有关部门、机关应当依照各自职责及时处理。

第八章　法律责任

第七十一条　采购人、采购代理机构有下列情形之一的，责令限期改正，给予警告，可以并处罚款，对直接负责的主管人员和其他直接责任人员，由其行政主管部门或者有关机关给予处分，并予通报：

（一）应当采用公开招标方式而擅自采用其他方式采购的；

（二）擅自提高采购标准的；

（三）以不合理的条件对供应商实行差别待遇或者歧视待遇的；

（四）在招标采购过程中与投标人进行协商谈判的；

（五）中标、成交通知书发出后不与中标、成交供应商签订采购合同的；

（六）拒绝有关部门依法实施监督检查的。

第七十二条　采购人、采购代理机构及其工作人员有下列情形之一，构成犯罪的，依法追究刑事责任；尚不构成犯罪的，处以罚款，有违法所得的，并处没收违法所得，属于国家机关工作人员的，依法给予行政处分：

（一）与供应商或者采购代理机构恶意串通的；

（二）在采购过程中接受贿赂或者获取其他不正当利益的；

（三）在有关部门依法实施的监督检查中提供虚假情况的；

（四）开标前泄露标底的。

第七十三条　有前两条违法行为之一影响中标、成交结果或者可能影响中标、成交结果的，按下列情况分别处理：

（一）未确定中标、成交供应商的，终止采购活动；

（二）中标、成交供应商已经确定但采购合同尚未履行的，撤销合同，从合格的中标、成交候选人中另行确定中标、成交供应商；

（三）采购合同已经履行的，给采购人、供应商造成损失的，由责任人承担赔偿责任。

第七十四条　采购人对应当实行集中采购的政府采购项目，不委托集中采购机构实行集中采购的，由政府采购监督管理部门责令改正；拒不改正的，停止按预算向其支付资金，由其上级行政主管部门或者有关机关依法给予其直接负责的主管人员和其他直接责任人员处分。

第七十五条　采购人未依法公布政府采购项目的采购标准和采购结果的，责令改正，对直接负责的主管人员依法给予处分。

第七十六条　采购人、采购代理机构违反本法规定隐匿、销毁应当保存的采购文件或者伪造、变造采购文件的，由政府采购监督管理部门处以二万元以上十万元以下的罚款，对其直接负责的主管人员和其他直接责任人员依法给予处分；构成犯罪的，依法追究刑事责任。

第七十七条　供应商有下列情形之一的，处以采购金额千分之五以上千分之十以下的罚款，列入不良行为记录名单，在一至三年内禁止参加政府采购活动，有违法所得的，并处没收违法所得，情节严重的，由工商行政管理机关吊销营业执照；构成犯罪的，依法追究刑事责任：

（一）提供虚假材料谋取中标、成交的；

（二）采取不正当手段诋毁、排挤其他供应商的；

（三）与采购人、其他供应商或者采购代理机构恶意串通的；

（四）向采购人、采购代理机构行贿或者提供其他不正当利益的；

（五）在招标采购过程中与采购人进行协商谈判的；

（六）拒绝有关部门监督检查或者提供虚假情况的。

供应商有前款第（一）至（五）项情形之一的，中标、成交无效。

第七十八条　采购代理机构在代理政府采购业务中有违法行为的，按照有关法律规定处以罚款，可以在一至三年内禁止其代理政府采购业务，构成犯罪的，依法追究刑事责任。

第七十九条　政府采购当事人有本法第七十一条、第七十二条、第七十七条违法行为之一，给他人造成损失的，并应依照有关民事法律规定承担民事责任。

第八十条　政府采购监督管理部门的工作人员在实施监督检查中违反本法规定滥用职权，玩忽职守，徇私舞弊的，依法给予行政处分；构成犯罪的，依法追究刑事责任。

第八十一条　政府采购监督管理部门对供应商的投诉逾期未作处理的，给予直接负责的主管人员和其他直接责任人员行政处分。

第八十二条　政府采购监督管理部门对集中采购机构业绩的考核，有虚假陈述，隐瞒真实情况的，或者不作定期考核和公布考核结果的，应当及时纠正，由其上级机关或者监察机关对其负责人进行通报，并对直接负责的人员依法给予行政处分。

集中采购机构在政府采购监督管理部门考核中,虚报业绩,隐瞒真实情况的,处以二万元以上二十万元以下的罚款,并予以通报;情节严重的,取消其代理采购的资格。

第八十三条 任何单位或者个人阻挠和限制供应商进入本地区或者本行业政府采购市场的,责令限期改正;拒不改正的,由该单位、个人的上级行政主管部门或者有关机关给予单位责任人或者个人处分。

第九章 附 则

第八十四条 使用国际组织和外国政府贷款进行的政府采购,贷款方、资金提供方与中方达成的协议对采购的具体条件另有规定的,可以适用其规定,但不得损害国家利益和社会公共利益。

第八十五条 对因严重自然灾害和其他不可抗力事件所实施的紧急采购和涉及国家安全和秘密的采购,不适用本法。

第八十六条 军事采购法规由中央军事委员会另行制定。

第八十七条 本法实施的具体步骤和办法由国务院规定。

第八十八条 本法自2003年1月1日起施行。

中华人民共和国国务院令

第 658 号

《中华人民共和国政府采购法实施条例》已经 2014 年 12 月 31 日国务院第 75 次常务会议通过，现予公布，自 2015 年 3 月 1 日起施行。

总理　李克强

2015 年 1 月 30 日

中华人民共和国政府采购法实施条例

第一章　总则

第一条　根据《中华人民共和国政府采购法》（以下简称《政府采购法》），制定本条例。

第二条　政府采购法第二条所称财政性资金是指纳入预算管理的资金。

以财政性资金作为还款来源的借贷资金，视同财政性资金。

国家机关、事业单位和团体组织的采购项目既使用财政性资金又使用非财政性资金的，使用财政性资金采购的部分，适用政府采购法及本条例；财政性资金与非财政性资金无法分割采购的，统一适用政府采购法及本条例。

政府采购法第二条所称服务，包括政府自身需要的服务和政府向社会公众提供的公共服务。

第三条　集中采购目录包括集中采购机构采购项目和部门集中采购项目。

技术、服务等标准统一，采购人普遍使用的项目，列为集中采购机构采购项目；采购人本部门、本系统基于业务需要有特殊要求，可以统一采购的项目，列为部门集中采购项目。

第四条　政府采购法所称集中采购，是指采购人将列入集中采购目录的项目委托集中采购机构代理采购或者进行部门集中采购的行为；所称分散采购，是指采购人将采购限额标准以上的未列入集中采购目录的项目自行采购或者委托采购代理机构代理采购的行为。

第五条 省、自治区、直辖市人民政府或者其授权的机构根据实际情况，可以确定分别适用于本行政区域省级、设区的市级、县级的集中采购目录和采购限额标准。

第六条 国务院财政部门应当根据国家的经济和社会发展政策，会同国务院有关部门制定政府采购政策，通过制定采购需求标准、预留采购份额、价格评审优惠、优先采购等措施，实现节约能源、保护环境、扶持不发达地区和少数民族地区、促进中小企业发展等目标。

第七条 政府采购工程以及与工程建设有关的货物、服务，采用招标方式采购的，适用《中华人民共和国招标投标法》及其实施条例；采用其他方式采购的，适用政府采购法及本条例。

前款所称工程，是指建设工程，包括建筑物和构筑物的新建、改建、扩建及其相关的装修、拆除、修缮等；所称与工程建设有关的货物，是指构成工程不可分割的组成部分，且为实现工程基本功能所必需的设备、材料等；所称与工程建设有关的服务，是指为完成工程所需的勘察、设计、监理等服务。

政府采购工程以及与工程建设有关的货物、服务，应当执行政府采购政策。

第八条 政府采购项目信息应当在省级以上人民政府财政部门指定的媒体上发布。采购项目预算金额达到国务院财政部门规定标准的，政府采购项目信息应当在国务院财政部门指定的媒体上发布。

第九条 在政府采购活动中，采购人员及相关人员与供应商有下列利害关系之一的，应当回避：

（一）参加采购活动前3年内与供应商存在劳动关系；

（二）参加采购活动前3年内担任供应商的董事、监事；

（三）参加采购活动前3年内是供应商的控股股东或者实际控制人；

（四）与供应商的法定代表人或者负责人有夫妻、直系血亲、三代以内旁系血亲或者近姻亲关系；

（五）与供应商有其他可能影响政府采购活动公平、公正进行的关系。

供应商认为采购人员及相关人员与其他供应商有利害关系的，可以向采购人或者采购代理机构书面提出回避申请，并说明理由。采购人或者采购代理机构应当及时询问被申请回避人员，有利害关系的被申请回避人员应当回避。

第十条　国家实行统一的政府采购电子交易平台建设标准，推动利用信息网络进行电子化政府采购活动。

第二章　政府采购当事人

第十一条　采购人在政府采购活动中应当维护国家利益和社会公共利益，公正廉洁，诚实守信，执行政府采购政策，建立政府采购内部管理制度，厉行节约，科学合理确定采购需求。

采购人不得向供应商索要或者接受其给予的赠品、回扣或者与采购无关的其他商品、服务。

第十二条　政府采购法所称采购代理机构，是指集中采购机构和集中采购机构以外的采购代理机构。

集中采购机构是设区的市级以上人民政府依法设立的非营利事业法人，是代理集中采购项目的执行机构。集中采购机构应当根据采购人委托制定集中采购项目的实施方案，明确采购规程，组织政府采购活动，不得将集中采购项目转委托。集中采购机构以外的采购代理机构，是从事采购代理业务的社会中介机构。

第十三条　采购代理机构应当建立完善的政府采购内部监督管理制度，具备开展政府采购业务所需的评审条件和设施。

采购代理机构应当提高确定采购需求，编制招标文件、谈判文件、询价通知书，拟订合同文本和优化采购程序的专业化服务水平，根据采购人委托在规定的时间内及时组织采购人与中标或者成交供应商签订政府采购合同，及时协助采购人对采购项目进行验收。

第十四条　采购代理机构不得以不正当手段获取政府采购代理业务，不得与采购人、供应商恶意串通操纵政府采购活动。

采购代理机构工作人员不得接受采购人或者供应商组织的宴请、旅游、娱乐，不得收受礼品、现金、有价证券等，不得向采购人或者供应商报销应当由个人承担的费用。

第十五条　采购人、采购代理机构应当根据政府采购政策、采购预算、采购需求编制采购文件。

采购需求应当符合法律法规以及政府采购政策规定的技术、服务、安全等要求。政府向社会公众提供的公共服务项目，应当就确定采购需求征求社会公众的意见。

除因技术复杂或者性质特殊,不能确定详细规格或者具体要求外,采购需求应当完整、明确。必要时,应当就确定采购需求征求相关供应商、专家的意见。

第十六条 政府采购法第二十条规定的委托代理协议,应当明确代理采购的范围、权限和期限等具体事项。

采购人和采购代理机构应当按照委托代理协议履行各自义务,采购代理机构不得超越代理权限。

第十七条 参加政府采购活动的供应商应当具备政府采购法第二十二条第一款规定的条件,提供下列材料:

(一)法人或者其他组织的营业执照等证明文件,自然人的身份证明;

(二)财务状况报告,依法缴纳税收和社会保障资金的相关材料;

(三)具备履行合同所必需的设备和专业技术能力的证明材料;

(四)参加政府采购活动前3年内在经营活动中没有重大违法记录的书面声明;

(五)具备法律、行政法规规定的其他条件的证明材料。

采购项目有特殊要求的,供应商还应当提供其符合特殊要求的证明材料或者情况说明。

第十八条 单位负责人为同一人或者存在直接控股、管理关系的不同供应商,不得参加同一合同项下的政府采购活动。

除单一来源采购项目外,为采购项目提供整体设计、规范编制或者项目管理、监理、检测等服务的供应商,不得再参加该采购项目的其他采购活动。

第十九条 政府采购法第二十二条第一款第五项所称重大违法记录,是指供应商因违法经营受到刑事处罚或者责令停产停业、吊销许可证或者执照、较大数额罚款等行政处罚。

供应商在参加政府采购活动前3年内因违法经营被禁止在一定期限内参加政府采购活动,期限届满的,可以参加政府采购活动。

第二十条 采购人或者采购代理机构有下列情形之一的,属于以不合理的条件对供应商实行差别待遇或者歧视待遇:

(一)就同一采购项目向供应商提供有差别的项目信息;

(二)设定的资格、技术、商务条件与采购项目的具体特点和实际需要不相适应或者与合同履行无关;

(三)采购需求中的技术、服务等要求指向特定供应商、特定产品;

（四）以特定行政区域或者特定行业的业绩、奖项作为加分条件或者中标、成交条件；

（五）对供应商采取不同的资格审查或者评审标准；

（六）限定或者指定特定的专利、商标、品牌或者供应商；

（七）非法限定供应商的所有制形式、组织形式或者所在地；

（八）以其他不合理条件限制或者排斥潜在供应商。

第二十一条 采购人或者采购代理机构对供应商进行资格预审的，资格预审公告应当在省级以上人民政府财政部门指定的媒体上发布。已进行资格预审的，评审阶段可以不再对供应商资格进行审查。资格预审合格的供应商在评审阶段资格发生变化的，应当通知采购人和采购代理机构。

资格预审公告应当包括采购人和采购项目名称、采购需求、对供应商的资格要求以及供应商提交资格预审申请文件的时间和地点。提交资格预审申请文件的时间自公告发布之日起不得少于5个工作日。

第二十二条 联合体中有同类资质的供应商按照联合体分工承担相同工作的，应当按照资质等级较低的供应商确定资质等级。

以联合体形式参加政府采购活动的，联合体各方不得再单独参加或者与其他供应商另外组成联合体参加同一合同项下的政府采购活动。

第三章 政府采购方式

第二十三条 采购人采购公开招标数额标准以上的货物或者服务，符合政府采购法第二十九条、第三十条、第三十一条、第三十二条规定情形或者有需要执行政府采购政策等特殊情况的，经设区的市级以上人民政府财政部门批准，可以依法采用公开招标以外的采购方式。

第二十四条 列入集中采购目录的项目，适合实行批量集中采购的，应当实行批量集中采购，但紧急的小额零星货物项目和有特殊要求的服务、工程项目除外。

第二十五条 政府采购工程依法不进行招标的，应当依照政府采购法和本条例规定的竞争性谈判或者单一来源采购方式采购。

第二十六条 政府采购法第三十条第三项规定的情形，应当是采购人不可预见的或者非因采购人拖延导致的；第四项规定的情形，是指因采购艺术品或者因专利、专有技术或者因服务的时间、数量事先不能确定等导致不能事先计算出价格总额。

第二十七条　政府采购法第三十一条第一项规定的情形，是指因货物或者服务使用不可替代的专利、专有技术，或者公共服务项目具有特殊要求，导致只能从某一特定供应商处采购。

第二十八条　在一个财政年度内，采购人将一个预算项目下的同一品目或者类别的货物、服务采用公开招标以外的方式多次采购，累计资金数额超过公开招标数额标准的，属于以化整为零方式规避公开招标，但项目预算调整或者经批准采用公开招标以外方式采购除外。

第四章　政府采购程序

第二十九条　采购人应当根据集中采购目录、采购限额标准和已批复的部门预算编制政府采购实施计划，报本级人民政府财政部门备案。

第三十条　采购人或者采购代理机构应当在招标文件、谈判文件、询价通知书中公开采购项目预算金额。

第三十一条　招标文件的提供期限自招标文件开始发出之日起不得少于5个工作日。

采购人或者采购代理机构可以对已发出的招标文件进行必要的澄清或者修改。澄清或者修改的内容可能影响投标文件编制的，采购人或者采购代理机构应当在投标截止时间至少15日前，以书面形式通知所有获取招标文件的潜在投标人；不足15日的，采购人或者采购代理机构应当顺延提交投标文件的截止时间。

第三十二条　采购人或者采购代理机构应当按照国务院财政部门制定的招标文件标准文本编制招标文件。

招标文件应当包括采购项目的商务条件、采购需求、投标人的资格条件、投标报价要求、评标方法、评标标准以及拟签订的合同文本等。

第三十三条　招标文件要求投标人提交投标保证金的，投标保证金不得超过采购项目预算金额的2%。投标保证金应当以支票、汇票、本票或者金融机构、担保机构出具的保函等非现金形式提交。投标人未按照招标文件要求提交投标保证金的，投标无效。

采购人或者采购代理机构应当自中标通知书发出之日起5个工作日内退还未中标供应商的投标保证金，自政府采购合同签订之日起5个工作日内退还中标供应商的投标保证金。

竞争性谈判或者询价采购中要求参加谈判或者询价的供应商提交保证金的，参照前两款的规定执行。

第三十四条　政府采购招标评标方法分为最低评标价法和综合评分法。

最低评标价法，是指投标文件满足招标文件全部实质性要求且投标报价最低的供应商为中标候选人的评标方法。综合评分法，是指投标文件满足招标文件全部实质性要求且按照评审因素的量化指标评审得分最高的供应商为中标候选人的评标方法。

技术、服务等标准统一的货物和服务项目，应当采用最低评标价法。

采用综合评分法的，评审标准中的分值设置应当与评审因素的量化指标相对应。

招标文件中没有规定的评标标准不得作为评审的依据。

第三十五条　谈判文件不能完整、明确列明采购需求，需要由供应商提供最终设计方案或者解决方案的，在谈判结束后，谈判小组应当按照少数服从多数的原则投票推荐3家以上供应商的设计方案或者解决方案，并要求其在规定时间内提交最后报价。

第三十六条　询价通知书应当根据采购需求确定政府采购合同条款。在询价过程中，询价小组不得改变询价通知书所确定的政府采购合同条款。

第三十七条　政府采购法第三十八条第五项、第四十条第四项所称质量和服务相等，是指供应商提供的产品质量和服务均能满足采购文件规定的实质性要求。

第三十八条　达到公开招标数额标准，符合政府采购法第三十一条第一项规定情形，只能从唯一供应商处采购的，采购人应当将采购项目信息和唯一供应商名称在省级以上人民政府财政部门指定的媒体上公示，公示期不得少于5个工作日。

第三十九条　除国务院财政部门规定的情形外，采购人或者采购代理机构应当从政府采购评审专家库中随机抽取评审专家。

第四十条　政府采购评审专家应当遵守评审工作纪律，不得泄露评审文件、评审情况和评审中获悉的商业秘密。

评标委员会、竞争性谈判小组或者询价小组在评审过程中发现供应商有行贿、提供虚假材料或者串通等违法行为的，应当及时向财政部门报告。

政府采购评审专家在评审过程中受到非法干预的，应当及时向财政、监察等部门举报。

第四十一条　评标委员会、竞争性谈判小组或者询价小组成员应当按照客观、公正、审慎的原则,根据采购文件规定的评审程序、评审方法和评审标准进行独立评审。采购文件内容违反国家有关强制性规定的,评标委员会、竞争性谈判小组或者询价小组应当停止评审并向采购人或者采购代理机构说明情况。

评标委员会、竞争性谈判小组或者询价小组成员应当在评审报告上签字,对自己的评审意见承担法律责任。对评审报告有异议的,应当在评审报告上签署不同意见,并说明理由,否则视为同意评审报告。

第四十二条 采购人、采购代理机构不得向评标委员会、竞争性谈判小组或者询价小组的评审专家作倾向性、误导性的解释或者说明。

第四十三条 采购代理机构应当自评审结束之日起 2 个工作日内将评审报告送交采购人。采购人应当自收到评审报告之日起 5 个工作日内在评审报告推荐的中标或者成交候选人中按顺序确定中标或者成交供应商。

采购人或者采购代理机构应当自中标、成交供应商确定之日起 2 个工作日内,发出中标、成交通知书,并在省级以上人民政府财政部门指定的媒体上公告中标、成交结果,招标文件、竞争性谈判文件、询价通知书随中标、成交结果同时公告。

中标、成交结果公告内容应当包括采购人和采购代理机构的名称、地址、联系方式,项目名称和项目编号,中标或者成交供应商名称、地址和中标或者成交金额,主要中标或者成交标的的名称、规格型号、数量、单价、服务要求以及评审专家名单。

第四十四条 除国务院财政部门规定的情形外,采购人、采购代理机构不得以任何理由组织重新评审。采购人、采购代理机构按照国务院财政部门的规定组织重新评审的,应当书面报告本级人民政府财政部门。

采购人或者采购代理机构不得通过对样品进行检测、对供应商进行考察等方式改变评审结果。

第四十五条 采购人或者采购代理机构应当按照政府采购合同规定的技术、服务、安全标准组织对供应商履约情况进行验收,并出具验收书。验收书应当包括每一项技术、服务、安全标准的履约情况。

政府向社会公众提供的公共服务项目,验收时应当邀请服务对象参与并出具意见,验收结果应当向社会公告。

第四十六条 政府采购法第四十二条规定的采购文件,可以用电子档案方式保存。

第五章　政府采购合同

第四十七条　国务院财政部门应当会同国务院有关部门制定政府采购合同标准文本。

第四十八条　采购文件要求中标或者成交供应商提交履约保证金的，供应商应当以支票、汇票、本票或者金融机构、担保机构出具的保函等非现金形式提交。履约保证金的数额不得超过政府采购合同金额的10%。

第四十九条　中标或者成交供应商拒绝与采购人签订合同的，采购人可以按照评审报告推荐的中标或者成交候选人名单排序，确定下一候选人为中标或者成交供应商，也可以重新开展政府采购活动。

第五十条　采购人应当自政府采购合同签订之日起2个工作日内，将政府采购合同在省级以上人民政府财政部门指定的媒体上公告，但政府采购合同中涉及国家秘密、商业秘密的内容除外。

第五十一条　采购人应当按照政府采购合同规定，及时向中标或者成交供应商支付采购资金。

政府采购项目资金支付程序，按照国家有关财政资金支付管理的规定执行。

第六章　质疑与投诉

第五十二条　采购人或者采购代理机构应当在3个工作日内对供应商依法提出的询问作出答复。

供应商提出的询问或者质疑超出采购人对采购代理机构委托授权范围的，采购代理机构应当告知供应商向采购人提出。

政府采购评审专家应当配合采购人或者采购代理机构答复供应商的询问和质疑。

第五十三条　政府采购法第五十二条规定的供应商应知其权益受到损害之日，是指：

（一）对可以质疑的采购文件提出质疑的，为收到采购文件之日或者采购文件公告期限届满之日；

（二）对采购过程提出质疑的，为各采购程序环节结束之日；

（三）对中标或者成交结果提出质疑的，为中标或者成交结果公告期限届满之日。

第五十四条 询问或者质疑事项可能影响中标、成交结果的，采购人应当暂停签订合同，已经签订合同的，应当中止履行合同。

第五十五条 供应商质疑、投诉应当有明确的请求和必要的证明材料。供应商投诉的事项不得超出已质疑事项的范围。

第五十六条 财政部门处理投诉事项采用书面审查的方式，必要时可以进行调查取证或者组织质证。

对财政部门依法进行的调查取证，投诉人和与投诉事项有关的当事人应当如实反映情况，并提供相关材料。

第五十七条 投诉人捏造事实、提供虚假材料或者以非法手段取得证明材料进行投诉的，财政部门应当予以驳回。

财政部门受理投诉后，投诉人书面申请撤回投诉的，财政部门应当终止投诉处理程序。

第五十八条 财政部门处理投诉事项，需要检验、检测、鉴定、专家评审以及需要投诉人补正材料的，所需时间不计算在投诉处理期限内。

财政部门对投诉事项作出的处理决定，应当在省级以上人民政府财政部门指定的媒体上公告。

第七章 监督检查

第五十九条 政府采购法第六十三条所称政府采购项目的采购标准，是指项目采购所依据的经费预算标准、资产配置标准和技术、服务标准等。

第六十条 除政府采购法第六十六条规定的考核事项外，财政部门对集中采购机构的考核事项还包括：

（一）政府采购政策的执行情况；

（二）采购文件编制水平；

（三）采购方式和采购程序的执行情况；

（四）询问、质疑答复情况；

（五）内部监督管理制度建设及执行情况；

（六）省级以上人民政府财政部门规定的其他事项。

财政部门应当制定考核计划，定期对集中采购机构进行考核，考核结果有重要情况的，应当向本级人民政府报告。

第六十一条　采购人发现采购代理机构有违法行为的，应当要求其改正。采购代理机构拒不改正的，采购人应当向本级人民政府财政部门报告，财政部门应当依法处理。

采购代理机构发现采购人的采购需求存在以不合理条件对供应商实行差别待遇、歧视待遇或者其他不符合法律、法规和政府采购政策规定内容，或者发现采购人有其他违法行为的，应当建议其改正。采购人拒不改正的，采购代理机构应当向采购人的本级人民政府财政部门报告，财政部门应当依法处理。

第六十二条　省级以上人民政府财政部门应当对政府采购评审专家库实行动态管理，具体管理办法由国务院财政部门制定。

采购人或者采购代理机构应当对评审专家在政府采购活动中的职责履行情况予以记录，并及时向财政部门报告。

第六十三条　各级人民政府财政部门和其他有关部门应当加强对参加政府采购活动的供应商、采购代理机构、评审专家的监督管理，对其不良行为予以记录，并纳入统一的信用信息平台。

第六十四条　各级人民政府财政部门对政府采购活动进行监督检查，有权查阅、复制有关文件、资料，相关单位和人员应当予以配合。

第六十五条　审计机关、监察机关以及其他有关部门依法对政府采购活动实施监督，发现采购当事人有违法行为的，应当及时通报财政部门。

第八章　法律责任

第六十六条　政府采购法第七十一条规定的罚款，数额为10万元以下。

政府采购法第七十二条规定的罚款，数额为5万元以上25万元以下。

第六十七条　采购人有下列情形之一的，由财政部门责令限期改正，给予警告，对直接负责的主管人员和其他直接责任人员依法给予处分，并予以通报：

（一）未按照规定编制政府采购实施计划或者未按照规定将政府采购实施计划报本级人民政府财政部门备案；

（二）将应当进行公开招标的项目化整为零或者以其他任何方式规避公开招标；

（三）未按照规定在评标委员会、竞争性谈判小组或者询价小组推荐的中标或者成交候选人中确定中标或者成交供应商；

（四）未按照采购文件确定的事项签订政府采购合同；

（五）政府采购合同履行中追加与合同标的相同的货物、工程或者服务的采购金额超过原合同采购金额10%；

（六）擅自变更、中止或者终止政府采购合同；

（七）未按照规定公告政府采购合同；

（八）未按照规定时间将政府采购合同副本报本级人民政府财政部门和有关部门备案。

第六十八条　采购人、采购代理机构有下列情形之一的，依照政府采购法第七十一条、第七十八条的规定追究法律责任：

（一）未依照政府采购法和本条例规定的方式实施采购；

（二）未依法在指定的媒体上发布政府采购项目信息；

（三）未按照规定执行政府采购政策；

（四）违反本条例第十五条的规定导致无法组织对供应商履约情况进行验收或者国家财产遭受损失；

（五）未依法从政府采购评审专家库中抽取评审专家；

（六）非法干预采购评审活动；

（七）采用综合评分法时评审标准中的分值设置未与评审因素的量化指标相对应；

（八）对供应商的询问、质疑逾期未作处理；

（九）通过对样品进行检测、对供应商进行考察等方式改变评审结果；

（十）未按照规定组织对供应商履约情况进行验收。

第六十九条　集中采购机构有下列情形之一的，由财政部门责令限期改正，给予警告，有违法所得的，并处没收违法所得，对直接负责的主管人员和其他直接责任人员依法给予处分，并予以通报：

（一）内部监督管理制度不健全，对依法应当分设、分离的岗位、人员未分设、分离；

（二）将集中采购项目委托其他采购代理机构采购；

（三）从事营利活动。

第七十条　采购人员与供应商有利害关系而不依法回避的，由财政部门给予警告，并处2000元以上2万元以下的罚款。

第七十一条　有政府采购法第七十一条、第七十二条规定的违法行为之一，影响或者可能影响中标、成交结果的，依照下列规定处理：

（一）未确定中标或者成交供应商的，终止本次政府采购活动，重新开展政府采购活动。

（二）已确定中标或者成交供应商但尚未签订政府采购合同的，中标或者成交结果无效，从合格的中标或者成交候选人中另行确定中标或者成交供应商；没有合格的中标或者成交候选人的，重新开展政府采购活动。

（三）政府采购合同已签订但尚未履行的，撤销合同，从合格的中标或者成交候选人中另行确定中标或者成交供应商；没有合格的中标或者成交候选人的，重新开展政府采购活动。

（四）政府采购合同已经履行，给采购人、供应商造成损失的，由责任人承担赔偿责任。

政府采购当事人有其他违反政府采购法或者本条例规定的行为，经改正后仍然影响或者可能影响中标、成交结果或者依法被认定为中标、成交无效的，依照前款规定处理。

第七十二条 供应商有下列情形之一的，依照政府采购法第七十七条第一款的规定追究法律责任：

（一）向评标委员会、竞争性谈判小组或者询价小组成员行贿或者提供其他不正当利益；

（二）中标或者成交后无正当理由拒不与采购人签订政府采购合同；

（三）未按照采购文件确定的事项签订政府采购合同；

（四）将政府采购合同转包；

（五）提供假冒伪劣产品；

（六）擅自变更、中止或者终止政府采购合同。

供应商有前款第一项规定情形的，中标、成交无效。评审阶段资格发生变化，供应商未依照本条例第二十一条的规定通知采购人和采购代理机构的，处以采购金额5‰的罚款，列入不良行为记录名单，中标、成交无效。

第七十三条 供应商捏造事实、提供虚假材料或者以非法手段取得证明材料进行投诉的，由财政部门列入不良行为记录名单，禁止其1至3年内参加政府采购活动。

第七十四条 有下列情形之一的，属于恶意串通，对供应商依照政府采购法第七十七条第一款的规定追究法律责任，对采购人、采购代理机构及其工作人员依照政府采购法第七十二条的规定追究法律责任：

（一）供应商直接或者间接从采购人或者采购代理机构处获得其他供应商的相关情况并修改其投标文件或者响应文件；

（二）供应商按照采购人或者采购代理机构的授意撤换、修改投标文件或者响应文件；

（三）供应商之间协商报价、技术方案等投标文件或者响应文件的实质性内容；

（四）属于同一集团、协会、商会等组织成员的供应商按照该组织要求协同参加政府采购活动；

（五）供应商之间事先约定由某一特定供应商中标、成交；

（六）供应商之间商定部分供应商放弃参加政府采购活动或者放弃中标、成交；

（七）供应商与采购人或者采购代理机构之间、供应商相互之间，为谋求特定供应商中标、成交或者排斥其他供应商的其他串通行为。

第七十五条　政府采购评审专家未按照采购文件规定的评审程序、评审方法和评审标准进行独立评审或者泄露评审文件、评审情况的，由财政部门给予警告，并处2000元以上2万元以下的罚款；影响中标、成交结果的，处2万元以上5万元以下的罚款，禁止其参加政府采购评审活动。

政府采购评审专家与供应商存在利害关系未回避的，处2万元以上5万元以下的罚款，禁止其参加政府采购评审活动。

政府采购评审专家收受采购人、采购代理机构、供应商贿赂或者获取其他不正当利益，构成犯罪的，依法追究刑事责任；尚不构成犯罪的，处2万元以上5万元以下的罚款，禁止其参加政府采购评审活动。

政府采购评审专家有上述违法行为的，其评审意见无效，不得获取评审费；有违法所得的，没收违法所得；给他人造成损失的，依法承担民事责任。

第七十六条　政府采购当事人违反政府采购法和本条例规定，给他人造成损失的，依法承担民事责任。

第七十七条　财政部门在履行政府采购监督管理职责中违反政府采购法和本条例规定，滥用职权、玩忽职守、徇私舞弊的，对直接负责的主管人员和其他直接责任人员依法给予处分；直接负责的主管人员和其他直接责任人员构成犯罪的，依法追究刑事责任。

第九章　附则

第七十八条　财政管理实行省直接管理的县级人民政府可以根据需要并报经省级人民政府批准，行使政府采购法和本条例规定的设区的市级人民政府批准变更采购方式的职权。

第七十九条　本条例自 2015 年 3 月 1 日起施行。

政府采购货物和服务招标投标管理办法

(财政部令第 87 号)

财政部对《政府采购货物和服务招标投标管理办法》(财政部令第 18 号)进行了修订,修订后的《政府采购货物和服务招标投标管理办法》已经部务会议审议通过。现予公布,自 2017 年 10 月 1 日起施行。

部长　肖捷

2017 年 7 月 11 日

第一章　总则

第一条　为了规范政府采购当事人的采购行为,加强对政府采购货物和服务招标投标活动的监督管理,维护国家利益、社会公共利益和政府采购招标投标活动当事人的合法权益,依据《中华人民共和国政府采购法》(以下简称政府采购法)、《中华人民共和国政府采购法实施条例》(以下简称政府采购法实施条例)和其他有关法律法规规定,制定本办法。

第二条　本办法适用于在中华人民共和国境内开展政府采购货物和服务(以下简称货物服务)招标投标活动。

第三条　货物服务招标分为公开招标和邀请招标。

公开招标,是指采购人依法以招标公告的方式邀请非特定的供应商参加投标的采购方式。

邀请招标,是指采购人依法从符合相应资格条件的供应商中随机抽取 3 家以上供应商,并以投标邀请书的方式邀请其参加投标的采购方式。

第四条　属于地方预算的政府采购项目,省、自治区、直辖市人民政府根据实际情况,可以确定分别适用于本行政区域省级、设区的市级、县级公开招标数额标准。

第五条　采购人应当在货物服务招标投标活动中落实节约能源、保护环境、扶持不发达地区和少数民族地区、促进中小企业发展等政府采购政策。

第六条　采购人应当按照行政事业单位内部控制规范要求,建立健全本单位政府采购内部控制制度,在编制政府采购预算和实施计划、确定采购需求、组织采购活动、履约验收、答复询问质疑、配合投诉处理及监督检查等重点环节加强内部控制管理。

采购人不得向供应商索要或者接受其给予的赠品、回扣或者与采购无关的其他商品、服务。

第七条　采购人应当按照财政部制定的《政府采购品目分类目录》确定采购项目属性。按照《政府采购品目分类目录》无法确定的，按照有利于采购项目实施的原则确定。

第八条　采购人委托采购代理机构代理招标的，采购代理机构应当在采购人委托的范围内依法开展采购活动。

采购代理机构及其分支机构不得在所代理的采购项目中投标或者代理投标，不得为所代理的采购项目的投标人参加本项目提供投标咨询。

第二章　招标

第九条　未纳入集中采购目录的政府采购项目，采购人可以自行招标，也可以委托采购代理机构在委托的范围内代理招标。

采购人自行组织开展招标活动的，应当符合下列条件：

（一）有编制招标文件、组织招标的能力和条件；

（二）有与采购项目专业性相适应的专业人员。

第十条　采购人应当对采购标的的市场技术或者服务水平、供应、价格等情况进行市场调查，根据调查情况、资产配置标准等科学、合理地确定采购需求，进行价格测算。

第十一条　采购需求应当完整、明确，包括以下内容：

（一）采购标的需实现的功能或者目标，以及为落实政府采购政策需满足的要求；

（二）采购标的需执行的国家相关标准、行业标准、地方标准或者其他标准、规范；

（三）采购标的需满足的质量、安全、技术规格、物理特性等要求；

（四）采购标的的数量、采购项目交付或者实施的时间和地点；

（五）采购标的需满足的服务标准、期限、效率等要求；

（六）采购标的的验收标准；

（七）采购标的的其他技术、服务等要求。

第十二条 采购人根据价格测算情况，可以在采购预算额度内合理设定最高限价，但不得设定最低限价。

第十三条 公开招标公告应当包括以下主要内容：

（一）采购人及其委托的采购代理机构的名称、地址和联系方法；

（二）采购项目的名称、预算金额，设定最高限价的，还应当公开最高限价；

（三）采购人的采购需求；

（四）投标人的资格要求；

（五）获取招标文件的时间期限、地点、方式及招标文件售价；

（六）公告期限；

（七）投标截止时间、开标时间及地点；

（八）采购项目联系人姓名和电话。

第十四条 采用邀请招标方式的，采购人或者采购代理机构应当通过以下方式产生符合资格条件的供应商名单，并从中随机抽取3家以上供应商向其发出投标邀请书：

（一）发布资格预审公告征集；

（二）从省级以上人民政府财政部门（以下简称财政部门）建立的供应商库中选取；

（三）采购人书面推荐。

采用前款第一项方式产生符合资格条件供应商名单的，采购人或者采购代理机构应当按照资格预审文件载明的标准和方法，对潜在投标人进行资格预审。

采用第一款第二项或者第三项方式产生符合资格条件供应商名单的，备选的符合资格条件供应商总数不得少于拟随机抽取供应商总数的两倍。

随机抽取是指通过抽签等能够保证所有符合资格条件供应商机会均等的方式选定供应商。随机抽取供应商时，应当有不少于两名采购人工作人员在场监督，并形成书面记录，随采购文件一并存档。

投标邀请书应当同时向所有受邀请的供应商发出。

第十五条 资格预审公告应当包括以下主要内容：

（一）本办法第十三条第一至四项、第六项和第八项内容；

（二）获取资格预审文件的时间期限、地点、方式；

(三)提交资格预审申请文件的截止时间、地点及资格预审日期。

第十六条 招标公告、资格预审公告的公告期限为5个工作日。公告内容应当以省级以上财政部门指定媒体发布的公告为准。公告期限自省级以上财政部门指定媒体最先发布公告之日起算。

第十七条 采购人、采购代理机构不得将投标人的注册资本、资产总额、营业收入、从业人员、利润、纳税额等规模条件作为资格要求或者评审因素,也不得通过将除进口货物以外的生产厂家授权、承诺、证明、背书等作为资格要求,对投标人实行差别待遇或者歧视待遇。

第十八条 采购人或者采购代理机构应当按照招标公告、资格预审公告或者投标邀请书规定的时间、地点提供招标文件或者资格预审文件,提供期限自招标公告、资格预审公告发布之日起计算不得少于5个工作日。提供期限届满后,获取招标文件或者资格预审文件的潜在投标人不足3家的,可以顺延提供期限,并予公告。

公开招标进行资格预审的,招标公告和资格预审公告可以合并发布,招标文件应当向所有通过资格预审的供应商提供。

第十九条 采购人或者采购代理机构应当根据采购项目的实施要求,在招标公告、资格预审公告或者投标邀请书中载明是否接受联合体投标。如未载明,不得拒绝联合体投标。

第二十条 采购人或者采购代理机构应当根据采购项目的特点和采购需求编制招标文件。招标文件应当包括以下主要内容:

(一)投标邀请;

(二)投标人须知(包括投标文件的密封、签署、盖章 要求等);

(三)投标人应当提交的资格、资信证明文件;

(四)为落实政府采购政策,采购标的需满足的要求,以及投标人须提供的证明材料;

(五)投标文件编制要求、投标报价要求和投标保证金交纳、退还方式以及不予退还投标保证金的情形;

(六)采购项目预算金额,设定最高限价的,还应当公开最高限价;

(七)采购项目的技术规格、数量、服务标准、验收等要求,包括附件、图纸等;

(八)拟签订的合同文本;

（九）货物、服务提供的时间、地点、方式；

（十）采购资金的支付方式、时间、条件；

（十一）评标方法、评标标准和投标无效情形；

（十二）投标有效期；

（十三）投标截止时间、开标时间及地点；

（十四）采购代理机构代理费用的收取标准和方式；

（十五）投标人信用信息查询渠道及截止时点、信用信息查询记录和证据留存的具体方式、信用信息的使用规则等；

（十六）省级以上财政部门规定的其他事项。

对于不允许偏离的实质性要求和条件，采购人或者采购代理机构应当在招标文件中规定，并以醒目的方式标明。

第二十一条 采购人或者采购代理机构应当根据采购项目的特点和采购需求编制资格预审文件。资格预审文件应当包括以下主要内容：

（一）资格预审邀请；

（二）申请人须知；

（三）申请人的资格要求；

（四）资格审核标准和方法；

（五）申请人应当提供的资格预审申请文件的内容和格式；

（六）提交资格预审申请文件的方式、截止时间、地点及资格审核日期；

（七）申请人信用信息查询渠道及截止时点、信用信息查询记录和证据留存的具体方式、信用信息的使用规则等内容；

（八）省级以上财政部门规定的其他事项。

资格预审文件应当免费提供。

第二十二条 采购人、采购代理机构一般不得要求投标人提供样品，仅凭书面方式不能准确描述采购需求或者需要对样品进行主观判断以确认是否满足采购需求等特殊情况除外。

要求投标人提供样品的，应当在招标文件中明确规定样品制作的标准和要求、是否需要随样品提交相关检测报告、样品的评审方法以及评审标准。需要随样品提交检测报告的，还应当规定检测机构的要求、检测内容等。

采购活动结束后，对于未中标人提供的样品，应当及时退还或者经未中标人同意后自行处理；对于中标人提供的样品，应当按照招标文件的规定进行保管、封存，并作为履约验收的参考。

第二十三条 投标有效期从提交投标文件的截止之日起算。投标文件中承诺的投标有效期应当不少于招标文件中载明的投标有效期。投标有效期内投标人撤销投标文件的，采购人或者采购代理机构可以不退还投标保证金。

第二十四条 招标文件售价应当按照弥补制作、邮寄成本的原则确定，不得以营利为目的，不得以招标采购金额作为确定招标文件售价的依据。

第二十五条 招标文件、资格预审文件的内容不得违反法律、行政法规、强制性标准、政府采购政策，或者违反公开透明、公平竞争、公正和诚实信用原则。

有前款规定情形，影响潜在投标人投标或者资格预审结果的，采购人或者采购代理机构应当修改招标文件或者资格预审文件后重新招标。

第二十六条 采购人或者采购代理机构可以在招标文件提供期限截止后，组织已获取招标文件的潜在投标人现场考察或者召开开标前答疑会。

组织现场考察或者召开答疑会的，应当在招标文件中载明，或者在招标文件提供期限截止后以书面形式通知所有获取招标文件的潜在投标人。

第二十七条 采购人或者采购代理机构可以对已发出的招标文件、资格预审文件、投标邀请书进行必要的澄清或者修改，但不得改变采购标的和资格条件。澄清或者修改应当在原公告发布媒体上发布澄清公告。澄清或者修改的内容为招标文件、资格预审文件、投标邀请书的组成部分。

澄清或者修改的内容可能影响投标文件编制的，采购人或者采购代理机构应当在投标截止时间至少15日前，以书面形式通知所有获取招标文件的潜在投标人；不足15日的，采购人或者采购代理机构应当顺延提交投标文件的截止时间。

澄清或者修改的内容可能影响资格预审申请文件编制的，采购人或者采购代理机构应当在提交资格预审申请文件截止时间至少3日前，以书面形式通知所有获取资格预审文件的潜在投标人；不足3日的，采购人或者采购代理机构应当顺延提交资格预审申请文件的截止时间。

第二十八条 投标截止时间前，采购人、采购代理机构和有关人员不得向他人透露已获取招标文件的潜在投标人的名称、数量以及可能影响公平竞争的有关招标投标的其他情况。

第二十九条　采购人、采购代理机构在发布招标公告、资格预审公告或者发出投标邀请书后，除因重大变故采购任务取消情况外，不得擅自终止招标活动。

终止招标的，采购人或者采购代理机构应当及时在原公告发布媒体上发布终止公告，以书面形式通知已经获取招标文件、资格预审文件或者被邀请的潜在投标人，并将项目实施情况和采购任务取消原因报告本级财政部门。已经收取招标文件费用或者投标保证金的，采购人或者采购代理机构应当在终止采购活动后5个工作日内，退还所收取的招标文件费用和所收取的投标保证金及其在银行产生的孳息。

第三章　投标

第三十条　投标人，是指响应招标、参加投标竞争的法人、其他组织或者自然人。

第三十一条　采用最低评标价法的采购项目，提供相同品牌产品的不同投标人参加同一合同项下投标的，以其中通过资格审查、符合性审查且报价最低的参加评标；报价相同的，由采购人或者采购人委托评标委员会按照招标文件规定的方式确定一个参加评标的投标人，招标文件未规定的采取随机抽取方式确定，其他投标无效。

使用综合评分法的采购项目，提供相同品牌产品且通过资格审查、符合性审查的不同投标人参加同一合同项下投标的，按一家投标人计算，评审后得分最高的同品牌投标人获得中标人推荐资格；评审得分相同的，由采购人或者采购人委托评标委员会按照招标文件规定的方式确定一个投标人获得中标人推荐资格，招标文件未规定的采取随机抽取方式确定，其他同品牌投标人不作为中标候选人。

非单一产品采购项目，采购人应当根据采购项目技术构成、产品价格比重等合理确定核心产品，并在招标文件中载明。多家投标人提供的核心产品品牌相同的，按前两款规定处理。

第三十二条　投标人应当按照招标文件的要求编制投标文件。投标文件应当对招标文件提出的要求和条件作出明确响应。

第三十三条　投标人应当在招标文件要求提交投标文件的截止时间前，将投标文件密封送达投标地点。采购人或者采购代理机构收到投标文件后，应当如实记载投标文件的送达时间和密封情况，签收保存，并向投标人出具签收回执。任何单位和个人不得在开标前开启投标文件。

逾期送达或者未按照招标文件要求密封的投标文件，采购人、采购代理机构应当拒收。

第三十四条　投标人在投标截止时间前，可以对所递交的投标文件进行补充、修改或者撤回，并书面通知采购人或者采购代理机构。补充、修改的内容应当按照招标文件要求签署、盖章、密封后，作为投标文件的组成部分。

第三十五条　投标人根据招标文件的规定和采购项目的实际情况，拟在中标后将中标项目的非主体、非关键性工作分包的，应当在投标文件中载明分包承担主体，分包承担主体应当具备相应资质条件且不得再次分包。

第三十六条　投标人应当遵循公平竞争的原则，不得恶意串通，不得妨碍其他投标人的竞争行为，不得损害采购人或者其他投标人的合法权益。

在评标过程中发现投标人有上述情形的，评标委员会应当认定其投标无效，并书面报告本级财政部门。

第三十七条　有下列情形之一的，视为投标人串通投标，其投标无效：

（一）不同投标人的投标文件由同一单位或者个人编制；

（二）不同投标人委托同一单位或者个人办理投标事宜；

（三）不同投标人的投标文件载明的项目管理成员或者联系人员为同一人；

（四）不同投标人的投标文件异常一致或者投标报价呈规律性差异；

（五）不同投标人的投标文件相互混装；

（六）不同投标人的投标保证金从同一单位或者个人的账户转出。

第三十八条　投标人在投标截止时间前撤回已提交的投标文件的，采购人或者采购代理机构应当自收到投标人书面撤回通知之日起5个工作日内，退还已收取的投标保证金，但因投标人自身原因导致无法及时退还的除外。

采购人或者采购代理机构应当自中标通知书发出之日起5个工作日内退还未中标人的投标保证金，自采购合同签订之日起5个工作日内退还中标人的投标保证金或者转为中标人的履约保证金。

采购人或者采购代理机构逾期退还投标保证金的，除应当退还投标保证金本金外，还应当按中国人民银行同期贷款基准利率上浮20%后的利率支付超期资金占用费，但因投标人自身原因导致无法及时退还的除外。

第四章 开标、评标

第三十九条 开标应当在招标文件确定的提交投标文件截止时间的同一时间进行。开标地点应当为招标文件中预先确定的地点。

采购人或者采购代理机构应当对开标、评标现场活动进行全程录音录像。录音录像应当清晰可辨，音像资料作为采购文件一并存档。

第四十条 开标由采购人或者采购代理机构主持，邀请投标人参加。评标委员会成员不得参加开标活动。

第四十一条 开标时，应当由投标人或者其推选的代表检查投标文件的密封情况；经确认无误后，由采购人或者采购代理机构工作人员当众拆封，宣布投标人名称、投标价格和招标文件规定的需要宣布的其他内容。

投标人不足3家的，不得开标。

第四十二条 开标过程应当由采购人或者采购代理机构负责记录，由参加开标的各投标人代表和相关工作人员签字确认后随采购文件一并存档。

投标人代表对开标过程和开标记录有疑义，以及认为采购人、采购代理机构相关工作人员有需要回避的情形的，应当场提出询问或者回避申请。采购人、采购代理机构对投标人代表提出的询问或者回避申请应当及时处理。

投标人未参加开标的，视同认可开标结果。

第四十三条 公开招标数额标准以上的采购项目，投标截止后投标人不足3家或者通过资格审查或符合性审查的投标人不足3家的，除采购任务取消情形外，按照以下方式处理：

（一）招标文件存在不合理条款或者招标程序不符合规定的，采购人、采购代理机构改正后依法重新招标；

（二）招标文件没有不合理条款、招标程序符合规定，需要采用其他采购方式采购的，采购人应当依法报财政部门批准。

第四十四条 公开招标采购项目开标结束后，采购人或者采购代理机构应当依法对投标人的资格进行审查。

合格投标人不足3家的，不得评标。

第四十五条 采购人或者采购代理机构负责组织评标工作，并履行下列职责：

（一）核对评审专家身份和采购人代表授权函，对评审专家在政府采购活动中的

职责履行情况予以记录,并及时将有关违法违规行为向财政部门报告;

(二)宣布评标纪律;

(三)公布投标人名单,告知评审专家应当回避的情形;

(四)组织评标委员会推选评标组长,采购人代表不得担任组长;

(五)在评标期间采取必要的通讯管理措施,保证评标活动不受外界干扰;

(六)根据评标委员会的要求介绍政府采购相关政策法规、招标文件;

(七)维护评标秩序,监督评标委员会依照招标文件规定的评标程序、方法和标准进行独立评审,及时制止和纠正采购人代表、评审专家的倾向性言论或者违法违规行为;

(八)核对评标结果,有本办法第六十四条规定情形的,要求评标委员会复核或者书面说明理由,评标委员会拒绝的,应予记录并向本级财政部门报告;

(九)评审工作完成后,按照规定向评审专家支付劳务报酬和异地评审差旅费,不得向评审专家以外的其他人员支付评审劳务报酬;

(十)处理与评标有关的其他事项。

采购人可以在评标前说明项目背景和采购需求,说明内容不得含有歧视性、倾向性意见,不得超出招标文件所述范围。说明应当提交书面材料,并随采购文件一并存档。

第四十六条　评标委员会负责具体评标事务,并独立履行下列职责:

(一)审查、评价投标文件是否符合招标文件的商务、技术等实质性要求;

(二)要求投标人对投标文件有关事项作出澄清或者说明;

(三)对投标文件进行比较和评价;

(四)确定中标候选人名单,以及根据采购人委托直接确定中标人;

(五)向采购人、采购代理机构或者有关部门报告评标中发现的违法行为。

第四十七条　评标委员会由采购人代表和评审专家组成,成员人数应当为5人以上单数,其中评审专家不得少于成员总数的三分之二。

采购项目符合下列情形之一的,评标委员会成员人数应当为7人以上单数:

(一)采购预算金额在1000万元以上;

(二)技术复杂;

(三)社会影响较大。

评审专家对本单位的采购项目只能作为采购人代表参与评标,本办法第四十八条第二款规定情形除外。采购代理机构工作人员不得参加由本机构代理的政府采购项目的评标。

评标委员会成员名单在评标结果公告前应当保密。

第四十八条　采购人或者采购代理机构应当从省级以上财政部门设立的政府采购评审专家库中，通过随机方式抽取评审专家。

对技术复杂、专业性强的采购项目，通过随机方式难以确定合适评审专家的，经主管预算单位同意，采购人可以自行选定相应专业领域的评审专家。

第四十九条　评标中因评标委员会成员缺席、回避或者健康等特殊原因导致评标委员会组成不符合本办法规定的，采购人或者采购代理机构应当依法补足后继续评标。被更换的评标委员会成员所作出的评标意见无效。

无法及时补足评标委员会成员的，采购人或者采购代理机构应当停止评标活动，封存所有投标文件和开标、评标资料，依法重新组建评标委员会进行评标。原评标委员会所作出的评标意见无效。

采购人或者采购代理机构应当将变更、重新组建评标委员会的情况予以记录，并随采购文件一并存档。

第五十条　评标委员会应当对符合资格的投标人的投标文件进行符合性审查，以确定其是否满足招标文件的实质性要求。

第五十一条　对于投标文件中含义不明确、同类问题表述不一致或者有明显文字和计算错误的内容，评标委员会应当以书面形式要求投标人作出必要的澄清、说明或者补正。

投标人的澄清、说明或者补正应当采用书面形式，并加盖公章，或者由法定代表人或其授权的代表签字。投标人的澄清、说明或者补正不得超出投标文件的范围或者改变投标文件的实质性内容。

第五十二条　评标委员会应当按照招标文件中规定的评标方法和标准，对符合性审查合格的投标文件进行商务和技术评估，综合比较与评价。

第五十三条　评标方法分为最低评标价法和综合评分法。

第五十四条　最低评标价法，是指投标文件满足招标文件全部实质性要求，且投标报价最低的投标人为中标候选人的评标方法。

技术、服务等标准统一的货物服务项目，应当采用最低评标价法。

采用最低评标价法评标时，除了算术修正和落实政府采购政策需进行的价格扣除外，不能对投标人的投标价格进行任何调整。

第五十五条 综合评分法，是指投标文件满足招标文件全部实质性要求，且按照评审因素的量化指标评审得分最高的投标人为中标候选人的评标方法。

评审因素的设定应当与投标人所提供货物服务的质量相关，包括投标报价、技术或者服务水平、履约能力、售后服务等。资格条件不得作为评审因素。评审因素应当在招标文件中规定。

评审因素应当细化和量化，且与相应的商务条件和采购需求对应。商务条件和采购需求指标有区间规定的，评审因素应当量化到相应区间，并设置各区间对应的不同分值。

评标时，评标委员会各成员应当独立对每个投标人的投标文件进行评价，并汇总每个投标人的得分。

货物项目的价格分值占总分值的比重不得低于30％；服务项目的价格分值占总分值的比重不得低于10％。执行国家统一定价标准和采用固定价格采购的项目，其价格不列为评审因素。

价格分应当采用低价优先法计算，即满足招标文件要求且投标价格最低的投标报价为评标基准价，其价格分为满分。其他投标人的价格分统一按照下列公式计算：

投标报价得分＝（评标基准价/投标报价）×100

评标总得分＝$F_1 \times A_1 + F_2 \times A_2 + \cdots + F_n \times A_n$

F_1、F_2、……、F_n 分别为各项评审因素的得分；

A_1、A_2、……、A_n 分别为各项评审因素所占的权重（$A_1 + A_2 + \cdots + A_n = 1$）。

评标过程中，不得去掉报价中的最高报价和最低报价。

因落实政府采购政策进行价格调整的，以调整后的价格计算评标基准价和投标报价。

第五十六条 采用最低评标价法的，评标结果按投标报价由低到高顺序排列。投标报价相同的并列。投标文件满足招标文件全部实质性要求且投标报价最低的投标人为排名第一的中标候选人。

第五十七条 采用综合评分法的，评标结果按评审后得分由高到低顺序排列。得分相同的，按投标报价由低到高顺序排列。得分且投标报价相同的并列。投标文件满足招标文件全部实质性要求，且按照评审因素的量化指标评审得分最高的投标人为排名第一的中标候选人。

第五十八条 评标委员会根据全体评标成员签字的原始评标记录和评标结果编写评标报告。评标报告应当包括以下内容：

（一）招标公告刊登的媒体名称、开标日期和地点；

（二）投标人名单和评标委员会成员名单；

（三）评标方法和标准；

（四）开标记录和评标情况及说明，包括无效投标人名单及原因；

（五）评标结果，确定的中标候选人名单或者经采购人委托直接确定的中标人；

（六）其他需要说明的情况，包括评标过程中投标人根据评标委员会要求进行的澄清、说明或者补正，评标委员会成员的更换等。

第五十九条 投标文件报价出现前后不一致的，除招标文件另有规定外，按照下列规定修正：

（一）投标文件中开标一览表（报价表）内容与投标文件中相应内容不一致的，以开标一览表（报价表）为准；

（二）大写金额和小写金额不一致的，以大写金额为准；

（三）单价金额小数点或者百分比有明显错位的，以开标一览表的总价为准，并修改单价；

（四）总价金额与按单价汇总金额不一致的，以单价金额计算结果为准。

同时出现两种以上不一致的，按照前款规定的顺序修正。修正后的报价按照本办法第五十一条第二款的规定经投标人确认后产生约束力，投标人不确认的，其投标无效。

第六十条 评标委员会认为投标人的报价明显低于其他通过符合性审查投标人的报价，有可能影响产品质量或者不能诚信履约的，应当要求其在评标现场合理的时间内提供书面说明，必要时提交相关证明材料；投标人不能证明其报价合理性的，评标委员会应当将其作为无效投标处理。

第六十一条 评标委员会成员对需要共同认定的事项存在争议的，应当按照少数服从多数的原则作出结论。持不同意见的评标委员会成员应当在评标报告上签署不同意见及理由，否则视为同意评标报告。

第六十二条 评标委员会及其成员不得有下列行为：

（一）确定参与评标至评标结束前私自接触投标人；

（二）接受投标人提出的与投标文件不一致的澄清或者说明，本办法第五十一条规定的情形除外；

（三）违反评标纪律发表倾向性意见或者征询采购人的倾向性意见；

（四）对需要专业判断的主观评审因素协商评分；

（五）在评标过程中擅离职守，影响评标程序正常进行的；

（六）记录、复制或者带走任何评标资料；

（七）其他不遵守评标纪律的行为。

评标委员会成员有前款第一至五项行为之一的，其评审意见无效，并不得获取评审劳务报酬和报销异地评审差旅费。

第六十三条　投标人存在下列情况之一的，投标无效：

（一）未按照招标文件的规定提交投标保证金的；

（二）投标文件未按招标文件要求签署、盖章的；

（三）不具备招标文件中规定的资格要求的；

（四）报价超过招标文件中规定的预算金额或者最高限价的；

（五）投标文件含有采购人不能接受的附加条件的；

（六）法律、法规和招标文件规定的其他无效情形。

第六十四条　评标结果汇总完成后，除下列情形外，任何人不得修改评标结果：

（一）分值汇总计算错误的；

（二）分项评分超出评分标准范围的；

（三）评标委员会成员对客观评审因素评分不一致的；

（四）经评标委员会认定评分畸高、畸低的。

评标报告签署前，经复核发现存在以上情形之一的，评标委员会应当当场修改评标结果，并在评标报告中记载；评标报告签署后，采购人或者采购代理机构发现存在以上情形之一的，应当组织原评标委员会进行重新评审，重新评审改变评标结果的，书面报告本级财政部门。

投标人对本条第一款情形提出质疑的，采购人或者采购代理机构可以组织原评标委员会进行重新评审，重新评审改变评标结果的，应当书面报告本级财政部门。

第六十五条　评标委员会发现招标文件存在歧义、重大缺陷导致评标工作无法进行，或者招标文件内容违反国家有关强制性规定的，应当停止评标工作，与采购人或者采购代理机构沟通并作书面记录。采购人或者采购代理机构确认后，应当修改招标文件，重新组织采购活动。

第六十六条　采购人、采购代理机构应当采取必要措施,保证评标在严格保密的情况下进行。除采购人代表、评标现场组织人员外,采购人的其他工作人员以及与评标工作无关的人员不得进入评标现场。

有关人员对评标情况以及在评标过程中获悉的国家秘密、商业秘密负有保密责任。

第六十七条　评标委员会或者其成员存在下列情形导致评标结果无效的,采购人、采购代理机构可以重新组建评标委员会进行评标,并书面报告本级财政部门,但采购合同已经履行的除外:

(一) 评标委员会组成不符合本办法规定的;

(二) 有本办法第六十二条第一至五项情形的;

(三) 评标委员会及其成员独立评标受到非法干预的;

(四) 有政府采购法实施条例第七十五条规定的违法行为的。

有违法违规行为的原评标委员会成员不得参加重新组建的评标委员会。

第五章　中标和合同

第六十八条　采购代理机构应当在评标结束后 2 个工作日内将评标报告送采购人。

采购人应当自收到评标报告之日起 5 个工作日内,在评标报告确定的中标候选人名单中按顺序确定中标人。中标候选人并列的,由采购人或者采购人委托评标委员会按照招标文件规定的方式确定中标人;招标文件未规定的,采取随机抽取的方式确定。

采购人自行组织招标的,应当在评标结束后 5 个工作日内确定中标人。

采购人在收到评标报告 5 个工作日内未按评标报告推荐的中标候选人顺序确定中标人,又不能说明合法理由的,视同按评标报告推荐的顺序确定排名第一的中标候选人为中标人。

第六十九条　采购人或者采购代理机构应当自中标人确定之日起 2 个工作日内,在省级以上财政部门指定的媒体上公告中标结果,招标文件应当随中标结果同时公告。

中标结果公告内容应当包括采购人及其委托的采购代理机构的名称、地址、联系方式,项目名称和项目编号,中标人名称、地址和中标金额,主要中标标的的名称、规格型号、数量、单价、服务要求、中标公告期限以及评审专家名单。

中标公告期限为1个工作日。

邀请招标采购人采用书面推荐方式产生符合资格条件的潜在投标人的，还应当将所有被推荐供应商名单和推荐理由随中标结果同时公告。

在公告中标结果的同时，采购人或者采购代理机构应当向中标人发出中标通知书；对未通过资格审查的投标人，应当告知其未通过的原因；采用综合评分法评审的，还应当告知未中标人本人的评审得分与排序。

第七十条　中标通知书发出后，采购人不得违法改变中标结果，中标人无正当理由不得放弃中标。

第七十一条　采购人应当自中标通知书发出之日起30日内，按照招标文件和中标人投标文件的规定，与中标人签订书面合同。所签订的合同不得对招标文件确定的事项和中标人投标文件作实质性修改。

采购人不得向中标人提出任何不合理的要求作为签订合同的条件。

第七十二条　政府采购合同应当包括采购人与中标人的名称和住所、标的、数量、质量、价款或者报酬、履行期限及地点和方式、验收要求、违约责任、解决争议的方法等内容。

第七十三条　采购人与中标人应当根据合同的约定依法履行合同义务。

政府采购合同的履行、违约责任和解决争议的方法等适用《中华人民共和国合同法》。

第七十四条　采购人应当及时对采购项目进行验收。采购人可以邀请参加本项目的其他投标人或者第三方机构参与验收。参与验收的投标人或者第三方机构的意见作为验收书的参考资料一并存档。

第七十五条　采购人应当加强对中标人的履约管理，并按照采购合同约定，及时向中标人支付采购资金。对于中标人违反采购合同约定的行为，采购人应当及时处理，依法追究其违约责任。

第七十六条　采购人、采购代理机构应当建立真实完整的招标采购档案，妥善保存每项采购活动的采购文件。

第六章　法律责任

第七十七条　采购人有下列情形之一的，由财政部门责令限期改正；情节严重的，给予警告，对直接负责的主管人员和其他直接责任人员由其行政主管部门或者有关机关依法给予处分，并予以通报；涉嫌犯罪的，移送司法机关处理：

（一）未按照本办法的规定编制采购需求的；

（二）违反本办法第六条第二款规定的；

（三）未在规定时间内确定中标人的；

（四）向中标人提出不合理要求作为签订合同条件的。

第七十八条　采购人、采购代理机构有下列情形之一的，由财政部门责令限期改正，情节严重的，给予警告，对直接负责的主管人员和其他直接责任人员，由其行政主管部门或者有关机关给予处分，并予通报；采购代理机构有违法所得的，没收违法所得，并可以处以不超过违法所得3倍、最高不超过3万元的罚款，没有违法所得的，可以处以1万元以下的罚款：

（一）违反本办法第八条第二款规定的；

（二）设定最低限价的；

（三）未按照规定进行资格预审或者资格审查的；

（四）违反本办法规定确定招标文件售价的；

（五）未按规定对开标、评标活动进行全程录音录像的；

（六）擅自终止招标活动的；

（七）未按照规定进行开标和组织评标的；

（八）未按照规定退还投标保证金的；

（九）违反本办法规定进行重新评审或者重新组建评标委员会进行评标的；

（十）开标前泄露已获取招标文件的潜在投标人的名称、数量或者其他可能影响公平竞争的有关招标投标情况的；

（十一）未妥善保存采购文件的；

（十二）其他违反本办法规定的情形。

第七十九条　有本办法第七十七条、第七十八条规定的违法行为之一，经改正后仍然影响或者可能影响中标结果的，依照政府采购法实施条例第七十一条规定处理。

第八十条　政府采购当事人违反本办法规定，给他人造成损失的，依法承担民事责任。

第八十一条　评标委员会成员有本办法第六十二条所列行为之一的，由财政部门责令限期改正；情节严重的，给予警告，并对其不良行为予以记录。

第八十二条　财政部门应当依法履行政府采购监督管理职责。财政部门及其工作人员在履行监督管理职责中存在懒政怠政、滥用职权、玩忽职守、徇私舞弊等违法违纪行为的，依照政府采购法、《中华人民共和国公务员法》、《中华人民共和国行政监察法》、政府采购法实施条例等国家有关规定追究相应责任；涉嫌犯罪的，移送司法机关处理。

第七章　附则

第八十三条　政府采购货物服务电子招标投标、政府采购货物中的进口机电产品招标投标有关特殊事宜，由财政部另行规定。

第八十四条　本办法所称主管预算单位是指负有编制部门预算职责，向本级财政部门申报预算的国家机关、事业单位和团体组织。

第八十五条　本办法规定按日计算期间的，开始当天不计入，从次日开始计算。期限的最后一日是国家法定节假日的，顺延到节假日后的次日为期限的最后一日。

第八十六条　本办法所称的"以上""以下""内""以内"，包括本数；所称的"不足"，不包括本数。

第八十七条　各省、自治区、直辖市财政部门可以根据本办法制定具体实施办法。

第八十八条　本办法自2017年10月1日起施行。财政部2004年8月11日发布的《政府采购货物和服务招标投标管理办法》（财政部令第18号）同时废止。

政府采购非招标采购方式管理办法

(财政部令第 74 号)

第一章 总则

第一条 为了规范政府采购行为,加强对采用非招标采购方式采购活动的监督管理,维护国家利益、社会公共利益和政府采购当事人的合法权益,依据《中华人民共和国政府采购法》(以下简称政府采购法)和其他法律、行政法规的有关规定,制定本办法。

第二条 采购人、采购代理机构采用非招标采购方式采购货物、工程和服务的,适用本办法。

本办法所称非招标采购方式,是指竞争性谈判、单一来源采购和询价采购方式。

竞争性谈判是指谈判小组与符合资格条件的供应商就采购货物、工程和服务事宜进行谈判,供应商按照谈判文件的要求提交响应文件和最后报价,采购人从谈判小组提出的成交候选人中确定成交供应商的采购方式。

单一来源采购是指采购人从某一特定供应商处采购货物、工程和服务的采购方式。

询价是指询价小组向符合资格条件的供应商发出采购货物询价通知书,要求供应商一次报出不得更改的价格,采购人从询价小组提出的成交候选人中确定成交供应商的采购方式。

第三条 采购人、采购代理机构采购以下货物、工程和服务之一的,可以采用竞争性谈判、单一来源采购方式采购;采购货物的,还可以采用询价采购方式:

(一)依法制定的集中采购目录以内,且未达到公开招标数额标准的货物、服务;

(二)依法制定的集中采购目录以外、采购限额标准以上,且未达到公开招标数额标准的货物、服务;

(三)达到公开招标数额标准、经批准采用非公开招标方式的货物、服务;

(四)按照招标投标法及其实施条例必须进行招标的工程建设项目以外的政府采购工程。

第二章 一般规定

第四条 达到公开招标数额标准的货物、服务采购项目，拟采用非招标采购方式的，采购人应当在采购活动开始前，报经主管预算单位同意后，向设区的市、自治州以上人民政府财政部门申请批准。

第五条 根据本办法第四条 申请采用非招标采购方式采购的，采购人应当向财政部门提交以下材料并对材料的真实性负责：

（一）采购人名称、采购项目名称、项目概况等项目基本情况说明；

（二）项目预算金额、预算批复文件或者资金来源证明；

（三）拟申请采用的采购方式和理由。

第六条 采购人、采购代理机构应当按照政府采购法和本办法的规定组织开展非招标采购活动，并采取必要措施，保证评审在严格保密的情况下进行。

任何单位和个人不得非法干预、影响评审过程和结果。

第七条 竞争性谈判小组或者询价小组由采购人代表和评审专家共3人以上单数组成，其中评审专家人数不得少于竞争性谈判小组或者询价小组成员总数的2/3。采购人不得以评审专家身份参加本部门或本单位采购项目的评审。采购代理机构人员不得参加本机构代理的采购项目的评审。

达到公开招标数额标准的货物或者服务采购项目，或者达到招标规模标准的政府采购工程，竞争性谈判小组或者询价小组应当由5人以上单数组成。

采用竞争性谈判、询价方式采购的政府采购项目，评审专家应当从政府采购评审专家库内相关专业的专家名单中随机抽取。技术复杂、专业性强的竞争性谈判采购项目，通过随机方式难以确定合适的评审专家的，经主管预算单位同意，可以自行选定评审专家。技术复杂、专业性强的竞争性谈判采购项目，评审专家中应当包含1名法律专家。

第八条 竞争性谈判小组或者询价小组在采购活动过程中应当履行下列职责：

（一）确认或者制定谈判文件、询价通知书；

（二）从符合相应资格条件的供应商名单中确定不少于3家的供应商参加谈判或者询价；

（三）审查供应商的响应文件并作出评价；

（四）要求供应商解释或者澄清其响应文件；

（五）编写评审报告；

（六）告知采购人、采购代理机构在评审过程中发现的供应商的违法违规行为。

第九条　竞争性谈判小组或者询价小组成员应当履行下列义务：

（一）遵纪守法，客观、公正、廉洁地履行职责；

（二）根据采购文件的规定独立进行评审，对个人的评审意见承担法律责任；

（三）参与评审报告的起草；

（四）配合采购人、采购代理机构答复供应商提出的质疑；

（五）配合财政部门的投诉处理和监督检查工作。

第十条　谈判文件、询价通知书应当根据采购项目的特点和采购人的实际需求制定，并经采购人书面同意。采购人应当以满足实际需求为原则，不得擅自提高经费预算和资产配置等采购标准。

谈判文件、询价通知书不得要求或者标明供应商名称或者特定货物的品牌，不得含有指向特定供应商的技术、服务等条件。

第十一条　谈判文件、询价通知书应当包括供应商资格条件、采购邀请、采购方式、采购预算、采购需求、采购程序、价格构成或者报价要求、响应文件编制要求、提交响应文件截止时间及地点、保证金交纳数额和形式、评定成交的标准等。

谈判文件除本条第一款规定的内容外，还应当明确谈判小组根据与供应商谈判情况可能实质性变动的内容，包括采购需求中的技术、服务要求以及合同草案条款。

第十二条　采购人、采购代理机构应当通过发布公告、从省级以上财政部门建立的供应商库中随机抽取或者采购人和评审专家分别书面推荐的方式邀请不少于3家符合相应资格条件的供应商参与竞争性谈判或者询价采购活动。

符合政府采购法第二十二条第一款规定条件的供应商可以在采购活动开始前加入供应商库。财政部门不得对供应商申请入库收取任何费用，不得利用供应商库进行地区和行业封锁。

采取采购人和评审专家书面推荐方式选择供应商的，采购人和评审专家应当各自出具书面推荐意见。采购人推荐供应商的比例不得高于推荐供应商总数的50%。

第十三条　供应商应当按照谈判文件、询价通知书的要求编制响应文件，并对其提交的响应文件的真实性、合法性承担法律责任。

第十四条　采购人、采购代理机构可以要求供应商在提交响应文件截止时间之前交纳保证金。保证金应当采用支票、汇票、本票、网上银行支付或者金融机构、担保机构出具的保函等非现金形式交纳。保证金数额应当不超过采购项目预算的2%。

供应商为联合体的，可以由联合体中的一方或者多方共同交纳保证金，其交纳的保证金对联合体各方均具有约束力。

第十五条 供应商应当在谈判文件、询价通知书要求的截止时间前，将响应文件密封送达指定地点。在截止时间后送达的响应文件为无效文件，采购人、采购代理机构或者谈判小组、询价小组应当拒收。

供应商在提交询价响应文件截止时间前，可以对所提交的响应文件进行补充、修改或者撤回，并书面通知采购人、采购代理机构。补充、修改的内容作为响应文件的组成部分。补充、修改的内容与响应文件不一致的，以补充、修改的内容为准。

第十六条 谈判小组、询价小组在对响应文件的有效性、完整性和响应程度进行审查时，可以要求供应商对响应文件中含义不明确、同类问题表述不一致或者有明显文字和计算错误的内容等作出必要的澄清、说明或者更正。供应商的澄清、说明或者更正不得超出响应文件的范围或者改变响应文件的实质性内容。

谈判小组、询价小组要求供应商澄清、说明或者更正响应文件应当以书面形式作出。供应商的澄清、说明或者更正应当由法定代表人或其授权代表签字或者加盖公章。由授权代表签字的，应当附法定代表人授权书。供应商为自然人的，应当由本人签字并附身份证明。

第十七条 谈判小组、询价小组应当根据评审记录和评审结果编写评审报告，其主要内容包括：

（一）邀请供应商参加采购活动的具体方式和相关情况，以及参加采购活动的供应商名单；

（二）评审日期和地点，谈判小组、询价小组成员名单；

（三）评审情况记录和说明，包括对供应商的资格审查情况、供应商响应文件评审情况、谈判情况、报价情况等；

（四）提出的成交候选人的名单及理由。

评审报告应当由谈判小组、询价小组全体人员签字认可。谈判小组、询价小组成员对评审报告有异议的，谈判小组、询价小组按照少数服从多数的原则推荐成交候选人，采购程序继续进行。对评审报告有异议的谈判小组、询价小组成员，应当在报告上签署不同意见并说明理由，由谈判小组、询价小组书面记录相关情况。谈判小组、询价小组成员拒绝在报告上签字又不书面说明其不同意见和理由的，视为同意评审报告。

第十八条　采购人或者采购代理机构应当在成交供应商确定后2个工作日内，在省级以上财政部门指定的媒体上公告成交结果，同时向成交供应商发出成交通知书，并将竞争性谈判文件、询价通知书随成交结果同时公告。成交结果公告应当包括以下内容：

（一）采购人和采购代理机构的名称、地址和联系方式；

（二）项目名称和项目编号；

（三）成交供应商名称、地址和成交金额；

（四）主要成交标的的名称、规格型号、数量、单价、服务要求；

（五）谈判小组、询价小组成员名单及单一来源采购人员名单。

采用书面推荐供应商参加采购活动的，还应当公告采购人和评审专家的推荐意见。

第十九条　采购人与成交供应商应当在成交通知书发出之日起30日内，按照采购文件确定的合同文本以及采购标的、规格型号、采购金额、采购数量、技术和服务要求等事项签订政府采购合同。

采购人不得向成交供应商提出超出采购文件以外的任何要求作为签订合同的条件，不得与成交供应商订立背离采购文件确定的合同文本以及采购标的、规格型号、采购金额、采购数量、技术和服务要求等实质性内容的协议。

第二十条　采购人或者采购代理机构应当在采购活动结束后及时退还供应商的保证金，但因供应商自身原因导致无法及时退还的除外。未成交供应商的保证金应当在成交通知书发出后5个工作日内退还，成交供应商的保证金应当在采购合同签订后5个工作日内退还。

有下列情形之一的，保证金不予退还：

（一）供应商在提交响应文件截止时间后撤回响应文件的；

（二）供应商在响应文件中提供虚假材料的；

（三）除因不可抗力或谈判文件、询价通知书认可的情形以外，成交供应商不与采购人签订合同的；

（四）供应商与采购人、其他供应商或者采购代理机构恶意串通的；

（五）采购文件规定的其他情形。

第二十一条　除资格性审查认定错误和价格计算错误外，采购人或者采购代理机构不得以任何理由组织重新评审。采购人、采购代理机构发现谈判小组、询价小组未按照采购文件规定的评定成交的标准进行评审的，应当重新开展采购活动，并同时书面报告本级财政部门。

第二十二条　除不可抗力等因素外，成交通知书发出后，采购人改变成交结果，或者成交供应商拒绝签订政府采购合同的，应当承担相应的法律责任。

成交供应商拒绝签订政府采购合同的，采购人可以按照本办法第三十六条第二款、第四十九条第二款规定的原则确定其他供应商作为成交供应商并签订政府采购合同，也可以重新开展采购活动。拒绝签订政府采购合同的成交供应商不得参加对该项目重新开展的采购活动。

第二十三条　在采购活动中因重大变故，采购任务取消的，采购人或者采购代理机构应当终止采购活动，通知所有参加采购活动的供应商，并将项目实施情况和采购任务取消原因报送本级财政部门。

第二十四条　采购人或者采购代理机构应当按照采购合同规定的技术、服务等要求组织对供应商履约的验收，并出具验收书。验收书应当包括每一项技术、服务等要求的履约情况。大型或者复杂的项目，应当邀请国家认可的质量检测机构参加验收。验收方成员应当在验收书上签字，并承担相应的法律责任。

第二十五条　谈判小组、询价小组成员以及与评审工作有关的人员不得泄露评审情况以及评审过程中获悉的国家秘密、商业秘密。

第二十六条　采购人、采购代理机构应当妥善保管每项采购活动的采购文件。采购文件包括采购活动记录、采购预算、谈判文件、询价通知书、响应文件、推荐供应商的意见、评审报告、成交供应商确定文件、单一来源采购协商情况记录、合同文本、验收证明、质疑答复、投诉处理决定以及其他有关文件、资料。采购文件可以电子档案方式保存。

采购活动记录至少应当包括下列内容：

（一）采购项目类别、名称；

（二）采购项目预算、资金构成和合同价格；

（三）采购方式，采用该方式的原因及相关说明材料；

（四）选择参加采购活动的供应商的方式及原因；

（五）评定成交的标准及确定成交供应商的原因；

（六）终止采购活动的，终止的原因。

第三章　竞争性谈判

第二十七条　符合下列情形之一的采购项目，可以采用竞争性谈判方式采购：

（一）招标后没有供应商投标或者没有合格标的，或者重新招标未能成立的；

（二）技术复杂或者性质特殊，不能确定详细规格或者具体要求的；

（三）非采购人所能预见的原因或者非采购人拖延造成采用招标所需时间不能满足用户紧急需要的；

（四）因艺术品采购、专利、专有技术或者服务的时间、数量事先不能确定等原因不能事先计算出价格总额的。

公开招标的货物、服务采购项目，招标过程中提交投标文件或者经评审实质性响应招标文件要求的供应商只有两家时，采购人、采购代理机构按照本办法第四条经本级财政部门批准后可以与该两家供应商进行竞争性谈判采购，采购人、采购代理机构应当根据招标文件中的采购需求编制谈判文件，成立谈判小组，由谈判小组对谈判文件进行确认。符合本款情形的，本办法第三十三条、第三十五条中规定的供应商最低数量可以为两家。

第二十八条　符合本办法第二十七条第一款第一项情形和第二款情形，申请采用竞争性谈判采购方式时，除提交本办法第五条第一至三项规定的材料外，还应当提交下列申请材料：

（一）在省级以上财政部门指定的媒体上发布招标公告的证明材料；

（二）采购人、采购代理机构出具的对招标文件和招标过程是否有供应商质疑及质疑处理情况的说明；

（三）评标委员会或者3名以上评审专家出具的招标文件没有不合理条款的论证意见。

第二十九条　从谈判文件发出之日起至供应商提交首次响应文件截止之日止不得少于3个工作日。

提交首次响应文件截止之日前，采购人、采购代理机构或者谈判小组可以对已发出的谈判文件进行必要的澄清或者修改，澄清或者修改的内容作为谈判文件的组成部分。澄清或者修改的内容可能影响响应文件编制的，采购人、采购代理机构或者谈判小组应当在提交首次响应文件截止之日 3 个工作日前,以书面形式通知所有接收谈判文件的供应商,不足 3 个工作日的,应当顺延提交首次响应文件截止之日。

第三十条 谈判小组应当对响应文件进行评审,并根据谈判文件规定的程序、评定成交的标准等事项与实质性响应谈判文件要求的供应商进行谈判。未实质性响应谈判文件的响应文件按无效处理,谈判小组应当告知有关供应商。

第三十一条 谈判小组所有成员应当集中与单一供应商分别进行谈判,并给予所有参加谈判的供应商平等的谈判机会。

第三十二条 在谈判过程中,谈判小组可以根据谈判文件和谈判情况实质性变动采购需求中的技术、服务要求以及合同草案条款,但不得变动谈判文件中的其他内容。实质性变动的内容,须经采购人代表确认。

对谈判文件作出的实质性变动是谈判文件的有效组成部分,谈判小组应当及时以书面形式同时通知所有参加谈判的供应商。

供应商应当按照谈判文件的变动情况和谈判小组的要求重新提交响应文件,并由其法定代表人或授权代表签字或者加盖公章。由授权代表签字的,应当附法定代表人授权书。供应商为自然人的,应当由本人签字并附身份证明。

第三十三条 谈判文件能够详细列明采购标的的技术、服务要求的,谈判结束后,谈判小组应当要求所有继续参加谈判的供应商在规定时间内提交最后报价,提交最后报价的供应商不得少于 3 家。

谈判文件不能详细列明采购标的的技术、服务要求,需经谈判由供应商提供最终设计方案或解决方案的,谈判结束后,谈判小组应当按照少数服从多数的原则投票推荐 3 家以上供应商的设计方案或者解决方案,并要求其在规定时间内提交最后报价。

最后报价是供应商响应文件的有效组成部分。

第三十四条 已提交响应文件的供应商,在提交最后报价之前,可以根据谈判情况退出谈判。采购人、采购代理机构应当退还退出谈判的供应商的保证金。

第三十五条 谈判小组应当从质量和服务均能满足采购文件实质性响应要求的供应商中,按照最后报价由低到高的顺序提出 3 名以上成交候选人,并编写评审报告。

第三十六条 采购代理机构应当在评审结束后 2 个工作日内将评审报告送采购人确认。

采购人应当在收到评审报告后5个工作日内,从评审报告提出的成交候选人中,根据质量和服务均能满足采购文件实质性响应要求且最后报价最低的原则确定成交供应商,也可以书面授权谈判小组直接确定成交供应商。采购人逾期未确定成交供应商且不提出异议的,视为确定评审报告提出的最后报价最低的供应商为成交供应商。

第三十七条 出现下列情形之一的,采购人或者采购代理机构应当终止竞争性谈判采购活动,发布项目终止公告并说明原因,重新开展采购活动:

(一)因情况变化,不再符合规定的竞争性谈判采购方式适用情形的;

(二)出现影响采购公正的违法、违规行为的;

(三)在采购过程中符合竞争要求的供应商或者报价未超过采购预算的供应商不足3家的,但本办法第二十七条第二款规定的情形除外。

第四章 单一来源采购

第三十八条 属于政府采购法第三十一条第一项情形,且达到公开招标数额的货物、服务项目,拟采用单一来源采购方式的,采购人、采购代理机构在按照本办法第四条 报财政部门批准之前,应当在省级以上财政部门指定媒体上公示,并将公示情况一并报财政部门。公示期不得少于5个工作日,公示内容应当包括:

(一)采购人、采购项目名称和内容;

(二)拟采购的货物或者服务的说明;

(三)采用单一来源采购方式的原因及相关说明;

(四)拟定的唯一供应商名称、地址;

(五)专业人员对相关供应商因专利、专有技术等原因具有唯一性的具体论证意见,以及专业人员的姓名、工作单位和职称;

(六)公示的期限;

(七)采购人、采购代理机构、财政部门的联系地址、联系人和联系电话。

第三十九条 任何供应商、单位或者个人对采用单一来源采购方式公示有异议的,可以在公示期内将书面意见反馈给采购人、采购代理机构,并同时抄送相关财政部门。

第四十条 采购人、采购代理机构收到对采用单一来源采购方式公示的异议后,应当在公示期满后5个工作日内,组织补充论证,论证后认为异议成立的,应当依法采取其他采购方式；论证后认为异议不成立的，应当将异议意见、论证意见与公示情况一并报相关财政部门。

采购人、采购代理机构应当将补充论证的结论告知提出异议的供应商、单位或者个人。

第四十一条 采用单一来源采购方式采购的，采购人、采购代理机构应当组织具有相关经验的专业人员与供应商商定合理的成交价格并保证采购项目质量。

第四十二条 单一来源采购人员应当编写协商情况记录，主要内容包括：

（一）依据本办法第三十八条 进行公示的，公示情况说明；

（二）协商日期和地点，采购人员名单；

（三）供应商提供的采购标的成本、同类项目合同价格以及相关专利、专有技术等情况说明；

（四）合同主要条款及价格商定情况。

协商情况记录应当由采购全体人员签字认可。对记录有异议的采购人员，应当签署不同意见并说明理由。采购人员拒绝在记录上签字又不书面说明其不同意见和理由的，视为同意。

第四十三条 出现下列情形之一的，采购人或者采购代理机构应当终止采购活动，发布项目终止公告并说明原因，重新开展采购活动：

（一）因情况变化，不再符合规定的单一来源采购方式适用情形的；

（二）出现影响采购公正的违法、违规行为的；

（三）报价超过采购预算的。

第五章 询价

第四十四条 询价采购需求中的技术、服务等要求应当完整、明确，符合相关法律、行政法规和政府采购政策的规定。

第四十五条 从询价通知书发出之日起至供应商提交响应文件截止之日止不得少于3个工作日。

提交响应文件截止之日前，采购人、采购代理机构或者询价小组可以对已发出的询价通知书进行必要的澄清或者修改，澄清或者修改的内容作为询价通知书的组成部分。澄清或者修改的内容可能影响响应文件编制的，采购人、采购代理机构或者询价小组应当在提交响应文件截止之日3个工作日前，以书面形式通知所有接收询价通知书的供应商，不足 3 个工作日的，应当顺延提交响应文件截止之日。

第四十六条　询价小组在询价过程中，不得改变询价通知书所确定的技术和服务等要求、评审程序、评定成交的标准和合同文本等事项。

第四十七条　参加询价采购活动的供应商，应当按照询价通知书的规定一次报出不得更改的价格。

第四十八条　询价小组应当从质量和服务均能满足采购文件实质性响应要求的供应商中，按照报价由低到高的顺序提出 3 名以上成交候选人，并编写评审报告。

第四十九条　采购代理机构应当在评审结束后 2 个工作日内将评审报告送采购人确认。

采购人应当在收到评审报告后 5 个工作日内，从评审报告提出的成交候选人中，根据质量和服务均能满足采购文件实质性响应要求且报价最低的原则确定成交供应商，也可以书面授权询价小组直接确定成交供应商。采购人逾期未确定成交供应商且不提出异议的，视为确定评审报告提出的最后报价最低的供应商为成交供应商。

第五十条　出现下列情形之一的，采购人或者采购代理机构应当终止询价采购活动，发布项目终止公告并说明原因，重新开展采购活动：

（一）因情况变化，不再符合规定的询价采购方式适用情形的；

（二）出现影响采购公正的违法、违规行为的；

（三）在采购过程中符合竞争要求的供应商或者报价未超过采购预算的供应商不足 3 家的。

第六章　法律责任

第五十一条　采购人、采购代理机构有下列情形之一的，责令限期改正，给予警告；有关法律、行政法规规定处以罚款的，并处罚款；涉嫌犯罪的，依法移送司法机关处理：

（一）未按照本办法规定在指定媒体上发布政府采购信息的；

（二）未按照本办法规定组成谈判小组、询价小组的；

（三）在询价采购过程中与供应商进行协商谈判的；

（四）未按照政府采购法和本办法规定的程序和要求确定成交候选人的；

（五）泄露评审情况以及评审过程中获悉的国家秘密、商业秘密的。

采购代理机构有前款情形之一，情节严重的，暂停其政府采购代理机构资格 3

至 6 个月；情节特别严重或者逾期不改正的，取消其政府采购代理机构资格。

第五十二条　采购人有下列情形之一的，责令限期改正，给予警告；有关法律、行政法规规定处以罚款的，并处罚款：

（一）未按照政府采购法和本办法的规定采用非招标采购方式的；

（二）未按照政府采购法和本办法的规定确定成交供应商的；

（三）未按照采购文件确定的事项签订政府采购合同，或者与成交供应商另行订立背离合同实质性内容的协议的；

（四）未按规定将政府采购合同副本报本级财政部门备案的。

第五十三条　采购人、采购代理机构有本办法第五十一条、第五十二条规定情形之一，且情节严重或者拒不改正的，其直接负责的主管人员和其他直接责任人员属于国家机关工作人员的，由任免机关或者监察机关依法给予处分，并予通报。

第五十四条　成交供应商有下列情形之一的，责令限期改正，情节严重的，列入不良行为记录名单，在 1 至 3 年内禁止参加政府采购活动，并予以通报：

（一）未按照采购文件确定的事项签订政府采购合同，或者与采购人另行订立背离合同实质性内容的协议的；

（二）成交后无正当理由不与采购人签订合同的；

（三）拒绝履行合同义务的。

第五十五条　谈判小组、询价小组成员有下列行为之一的，责令改正，给予警告；有关法律、行政法规规定处以罚款的，并处罚款；涉嫌犯罪的，依法移送司法机关处理：

（一）收受采购人、采购代理机构、供应商、其他利害关系人的财物或者其他不正当利益的；

（二）泄露评审情况以及评审过程中获悉的国家秘密、商业秘密的；

（三）明知与供应商有利害关系而不依法回避的；

（四）在评审过程中擅离职守，影响评审程序正常进行的；

（五）在评审过程中有明显不合理或者不正当倾向性的；

（六）未按照采购文件规定的评定成交的标准进行评审的。

评审专家有前款情形之一，情节严重的，取消其政府采购评审专家资格，不得再参加任何政府采购项目的评审，并在财政部门指定的政府采购信息发布媒体上予以公告。

第五十六条 有本办法第五十一条、第五十二条、第五十五条违法行为之一，并且影响或者可能影响成交结果的，应当按照下列情形分别处理：

（一）未确定成交供应商的，终止本次采购活动，依法重新开展采购活动；

（二）已确定成交供应商但采购合同尚未履行的，撤销合同，从合格的成交候选人中另行确定成交供应商，没有合格的成交候选人的，重新开展采购活动；

（三）采购合同已经履行的，给采购人、供应商造成损失的，由责任人依法承担赔偿责任。

第五十七条 政府采购当事人违反政府采购法和本办法规定，给他人造成损失的，应当依照有关民事法律规定承担民事责任。

第五十八条 任何单位或者个人非法干预、影响评审过程或者结果的，责令改正；该单位责任人或者个人属于国家机关工作人员的，由任免机关或者监察机关依法给予处分。

第五十九条 财政部门工作人员在实施监督管理过程中违法干预采购活动或者滥用职权、玩忽职守、徇私舞弊的，依法给予处分；涉嫌犯罪的，依法移送司法机关处理。

第七章 附则

第六十条 本办法所称主管预算单位是指负有编制部门预算职责，向同级财政部门申报预算的国家机关、事业单位和团体组织。

第六十一条 各省、自治区、直辖市人民政府财政部门可以根据本办法制定具体实施办法。

第六十二条 本办法自 2014 年 2 月 1 日起施行。

政府采购质疑和投诉办法

（财政部令第 94 号）

第一章 总则

第一条 为了规范政府采购质疑和投诉行为，保护参加政府采购活动当事人的合法权益，根据《中华人民共和国政府采购法》《中华人民共和国政府采购法实施条例》和其他有关法律法规规定，制定本办法。

第二条 本办法适用于政府采购质疑的提出和答复、投诉的提起和处理。

第三条 政府采购供应商（以下简称供应商）提出质疑和投诉应当坚持依法依规、诚实信用原则。

第四条 政府采购质疑答复和投诉处理应当坚持依法依规、权责对等、公平公正、简便高效原则。

第五条 采购人负责供应商质疑答复。采购人委托采购代理机构采购的，采购代理机构在委托授权范围内作出答复。

县级以上各级人民政府财政部门（以下简称财政部门）负责依法处理供应商投诉。

第六条 供应商投诉按照采购人所属预算级次，由本级财政部门处理。

跨区域联合采购项目的投诉，采购人所属预算级次相同的，由采购文件事先约定的财政部门负责处理，事先未约定的，由最先收到投诉的财政部门负责处理；采购人所属预算级次不同的，由预算级次最高的财政部门负责处理。

第七条 采购人、采购代理机构应当在采购文件中载明接收质疑函的方式、联系部门、联系电话和通信地址等信息。

县级以上财政部门应当在省级以上财政部门指定的政府采购信息发布媒体公布受理投诉的方式、联系部门、联系电话和通信地址等信息。

第八条 供应商可以委托代理人进行质疑和投诉。其授权委托书应当载明代理人的姓名或者名称、代理事项、具体权限、期限和相关事项。供应商为自然人的，应当由本人签字；供应商为法人或者其他组织的，应当由法定代表人、主要负责人签字或者盖章，并加盖公章。

代理人提出质疑和投诉，应当提交供应商签署的授权委托书。

第九条 以联合体形式参加政府采购活动的，其投诉应当由组成联合体的所有供应商共同提出。

第二章 质疑提出与答复

第十条 供应商认为采购文件、采购过程、中标或者成交结果使自己的权益受到损害的，可以在知道或者应知其权益受到损害之日起 7 个工作日内，以书面形式向采购人、采购代理机构提出质疑。

采购文件可以要求供应商在法定质疑期内一次性提出针对同一采购程序环节的质疑。

第十一条 提出质疑的供应商（以下简称质疑供应商）应当是参与所质疑项目采购活动的供应商。

潜在供应商已依法获取其可质疑的采购文件的，可以对该文件提出质疑。对采购文件提出质疑的，应当在获取采购文件或者采购文件公告期限届满之日起 7 个工作日内提出。

第十二条 供应商提出质疑应当提交质疑函和必要的证明材料。质疑函应当包括下列内容：

（一）供应商的姓名或者名称、地址、邮编、联系人及联系电话；

（二）质疑项目的名称、编号；

（三）具体、明确的质疑事项和与质疑事项相关的请求；

（四）事实依据；

（五）必要的法律依据；

（六）提出质疑的日期。

供应商为自然人的，应当由本人签字；供应商为法人或者其他组织的，应当由法定代表人、主要负责人，或者其授权代表签字或者盖章，并加盖公章。

第十三条 采购人、采购代理机构不得拒收质疑供应商在法定质疑期内发出的质疑函，应当在收到质疑函后 7 个工作日内作出答复，并以书面形式通知质疑供应商和其他有关供应商。

第十四条 供应商对评审过程、中标或者成交结果提出质疑的，采购人、采购代理机构可以组织原评标委员会、竞争性谈判小组、询价小组或者竞争性磋商小组协助答复质疑。

第十五条 质疑答复应当包括下列内容：

（一）质疑供应商的姓名或者名称；

（二）收到质疑函的日期、质疑项目名称及编号；

（三）质疑事项、质疑答复的具体内容、事实依据和法律依据；

（四）告知质疑供应商依法投诉的权利；

（五）质疑答复人名称；

（六）答复质疑的日期。

质疑答复的内容不得涉及商业秘密。

第十六条 采购人、采购代理机构认为供应商质疑不成立，或者成立但未对中标、成交结果构成影响的，继续开展采购活动；认为供应商质疑成立且影响或者可能影响中标、成交结果的，按照下列情况处理：

（一）对采购文件提出的质疑，依法通过澄清或者修改可以继续开展采购活动的，澄清或者修改采购文件后继续开展采购活动；否则应当修改采购文件后重新开展采购活动。

（二）对采购过程、中标或者成交结果提出的质疑，合格供应商符合法定数量时，可以从合格的中标或者成交候选人中另行确定中标、成交供应商的，应当依法另行确定中标、成交供应商；否则应当重新开展采购活动。

质疑答复导致中标、成交结果改变的，采购人或者采购代理机构应当将有关情况书面报告本级财政部门。

第三章 投诉提起

第十七条 质疑供应商对采购人、采购代理机构的答复不满意，或者采购人、采购代理机构未在规定时间内作出答复的，可以在答复期满后15个工作日内向本办法第六条规定的财政部门提起投诉。

第十八条 投诉人投诉时，应当提交投诉书和必要的证明材料，并按照被投诉采购人、采购代理机构（以下简称被投诉人）和与投诉事项有关的供应商数量提供投诉书的副本。投诉书应当包括下列内容：

（一）投诉人和被投诉人的姓名或者名称、通信地址、邮编、联系人及联系电话；

（二）质疑和质疑答复情况说明及相关证明材料；

（三）具体、明确的投诉事项和与投诉事项相关的投诉请求；

（四）事实依据；

（五）法律依据；

（六）提起投诉的日期。

投诉人为自然人的，应当由本人签字；投诉人为法人或者其他组织的，应当由法定代表人、主要负责人，或者其授权代表签字或者盖章，并加盖公章。

第十九条 投诉人应当根据本办法第七条第二款规定的信息内容，并按照其规定的方式提起投诉。

投诉人提起投诉应当符合下列条件：

（一）提起投诉前已依法进行质疑；

（二）投诉书内容符合本办法的规定；

（三）在投诉有效期限内提起投诉；

（四）同一投诉事项未经财政部门投诉处理；

（五）财政部规定的其他条件。

第二十条 供应商投诉的事项不得超出已质疑事项的范围，但基于质疑答复内容提出的投诉事项除外。

第四章 投诉处理

第二十一条 财政部门收到投诉书后，应当在5个工作日内进行审查，审查后按照下列情况处理：

（一）投诉书内容不符合本办法第十八条规定的，应当在收到投诉书5个工作日内一次性书面通知投诉人补正。补正通知应当载明需要补正的事项和合理的补正期限。未按照补正期限进行补正或者补正后仍不符合规定的，不予受理。

（二）投诉不符合本办法第十九条规定条件的，应当在3个工作日内书面告知投诉人不予受理，并说明理由。

（三）投诉不属于本部门管辖的，应当在3个工作日内书面告知投诉人向有管辖权的部门提起投诉。

（四）投诉符合本办法第十八条、第十九条规定的，自收到投诉书之日起即为受理，并在收到投诉后8个工作日内向被投诉人和其他与投诉事项有关的当事人发出投诉答复通知书及投诉书副本。

第二十二条　被投诉人和其他与投诉事项有关的当事人应当在收到投诉答复通知书及投诉书副本之日起5个工作日内，以书面形式向财政部门作出说明，并提交相关证据、依据和其他有关材料。

第二十三条　财政部门处理投诉事项原则上采用书面审查的方式。财政部门认为有必要时，可以进行调查取证或者组织质证。

财政部门可以根据法律、法规规定或者职责权限，委托相关单位或者第三方开展调查取证、检验、检测、鉴定。

质证应当通知相关当事人到场，并制作质证笔录。质证笔录应当由当事人签字确认。

第二十四条　财政部门依法进行调查取证时，投诉人、被投诉人以及与投诉事项有关的单位及人员应当如实反映情况，并提供财政部门所需要的相关材料。

第二十五条　应当由投诉人承担举证责任的投诉事项，投诉人未提供相关证据、依据和其他有关材料的，视为该投诉事项不成立；被投诉人未按照投诉答复通知书要求提交相关证据、依据和其他有关材料的，视同其放弃说明权利，依法承担不利后果。

第二十六条　财政部门应当自收到投诉之日起30个工作日内，对投诉事项作出处理决定。

第二十七条　财政部门处理投诉事项，需要检验、检测、鉴定、专家评审以及需要投诉人补正材料的，所需时间不计算在投诉处理期限内。

前款所称所需时间，是指财政部门向相关单位、第三方、投诉人发出相关文书、补正通知之日至收到相关反馈文书或材料之日。

财政部门向相关单位、第三方开展检验、检测、鉴定、专家评审的，应当将所需时间告知投诉人。

第二十八条　财政部门在处理投诉事项期间，可以视具体情况书面通知采购人和采购代理机构暂停采购活动，暂停采购活动时间最长不得超过30日。

采购人和采购代理机构收到暂停采购活动通知后应当立即中止采购活动，在法定的暂停期限结束前或者财政部门发出恢复采购活动通知前，不得进行该项采购活动。

第二十九条　投诉处理过程中，有下列情形之一的，财政部门应当驳回投诉：

（一）受理后发现投诉不符合法定受理条件；

（二）投诉事项缺乏事实依据，投诉事项不成立；

（三）投诉人捏造事实或者提供虚假材料；

（四）投诉人以非法手段取得证明材料。证据来源的合法性存在明显疑问，投诉人无法证明其取得方式合法的，视为以非法手段取得证明材料。

第三十条 财政部门受理投诉后，投诉人书面申请撤回投诉的，财政部门应当终止投诉处理程序，并书面告知相关当事人。

第三十一条 投诉人对采购文件提起的投诉事项，财政部门经查证属实的，应当认定投诉事项成立。经认定成立的投诉事项不影响采购结果的，继续开展采购活动；影响或者可能影响采购结果的，财政部门按照下列情况处理：

（一）未确定中标或者成交供应商的，责令重新开展采购活动。

（二）已确定中标或者成交供应商但尚未签订政府采购合同的，认定中标或者成交结果无效，责令重新开展采购活动。

（三）政府采购合同已经签订但尚未履行的，撤销合同，责令重新开展采购活动。

（四）政府采购合同已经履行，给他人造成损失的，相关当事人可依法提起诉讼，由责任人承担赔偿责任。

第三十二条 投诉人对采购过程或者采购结果提起的投诉事项，财政部门经查证属实的，应当认定投诉事项成立。经认定成立的投诉事项不影响采购结果的，继续开展采购活动；影响或者可能影响采购结果的，财政部门按照下列情况处理：

（一）未确定中标或者成交供应商的，责令重新开展采购活动。

（二）已确定中标或者成交供应商但尚未签订政府采购合同的，认定中标或者成交结果无效。合格供应商符合法定数量时，可以从合格的中标或者成交候选人中另行确定中标或者成交供应商的，应当要求采购人依法另行确定中标、成交供应商；否则责令重新开展采购活动。

（三）政府采购合同已经签订但尚未履行的，撤销合同。合格供应商符合法定数量时，可以从合格的中标或者成交候选人中另行确定中标或者成交供应商的，应当要求采购人依法另行确定中标、成交供应商；否则责令重新开展采购活动。

（四）政府采购合同已经履行，给他人造成损失的，相关当事人可依法提起诉讼，由责任人承担赔偿责任。

投诉人对废标行为提起的投诉事项成立的，财政部门应当认定废标行为无效。

第三十三条 财政部门作出处理决定,应当制作投诉处理决定书,并加盖公章。投诉处理决定书应当包括下列内容:

(一)投诉人和被投诉人的姓名或者名称、通信地址等;

(二)处理决定查明的事实和相关依据,具体处理决定和法律依据;

(三)告知相关当事人申请行政复议的权利、行政复议机关和行政复议申请期限,以及提起行政诉讼的权利和起诉期限;

(四)作出处理决定的日期。

第三十四条 财政部门应当将投诉处理决定书送达投诉人和与投诉事项有关的当事人,并及时将投诉处理结果在省级以上财政部门指定的政府采购信息发布媒体上公告。

投诉处理决定书的送达,参照《中华人民共和国民事诉讼法》关于送达的规定执行。

第三十五条 财政部门应当建立投诉处理档案管理制度,并配合有关部门依法进行的监督检查。

第五章 法律责任

第三十六条 采购人、采购代理机构有下列情形之一的,由财政部门责令限期改正;情节严重的,给予警告,对直接负责的主管人员和其他直接责任人员,由其行政主管部门或者有关机关给予处分,并予通报:

(一)拒收质疑供应商在法定质疑期内发出的质疑函;

(二)对质疑不予答复或者答复与事实明显不符,并不能作出合理说明;

(三)拒绝配合财政部门处理投诉事宜。

第三十七条 投诉人在全国范围12个月内三次以上投诉查无实据的,由财政部门列入不良行为记录名单。

投诉人有下列行为之一的,属于虚假、恶意投诉,由财政部门列入不良行为记录名单,禁止其1至3年内参加政府采购活动:

(一)捏造事实;

(二)提供虚假材料;

(三)以非法手段取得证明材料。证据来源的合法性存在明显疑问,投诉人无法证明其取得方式合法的,视为以非法手段取得证明材料。

第三十八条　财政部门及其工作人员在履行投诉处理职责中违反本办法规定及存在其他滥用职权、玩忽职守、徇私舞弊等违法违纪行为的，依照《中华人民共和国政府采购法》《中华人民共和国公务员法》《中华人民共和国行政监察法》《中华人民共和国政府采购法实施条例》等国家有关规定追究相应责任；涉嫌犯罪的，依法移送司法机关处理。

第六章　附则

第三十九条　质疑函和投诉书应当使用中文。质疑函和投诉书的范本，由财政部制定。

第四十条　相关当事人提供外文书证或者外国语视听资料的，应当附有中文译本，由翻译机构盖章或者翻译人员签名。

相关当事人向财政部门提供的在中华人民共和国领域外形成的证据，应当说明来源，经所在国公证机关证明，并经中华人民共和国驻该国使领馆认证，或者履行中华人民共和国与证据所在国订立的有关条约中规定的证明手续。

相关当事人提供的在香港特别行政区、澳门特别行政区和台湾地区内形成的证据，应当履行相关的证明手续。

第四十一条　财政部门处理投诉不得向投诉人和被投诉人收取任何费用。但因处理投诉发生的第三方检验、检测、鉴定等费用，由提出申请的供应商先行垫付。投诉处理决定明确双方责任后，按照"谁过错谁负担"的原则由承担责任的一方负担；双方都有责任的，由双方合理分担。

第四十二条　本办法规定的期间开始之日，不计算在期间内。期间届满的最后一日是节假日的，以节假日后的第一日为期间届满的日期。期间不包括在途时间，质疑和投诉文书在期满前交邮的，不算过期。

本办法规定的"以上""以下"均含本数。

第四十三条　对在质疑答复和投诉处理过程中知悉的国家秘密、商业秘密、个人隐私和依法不予公开的信息，财政部门、采购人、采购代理机构等相关知情人应当保密。

第四十四条　省级财政部门可以根据本办法制定具体实施办法。

第四十五条　本办法自2018年3月1日起施行。财政部2004年8月11日发布的《政府采购供应商投诉处理办法》（财政部令第20号）同时废止。

政府采购需求管理办法

(财库〔2021〕22号)

各中央预算单位,各省、自治区、直辖市、计划单列市财政厅(局),新疆生产建设兵团财政局:

为落实《深化政府采购制度改革方案》加强政府采购需求管理的有关要求,财政部制定了《政府采购需求管理办法》,现印发给你们,请遵照执行。

附件:政府采购需求管理办法

财政部
2021年4月30日

附件：

政府采购需求管理办法

第一章 总则

第一条 为加强政府采购需求管理，实现政府采购项目绩效目标，根据《中华人民共和国政府采购法》和《中华人民共和国政府采购法实施条例》等有关法律法规，制定本办法。

第二条 政府采购货物、工程和服务项目的需求管理适用本办法。

第三条 本办法所称政府采购需求管理，是指采购人组织确定采购需求和编制采购实施计划，并实施相关风险控制管理的活动。

第四条 采购需求管理应当遵循科学合理、厉行节约、规范高效、权责清晰的原则。

第五条 采购人对采购需求管理负有主体责任，按照本办法的规定开展采购需求管理各项工作，对采购需求和采购实施计划的合法性、合规性、合理性负责。主管预算单位负责指导本部门采购需求管理工作。

第二章 采购需求

第六条 本办法所称采购需求，是指采购人为实现项目目标，拟采购的标的及其需要满足的技术、商务要求。

技术要求是指对采购标的的功能和质量要求，包括性能、材料、结构、外观、安全，或者服务内容和标准等。

商务要求是指取得采购标的的时间、地点、财务和服务要求，包括交付（实施）的时间（期限）和地点（范围），付款条件（进度和方式），包装和运输，售后服务，保险等。

第七条 采购需求应当符合法律法规、政府采购政策和国家有关规定，符合国家强制性标准，遵循预算、资产和财务等相关管理制度规定，符合采购项目特点和实际需要。

采购需求应当依据部门预算（工程项目概预算）确定。

第八条 确定采购需求应当明确实现项目目标的所有技术、商务要求，功能和质量指标的设置要充分考虑可能影响供应商报价和项目实施风险的因素。

第九条 采购需求应当清楚明了、表述规范、含义准确。技术要求和商务要求应当客观，量化指标应当明确相应等次，有连续区间的按照区间划分等次。需由供应商提供设计方案、解决方案或者组织方案的采购项目，应当说明采购标的的功能、应用场景、目标等基本要求，并尽可能明确其中的客观、量化指标。

采购需求可以直接引用相关国家标准、行业标准、地方标准等标准、规范，也可以根据项目目标提出更高的技术要求。

第十条 采购人可以在确定采购需求前，通过咨询、论证、问卷调查等方式开展需求调查，了解相关产业发展、市场供给、同类采购项目历史成交信息，可能涉及的运行维护、升级更新、备品备件、耗材等后续采购，以及其他相关情况。

面向市场主体开展需求调查时，选择的调查对象一般不少于3个，并应当具有代表性。

第十一条 对于下列采购项目，应当开展需求调查：

（一）1000万元以上的货物、服务采购项目，3000万元以上的工程采购项目；

（二）涉及公共利益、社会关注度较高的采购项目，包括政府向社会公众提供的公共服务项目等；

（三）技术复杂、专业性较强的项目，包括需定制开发的信息化建设项目、采购进口产品的项目等；

（四）主管预算单位或者采购人认为需要开展需求调查的其他采购项目。

编制采购需求前一年内，采购人已就相关采购标的开展过需求调查的可以不再重复开展。

按照法律法规的规定，对采购项目开展可行性研究等前期工作，已包含本办法规定的需求调查内容的，可以不再重复调查；对在可行性研究等前期工作中未涉及的部分，应当按照本办法的规定开展需求调查。

第三章 采购实施计划

第十二条 本办法所称采购实施计划，是指采购人围绕实现采购需求，对合同的订立和管理所做的安排。

采购实施计划根据法律法规、政府采购政策和国家有关规定，结合采购需求的特点确定。

第十三条　采购实施计划主要包括以下内容：

（一）合同订立安排，包括采购项目预（概）算、最高限价，开展采购活动的时间安排，采购组织形式和委托代理安排，采购包划分与合同分包，供应商资格条件，采购方式、竞争范围和评审规则等。

（二）合同管理安排，包括合同类型、定价方式、合同文本的主要条款、履约验收方案、风险管控措施等。

第十四条　采购人应当通过确定供应商资格条件、设定评审规则等措施，落实支持创新、绿色发展、中小企业发展等政府采购政策功能。

第十五条　采购人要根据采购项目实施的要求，充分考虑采购活动所需时间和可能影响采购活动进行的因素，合理安排采购活动实施时间。

第十六条　采购人采购纳入政府集中采购目录的项目，必须委托集中采购机构采购。政府集中采购目录以外的项目可以自行采购，也可以自主选择委托集中采购机构，或者集中采购机构以外的采购代理机构采购。

第十七条　采购人要按照有利于采购项目实施的原则，明确采购包或者合同分包要求。

采购项目划分采购包的，要分别确定每个采购包的采购方式、竞争范围、评审规则和合同类型、合同文本、定价方式等相关合同订立、管理安排。

第十八条　根据采购需求特点提出的供应商资格条件，要与采购标的的功能、质量和供应商履约能力直接相关，且属于履行合同必需的条件，包括特定的专业资格或者技术资格、设备设施、业绩情况、专业人才及其管理能力等。

业绩情况作为资格条件时，要求供应商提供的同类业务合同一般不超过 2 个，并明确同类业务的具体范围。涉及政府采购政策支持的创新产品采购的，不得提出同类业务合同、生产台数、使用时长等业绩要求。

第十九条　采购方式、评审方法和定价方式的选择应当符合法定适用情形和采购需求特点，其中，达到公开招标数额标准，因特殊情况需要采用公开招标以外的采购方式的，应当依法获得批准。

采购需求客观、明确且规格、标准统一的采购项目，如通用设备、物业管理等，一般采用招标或者询价方式采购，以价格作为授予合同的主要考虑因素，采用固定总价或者固定单价的定价方式。

采购需求客观、明确，且技术较复杂或者专业性较强的采购项目，如大型装备、咨询服务等，一般采用招标、谈判（磋商）方式采购，通过综合性评审选择性价比最优的产品，采用固定总价或者固定单价的定价方式。

不能完全确定客观指标，需由供应商提供设计方案、解决方案或者组织方案的采购项目，如首购订购、设计服务、政府和社会资本合作等，一般采用谈判（磋商）方式采购，综合考虑以单方案报价、多方案报价以及性价比要求等因素选择评审方法，并根据实现项目目标的要求，采取固定总价或者固定单价、成本补偿、绩效激励等单一或者组合定价方式。

第二十条 除法律法规规定可以在有限范围内竞争或者只能从唯一供应商处采购的情形外，一般采用公开方式邀请供应商参与政府采购活动。

第二十一条 采用综合性评审方法的，评审因素应当按照采购需求和与实现项目目标相关的其他因素确定。

采购需求客观、明确的采购项目，采购需求中客观但不可量化的指标应当作为实质性要求，不得作为评分项；参与评分的指标应当是采购需求中的量化指标，评分项应当按照量化指标的等次，设置对应的不同分值。不能完全确定客观指标，需由供应商提供设计方案、解决方案或者组织方案的采购项目，可以结合需求调查的情况，尽可能明确不同技术路线、组织形式及相关指标的重要性和优先级，设定客观、量化的评审因素、分值和权重。价格因素应当按照相关规定确定分值和权重。

采购项目涉及后续采购的，如大型装备等，要考虑兼容性要求。可以要求供应商报出后续供应的价格，以及后续采购的可替代性、相关产品和估价，作为评审时考虑的因素。需由供应商提供设计方案、解决方案或者组织方案，且供应商经验和能力对履约有直接影响的，如订购、设计等采购项目，可以在评审因素中适当考虑供应商的履约能力要求，并合理设置分值和权重。需由供应商提供设计方案、解决方案或者组织方案，采购人认为有必要考虑全生命周期成本的，可以明确使用年限，要求供应商报出安装调试费用、使用期间能源管理、废弃处置等全生命周期成本，作为评审时考虑的因素。

第二十二条 合同类型按照民法典规定的典型合同类别，结合采购标的的实际情况确定。

第二十三条 合同文本应当包含法定必备条款和采购需求的所有内容，包括但不限于标的名称，采购标的质量、数量（规模）、履行时间（期限）、地点和方式，包装方式，价款或者报酬、付款进度安排、资金支付方式、验收、交付标准和方法，质量保修范围和保修期，违约责任与解决争议的方法等。

采购项目涉及采购标的的知识产权归属、处理的，如订购、设计、定制开发的信息化建设项目等，应当约定知识产权的归属和处理方式。采购人可以根据项目特点划分合同履行阶段，明确分期考核要求和对应的付款进度安排。对于长期运行的项目，要充分考虑成本、收益以及可能出现的重大市场风险，在合同中约定成本补偿、风险分担等事项。

合同权利义务要围绕采购需求和合同履行设置。国务院有关部门依法制定了政府采购合同标准文本的，应当使用标准文本。属于本办法第十一条规定范围的采购项目，合同文本应当经过采购人聘请的法律顾问审定。

第二十四条 履约验收方案要明确履约验收的主体、时间、方式、程序、内容和验收标准等事项。采购人、采购代理机构可以邀请参加本项目的其他供应商或者第三方专业机构及专家参与验收，相关验收意见作为验收的参考资料。政府向社会公众提供的公共服务项目，验收时应当邀请服务对象参与并出具意见，验收结果应当向社会公告。

验收内容要包括每一项技术和商务要求的履约情况，验收标准要包括所有客观、量化指标。不能明确客观标准、涉及主观判断的，可以通过在采购人、使用人中开展问卷调查等方式，转化为客观、量化的验收标准。

分期实施的采购项目，应当结合分期考核的情况，明确分期验收要求。货物类项目可以根据需要设置出厂检验、到货检验、安装调试检验、配套服务检验等多重验收环节。工程类项目的验收方案应当符合行业管理部门规定的标准、方法和内容。

履约验收方案应当在合同中约定。

第二十五条 对于本办法第十一条规定的采购项目，要研究采购过程和合同履行过程中的风险，判断风险发生的环节、可能性、影响程度和管控责任，提出有针对性的处置措施和替代方案。

采购过程和合同履行过程中的风险包括国家政策变化、实施环境变化、重大技术变化、预算项目调整、因质疑投诉影响采购进度、采购失败、不按规定签订或者履行合同、出现损害国家利益和社会公共利益情形等。

第二十六条 各级财政部门应当按照简便、必要的原则，明确报财政部门备案的采购实施计划具体内容，包括采购项目的类别、名称、采购标的、采购预算、采购数量（规模）、组织形式、采购方式、落实政府采购政策有关内容等。

第四章 风险控制

第二十七条 采购人应当将采购需求管理作为政府采购内控管理的重要内容,建立健全采购需求管理制度,加强对采购需求的形成和实现过程的内部控制和风险管理。

第二十八条 采购人可以自行组织确定采购需求和编制采购实施计划,也可以委托采购代理机构或者其他第三方机构开展。

第二十九条 采购人应当建立审查工作机制,在采购活动开始前,针对采购需求管理中的重点风险事项,对采购需求和采购实施计划进行审查,审查分为一般性审查和重点审查。

对于审查不通过的,应当修改采购需求和采购实施计划的内容并重新进行审查。

第三十条 一般性审查主要审查是否按照本办法规定的程序和内容确定采购需求、编制采购实施计划。审查内容包括,采购需求是否符合预算、资产、财务等管理制度规定;对采购方式、评审规则、合同类型、定价方式的选择是否说明适用理由;属于按规定需要报相关监管部门批准、核准的事项,是否作出相关安排;采购实施计划是否完整。

第三十一条 重点审查是在一般性审查的基础上,进行以下审查:

(一)非歧视性审查。主要审查是否指向特定供应商或者特定产品,包括资格条件设置是否合理,要求供应商提供超过2个同类业务合同的,是否具有合理性;技术要求是否指向特定的专利、商标、品牌、技术路线等;评审因素设置是否具有倾向性,将有关履约能力作为评审因素是否适当。

(二)竞争性审查。主要审查是否确保充分竞争,包括应当以公开方式邀请供应商的,是否依法采用公开竞争方式;采用单一来源采购方式的,是否符合法定情形;采购需求的内容是否完整、明确,是否考虑后续采购竞争性;评审方法、评审因素、价格权重等评审规则是否适当。

(三)采购政策审查。主要审查进口产品的采购是否必要,是否落实支持创新、绿色发展、中小企业发展等政府采购政策要求。

(四)履约风险审查。主要审查合同文本是否按规定由法律顾问审定,合同文本运用是否适当,是否围绕采购需求和合同履行设置权利义务,是否明确知识产权等方面的要求,履约验收方案是否完整、标准是否明确,风险处置措施和替代方案是否可行。

（五）采购人或者主管预算单位认为应当审查的其他内容。

第三十二条　审查工作机制成员应当包括本部门、本单位的采购、财务、业务、监督等内部机构。采购人可以根据本单位实际情况，建立相关专家和第三方机构参与审查的工作机制。

参与确定采购需求和编制采购实施计划的专家和第三方机构不得参与审查。

第三十三条　一般性审查和重点审查的具体采购项目范围，由采购人根据实际情况确定。主管预算单位可以根据本部门实际情况，确定由主管预算单位统一组织重点审查的项目类别或者金额范围。

属于本办法第十一条规定范围的采购项目，应当开展重点审查。

第三十四条　采购需求和采购实施计划的调查、确定、编制、审查等工作应当形成书面记录并存档。

采购文件应当按照审核通过的采购需求和采购实施计划编制。

第五章　监督检查与法律责任

第三十五条　财政部门应当依法加强对政府采购需求管理的监督检查，将采购人需求管理作为政府采购活动监督检查的重要内容，不定期开展监督检查工作，采购人应当如实反映情况，提供有关材料。

第三十六条　在政府采购项目投诉、举报处理和监督检查过程中，发现采购人未按本办法规定建立采购需求管理内控制度、开展采购需求调查和审查工作的，由财政部门采取约谈、书面关注等方式责令采购人整改，并告知其主管预算单位。对情节严重或者拒不改正的，将有关线索移交纪检监察、审计部门处理。

第三十七条　在政府采购项目投诉、举报处理和监督检查过程中，发现采购方式、评审规则、供应商资格条件等存在歧视性、限制性、不符合政府采购政策等问题的，依照《中华人民共和国政府采购法》等国家有关规定处理。

第三十八条　在政府采购项目投诉、举报处理和监督检查过程中，发现采购人存在无预算或者超预算采购、超标准采购、铺张浪费、未按规定编制政府采购实施计划等问题的，依照《中华人民共和国政府采购法》《中华人民共和国预算法》《财政违法行为处罚处分条例》《党政机关厉行节约反对浪费条例》等国家有关规定处理。

第六章　附则

第三十九条　采购项目涉及国家秘密的，按照涉密政府采购有关规定执行。

第四十条　因采购人不可预见的紧急情况实施采购的，可以适当简化相关管理要求。

第四十一条　由集中采购机构组织的批量集中采购和框架协议采购的需求管理，按照有关制度规定执行。

第四十二条　各省、自治区、直辖市财政部门可以根据本办法制定具体实施办法。

第四十三条　本办法所称主管预算单位是指负有编制部门预算职责，向本级财政部门申报预算的国家机关、事业单位和团体组织。

第四十四条　本办法自2021年7月1日起施行。